# 대학 발전계획의 이해와 실제

이석열 · 김경언 · 김누리 · 신재영 · 오세원 · 육진경
이인서 · 이종일 · 이태희 · 이훈병 · 정재민 · 최현준
공 저

대학 발전계획을 체계적으로 수립하고,
대학 발전을 성공적으로 이끄는 지침서

EFFECTIVE STRATEGIC
PLANNING IN HIGHER EDUCATION

학지사

# 머리말

대학의 바람직한 모습은 어떤 모습일까? 혹은 지금 우리 대학은 대학다운 모습으로 나가고 있는가? 많은 사람이 4차 산업혁명의 도래, 생성형 AI 활용, 무전공 확대 등으로 인한 대학의 급격한 변화에 대해 이야기한다. 지금은 그 어느 때보다도 대학교육의 본질과 목적에 대한 더 많은 고민이 필요하다. 이러한 고민의 과정에서 중요한 화두가 바로 '대학 발전계획'이다.

경영학의 아버지라고 하는 피터 드러커는 "미래를 예측하는 최선의 방법은 미래를 창조하는 것이다."라고 했다. 대학이 직면한 현재의 위기와 미래의 기회에 대해 우리가 어떻게 대응해야 하는지에 대한 근본적인 해답은 대학의 미래를 어떻게 설계하고 계획하느냐에 달려 있다. 이 책은 미래를 향한 대학 발전계획을 수립, 추진하고 이를 대학 발전에 적용하도록 방법적인 이해와 실천을 전제로 출발하였다.

현재 우리나라 대학교육은 큰 전환점에 서 있다. 학령인구의 감소, 지방소멸의 위기, 대학 간 경쟁의 격화, 그리고 대학 특성화의 부재는 대학교육이 당면한 중대한 도전이다. 이러한 상황에서 대학이 지속가능한 발전을 이루려면 현실을 정확히 인식하고, 미래를 향한 체계적이고 실질적인 발전계획을 수립해야 한다. 『대학 발전계획의 이해와 실제』는 이러한 과정을 돕기 위해 준비한 책이다.

이 책은 대학 발전계획의 수립 단계에서부터 실제 실행, 그리고 성과관리에 이르기까지 대학 발전계획의 모든 과정을 포괄한다. 각 단계에서 고려해야 할 핵심 요소들을 자세히 다루었으며, 대학이 직면할 수 있는 도전과 이를 극복하기 위한 구체적인 전략도 제공한다. 이를 통해 대학은 변화하는 사회적 요구에 적극적으로 대응하고, 미래 지향적인 교육기관으로서 자신의 역할을 더욱 강화할 수 있을 것이다. 이 책은 대학 관계자뿐만 아니라, 교육에 관심 있는 모든 이에게 유익한 정보와 영감을 제공할 것이다.

모든 대학이 대학 발전계획을 수립하고 있다. 하지만 실제 대학 발전계획을 수립하는 형태는 다양하다. 일부 대학은 대학 자체적으로 발전계획을 수립하기도 하지만 많은 대학이 어떤 형태로든 외부 컨설팅 회사의 도움을 받는다. 더욱이 외부 컨설팅 회사에 의뢰하는 경우는 그 비용이 정말로 만만치 않다. 그럼에도 이렇게 수립된 발전계획은 실제 대학운영에 큰 도움이 되지 않는 경우가 많다. 이 책을 집필하게 된 계기는 대학이 대학 발전계획을 자체적으로 수립하고 실제 대학 발전에 지침이 되도록 하자는 의도에서 출발했다. 이 책을 집필했던 대부분의 저자는 지난번 『학생 성공을 위한 대학교육 성과관리』의 저자들이 주축이 되었다. '성과관리'가 마지막을 의미하는 오메가(Omega)라고 하면, 시작을 의미하는 알파(Alpha)가 바로 '발전계획'이다.

이 책은 대학 공동체 전체가 참여하는 발전계획 수립 과정을 강조한다. 각 장에서는 구체적인 절차와 사례를 통해 대학이 어떻게 대내외 환경을 분석하고, 구성원의 의견을 수렴하며, 발전계획을 체계적으로 수립할 수 있는지를 설명한다.

제1부 '대학 발전계획의 수립 단계'에서는 대학 발전계획의 개요 및 추진 절차를 시작으로 대내외 환경분석, 구성원 의견수렴 및 체계도 수립에 이르기까지 대학 발전계획을 수립하는 기본 과정을 다룬다. 이러한 과정은 대학이 자신의 위치를 명확히 하고, 향후 나아갈 방향을 설정하는 데 필수적이다.

제2부 '대학 발전계획의 실제'에서는 교육, 학생지원, 연구, 산학협력, 국제화, 사회공헌, 기반 및 인프라 영역별 발전계획을 상세히 설명한다. 영역별 발전계획은 대학이 통합적이고도 전략적인 관점에서 자신의 역량을 강화하고, 사회적 책임을 이행하는 데 중요한 역할을 한다.

제3부 '대학 발전계획의 성과관리'에서는 대학 재정 확보 및 집행, 추진 점검 및 관리에 대해 다룬다. 성과관리는 대학 발전계획이 단순한 문서에 그치지 않고 실제로 실행되며, 그 효과가 지속해서 관리되는 것을 보장한다.

이 책에 제시된 실제 사례를 통해 독자들은 이론과 실제의 연결고리를 명확히 이해할 수 있을 것이다. 그리고 이를 통해 대학이 어떻게 현실 세계의 복잡한 문제들에 대응하며, 동시에 사회적 가치와 지속가능한 발전을 실현해 나가는지에 대한 깊이 있는 통찰을 얻을 수 있게 될 것이다. 또한 대학 구성원들이 대학 발전이라는 공동의 목표를 향해 어떻게 효과적으로 협력할 수 있는지, 그리고 어떤 전략이 지속가능한 발전을 위해 필요한지에 대한 타 대학의 사례를 제공하고 있다. 이를 통해 독자들은 대학 발전계획의 이론과 실제를 모두 이해하고, 자신의 대학에 적용할 수 있는 실질적인 아이디어를 얻을 수 있을 것이다.

이 책을 통해 독자들이 대학 발전계획의 중요성을 인식하고, 자신들의 대학에 맞는 효과적인 계획을 수립하여 실행할 수 있기를 바란다. 대학이 직면한 현실적 도전에 대응하고, 지속가능한 발전을 이루기 위해서는 전략적인 사고와 체계적인 계획 수립이 필수적이다. 이 책이 그 여정에서 가이드가 되어 줄 것이다.

바쁜 와중에도 대학의 발전계획 수립에 기여하고자 협업해 온 집필진에게 진심으로 감사드

린다. 각 장을 담당한 오세원 팀장님(제2장 대학 대내외 환경분석), 육진경 교수님[제3장 대학 대내외 의견수렴 및 현행(기존) 발전계획의 자체 진단], 이훈병 교수님(제4장 대학 발전계획의 체계도 작성), 김누리 교수님(제5장 교육 영역 발전계획), 이종일 팀장님(제6장 학생지원 영역 발전계획), 김경언 교수님(제7장 연구 영역 발전계획), 최현준 교수님(제8장 산학협력 영역 발전계획), 신재영 부처장님(제9장 국제화 영역 발전계획, 제11장 기반 및 인프라 영역 발전계획), 이인서 교수님(제10장 사회공헌 영역 발전계획), 정재민 교수님(제12장 대학 발전계획의 예산 편성 및 관리), 이태희 박사님(제13장 대학 발전계획의 성과관리)께 고마운 마음을 전하고 싶다.

　집필진들은 발전계획의 수립과 실행에 관심이 있는 모든 분에게 이 책이 유용한 자료가 되기를 바란다. 이 책의 내용에 충실성을 담고자 노력했지만 부족한 점이 있으리라 생각한다. 하지만 이 책을 통해서 대학 발전계획을 수립하기 위한 대학 보직자, 대학 교수, 대학 교직원 여러분의 적극적인 참여와 협력이 이루어지고, 대학들이 더욱 발전하고 성장할 수 있는 토대가 되기를 기대한다.

　끝으로 이 책의 출간을 허락해 주신 학지사의 김진환 사장님과 임직원께 깊은 감사의 뜻을 전한다.

2024년
저자들을 대표하여 이석열 씀

차례
------

## 제3장

## 대학 대내외 의견수렴 및 현행(기존) 발전계획의 자체 진단 • 79

## 제4장

## 대학 발전계획 체계도 작성 • 105

## 제2부
## 대학 발전계획의 실제

## 제5장

## 교육 영역 발전계획 • 135

## 제6장
## 학생지원 영역 발전계획 • 163

## 제7장
## 연구 영역 발전계획 • 199

## 제8장
## 산학협력 영역 발전계획 • 227

## 제9장
## 국제화 영역 발전계획 • 253

**제10장**

## 사회공헌 영역 발전계획 • 291

**제11장**

## 기반 및 인프라 영역 발전계획 • 327

## 제 3 부
## 대학 발전계획의 성과관리

**제12장**

## 대학 발전계획의 예산 편성 및 관리 • 361

**제13장**

# 대학 발전계획의 성과관리 • 391

제 **1** 부

# 대학 발전계획의 수립 단계

제**1**장

# 대학 발전계획의 개요 및 추진 절차

Effective Strategic Planning in Higher Education

이 장에서는 대학 발전계획의 도입 부분으로 발전계획의 개요 및 추진 절차를 다루고 있다. 우선 발전계획의 성격 및 중요성에 대한 의미를 제시하고, 발전계획을 수립할 때 고려해야 할 원리를 알아보았다. 또한 대학 발전계획을 수립하기 위해서 조직체계 구성에 대한 설명과 주요 요소로 거시적인 부분과 미시적인 부분으로 구분해서 제시했다. 이는 대학 발전계획의 체계도와도 관련성이 있다.

다음으로 대학 발전계획의 수립과정을 이해하기 위해서 발전계획 추진 절차를 제시하였다. 추진 절차에 대한 각각의 설명은 발전계획의 주요 요소와도 관련성을 갖고 있으며, 발전계획 수립에 대한 전반적인 이해에 도움을 주고자 했다.

마지막으로 대학 발전계획을 수립하고 추진할 때 간과해서는 안 되는 사항과 발전계획 수립 및 추진에서 지향해야 할 점을 중심으로 제언을 제시했다. 이 장은 발전계획 전체의 내용을 전반적으로 소개하는 의미를 갖고 있으며, 제1장을 내용을 읽고 해당 내용의 장을 읽으면 발전계획의 수립과 추진과정을 이해하는 데 도움이 될 것이다.

## 1. 대학 발전계획의 성격 및 의미

### 1) 대학 발전계획의 성격

대학은 고등교육기관이고, 고등교육은 영어로 'higher education'이며, 'higher'는 관점이 보다 높게 형성되는 것을 의미한다. 대학은 교육 · 연구 · 사회봉사라는 기능들을 효과적으로 수행하기 위하여 고등교육기관으로서 다양한 노력을 기울여 왔다. 그중에서 대학 발전계획은 대학경영의 핵심적인 기능이며, 대학 목적을 달성하기 위해 선행되어야 하는 노력 중에 하나이다. 발전계획은 대학이 향후 일정 기간 동안 달성하고자 하는 목표와 그 목표를 실현하기 위한 전략과 실천 계획을 수립하는 일이다. 미래 계획이 없이 대학의 현상유지에만 급급하면 결국에는 경쟁력을 상실하게 된다(박영기, 2008). 대학 발전계획은 대학경영의 방향을 제공하고, 대학경영의 계속성을 유지하며, 중복되고 낭비적인 활동을 감소시킨다. 이러한 대학 발전계획은 대학의 성장과 발전에 매우 중요한 역할을 한다. 따라서 발전계획이 안정적으로 수립될수록 대학 행정은 더 효과적일 수 있고, 대학의 경쟁력은 더 높아질 수 있다.

대학 발전계획이 그 어느 때보다 중요한 시점이다. 급격하게 변화하는 대학 환경변화에서 대학도 '이대로는 안 된다'와 '변해야 한다' 하는 위기의식을 갖고 있다. 이러한 상황에서 그럼 대학이 '어떻게 하면 좋을지'에 대한 비전과 전략을 만들고, 구체적인 실행계획을 수립하는 것이 바로 대학 발전계획의 수립이다. 발전계획은 대학의 미래를 그린 청사진이자 대학 경영의 로드맵이라고 할 수 있다. 따라서 대학 발전계획의 주요 성격은 크게 세 가지 측면에서 고려해 볼 수 있다. 첫째, 대학 발전계획은 장기적인 성격을 가지고 있다. 대학 발전계획은 대학의 장기적인 성장과 발전을 위해 수립된다. 대학이 어떤 대학이 되고자 하는지에 따라 그 목표를 달성하기 위해서 어떤 방향으로 나아가야 하는지를 판단하여 장기적인 계획을 수립한다. 대학마다 차이는 있지만 대체로 대학들은 미래 10년간의 대학 발전 방향성을 제시하고, 대학 내의 모든 분야에서 역량을 강화하고 지속적인 혁신을 추구하는 대학 발전계획을 수립한다.

둘째, 대학 발전계획은 전략적인 성격을 가지고 있다. 대학 발전계획은 대학이 '이래도 되는 걸까?' 하는 걱정에서 출발해서 '새로운 방법과 대학문화의 형성'을 위한 변혁이나 개혁활동을 수반하게 된다. 현재의 상태에 변화를 주는 일은 저항감이 따르게 마련이고, 기존의 가치관과 방식에서 새로운 것으로 전환하는 데 실패하지 않고 성공하기 위해서는 전략적 접근이 필요하다. 따라서 발전계획의 미션, 비전, 목표, 그리고 이를 실현하기 위한 전략 및 실행 과제를 선정하고, 교내·외 한정된 자원과 예산의 효율적 배분 및 운영 방안을 제시할 때, 시간적·공간적·내용적 측면에서 전략적 타당성을 확보하여야 한다.

셋째, 대학 발전계획은 종합적인 성격을 가지고 있다. 대학 발전계획은 대학 전체를 대상으로 향후에 있을 대학의 발전 방향을 기술해 놓은 상위의 기본계획으로 대학의 다양한 분야와 부서들이 함께 수립하는 종합적인 계획이다. 대학 발전계획은 대학의 교육, 연구, 사회봉사라는 기본적인 책무를 달성하기 위하여 바람직한 비전 설정에서부터 정확한 전략과제 도출과 구성원의 사고방식을 포함해 커다란 변화를 주기 위해 필요한 다양한 분야를 매니지먼트하는 하나의 전체적이고 종합적인 계획으로 수립된다.

## 2) 대학 발전계획의 의미

대학들은 많은 시간, 노력, 그리고 예산을 들여 발전계획을 수립하여 왔다. 하지만 대학의 특수한 상황에 조화를 이루지 못하는 아주 형식적인 계획은 대학에 혼란과 낭비를 초래할 수 있다(권기욱, 1998). 일부 대학에서 대학평가나 정부 재정지원사업 등의 외부 요구에 대응하기 위한 임시방편용으로 작성·활용되는 경우가 그 예이다. 이런 대학 발전계획은 실제 대학 발전계획의 성격과 의미에 부합한 실천 중심의 실행계획서가 되지 못한다. 결국 대학 발전계획은 대학구성원들에게 큰 의미를 제공하지 못하고 오히려 대학 내부에 갈등의 씨앗이 될 수 있다.

계획은 실천을 전제로 할 때에 비로소 의미가 있다. 대학 발전계획은 단계적 실행과 결과 성취에 대한 평가 및 환류가 유기적으로 이루어질 때 대학의 성장과 발전으로 이어진다. 만약 대학이 발전계획을 제대로 수립하지 않았거나 수립된 발전계획대로 실천하지 않는다면 이는 불안정한 기반 위에 세워진 건물과 같다. 대학이 발전계획을 제대로 수립하지 않거나 수립된 발전계획을 실천하지 않는다면 대학 발전을 위한 장기적인 로드맵 없이 하루하루 벌어지는 일들만 처리하기 급급해진다. 결국 대학 경쟁력을 갖추지 못해 대학의 존립 자체가 위태롭게 될 수도 있다. 이에 대학의 발전계획은 대학 발전을 위한 가장 중요한 요소이고, 실천이 전제되지 않은 발전계획은 의미가 없다.

대학은 계획 수립 단계부터 대학이 현재 어떤 상황에 처해 있는지에 대한 폭넓고 깊은 이해를 바탕으로 발전계획을 수립하게 된다. 대학 발전계획 수립 과정은 대학이 대내외적으로 자신의 위치와 제약조건을 명확히 파악함으로써 앞으로 무엇을 어떻게 해 나가야 하는지에 대한 분명한 대책을 마련하는 계기가 된다. 이러한 과정에서 교육 패러다임의 변화에 대한 이해는 매우 중요하다. 예를 들어, 4차 산업혁명 시대를 맞이하면서 요구되는 인재상의 변화가 있을 수 있다. 또한 과거의 교수 중심 교육에서 학습자 중심 교육, 정형화된 강의에서 현장 중심의 맞춤형 학습으로의 교수방법의 변화 등도 있다. 이와 같이 대학 발전계획은 다양한 교육 트렌드에 대처할 수 있는 계획을 수립해야 한다. 대학이 교육 패러다임 변화에 대처하지 못하면 발전계획의 핵심인 미래에 대한 가치를 상실하게 된다.

대학 발전계획은 대학이 외부 교육 환경과 교육 패러다임의 변화에 능동적으로 대응할 수 있도록 대학의 미션과 비전을 제시함으로써 대학이 가야 할 방향성을 제시한다. 즉, 대학의 발전계획은 기관의 미션과 비전을 명확히 하고, 목표설정을 위한 카테고리를 정하고, 조직의 초점을 촉진하는 지침이 된다. 대학은 대학의 전략적인 목표와 방향성이 분명할 때 대학의 교육, 연구, 봉사와 관련한 성과를 예측하고 실현해 나갈 수 있다. 대학 발전계획은 대학 내부의 역량과 외부적 환경 요인을 고려하여 대학 발전을 위한 체계적이고 실행 가능한 실행계획(Action Plan)을 포함해야 한다. 이렇게 수립된 대학 발전계획은 대학 내부 구성원들의 역할과 책임을 분명히 하고 대학 내부 구성원들의 참여와 노력을 증진시킨다.

## 3) 대학 발전계획 수립의 원리

발전계획의 수립에서 일반적으로 지켜져야 할 기본적 원리로는 혁신성의 원리, 합리성의 원리, 합목적성의 원리, 안정성의 원리, 실현가능성의 원리 등이 있다. 이러한 원리는 교육정책의 이념이나 교육행정의 원리와 유사한 속성을 가지고 있다. 그렇지만 발전계획은 기본적으로 미래사회 변화 등을 고려하여 대학 변화를 추구하는 것이기 때문에, 교육정책의 기본적 가치나 교육행정의 원리와 비교할 때 변화를 지향하는 원리들이 보다 더 강조된다고 볼 수 있다.

### (1) 혁신성의 원리

혁신성(innovation)의 원리는 기본적으로 발전계획이 변화를 지향하는 것을 의미한다. 미래사회 변화와 관련하여 대학에서의 변화를 추구하는 것이다. 그런 의미에서 발전계획에는 혁신성을 내포하고 있다. 발전계획이 미래 사회변화에 적극 대응하기 위한 차원에서 기본적으로 변화를 지향하는 것이다.

### (2) 합리성의 원리

합리성(rationality)의 원리는 발전계획이 수립되어 추진되는 과정을 의미한다. 합리성은 대학사회에서 추구하는 여러 가치 중에서 중시되는 대표적인 가치 이념이다. 예를 들어, 발전계획의 전략과제나 실행과제가 합리성을 갖지 못한다면, 그 계획은 이미 추진과정에서 적절하지 못한 것으로 판단될 것이다. 그러나 복잡한 대학 조직 속에서 합리적인 결정을 한다는 것은 그렇게 용이하지 않다.

### (3) 합목적성의 원리

합목적성(fit for purpose)의 원리는 발전계획이 대학 교육목적에 적합해야 한다는 것이다. 발전계획이 교육목적과 유리되거나 상반된 경우, 대학경영은 방향을 상실하거나 표류하게 될 가능성이 높다. 물론, 교육목적이나 교육목표가 오래 전에 설정되어 그 자체가 시대 변화에 적절하지 못하여 재조정되어야 하는 경우도 있을 수 있다. 이런 경우에는 발전계획 수립 이전에 교육 목적이나 목표부터 다시 검토하고 재설정하는 작업이 선행되어야 한다.

### (4) 안정성의 원리

안정성(stability)의 원리는 대학 발전계획도 안정성과 지속성을 가지고 추진되어야 한다는 것이다. 발전계획은 본질적으로 새로운 변화를 시도하는 것이다. 여기서 변화와 안정 간의 선택의 문제가 생기고 이에 따라 불가피하게 갈등이 생길 수도 있다. 발전계획이 기존 과제에 대한 신중한 고려 없이 급격한 변화만을 강조하게 되면 오히려 혼란과 부작용으로 교육의 역기능을 초래할 수 있다. 발전계획을 새로 수립하는 것이 아니라 지금까지 수행했던 발전계획을 토대로 안정적으로 추진하기 위해서는 발전 수립 과정에서부터 충분한 연구와 여론 수렴을 거쳐 정책의 시행착오적 요소를 줄이고, 단계적 접근의 과정을 거치는 안정성도 고려할 필요가 있다.

### (5) 실현가능성의 원리

실현가능성(feasibility)의 원리는 발전계획이 성공적으로 추진되기 위해서 고려되어야 할 요소이다. 발전계획의 실현가능성은 각각의 대안에 대한 제약조건과 사용 가능한 자원이 주어진 경우에 그 대안이 실행할 수 있는 것인가를 알아보는 것이다(최신융, 강제상, 김선엽, 임영제, 2011: 94). 우선 발전계획을 추진하기 위한 적절한 인적·물적·재정적 자원이 투입되어야 한다. 특히 발전계획 추진을 위한 재원 확보가 중요하다. 이런 투입 자원 외에도 시간적 여유가 있어야 한다. 또한 자원의 동원 못지않게 발전계획 추진을 위한 분위기와 여건 등이 조성되어야 한다. 많은 대학이 발전계획을 지속적으로 수립하고 있지만, 발전계획의 내용을 성공적으로 추진하지 못하고 있는 데에는 실현가능성을 충분히 고려하지 않은 데 기인한 것이다. 그동안 발전계획이 문서 작업(paper work)으로 끝난 경우가 너무나 많았다. 특히 발전계획을 추진하는 데 필요한 재원 조달 방안이 마련되지 않은 채 발표되는 발전계획은 대체로 실현가능성이 높지 않다. 발전계획의 실행과제를 추진하기 위한 분위기와 여건 조성은 실현가능성에서 중요한 과제가 된다.

## 2. 대학 발전계획의 추진 체계

### 1) 추진 체계의 개요

대학 발전계획의 추진 체계는 대학의 특성과 목표에 따라 달라질 수 있다. 대학 발전계획은 일반적으로 대내외 환경분석, 이해관계자 의견수렴, 산업동향 분석, 제도적 및 법적 영향 분석 등을 고려한다. 이를 바탕으로 교육혁신 전략과제를 도출하거나, 발전계획의 실천에 있어 실행부서와의 협의, 연도별 성과목표 설정 등 중장기 발전계획의 구체성과 실행력을 담보해야 한다. 이에 대학 발전계획의 추진 체계는 일반적으로 다음과 같다. 첫째, 대학 내부에서 발전계획 재수립에 대한 필요성을 검토한다. 둘째, 대학 내부에 발전계획 실행을 위한 조직을 구성한다. 셋째, 대학 발전계획 실행을 위해 주요 구성 요소를 검토한다.

### 2) 대학 발전계획 재수립의 필요성

대학에서 발전계획은 미래의 행동계획을 수립하는 것이다. 미래는 항상 변화하며, 미래의 환경 변화에 맞추어 발전계획의 방향이 달라진다. 대학 발전계획은 다음과 같은 점에서 재수립에 대한 검토가 이루어지고 있다.

#### (1) 대학 환경의 변화

대학 발전계획은 미래를 정확하게 예측할 수 없고 대학에 영향을 미치는 환경과 상호작용이 매우 역동적으로 변화하고 있는 시점에 이루어진다. 최근 들어 저출산 및 고령화의 인구구조 변화, 4차 산업혁명 시대의 도래 및 post COVID−19와 같이 새로운 교육적 요구 발생 등으로 대학 환경은 급변하고 있다. 이와 같은 상황에서 대학의 생존과 경쟁력 제고를 위한 다양한 노력 가운데 하나로 대학 발전계획을 점검하고 재수립 등을 검토하게 된다. 빅데이터 기반이라든가 4차 산업혁명 시대가 되면서 대학 발전계획은 종합적이고 체계적인 전략적 기획이 중요하게 되었다. 대학 내외적 환경분석을 강조하고, 환경에 대한 분석 결과는 발전계획의 중요한 측면이 된다. 대학이 변화하는 환경에 적응하기 위해서 스스로 중장기적 안목을 갖고 대학 발전의 기본 방향과 과제를 수립하는 일이 중요하다.

### (2) 대학경영진이나 대학정책의 변화

대학 발전계획 수립은 새로운 대학 총장의 취임, 외부 평가나 재정지원사업과 연계하여 필요에 의해서 새로 수립하거나 수정이 이루어진다. 대학 발전계획은 현실적으로 대학을 둘러싼 각종 재정지원사업 수행의 요건으로 사업이나 평가에 중요한 지침이 되고 있다. 따라서 발전계획은 장기적으로 수립되지만 주기적으로 발전계획을 현실에 맞게 개선하는 실용성도 중요하게 되었다. 특히 계획 자체에서도 차질이 있을 수 있고, 그러한 상황이 야기되면 관련된 행정가 모두가 참여하여 계획의 변경 여부를 검토하여야 한다. 계획의 변경은 환경의 변화, 자원 이용가능성의 변화, 법의 변화, 더 정확하고 새로운 자료의 개발 등 여러 가지 원인으로 야기될 수 있다.

### (3) 발전계획 수립의 주기성

발전계획은 일정 기간을 정해서 수립되기 때문에 현재의 발전계획 기간에 종료가 다가오면 새로운 발전계획을 수립해야 한다. 이런 경우는 대학에 따라 차이는 있지만 보통 5년 내지 10년을 주기로 발전계획을 수립하고, 발전계획이 종료되기 최소한 1년 전에 새로운 발전계획을 수립한다. 이런 경우는 발전계획 수립이 정기적으로 이루어지는 경우로 대학들은 주기에 맞추어 발전계획을 사전에 준비하여 수립한다. 대학에 장기계획이 도입되었고, 계획에서 시간체계가 5년 이상으로 확대되었으며, 대학의 발전계획은 대개 10년을 기준으로 작성되는 경향이 있다.

### (4) 대학경영의 수정

대학에서 발전계획은 반드시 예산이 뒷받침되어야 하므로 발전계획 자체가 실행과제의 수행과 관련한 연간 예산과정을 보여 주어야 한다. 발전계획에서 전략과제에 따른 실행과제를 설정하고, 이를 추진하는 로드맵에서 예산이 수반되어야 한다. 즉, 재정의 수입과 지출을 계획하고 검토하는 것은 발전계획에서 중요한 초기 단계이다.

### (5) 대학 발전계획의 공시

국내 모든 대학은 2008년부터 의무적으로 발전계획을 수립해야 하고, 그 결과를 대학알리미 사이트에 공시하도록 되어 있다. 2000년대 초반부터 대학이 현실에 대한 인식, 향후 대학이 나가야 할 미래의 방향과 미래를 실현하기 위한 구체적인 방안을 담기 위해 대학 발전계획을 수립해 왔다. 2007년 「교육 관련 기관의 정보공개에 관한 특별법(이하 정보공시법)」이 제정되면서 대학의 발전계획 수립이 선택이 아닌 의무사항이 되었으며, 수립된 계획은 대학알리미 사이트에 공시하도록 되어 있다(김훈호, 신철균, 오상은, 최혜림, 2011; 노일경, 정혜령, 황지원, 정세윤, 2020).

## 3) 대학 발전계획의 조직체계

대학은 대학 발전계획 수립을 위한 조직체계로 발전계획을 추진하고 운영하기 위한 조직과 위원회 등을 두고 있으며, 대학 발전계획 수립의 조직체계에 대한 일반적인 조직도는 [그림 1-1]과 같다.

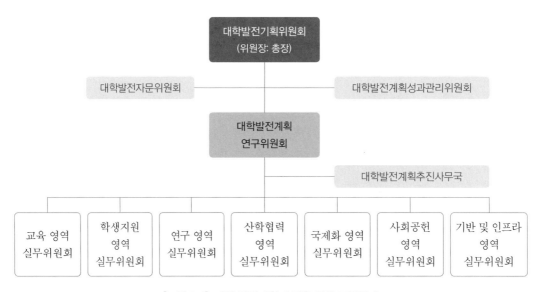

**[그림 1-1]** 대학 발전계획 수립을 위한 조직체계

### (1) 대학발전기획위원회

대학 발전계획 추진을 위한 최고 의사결정기구로, 당연직 위원인 총장을 포함하여 대학의 여건을 고려하여 7~15명 정도로 구성한다. 위원회 구성의 쉬운 방법은 대학의 교무위원회로 대

체하는 것이다. 하지만 대학 발전기획 추진을 보다 체계적으로 운영하고자 한다면 대학 이해관계자를 중심으로 구성하며, 필요에 따라 외부의 고등교육 관련 전문가나 산업계 또는 사회단체의 관계자 등을 포함하여 구성한다. 이와 같은 방식으로 대학발전기획위원회를 구성할 경우는 위원 구성의 균형을 유지하기 위해서 담당 직위나 구성원의 종류를 지정하는 것이 바람직하다. 이렇게 하면 구성원의 임기가 만료되었을 때 해당 직위에 임명할 수 있는 명확한 근거가 될 수 있다. 대학발전기획위원회의 가장 중요한 기능은 대학 발전계획의 수립과 추진 및 환류에 대한 심의·의결이다.

### (2) 대학발전자문위원회

대학발전자문위원회의 목적은 대학 발전계획과 자체 진단평가에 대해 대학발전기획위원회의 자문에 응하기 위하여 둔다. 자문위원회의 기능은 발전계획 수립에 관한 사항이나 추진 결과에 관한 사항을 다루는 것이다. 또한 대학 발전계획은 대학기관평가인증 자체 진단평가와도 밀접한 관련이 있기 때문에 자체 진단평가의 계획 수립이나 추진 결과까지 함께 자문을 할 수가 있다. 자문위원회의 구성은 교내위원뿐만 아니라 교외위원을 포함하여 구성한다. 대학과 관련된 전문지식과 경험이 풍부하고 폭넓은 이해와 식견을 갖춘 인사로 구성하되 7~8명 정도로 구성한다. 대학발전자문위원회에 운영에 관한 규정을 두어 회의 개최를 주기적으로 추진한다면 의미 있는 자문위원회가 될 수 있다.

### (3) 대학발전계획성과관리위원회

대학발전계획성과관리위원회는 발전계획 수립 초기단계부터 발전계획(연구)위원회에 자문을 하는 역할부터 시작해서 대학 발전계획이 계획대로 실행되고 있는지를 확인하는 역할을 한다. 성과관리위원회는 대학발전기획위원회의 의사결정에 대한 지원과 계획 프로세스의 원만한 진행, 계획의 실행여부 등을 확인하고 운영결과에 대응할 수 있도록 한다. 대학 발전계획성과관리위원회는 대학내 구성원으로 구성하며 위원장과 위원은 총장이 위촉한다. 성과관리위원회는 매년 대학 발전계획 운영에 대한 실행점검을 모니터링하고, 그 결과를 바탕으로 향후 발전계획에 대한 환류 사항을 보고한다.

### (4) 대학발전계획연구위원회

대학발전계획연구위원회는 대학 발전계획을 수립을 추진하는 위원회이다. 이 위원회는 대학 발전계획 수립을 위해서 신설하기도 하지만, 상설로 구성해서 유지하는 것도 검토할 필요가 있다. 이 위원회를 상설로 유지해야 하는 이유는 효과적으로 발전계획을 추진할 수 있는 기능을 갖추기 위해서이다. 위원회에 임명된 사람들 중에는 발전계획에 대한 실무 지식이나 초기에 이를 잘 수행할 수 있는 폭넓은 기획적 관점을 가진 사람이 있어야 한다. 대학발전계획연구위원회는 대학 발전계획 수립을 위한 전문가 및 대학 관계자로 대학의 특성이나 규모를 고려해서 6~12인 내외로 구성하고, 연구위원회 위원장과 위원은 총장이 위촉하며, 연구위원회 내에 부문별 위원회를 구성하게 된다. 부문별 위원회는 대학 발전계획과 관련하여 실제 계획을 수립하는 역할을 수행한다.

### (5) 대학발전계획추진사무국

발전계획 수립의 성패는 많은 이해관계자가 발전계획의 내용을 이해하도록 하는 것이 중요하다. 대학발전계획추진사무국은 계획 수립에 따른 각종 행정지원과 영역별 보고서 정리, 그리고 각 위원회 간의 유기적 연계, 자문위원의 의견수렴, 대학 구성원의 의견수렴 등의 업무를 담당하며, 발전계획 수립을 단계적으로 진행시키는 임무를 수행한다.

## 4) 대학 발전계획의 주요 구성 요소

### (1) 대학 발전계획 추진의 구분

대학 행정에서 발전계획은 대학의 모든 분야를 고려한 종합적인 전략으로 대내외 환경분석 결과를 바탕으로 대학의 비전과 목표, 추진과제, 그리고 실행계획과 예산 계획을 포함한다. 대학의 설립 목적과 미래의 비전, 이를 달성하고자 하는 목표와 전략방향, 이를 실천할 수 있는 전략과제와 실행과제를 설정하게 된다. 이를 편의상 발전계획의 거시적인 측면과 미시적인 측면으로 구분할 수 있다. 우선 거시적 측면은 대내외 환경분석을 바탕으로 대학의 미래상을 구상하는 미래 비전과 발전목표 및 발전전략을 포함하는 발전체계도를 수립하는 부분이다. 대학이 수립하는 발전계획의 비전과 발전목표 및 발전전략을 설정하는 일은 구체적인 이행 방안을 마련하기 위한 선행조건이다. 다음으로 미시적 측면은 발전전략에 따라 주요 분야(부문)별 목표를 실현하기 위한 전략과제와 실행과제 및 예산 등의 구체적인 이행 및 관리체계 계획을 작성하는 부분이다.

[그림 1-2] 대학 발전계획의 거시적인 부분과 미시적인 부분

## (2) 발전계획 추진의 구성 요소

발전계획에는 여러 구성 요소가 있으며 각 구성 요소는 특정 목적을 수행한다. 발전계획은 이러한 개별 구성 요소가 서로 정렬되고 상호 지원되도록 하는 것이다. 미션은 발전계획에 포함된 모든 것이 미션과 일치해야 하기 때문에 발전계획의 기초(foundation)가 된다. 미션을 달성할 경우에 그려지는 비전과 발전 목적과 목표는 발전계획의 자원 요소(supporting components)로 전략계획(strategic plan)을 설정하는 지침이 된다. 미션과 비전은 기관의 포부에 대한 표현이며, 발전목표는 비전을 향한 진행 상황을 평가하는 메커니즘을 제공한다. 대학 발전계획을 전체로 볼 때는 영역별 구성 요소가 서로 연결되고 상호 관련성을 갖게 된다.

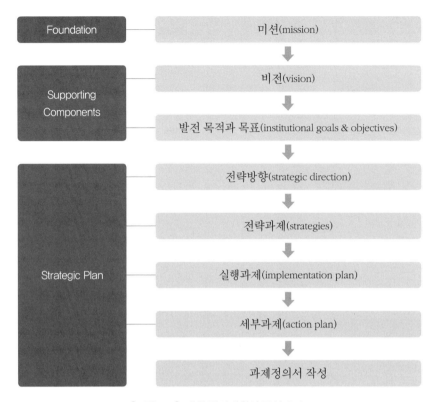

[그림 1-3] 대학 발전계획의 구성 요소

① 미션

미션(mission)은 모든 발전계획의 기초이고, 미션의 진술은 간결한 언어로 기관이 존재하는 이유와 운영 목적을 설명한다(Hinton, 2012). 기관에 대한 진술인 미션은 기관이 무엇을 상징하고, 그것이 무엇을 의미하는지에 대한 설명을 포함한다. 그러나 미션을 모든 사람이 동의하는 진술로 구현하는 것은 쉽지 않다. 그렇다고 미션을 너무 일반적으로 기술하는 것도 문제가 있다. 왜냐하면 해당 대학이 다른 대학과 어떻게 다른지 밝히는 것도 필요하기 때문이다. 미션은 매우 짧고 기본적인 목적 선언으로 요약된다. 미션은 대학이 성취하고자 하는 것과 대학이 존재하는 이유, 기대되는 궁극적인 결과를 문장으로 기술한다. 미션은 대학이 '이것이 우리가 여기에서 하려는 일이다'라고 표현하고자 하는 바를 명확하고 간결하게 진술한다. 어떻게 하면 대학의 미션을 이해하기 쉽고, 가독성 있게 표현할지, 모두가 공감할 수 있도록 고민을 하면서 미션을 수립한다.

② 비전

미션이 존재 이유라면 비전(vision)은 기관이 추구하는 미래상이다. 비전은 기관이 특정 기간 내에 되고자 하는 기관에 대한 명확한 설명이다(Hinton, 2012). 비전에 사용되는 동사는 현재 또는 미래 시제를 사용한다. 비전은 미래에 기관의 전략적 위치와 미션과 관련하여 해당 위치의 특정 요소를 정의한다. 경우에 따라 비전은 대학 리더가 제시할 수도 있지만 일반적으로 비전은 대학의 구성원 특히 발전계획을 수립하는 위원회를 중심으로 대학 내의 각종 위원회에서 검토하고 수정한다. 비전은 발전계획 기간 동안 대학의 목적지이다. 비전에는 미래 상태에서 조직을 정의할 특성이나 기능이 포함되어 있다. 비전은 대학의 모든 구성원에게 미래에 대한 동일한 목적지를 제공함으로써 발전계획을 추진하는 과정에 도움이 된다. 결국 비전은 대학 구성원들에게 동기를 부여하고, 영감을 주는 데 사용되며 달성 가능한 것에 대한 방향성을 부여한다.

발전계획이 소기의 목적을 달성하기 위해서는 발전계획에 있는 전략계획을 구현하도록 요청받은 사람들이 모두 '같은 방향으로 당기고' 있는지 확인하는 것이 중요하다. 1970년대 초반 존 케네디 대통령이 시설을 견학하기 위해 NASA를 방문했다. 그는 청소부에게 "여기서 뭐하세요?"라고 물었다고 한다. 관리인은 "나는 사람을 달에 보내는 것을 돕기 위해 여기 있습니다."라고 대답했다고 한다. 이 이야기는 구성원들이 단합해 앞으로 만들고 싶은 기관의 모습이나 성취하고자 하는 결과가 비전이라는 것을 나타내고 있다. 대학은 대학의 이해관계자인 구성원들에게 비전 설정에 참여하는 기회를 제공하여 비전을 '공유'할 수 있는 기회를 제공하는 것이 얼마나 중요한지를 알 수 있다.

### ③ 목적과 목표

많은 사람은 발전계획을 수립할 때 사용되는 용어에 대해 혼란을 겪는 경우가 있다. 대표적으로 목적(goals)과 목표(objectives)는 발전계획에서 사용하는 용어이고, 사람들은 목적과 목표라는 단어를 같은 의미로 사용하기도 하지만 실제 발전계획에서 목적과 목표는 계층구조가 있다. 목적은 미션과 비전과 관련이 있으며, 조직이 존재하는 가장 중요한 이유와 조직의 비전에 도달하기 위해 방향성을 제시하게 된다. 목적이란 단어는 함축적으로 더 일반적인 방향을 제시하고, 자체적으로 완료에 대한 세부 사항을 포함하지 않는다. 목적은 발전계획을 실행하는 데 필요한 활동의 특성과 계획 실천의 성과를 평가할 때 전반적인 방향 지침을 제공한다. 한 가지 고려해야 할 점은 발전계획의 목적을 정량적으로 '중부권 대학의 1위'와 같이 할 수도 있다. 이러한 표현은 하나의 슬로건으로 지향점을 나타내기는 하지만 정말 어떠한 대학이 되고 싶은지 목적의 의미가 전달되지 않는다. 가능한 목적은 비전을 구체화한 정성적인 표현이 필요하다.

목표는 기관의 미션과 목적을 이해할 수 있는 구체적인 목표로 수립한다. 따라서 목표는 조직이 정해진 기간 내에 달성하려는 것으로 구체적이고 측정 가능해야 한다. 대부분의 대학에서는 숫자를 통해 명시적으로 달성 목표를 정하고 이를 이행할 수 있는 전략방향과 전략과제를 설정하게 된다. 목표는 목적보다 가시적이고 집중적이며, 목표로 설정된 것은 정량화된 결과로 표현 가능하다. 즉, 목표는 '무엇'을 달성해야 하는지에 대한 질문의 답이다. 목적과 목표의 주요 차이점을 보면, 목적은 행동 뒤에 있는 더 깊은 이유 또는 의도와 관련이 있는 반면, 목표는 달성하기 위해 노력하는 구체적이고 측정 가능한 결과를 의미한다. 하지만 대학에 따라서는 목표를 명시적으로 작성하지 않는 경우도 있다.

---

**Work Point**

- 혹자는 목적과 목표를 혼동하여 아주 추상적인 개념으로 온갖 미사여구를 동원해 그럴듯하게 목표를 설정하는 경우가 있다. 이런 경우에 목표가 뚜렷하지 않게 되어 목표를 달성하기 위한 원동력을 가질 수 없다. 잠시 목적과 목표를 명확히 짚고 넘어가 보자.
  - 목적은 나아갈 방향성을 말하고 목표는 도달하고자 하는 지점을 말한다. 목표는 그 일이 끝나는 지점에 그 일이 어떤 상태가 되도록 만들겠다는 것을 말한다. 그래서 추상적인 단어를 늘어놓기보다는 명확하고 이성적이며 객관적이고 구체적으로 설정해야 한다.
  - 예를 들어, '부동산 투자를 통해 돈을 많이 벌겠다'는 것은 목표이고, '돈을 벌어서 근사한 집과 차를 사겠다'는 것도 목표이다. '근사한 집과 차를 마련했으니 결혼을 할 것이다'도 목표이다. 그러면 이 목표를 설정하는 이유는 뭘까? 예를 들어, '행복하게 사는 것이다'라고 할 수 있을 텐데, 이게 바로 목적인 것이다.

---

④ 전략계획

대학이 가지고 있는 목적과 목표를 실행계획으로 전환하는 것이 전략계획을 수립하는 일이다. 전략계획을 세우기 위해서는 우선 왜 '전략'이라는 단어를 붙였는지 생각해 봐야 한다. 의미를 정확히 알아야 그 의미에 맞게 만들 수 있기 때문이다.

전략(what)이란 구체적인 목표를 세우고 어떤 방향으로 나아갈지를 고민하는 것이다. 전략을 실행하는 데 필요한 것이 전술(how to)이다. 전술이란 한마디로 결정된 사항에 대해서 효율적으로 진행하는 것이다. 따라서 실행과제는 전술에 가깝다. 전략은 목적이나 목표, 방식, 비전 등을 고민한다면, 전술은 수단, 기술 등을 고민하는 것이다. 에베레스트산을 정복하기 위한 전략은 현재의 캠프 위치를 확인하고 올라갈 코스를 정하는 것이라면 전술은 난코스를 돌파하기 위한 방법을 찾아내는 것이다.

전략계획은 한번 정해지면 끝까지 고수하는 것이 아니라, 환경변화에 따라서 수정·보완되어야 하는 것이다. 전략과제와 실행과제는 발전계획 수립과 함께 그대로 유지해야만 하는 것이 아니라 목표 달성 여부를 점검하고 내외부 상황을 고려하여 얼마든지 방향 전환, 폐기, 신설될 수 있는 것이다.

전략계획은 미션과 비전 그리고 목적과 목표에서 제시된 대학의 추구하는 가치를 어떤 방향으로 구현할지를 전략으로 마련하게 된다. 따라서 전략과제는 목표와 연계성을 갖도록 설정하고, 그 전략과제를 이행하기 위해 실행과제를 마련한다. 전략계획에서 전략과제와 실행과제는 작업을 완료하는 구체적인 내용을 담게 된다. 전략과제를 도출하기 위해서는 SWOT 분석을 활용하면 접근이 용이하다. SWOT 분석을 하면 기본적으로 네 가지 과제는 도출할 수 있다. 강점을 통해 투자를 강화하고 활성화해야 하는 과제(SO 전략), 강점을 이용해 외부 위협을 최소화할 수 있는 차별화된 과제(ST 전략), 약점을 강점으로 바꿀 수 있도록 새로운 일을 적시에 개발하는 과제(WO 전략), 그리고 약점을 보완하기 위해 점검과 재설계를 통해 체계화하는 과제(WT 전략)를 도출할 수 있다. 실행과제는 각 목표와 단계에 필요한 자원을 고려해야 한다.

세부과제(action plan)는 전략적 사고를 실행하는 조치로 지시적이고 명확해야 한다. 즉, 세부과제는 실행을 이행할 책임이 있는 사람, 실행이 완료될 것으로 예상되는 날짜, 실행 완료를 평가하는 데 사용할 지표를 명시한다. 발전계획을 실행하기 위한 자원에는 사람, 시간, 공간, 기술 및 재원이 포함된다. 때때로 중요한 자원들에 대한 정확한 수요 예측은 어렵다. 다만, 발전계획을 추진함에 따라 어떤 특정 자원이 필요한지를 파악하고 자원의 크기를 조정하는 것이 중요하다. 발전계획에서 전략계획을 수립할 때 실행시기와 예산을 정하는 일이 중요하다. 실행시기는 일반적으로 예산 결정과 자원에 대한 의사결정과 연관이 된다. 실행계획의 주기는 예산

**Work Point**

- 가족여행을 생각해 보면, 전략과제는 '즐거운 가족여행', 실행과제는 '가성비 있는 숙소 정하기', '날짜별 여행 동선 짜기', '맛집 찾기'가 아닐까? 세부과제는 숙소를 조식 패키지 상품이나 수영장&사우나 패키지 상품을 찾아본다든가, 체험 중심, 관람 중심이나 혼합형으로 여행 동선을 짜는 것, 또는 지역 전통음식, 방송에 나온 유명 식당, 지역민들 추천 맛집을 찾아보는 것이라 말할 수 있다.

- 성과지표는 무엇일까? 내가 주도하여 계획한 여행을 마친 후 가족들의 전반적인 만족도가 아닐까? 관리지표는 숙소에 대한 만족도, 여행 일정에 대한 만족도, 식사에 대한 만족도일 것이다. 발전계획도 비슷한 사고 과정을 거쳐 시작해 보면 된다.

주기와 함께 연간 단위뿐만 아니라 장기적으로 조정하게 된다. 전략계획은 대학마다 추구하는 방향과 사업의 특성에 따라 달라질 수밖에 없다. 발전계획에서 전략방향은 지향성을 추구하고, 전략과제는 구체성을 강조한다.

**표 1-1** **학생지원 영역 발전계획 추진의 구성 요소 예시**

| 구분 | 학생지원 | | |
|---|---|---|---|
| 목표 | 입학부터 사회진출 성공까지 행복한 대학생활 지원<br>• 학생지원 분야 진행 업무와 성과(학습역량, 취업률, 창업, 교육만족도 등)를 통한 현황 파악<br>• 학생지원 분야 각종 데이터를 수집하고 측정하여 목표 달성도 확인(측정 가능성 확보) | | |
| 전략과제 | S  협동학습능력 상위권 진로지도체계 보유<br><br>O  일자리플러스사업 겸무교수제 시행 | W  낮은 취업률 높은 신입생 중도탈락<br><br>T  학령인구 감소 무전공 입학생 증가 | (SO) STEP BY STEP 학습지원체계 고도화<br>(ST) 진로지도 종합지원체계 구축<br>(WO) 진로 분야별 맞춤형 취업지원 시스템 강화<br>(WT) 맞춤형 상담으로 건강한 대학생활 지원 |
| 실행과제 | • 맞춤형 학습역량 강화 지원<br>• 트라이앵글 진로지도체계 구축<br>• 진로-취업 연계 로드맵 고도화<br>• 꿈-설계 상담 시스템 구축 | • 학생 상황별 학습역량강화 지원체계 구축<br>• 진로지도 플랫폼 개발<br>• 학생성장시스템 고도화<br>• 단계별(진단-예방-처방) 상담체계 구축 | |
| 세부과제 | • 학업능력/학습역량별 학습 지원<br>• 협동학습 역량강화 프로그램<br>• 전공진로탐색과목 리뉴얼<br>• 교과-비교과 연계 진로지도 맵 구축<br>• 직무 교육훈련 프로그램 다각화<br>• 진로 맞춤형 취업 설루션 제공<br>• 상담센터 기능 전문화 및 고도화<br>• 문제 예방을 위한 진단, 검사 활성화 | • 學UP 프로그램<br>• 학업단절자 학습 도움 프로젝트<br>• 전공진로 로드맵 업데이트<br>• 웹, 모바일 진로정보 시스템 개발<br>• 취업 연계 일자리 프로그램 확대<br>• 진로-경력-취업 성장 포트폴리오 제공<br>• 데이터를 통한 상담관리체계 마련<br>• 위기개입 문제해결 상담 지원 | |
| 성과지표 | • 학습역량지수(하위지표: 개별학습, 협동학습)<br>• 학생 중도탈락률(하위지표: 신입생, 재학생)<br>• 학생 취업률(하위지표: 재학 중, 졸업 후)<br>• 상담 만족도(하위지표: 지도교수, 상담센터) | | |
| 고려사항 | • 상담 전문인력 확보<br>• 교수 대상 진로지도 전문성 강화 교육 제공<br>• 취 · 창업, 상담 전문기관과 적극적 MOU 체결 | | |

⑤ 과제정의서 작성

과제정의서는 한마디로 전략과제 실천 기획서라 볼 수 있다. 기획서에는 배경(필요성), 추진 방향, 실행계획(전담 조직, 투입 인력, 스케줄, 예산), 기대효과가 필수적으로 들어간다. 따라서 과제정의서에는 과제명, 개요, 목표, 주관/협조부서, 시행 시기, 예산, 성과지표가 꼭 포함되어야 하고, 세부과제(action plan)를 실행하기 위한 과제의 중요도 및 시급성, 과제 간 우선순위를 선정하는 것도 필요하다.

과제정의서는 전략과제 단위로 작성하는 것이 적합하나, 필요하다면 실행과제 단위로 작성해도 무방하다. 작성 단위가 무엇이 되었든, 과제정의서를 구체적으로 작성할수록 발전계획의 실제 이행 및 이행 점검을 통한 환류를 효과적으로 추진할 수 있다.

전략과제 단위로 작성한다면 전략과제 내의 실행과제와 실행과제 내의 세부과제까지 기재하여야 할 것이다. 전략과제의 실행과제와 세부과제를 설정한 경우, 각 과제를 담당할 부서를 과제정의서 작성 단계에서 결정할 필요가 있다. 일반적으로 하나의 전략과제에 포함되는 실행과제와 세부과제를 여러 부서가 담당하는 경우가 많다. 예를 들어, 사회공헌 영역에서는 비슷한 유형의 사회봉사활동을 여러 부서에서 추진하는 경우가 많다. 이러한 경우 전략과제의 효과적인 이행을 위해 실행과제 또는 세부과제를 담당하는 주관부서와 해당 과제 내용 추진을 지원하는 협조부서를 명시할 필요가 있다. 하나의 전략과제에 여러 주관부서와 협조부서가 있는 경우, 전략과제책임자(champion)를 설정하여 전략과제를 책임지도록 하는 방법도 있다.

과제정의서는 추진과제, 그리고 상위 단계에서 추진해야 할 사업, 목표, 비전이 달성되어 가는 것인지 점검하고 모니터링할 때 중요하다. 과제정의서에 있는 실행과제나 세부과제가 완료된 다음 단계에서 추진해야 할 실행과제나 세부과제 추진이나 새로운 과제를 발굴하여 업그레이드시켜 나갈 수도 있다.

과제정의서에는 해당 과제의 목표, 소요 예산, 책임자, 주관 및 협조부서, 성과지표와 산출식 및 목푯값 등을 제시하고, 실행과제 및 세부과제를 포함해야 한다. 세부과제는 과제 간 우선순위와 과제별 추진시기가 있어야 하고 관리지표도 표기할 필요가 있다. 그리고 연도별 필요 예산과 그 예산에 대한 조달 계획, 인력 및 공간 확보계획까지 포함하여 제시한다.

이상의 과제정의서는 크게 세 가지로 구분할 수 있다. 첫째, 과제정의서의 주관부서 및 성과지표 설정이다. 여기서는 전략과제별로 추진하는 과제책임자, 주관 및 협조부서, 성과지표와 산출식 및 목푯값 등을 제시하게 된다. 둘째, 과제정의서의 세부과제 설정이다. 여기서는 실행과제 및 세부과제를 포함하고, 세부과제별로 관리지표와 추진 시기 및 우선순위를 제시한다. 셋째, 과제정의서의 인프라 설정이다. 여기서는 연도별 예산 계획, 연도별 예산 조달 계획, 인

력 및 공간 확보 계획 등을 포함하여 제시한다. 부가적으로 연도별 예산 계획에 따라 대학혁신
지원사업비, 국립대학육성사업비 등 국고보조금, 교비회계, 산학협력단회계 등에서 어느 정도
의 예산을 확보할 수 있는지에 대한 조달 계획도 함께 수립할 수 있다면 그 실행력이 더욱 강화
될 수 있다. 과제정의서의 양식을 제시하면 다음과 같다.

**표 1-2  과제정의서 작성 양식**

| 전략과제 | | | | champion | | |
|---|---|---|---|---|---|---|
| | | | | 주관부서 | | |
| 개요 | | | | 협조부서 | | |
| 목표 | | | | 소요 예산 (백만 원) | | |

| 성과지표 | | 산출식 | | | | | |
|---|---|---|---|---|---|---|---|
| | | 목푯값 | Y년 | Y+1년 | Y+2년 | Y+3년 | Y+5년 | Y+9년 |

| 실행과제 | | 실행과제명 | | 개요 | |
|---|---|---|---|---|---|
| | a | | | | |
| | b | | | | |
| | c | ⋮ | | ⋮ | |

| 세부과제 | | 주요 내용 | 관리지표 | 실행시기 [목푯값] | | | | 우선순위 | |
|---|---|---|---|---|---|---|---|---|---|
| | | | | Y년 | Y+1년 | … | Y+9년 | 중요성 | 시급성 |
| | a-1 | | | | | | | | |
| | a-2 | | | | | | | | |
| | b-1 | | | | | | | | |
| | b-2 | | | | | | | | |
| | c-1 | ⋮ | ⋮ | ⋮ | ⋮ | … | ⋮ | ⋮ | ⋮ |
| | c-2 | | | | | | | | |

| 예산 규모 (백만 원) | | 산출근거 | Y년 | Y+1년 | … | Y+9년 | 계 |
|---|---|---|---|---|---|---|---|
| | a | • | 5,000 | 50 | … | 50 | 5,450 |
| | b | • | 360 | 210 | … | 210 | 2,250 |
| | c | ⋮ | ⋮ | ⋮ | ⋮ | ⋮ | ⋮ |
| | | 계 | | | | | |

| | 실행<br>시기 | 교비회계 | 정부<br>(대학혁신<br>지원사업비) | 지자체 | 산학협력단회계 | 기타 | 계 |
|---|---|---|---|---|---|---|---|
| 예산 조달<br>계획<br>(백만 원) | Y년 | | | | | | |
| | Y+1년 | | | | | | |
| | ⋮ | | | | | | |
| | Y+9년 | | | | | | |
| | 계 | | | | | | |
| 인력/공간<br>확보계획 | • | | | | | | |
| 고려사항 | • | | | | | | |

**Work Point**

- 전략과제는 대학마다 특성에 따라 정하겠지만 12개 이내일 경우에는 다소 적어 보이고 20개 이상의 전략과제는 너무 많아 보이는 경향이 있다.
- 전략과제 내에는 실행과제와 함께 실행과제별로 2~3개의 세부과제 중심으로 기재하면 더 구체적인 실행력을 담보할 수 있다.

## 3. 대학 발전계획의 추진 절차

### 1) 대학 발전계획 추진 절차의 모형

대학 발전계획의 수립 및 추진 절차는 대학마다 차이가 있을 수 있으나, 일반적으로 대학 발전계획 수립 모형을 따르고 있다. 대학 발전계획 수립과정은 합리성이 중요하며 대학에 따라 차이는 있지만 다음과 같은 절차를 따른다.

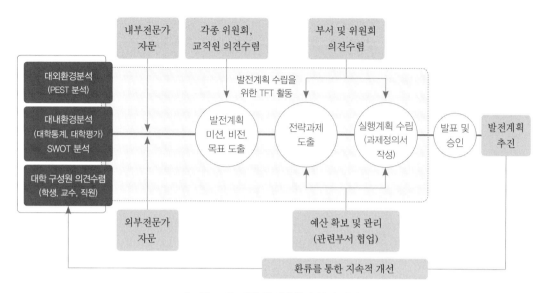

[그림 1-4] 대학 발전계획의 추진 절차

## 2) 대학 대내외 여건 분석

대학 대내외 여건 분석은 대학의 현재 상태에 대한 상황 분석을 의미한다. 그래서 대학 발전
계획을 실효성 있게 수립하기 위해서는 대내외 환경 및 여건 분석을 체계적으로 실시해야 한
다. 외부환경 및 여건 분석은 국가정책, 산업동향, 대학 통계 등이 이루어질 수 있다. 내부환경
및 여건 분석은 대학역량으로 SWOT 분석, 주요 평가지표 분석, 대학경영 진단 등을 활용할 수
있다. 이 중에서 대학의 자원, 정책, 신념과 철학, 주요 강점과 문제점, 조직 구조, 발전 가능성

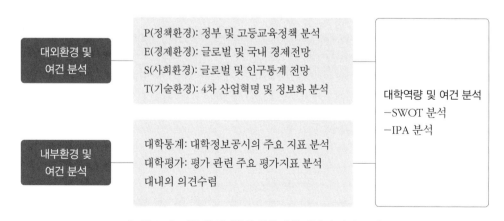

[그림 1-5] 대학 발전계획을 위한 대학 대내외 여건 분석

등을 조사하여 대학의 전략적인 분석으로 SWOT 분석이 가장 중요하다. 이를 통해 대학의 강점
과 약점, 기회와 위험을 파악한다. 대학 대내외 여건 분석을 반영한 대학 발전계획은 대학의 실
제 문제와 능력을 더 정확하게 고려함으로써 성공 가능성을 높인다.

## 3) 대내외 의견수렴

발전계획 수립을 위한 기초 조사로 내부 구성원의 의견수렴은 물론, 지역 산업체 등 외부의
의견수렴도 실시한다. 내부 의견수렴은 학생, 교수, 직원 등을 대상으로 요구조사나 만족도 등
을 실시할 수 있다. 외부 의견수렴도 지역, 산업체, 협의체 등을 대상으로 수요조사나 의견수렴
을 실시한다. 필요에 따라서는 토론회, 설명회, 워크숍 등을 통해서 더 적극적으로 대내외 의견
수렴을 할 수 있다.

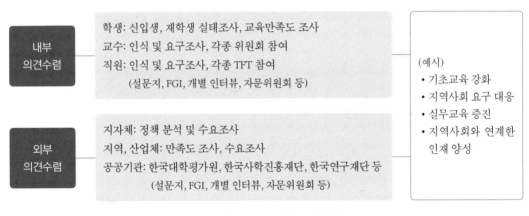

[**그림 1-6**] 대내외 의견수렴의 개요

## 4) 발전 목표 및 전략 설정

발전목표의 설정은 대학이 가고자 하는 곳을 결정한다. 목표가 명료하고 간결하게 진술되지
않으면 목표를 성취하는 데 필요한 자원과 노력을 집결하기 어렵다. 따라서 대내외 여건 분석
및 의견수렴의 결과를 바탕으로 대학의 발전목표를 정립하고, 이를 추진할 전략방향을 설정한
다. 대학의 비전, 미션, 목표 등의 수립은 대학 발전계획 수립의 방향성을 제시하는 것이다. 발
전목표는 구성원들이 성취하고자 하는 결과에 대하여 동일한 관점을 가질 수 있도록 진술되어
야 한다. 이를 토대로 대학의 핵심가치, 핵심역량 등을 파악하여 대학 발전전략을 수립한다. 발

전전략은 목표를 성취하기 위하여 수행하려고 하는 것을 묘사한다. 가능한 한 목표에 준하여 전략들이 고려되고, 그중에서 최선의 전략이 선정되어야 한다. 전략 자체는 시행이 가능하면서 경비의 효율성과 목표성취의 효과성이 조화를 이룰 수 있도록 하여야 한다.

## 5) 전략과제와 실행과제 개발

발전전략에 따라 이를 실행하기 위한 전략과제와 실행과제를 개발하게 된다. 발전목표를 성취하기 위한 발전전략은 직접적으로 실천될 수 있는 청사진이 아니기 때문에 구체적인 행동계획으로 전환되어야 한다. 전략과제와 실행과제 개발은 대학이 실제로 달성해야 할 대학 발전목표와 비전, SWOT 분석 결과 등을 고려하여 수립한다. 다만, 발전계획에서 대학에 영향을 미치는 것은 실천되는 전략과제와 실행과제임을 염두해 두어야 한다.

## 6) 실행계획 수립

대학 발전전략 수립 이후에는 대학 발전전략을 구체적으로 실현하기 위한 세부 실행계획을 수립한다. 세부 실행계획은 대학 발전계획의 목표를 실현하기 위한 구체적인 계획으로, 대학의 교육, 연구, 사회공헌, 산학협력, 국제화 등의 각 분야별 계획 수립을 의미한다. 실행계획의 수립과정에 참여 여부 및 계획의 만족 여부가 중요할 수 있는데, 계획을 실천해야 할 부서와 담당자를 정하고 성실한 실행계획의 수립 여부가 대학 발전 수행의 성패를 좌우한다. 총장도 실행계획 수립에 관심을 가져야 한다. 그렇지 않으면, 교직원들이 실행계획 작성을 형식적으로 하거나 서로 미룰 수도 있어 발전계획 자체가 무의미하게 된다.

## 7) 예산 확보 및 관리

대학 발전계획의 추진과정에서 어렵고 중요하게 고려해야 할 사항 중 하나는 예산 업무이다. 구체적인 예산 계획 없이 발전계획을 수립하는 것은 대학 발전계획이 대학의 여건과 환경을 고려하지 않은 형식적 보고서임을 보여 주는 것이 된다. 발전계획의 추진과정은 예산 기반 의사결정의 연속이라고 해도 과언이 아니기 때문에, 예산이 허용하는 범위 내에서 개선 및 추진이 이루어진다. 발전계획의 추진과정에 대한 예산 계획은 대학의 능력과도 직결된다. 대학의 전체 예산을 확인하고 전략과제별로 조율·검토하는 과정에서 이해관계자나 업무 담당자의 입장을 고려한 설득 논리를 개발해 구현되도록 해야 하는 복잡한 업무이다. 발전계획을 추진하는 과정에서 단계별로 해결해야 할 문제가 속출하고, 그때마다 긴밀한 대응을 통해서 대학이 얻고자 하는 최선의 결괏값을 도출하기 위해 예산을 책정하는 일은 매우 중요하다. 기관의 미션과 비전을 지원하기 위해 교육프로그램의 변경이나 시설 등 예상되는 예산 자원을 적절하게 할당하려면 포괄적인 맥락에서 대학의 여건과 환경을 명확히 분석하는 것이 중요하다.

## 8) 대학 발전계획의 발표 및 승인

대학 발전계획 수립 결과물을 발표하고 대학 구성원들과 외부 전문가들에게 검토를 받는다. 특히 대학 발전계획의 발표는 공청회, 설명회 등을 통한 공개 형식을 취하는 것이 바람직하며, 구성원들의 추가적 제안 기회를 보장하여 의견을 수렴하도록 한다. 이와 같이 대학 구성원들과 외부 전문가들의 검토 및 제안을 수렴하여 대학 발전계획을 보완하고 수정한다. 대학 발전계획은 대학 내부의 검토 절차를 거쳐 보완하고, 수정한 사항을 대학평의원회의 심의를 거쳐 최종 의결기구에 의해서 승인을 받는다. 사립대학의 경우는 이사회가 될 것이다.

## 9) 대학 발전계획의 추진

대학 발전계획의 원활한 추진을 위해서는 대학 발전계획 추진을 위한 시스템을 구축하고, 수립된 대학 발전계획을 실천하고 추진한다. 대학의 각 부서들은 대학 발전계획의 전략과 계획에 따른 역할에 따라 대학내 각종 프로젝트를 수행하고 추진한다.

## 10) 대학 발전계획 환류체계: 성과 추진 점검 및 관리

대학 발전계획을 수립하는 데 있어 전략계획을 유연하고 지속적으로 업데이트하는 핵심은 정기적인 추진 점검 및 관리이다. 발전계획의 추진 점검 및 관리를 수행하기 위해서는 우선 언제 할 것인지에 대한 시간의 기준이 필요하다. 기본적으로 매년 평가를 하면서 발전계획의 추진 점검 보고 및 연차평가를 통해 발전계획 수행을 점검하는 것이 필요하다. 발전계획의 연간 추진 점검은 연도별로 문서화된 성과를 수합하고, 이를 분석하여 성과지표에 도달 여부 등을 파악하는 것이 중요하다. 이 과정에서 발전계획의 환류 실행은 어느 부서에서 주관한 것인지를 명확히 할 필요가 있다.

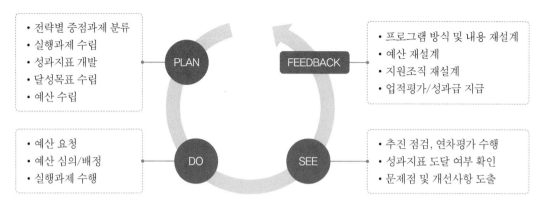

[그림 1-7] 대학 발전계획의 환류 체계

대체로 대부분의 대학이 기획처(실)에서 발전계획의 추진 점검 및 관리를 주관하지만, 대학 발전계획성과관리위원회(가칭)를 두어서 전년도 계획의 성과를 검토하고 내년도의 목표와 단계를 확인하거나 수정하기도 한다. 대학 발전계획의 추진 점검은 기획처(실)의 업무 소관이기도 하지만, 직접 업무를 수행하기에는 한계가 있다. 전문 역량도 필요하지만 궁극적으로 내부의 문제점을 들춰내야 하는 어려움이 있기 때문이다. 대학발전계획성과관리위원회(가칭)는 추진 점검 보고 및 연말 추진 점검을 통해 연 2회 발전계획을 관리하여 발전계획을 차질 없이 이행하는 한편, 발전계획을 수정할 수 있는 기회를 가져야 한다. 추진 점검 보고는 대학의 각 부서가 목표 달성을 보장할 수 있는 기회를 제공하기 위해서 중간 검토하는 일이다. 이러한 정기적인 활동을 통해 대학은 계획을 유연하게 유지·개선하고 대학 발전계획을 지속적으로 완성해 나간다. 특히 발전계획의 연도별 추진 점검 및 관리는 대학 발전계획의 최종 평가 시점에서 기초자료가 될 수 있다는 점에서 의미가 있다.

## 4. 대학 발전계획 추진을 위한 제언

### 1) 대학 발전계획 추진 시 주의 사항

#### (1) 대학 발전계획의 전략적 구현

대학 발전계획의 주요 주제는 대학마다 교육중심을 강조해서 학생의 교육적 요구에 부합하기도 하고, 연구중심으로 대학원 및 연구 프로그램을 확장하여 교육과정을 개선하는 데 더 관심을 가질 수도 있다.

발전계획의 기간은 5년이나 10년으로 할 수 있는데, 대체로 5년이나 10년으로 발전계획을 수립하더라도 주기적으로 발전계획에 대한 검토와 개선 및 보완이 이루어져야 한다. 어느 경우든 발전계획은 정해진 기간 내에서도 주요 주제에 대해서 완성의 의미가 아닌 지속성을 갖고 전략적으로 수정해야 하는 것이다.

### (2) 발전계획의 바텀업(Bottom-up)

발전계획의 추진과정에서 발전계획이 대학 운영에 반영되도록 하는 가장 포괄적인 방법은 발전계획을 부서계획과 연결하는 것이다. 이는 각 부서 운영목표에 발전계획의 내용을 연결하도록 요구함으로써 가능하다. 부서의 연간계획은 부서에 할당된 대학 발전계획의 전략계획에 대한 세부적인 운영계획을 수립하여 예산 요청의 기초를 형성하고, 예산 요청이 발전계획에 연계되는 방법을 보여 주도록 한다. 왜냐하면 발전계획과 운영계획 사이의 가장 직접적인 연결고리는 예산이기 때문이다. 부서 연간계획을 매년 예산 요청의 기준으로 사용함으로써 대학은 계획이 얼마나 잘 구현되고 있는지 모니터링할 수 있을 뿐만 아니라, 예산을 통해 계획의 우선순위를 조정할 수도 있다.

### (3) 기획과정에서 주요 의사결정자의 역할

대학들은 발전계획을 통해서 대학을 변화시키고자 하는 경우가 많다. 이런 경우에 고등교육기관과 관련된 모든 이해 관계자 그룹 중에서 '총장의 관여'가 중요하다. 총장이 적극적으로 발전계획 수립에 관심을 가져야 한다. 기획부서에만 맡기는 것이 아니라, 총장 스스로 비전과 목표 설정, 전략 수립에 관심을 갖고 관여해야 한다. 또한 사립대학의 경우는 이사회도 중요한데, 발전계획 수립에 대한 필요성이나 대학의 전략적 포지셔닝 및 전략적 수준 계획을 이해시켜야 하는 그룹이다. 이사회는 전체 기관에 영향을 미치는 정책 결정을 내리고, 예산 및 학업 프로그램에서 건물 및 부지에 이르기까지 중요한 의사결정을 하기 때문이다. 이사회가 대학 발전계획의 수립 및 진행 과정에 대한 이해가 없는 경우는 대학 전체 운영에도 부작용이 파생될 수 있다.

### (4) 외부 전문가의 활용

대학은 발전계획을 수립할 때 외부 전문가를 활용할 것인지를 고민하게 된다. 외부 전문가의 적절한 활용이 발전계획을 수립하는 데 도움이 될 수 있지만, 발전계획 수립 자체를 외부 컨설팅 회사에 외주를 주는 경우는 신중히 생각해 보아야 한다. 단순히 대학이 자체 인력의 노력을 통한 발전계획 수립이 어렵다고 판단하여 컨설팅 회사에 외주를 준다면 대학에 효과적인 최종 발전계획서를 담보할 수 없다. 왜냐하면 대학이 발전계획을 추진할 수 있는 의지와 지식이 없는 상태에서 외부에서 수립된 발전계획서는 실제 대학운영에 큰 도움이 되지 않기 때문이다. 즉, 발전계획의 내용을 전체적으로 이해해서 이끌어 가거나, 적절한 지원을 할 수 있는 인적 자원이 교내에 없기 때문이다. 외부에서 작성된 발전계획은 생각했던 것보다 대학 실정에 맞지 않아서 실행이 어려운 경우가 너무나 많다.

대학은 발전계획을 처음부터 외부에 컨설팅을 맡기기보다는 대학 자체적으로 대학 발전계획을 수립하고, 추후 발전계획의 내용이 적합하게 수립되었는지에 대하여 외부 전문가를 통해 확인·수정을 하는 방식으로 접근할 수도 있다. 외부 전문가는 대학을 이해하고 성공적인 발전계획을 수립하는 데 대한 기본적인 이해와 경험이 풍부해야 한다. 대학은 외부 전문가의 도움을 받고자 할 때, 고등교육 전문가인지, 대학 구성원으로서 교육 및 행정적 경험이 풍부한지, 대학 전체 및 부서 전략계획, 실행, 평가의 관계를 이해하고 있는지, 그리고 대학의 많은 기능과 영역에 대한 이해와 균형 잡힌 관점을 가지고 있는지를 확인할 필요가 있다.

### (5) 대학의 제도와 문화

대학의 제도와 문화는 대학마다 차이가 존재한다. 일부 대학은 독특한 문화를 가지고 있기도 하다. 이에 대학 발전계획이 대학마다 비슷한 것 같지만, 발전계획을 수립하는 과정에서 대학들은 대학의 특성을 반영하여 각기 다른 실행계획을 개발하게 된다. 외형적으로 비슷한 규모와 위치에 있는 대학들이 각기 다른 실행계획을 개발하게 되는 이유는 대학의 고유한 환경(기관의 미션 및 조직의 역사 포함)에 기초하여 형성된 제도와 문화가 작용한 결과이다. 따라서 다양성을 특성으로 각 대학들이 정체성 확립 또는 정체성 전환을 위한 노력이 발전계획에 담겨 있어야 한다.

### (6) 대학의 관리구조 및 역량

대학의 관리구조 및 역량은 기관의 행정적 상황이다. 대학의 행정적인 상황을 잘 보여 주는 것이 바로 대학 기관의 조직도이고, 조직도는 조직의 구성을 가시적으로 보여 준다. 조직도는 발전계획의 실행에 대한 의지를 확인해 준다. 하지만 대학 발전계획의 원활한 추진은 조직의 성격, 직원의 경험 및 역량 등이 중요한 역할을 한다. 즉, 발전계획의 실행은 각 조직의 리더십, 책임, 실행력, 의무 및 조정 능력에 기반을 두게 된다.

### (7) 발전계획에 대한 구성원의 인식

발전계획에 대한 구성원의 인식은 발전계획을 추진하는 중요한 원동력이다. 구성원들의 긍정적인 인식이 있는 대학과 그렇지 않은 대학은 발전계획 추진에서 차이가 크다. 대학 발전계획에 대해서 구성원들의 참여를 유도해야 하는 중요한 이유가 바로 구성원들의 집단적 헌신을 촉진하기 위해서이다(Robertson & Tang, 1995). 대학에서 일어나는 모든 일이 발전계획과 관련될 수 있으므로 조직의 모든 사람이 적절한 수준에서 발전계획의 추진과정에 참여해야 한다. 모든 사람이 발전계획에 참여할 수 있도록 해야 한다는 것은 모든 사람이 발전계획위원회에 임명되어야 한다는 의미는 아니다. 기본적으로 필요한 것은 조직 구성원과 함께 전략계획의 비전과 상대적 우선순위를 확인하는 것이다. 이는 다양한 방법으로 시도될 수 있으며, 이 모두는 대학 발전과 관련된 위원회의 각종 노력이 필요한 사항이다.

## 2) 대학 발전계획 추진 준비를 위한 점검사항

대학 발전계획의 추진 내용을 점검할 수 있는 체크리스트를 제시하면 다음과 같다.

**표 1-3** 대학 발전계획 추진 준비를 위한 체크리스트

| 단계 | 점검내용 | 수행 여부 (Y/N) |
|---|---|---|
| 준비 | 1. 발전계획 재수립의 필요성이 무엇인가를 구체화했는가? | |
| | 2. 발전계획을 추진하기 위한 조직 체계를 구성했는가? | |
| | 3. 발전계획을 위한 위원회가 구성되고 역할은 명시되었는가? | |
| | 4. 발전계획 추진을 위한 추진 절차를 구체화하였는가? | |
| | 5. 발전계획 추진을 위해서 역할 분담이 이루어졌는가? | |
| | 6. 발전계획 추진을 위한 절차를 공유하고 있는가? | |
| | 7. 추진 일정을 구체적으로 수립하였는가? | |
| | 8. 대학 발전계획 추진의 원리에 따라 추진사항을 검토했는가? | |
| 실행(운영) | 해당 사항 없음(세부 단계에서 적용) | |
| 평가 | 해당 사항 없음(세부 단계에서 적용) | |

## 5. 이 책의 구성

대학 발전계획은 대학 발전을 위한 기본 방향과 현재의 객관적 진단을 토대로 한 추진계획이 체계적으로 드러나야 한다. 발전계획은 미래 어떤 시점에 대학이 도달하고자 하는 바람직한 모습이 대학의 비전 및 목표로 제시되어야 한다. 이 책은 크게 세 부분으로 구성되어 있다.

제1부는 발전계획 수립을 위한 부분이고, 여기서는 발전계획의 성격과 추진체계 및 절차 등에 대해서 설명한다. 또한 발전계획을 수립하기 위해 현재 대학이 처한 대내외 환경분석을 한다. 현재 대학이 처한 외부 환경의 위기와 기회, 내부 상황의 강점과 약점 등이 분석된다. 발전계획을 수립하기 위해서 대내외 환경분석뿐만 아니라, 대학 구성원의 의견수렴도 중요하다. 이러한 대내외 환경분석을 바탕으로 SWOT 분석이 이루어진다면, 이를 바탕으로 대학 발전계획에서 중요한 미션, 비전, 발전목표 및 발전전략 등을 중심으로 대학 발전계획 체계도 수립을 시도하게 될 것이다. 체계도는 미션과 비전 및 발전목표 등이 제시되고, 이를 기반으로 구체적인 전략과제와 실행과제가 제시되는 틀로 이루어질 것이다.

제2부에서는 대학 발전계획의 실제에 해당하는 것으로 대학에서 발전계획이 이루어지는 영역별 실제적인 내용을 살펴보고자 한다. 구체적인 내용은 교육, 학생지원, 연구, 산학협력, 국제화, 사회공헌, 기반 및 인프라 영역으로 구분해서 실제 발전계획과 관련된 다양한 내용을 소개하고 타 대학의 사례를 알아본다. 이를 통해 대학 발전계획을 수립하는 과정에서 적절한 아이디어와 방법을 찾아보는 과정을 익히게 될 것이다. 특히 제2부는 각 영역에 따른 실제 세부적인 발전계획 수립에 대해서 다룬다. 발전계획의 실행과제는 성공적 수행을 위한 과제별로 과제정의서를 작성해야 한다. 이 과정에서 필요한 예산 반영 및 성과목표와 더불어, 연도별 로드맵 등 구체적인 내용이 다루어질 것이다.

제3부에서는 실제로 대학 발전계획을 추진하는 데 필요한 예산 편성과 발전계획 달성 여부를 확인하는 발전계획 성과관리를 위한 방법을 다룬다. 구체적으로, 대학 발전계획을 추진하기 위해서 실제 재정 확보와 집행이 제대로 이루어졌는지를 확인하게 될 것이다. 또한 대학 발전계획의 성과지표를 설정하고, 이에 대한 달성 여부를 어떻게 점검할 것인지에 대해 알아보는 발전계획의 성과관리까지 점검해 본다.

발전계획은 환경변화나 상황에 잘 대응하고 방향성을 가지고 있어야 한다. 이 책을 통해 대학이 발전계획을 수립할 때 자체적인 역량을 가지고 주도적으로 발전계획을 수립하려는 태도와 이에 필요한 사고 기술을 습득해서 실제 대학 발전계획을 수립하기를 바란다. 대학 발전계획을 수립할 때 외부에 위탁하는 경우는 대학이 더 좋은 방법을 찾아가기 위한 나름의 노력을 포기하는 경우이다. 대학이 발전계획을 자체적으로 수립하려고 노력하면 대학의 성과관리도 주도적으로 할 수 있게 된다는 의미에서 『대학 발전계획의 이해와 실제』라는 교재를 집필하게 되었다. 이 책의 구성을 보면 다음과 같다.

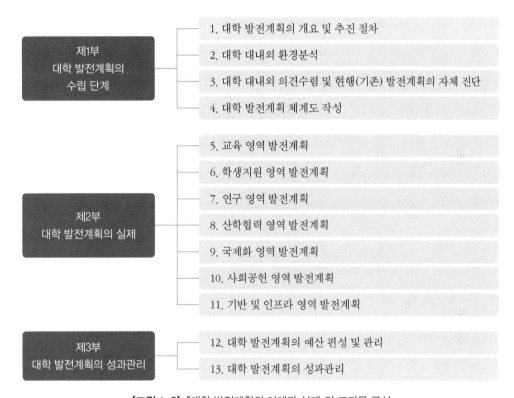

[**그림 1-8**] 『대학 발전계획의 이해과 실제』의 교과목 구성

제**2**장

# 대학 대내외 환경분석

Effective Strategic Planning in Higher Education

대학이 발전계획을 수립하거나 고도화하는 과정에서 대외적인 상황과 대내적인 현황을 분석하고 이를 반영하는 일은 그 무엇보다 우선시되어야 하며 중요하다. 대학 발전계획 수립의 기초가 되는 환경분석은 대학의 지속가능한 성장과 경쟁력 강화에 필수적인 요소이기 때문이다.

이 장에서는 현재 대학들이 직면한 복잡한 대내외 환경을 진단하고 분석하는 다각적 방법론을 제시하였다. 우선, 대학의 대외 환경분석을 위한 PEST(정책, 경제, 사회, 기술적 요인) 분석을 소개하였다. 이어서 SWOT(강점, 약점, 기회, 위협) 분석을 통해 대학의 내부 환경을 체계적으로 평가할 방법을 제시하여 대학이 현재 위치를 정확히 파악하고, 발전계획을 수립하는 데 필요한 전략적 통찰력을 얻을 수 있도록 하였다. 이 외에도 대학알리미, 고등교육통계, 한국대학평가원 등에서 제공하는 정량자료와 이해관계자 분석, 벤치마킹을 통해 상대적 경쟁력을 파악할 수 있는 방법을 제시하였다.

마지막으로 대학의 대내외 환경분석이 대학 발전계획을 수립하고 실행하는 데 있어서 전략적 사고를 가능하게 하는 핵심 도구임을 이해할 수 있도록 하였다. 그 방법으로 PEST 분석, SWOT 분석, IPA 분석 등을 자세히 소개하였다. 이러한 방법은 대학 발전계획을 통해 지속가능한 대학 발전을 도모하는 데 있어 튼튼한 토대를 마련해 줄 것이다.

## 1. 대학 대내외 환경분석 개요

### 1) 대학 대내외 환경분석 필요성

대학 발전계획을 수립할 때 대내외 환경분석이 중요한데, 이유는 대학의 미래 방향성을 설정하고, 전략적 결정을 내리는 데 필수적인 과정이기 때문이다. 대학이 직면한 대외 및 내부 환경을 체계적으로 조사 · 분석하면, 대학의 강점, 약점, 기회, 위협요인 등을 파악할 수 있다.

대외 환경분석은 대학이 직면한 정책, 사회, 경제, 기술 등의 외부 환경 변화를 살펴보는 것이고, 이를 통해 대학이 직면한 기회와 위협을 파악할 수 있다. 이것들은 대학의 운영에 큰 영향을 미치므로, 변화를 미리 인식하고 대응하는 것이 중요하다. 이를 통해 대학은 직면한 환경 속에서 어떤 기회를 잡을 수 있는지, 또 어떤 위협에 직면하고 있는지를 파악하고 대응할 수 있다.

내부 환경분석은 대학의 현재 상황을 정확히 이해하고, 그 상태에서의 강점과 약점을 파악하기 위해 필요하며, 이는 대학 구성원, 교육, 연구, 재정, 인적자원, 시설 등을 조사하여 대학의 강점과 약점을 파악하는 과정이다. 대학을 구성하고 있는 핵심 자원의 현황을 파악하고 평가함으로써, 대학이 어떤 전략을 취해야 할지 결정하는 데 활용할 수 있다. 또한 대학 내부의 문제점을 발견하고, 이를 개선하기 위한 방안을 마련하는 데도 중요한 역할을 한다.

### 2) 대학 대내외 환경분석의 과정

대학 발전계획은 대학의 제반 분야를 망라한 마스터플랜으로 미래 대학의 비전과 목표, 전략과 추진과제, 그리고 실행계획으로 구성된다. 대학 발전계획은 대학의 미래 청사진이며, 경쟁력의 바로미터이다. 변화하는 미래 트렌드에 대응하기 위한 대학의 발전 방향을 제시할 뿐만 아니라, 전략적 의사결정의 근거이자 자원배분의 기준이 되며 부서별 일관된 목표 수립과 실행을 가능하게 한다는 점에서 중요하다. 아울러 최근 각종 평가와 재정지원사업에서 인재상, 교육목표, 사업과의 연계성을 가진 발전계획을 요구하고 있는바 그 중요성은 더욱 커지고 있다.

대학 발전계획을 수립하는 데 있어 가장 중요하게 고려할 것은 '교육수요자의 니즈를 반영하여 수립하였는가?', '교육부 정책과 사회적 수요, 미래지향적인 교육 트렌드를 반영하였는가?', '명확한 목표와 전략, 실행계획을 포함하였는가?'로 요약할 수 있다.

대내외 환경분석은 대학의 발전과 성장을 위해 필요한 전략 수립과 의사결정을 지원하기 위해 수행되는 중요한 작업이며, 크게 대외 환경분석과 내부 환경분석으로 나눌 수 있다.

### (1) 대외 환경분석

대외 환경분석은 대학의 대외 환경을 파악하는 과정이며, 주요 요소로는 정책, 경제, 사회, 기술, 환경 등이 있다. 대외 환경분석을 통해 대학이 위치한 국가 또는 지역의 경제 상황, 산업 동향, 사회적 요구사항 등을 파악할 수 있다.

또한 정부의 교육 정책, 시장의 변화, 기술의 발전 등을 분석하여 대학의 전략을 조정하고 적용할 방안을 모색할 수 있다. 대외 환경분석은 주로 대외적인 자료와 보고서 분석, 외부 컨설팅, 전문가 자문 등을 통해 실시할 수 있다.

### (2) 내부 환경분석

내부 환경분석은 대학 내부의 강점, 약점, 자원, 능력 등을 파악하는 과정이다. 주요 요소로는 구성원(학생, 교수, 직원), 교육, 연구, 시설, 재정 등이 있다. 내부 환경분석을 통해 대학 내부의 장점과 약점을 확인할 수 있으며, 이를 기반으로 대학의 경쟁력을 강화하고 개선할 수 있는 전략을 수립할 수 있다. 내부 환경분석은 주로 내부 만족도 조사, 구성원 FGI, 대학 내부 보고서, 통계, 각종 재정지원사업 보고서 등을 통해 실시할 수 있다.

### (3) 대학 대내외 환경분석

PEST 분석, 전문가 컨설팅의 대외 환경분석과 이해관계자 분석, 대학 경쟁력 분석, 우수대학 벤치마킹 등의 대내 환경분석을 종합하여 영역별 SWOT 분석을 통해 전략과제 → 실행과제 → 세부과제를 도출할 수 있다.

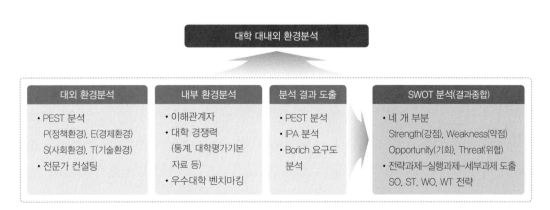

[그림 2-1] 대학 발전계획 수립을 위한 대내외 환경분석

## 2. 대외 및 내부 환경분석

### 1) 대외 환경분석

대외 환경분석 방법으로는 PEST(정책, 경제, 사회, 기술), ETRIP(Economic, Trade, Raw material, Industry, Political), 5 forces model(경쟁환경분석), 3C, BCG Matrix, SWOT 등이 있다. 이 중에서 가장 많이 활용되고 있는 PEST 분석에 대해 자세히 살펴보고자 한다.

### (1) PEST 분석

대학 발전계획을 수립하는 데 있어, 대학, 지역, 국가를 둘러싼 대외 환경의 변화를 고려하지 않을 수 없다. 일반적으로 대외 환경은 정책환경, 경제환경, 사회환경, 기술환경 등으로 분석하고, 이를 대학의 현황과 접목해 대외 환경분석에 따른 기회요인, 위협요인과 이를 바탕으로 한 시사점을 도출한다. 4차 산업혁명으로 일컫는 기술의 급격한 발전, 학령인구 감소, 저성장 시대의 도래, 학생 중심 교육 맞춤형 제도 혁신 등 급변하는 외부 환경에 선제적으로 대응하기 위해

**Political(정책환경)**
- 정부의 정책, 방침, 법의 개정, 규제의 강화 및 해지 등을 분석함
- 기본 정책도 중요하지만, 새로 변경되는 정책이나 규제가 대학에 어떤 영향을 미치는지를 미리 분석하고 대응해야 함

  - 정부정책(중앙정부, 지방정부)
  - 고등교육정책(국내, 글로벌)
  - 대학 규제 혁신

**Social(사회환경)**
- 인구, 문화 등 사회전반에 관한 추세나 유행 등이 분석 대상임
- 미래인재 요구 역량에 대한 연구를 통한 대응 전략 수립

  - 글로벌 트렌드
  - 인구통계학적 전망

**Economic(경제환경)**
- 경제지표, 경제동향, 산업동향 등이 분석 대상임
- 특히 글로벌, 국가 경제뿐만 아니라, 지역의 경제 전망을 분석하는 전략이 필요함

  - 글로벌 경제전망
  - 국내 경제전망(중앙, 지역)

**Technological(기술환경)**
- 산업동향, 신기술개발 등 기술과 관련한 동향 분석이 필요함(메가 트렌드)
- 특히 이들과 연계한 에듀테크 관련 기술의 발달에 대한 분석이 필요함

  - 생성형 AI, 융복합 기술 전망
  - 교육정보화(에듀테크) 전망

**PEST 분석**

[그림 2-2] PEST를 활용한 대외 환경분석 예시

대학의 새 비전과 전략을 담은 대학 발전계획 수립이 필요하다.

대외 환경분석으로 널리 사용되고 있는 프레임워크는 PEST[Political(정책), Economic(경제), Social(사회), Technological(기술)] 분석이 있다. PEST 분석은 다음과 같이 분석영역과 방향을 설정하고 진행할 수 있다. 특히 최근 교육부에서 고등교육 정책 및 실행을 지방정부로 이양함에 따라, 지방정부의 정책과 지역 현황을 분석하여 대학 발전계획을 수립하는 것이 어느 때보다 중요해지고 있다.

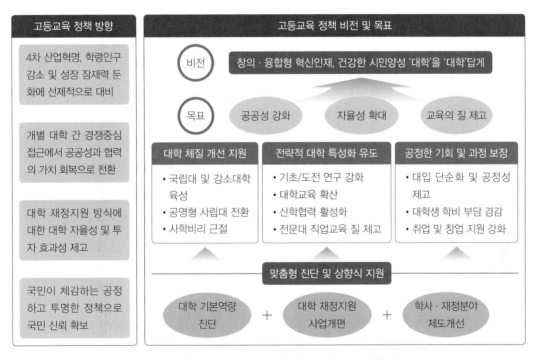

[그림 2-3] 정책환경 분석 예시(건양대 대학 발전계획서)

PEST 분석은 환경/생태(Environmental)와 법적 요인(Legal)을 포함하여 PESTEL 분석으로 확장하여 활용하기도 한다.

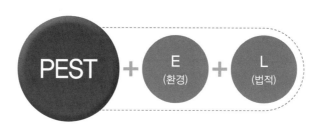

[그림 2-4] PEST 분석의 확장

### (2) 전문가 컨설팅

대학 발전계획을 수립하는 과정에서 전문가 컨설팅을 받는 것은 다양한 이점이 있다. 그러나 전문가 컨설팅을 이용하는 것이 반드시 최선의 선택이라는 보장은 없으며, 이를 선택함에 있어 그에 따른 단점과 한계를 충분히 고려해야 한다.

전문가 컨설팅을 활용하는 경우는 중·장기간 동안 대학을 둘러싼 정세의 변화와 대학의 현실을 더욱 객관적으로 파악하기 위함이다. 또한 일부 중소규모 대학의 경우 자체역량으로 대학 발전계획의 모든 분야를 분석하고 계획을 수립하는 것은 현실적인 어려움이 있기에 전문가에게 컨설팅을 의뢰하는 경우가 빈번하다. 그렇다고 중대형 대학 모두가 자체 인력으로 대학 발전계획을 수립하는 것은 아니다. 우리나라의 글로벌 대기업도 유력한 컨설팅 회사에 중·장기 사업계획에 대한 컨설팅을 의뢰하기도 한다.

표 2-1    **전문가 컨설팅의 필요성**

| 구분 | 내용 |
|---|---|
| 전문성 | • 보통 전문가 컨설팅 기관은 대학 발전계획 수립에 대한 높은 전문성과 풍부한 경험을 가지고 있다. 이들은 다양한 대학과 협력하면서 성공 사례를 경험하고, 그 과정에서 얻은 통찰력을 다른 대학에 제공할 수 있다. 또한 전문가 컨설팅 기관은 교육정책, 경제정책, 인력정책 등에 대한 최신 정보와 트렌드를 파악하고 있어, 이를 통해 대학이 미래를 대비하는 데 필요한 전략 수립에 도움을 줄 수 있다. |
| 객관성 | • 대학 내부에서 발전계획을 수립하는 경우, 자신들의 문제를 객관적으로 인식하는 데 어려움이 있을 수 있다. 이는 '숲은 못 보고 나무만 본다'라는 표현처럼, 복잡한 내부 상황 속에서는 전체적인 흐름을 파악하는 것이 어렵기 때문이다. 이런 상황에서 전문가 컨설팅 기관은 객관적인 시각을 제공하며, 대학이 자신들의 강점과 약점, 기회와 위협을 명확히 인식하는 데 도움을 줄 수 있다. |

| 시간과 리소스의 효율성 | • 대학 발전계획을 수립하는 것은 매우 복잡하고 시간이 많이 소요되는 작업이다. 대학 내부에서 이 작업을 수행하려면 많은 인력과 시간, 그리고 기타 리소스가 필요하게 된다. 전문가 컨설팅 기관을 이용하면 이런 부담을 줄일 수 있으며, 대학은 자신들의 핵심 역량에 집중하며 자원을 효율적으로 사용할 수 있다. |
|---|---|
| 새로운 아이디어와 접근법 | • 전문가 컨설팅 기관은 많은 대학과 협력하면서 그들의 다양한 경험과 전략을 보고 배울 수 있다. 이런 경험은 새로운 아이디어나 접근법을 제공하며, 대학이 자신들의 문제나 과제를 새로운 시각으로 바라보게 만든다. |

그러나, 이러한 장점에도 불구하고 전문가 컨설팅을 활용하는 것이 최선의 선택이 되는 것은 아니다. 전문가 컨설팅의 활용에는 다음과 같은 단점과 한계가 있다.

표 2-2 ) **전문가 컨설팅의 단점**

| 구분 | 내용 |
|---|---|
| 비용 | • 전문가 컨설팅을 활용하는 것은 상당한 비용이 발생한다. 소규모의 대학이나 예산이 제한적인 대학의 경우, 이러한 비용은 부담스럽지 않을 수 없다. 따라서 전문가 컨설팅의 필요성과 비용 효과성을 고려하는 것이 중요하다. |
| 내부 문화와의 부합성 | • 전문가 컨설팅 기관은 대학의 내부 문화나 상황을 완전히 이해하지 못하는 경우가 있을 수 있다. 이로 인해 컨설팅 결과가 대학의 실제 상황에 맞지 않거나, 내부에서의 수용성이 낮아질 수 있다. 따라서 컨설팅 기관이 대학의 문화와 상황을 충분히 이해하고 반영한 전략을 제시할 능력이 되는지 고려하는 것이 중요하다. |
| 의존성 | • 전문가 컨설팅에 과도하게 의존하게 되면, 대학이 자신들의 문제를 스스로 해결하는 능력을 저하할 수 있다. 이는 중·장기적인 발전을 위해서는 바람직하지 않은 상황이다. 따라서 전문가 컨설팅은 도움을 주는 도구로 활용하되, 대학 자체의 문제 해결 능력과 자기 개선 능력을 함께 키워 나가는 것이 중요하다. |
| 정보의 민감성 | • 전문가 컨설팅 기관에 대학의 내부 정보를 제공하는 것은 정보의 보안이나 민감성 문제를 야기할 수 있다. 특히 재정구조, 대학운영, 구성원 정보와 같은 민감한 정보를 다루는 경우에는 이러한 문제가 더욱 중요해진다. 따라서 전문가 컨설팅 기관과의 협업 과정에서 정보 보안에 대한 철저한 관리와 대책이 필요하다. |

결국, 전문가 컨설팅의 도움을 받는 것은 이점을 가질 수 있지만, 그에 따른 단점과 한계도 충분히 고려해야 한다. 대학은 자신들의 실제 상황과 필요성을 충분히 고려하여 전문가 컨설팅의 도움을 받을지, 받는다면 어떤 범위까지 받을지, 그리고 어떤 컨설팅 기관을 선택할지 결정해

야 한다. 이는 대학의 비전과 목표, 그리고 현실적인 상황 등을 종합적으로 고려하여 결정되어야 한다.

전문가 컨설팅 시행에 관한 의사 결정 후 의뢰할 경우, 대학 구성원과의 협업이 무엇보다 중요하다. 대학 발전계획은 수립한 계획을 달성해, 대학이 계획한 성공적인 모습으로 변모하는 실행계획서인데, 외부 전문가의 시각에만 의존하다 보면, 자칫 이상적인 계획서가 되어 실행과는 거리가 멀어질 수도 있기 때문이다.

전문가 컨설팅은 대학 발전계획 수립의 한 방법일 뿐, 모든 해결책을 제공하지는 않는다. 결국 가장 중요한 것은 대학 스스로가 자신의 문제를 정확히 인식하고, 이를 효과적으로 해결할 수 있는 전략과 계획을 세우는 것이다. 전문가 컨설팅은 이러한 과정을 지원하고 돕는 도구로 활용될 수 있다.

**Work Point**

- 발전계획 수립 과정에서 대외 환경분석은 가장 먼저 수행하는 과정이다. 대학 또한 사회의 구성원으로서 지역, 국가, 세계 등의 대외 환경변수에 따라 많은 영향을 받기 때문이다.
- 특히 대학 발전계획은 교육부를 중심으로 한 정부의 영향권에서 벗어날 수 없는 만큼 교육정책, 연구정책, 산업정책, 인력양성 정책에 대한 있는 분석이 필요하다.
- 대외 환경분석의 결과는 이 책 제2부에서 제시하는 대학 발전계획의 실제에서 영역별 전략과제, 세부추진과제로 지정하여 대학의 경쟁력을 높이는 데 활용해야 한다.

## 2) 내부 환경분석

### (1) 내부 환경분석 방법

대학 발전계획 수립 시 내부 환경분석은 매우 중요한 단계이다. 내부 환경분석을 통해 대학의 강점과 약점을 파악하고, 자원의 배분과 효율적 활용, 문제점의 개선, 이를 통한 전략 수립 기반을 마련할 수 있기 때문이다.

첫째, 교육, 연구, 국제화, 산학협력, 지원체계, 학생지원 서비스 등의 분석을 통해 강점을 파악하고 대학의 경쟁력 강화에 활용할 수 있다.

둘째, 학사구조, 교육과정의 부족한 점과 교육환경의 미비한 점, 지원 체계의 문제점 등을 파악하여 이를 개선함으로써 대학의 경쟁력을 향상할 수 있다.

셋째, 인력, 재정, 조직, 시설 등의 자원을 분석하여 효율적인 운영 방안을 모색하고, 자원의 낭비를 최소화하여 대학의 발전을 지원할 수 있다.

넷째, 조직적인 문제, 의사 결정 과정의 문제, 커뮤니케이션의 부재 등을 분석하여 문제를 파악하고 이를 개선함으로써 대학의 운영 효율성을 향상할 수 있다.

다섯째, 강점을 바탕으로 한 핵심 분야의 전략, 약점을 보완하는 전략, 자원의 효율적인 활용을 위한 전략 등을 수립함으로써 대학의 방향성을 설정할 수 있다.

내부 환경분석은 경쟁우위분석(Competitive Advantage Analysis), 기능 역량 및 자원분석(Functional Capability and Resource Analysis), 핵심 역량 동인 분석(Capability Driver Analysis), 7S

표 2-3 | 내부 환경분석 방법

| 구분 | 내용 |
|---|---|
| SWOT 분석 | • 대학의 강점(Strength), 약점(Weakness), 기회(Opportunity), 위협(Threat)을 분석하는 방법이다.<br>• 내부 환경인 강점과 약점을 파악하고, 외부 환경의 기회와 위협을 고려하여 전략을 수립할 수 있다. |
| 자원 분석 | • 인력, 재정, 조직, 시설 등의 자원을 평가하고, 이를 효율적으로 활용하기 위한 방안을 모색한다.<br>• 예산 분석, 인력 구성 분석, 시설 점검 등을 통해 자원의 상태와 운영 효율성을 평가할 수 있다. |
| 조직 분석 | • 조직의 업무 프로세스, 의사 결정 방식, 커뮤니케이션 체계, 리더십 스타일 등을 분석하여 조직의 강점과 약점을 도출한다.<br>• 조직문화 분석, 구성원 인터뷰, 설문조사 등을 통해 조직의 특성을 파악할 수 있다. |
| 교육 프로그램 분석 | • 교육과정 및 프로그램의 목표, 내용, 평가 방법, 성과 등을 평가하여 강점과 약점을 도출한다.<br>• 학생 설문조사, 교육과정 평가, 교육 프로그램 비교 등을 통해 교육과정 및 프로그램의 질을 분석할 수 있다. |
| 연구 업적 분석 | • 대학의 연구 성과와 업적을 분석하는 과정이다. 연구 분야, 연구 성과, 학술지 게재수, 연구비 확보 등을 분석하여 연구 업적의 강점과 약점을 도출한다.<br>• 연구 논문 분석, 연구 성과 평가, 연구비 분석 등을 통해 연구 업적을 분석할 수 있다. |
| 학생지원 서비스 분석 | • 대학의 학생지원 프로그램과 서비스를 분석하는 과정이다. 학생지원 프로그램의 종류, 규모(양), 학생 만족도 등을 평가하여 강점과 약점을 파악한다.<br>• 학생 설문조사, 학생지원 서비스 평가, 교육 품질 분석, 고객 만족도 조사 등을 통해 학생지원 서비스를 분석할 수 있다. |

모형(7S Model), 경영계층분석(Business Hierarchy Analysis), 3C분석, 4P 분석, 이슈분석(Issue Analysis), 맹점분석(Blind Spot Analysis) 등 다양한 방법과 도구를 활용하여 수행되는데, 대학 발전계획에서 사용되는 대표적인 내부 환경분석 방법은 〈표 2-3〉과 같다.

이 방법들은 각각의 특성과 목적에 따라 조합하여 사용할 수 있으며, 내부 환경분석의 결과를 종합적으로 고려하여 대학의 발전 방향을 설정하고, 전략을 수립하는 데 활용할 수 있다.

정리하면, 내부 환경분석은 정량지표 분석과 대학 내부의 현황분석을 통해 대학 발전계획 수립 과정에서 더욱 객관적인 시각으로 접근할 수 있으며, 이를 통해 개선, 유지, 확대 가능성을 엿볼 수 있는 자료로 활용할 수 있다. 분석 분야로는 교육, 연구, 산학협력, 국제화, 사회공헌, 행·재정 인프라 등으로 많은 대학이 구분하여 분석하고 있다.

### (2) 이해관계자 분석

#### ① 이해관계자 분석의 중요성

이해관계자 분석은 대학 발전계획을 세우고 실천하는 과정에서 매우 중요한 역할을 수행한다. 이는 다양한 이유로 설명될 수 있다.

첫째, 이해관계자 분석을 통해 다양한 관점과 의견을 수렴하게 된다. 대학 발전계획은 대학 내부의 학생, 교수, 직원, 대학경영진 그리고 대학 외부의 졸업생, 지역사회, 산업체, 학부모 등 다양한 이해관계자와 밀접한 관련이 있다. 따라서 이들의 의견과 요구사항을 철저히 파악하고 대학 발전계획에 반영하는 것은 무엇보다 중요하다. 이를 통해 대학은 더욱 풍부하고 다양한 의견과 정보를 확보할 수 있게 되며, 이는 대학 발전계획을 더 실질적이고 효과적으로 수립하는 데 큰 도움이 된다.

둘째, 이해관계자 분석은 대학 발전계획의 사회적 공감대를 형성하는 데 중요한 역할을 한다. 이해관계자들의 요구사항과 기대치를 충족시키는 계획을 세우고 실행함으로써, 대학은 이해관계자들로부터 더 큰 지지와 협력을 얻을 수 있다. 이는 계획의 실행력을 높이는 데 크게 기여하며, 이를 통해 대학의 지속적인 발전과 성장을 도모할 수 있다.

셋째, 이해관계자 분석은 대학 발전계획의 효과를 검증하는 데 중요한 역할을 한다. 계획이 실행된 후 이해관계자들의 반응과 피드백을 수집하고 분석함으로써, 대학은 계획의 효과와 성과를 객관적으로 판단하고, 필요한 수정 및 개선사항을 파악할 수 있다. 이는 대학 발전계획의 효율성과 효과성을 높이는 데 있어 중요한 역할을 한다.

따라서 이해관계자 분석은 대학 발전계획 수립과 실행 과정에서 빠질 수 없는 중요한 단계이다. 이 과정을 통해 대학은 더 효과적이고 지속가능한 발전계획을 세우고 실천할 수 있으며, 이를 통해 대학의 지속적인 성장과 발전을 이룰 수 있다.

② 이해관계자 분석단계

대학의 발전계획을 수립하는 과정에서 이해관계자 분석이란, 대학이 추진하고자 하는 방향성과 목표를 성취하기 위해 필요한 여러 이해관계자의 의견, 관심사, 기대치, 그리고 우려사항 등을 체계적으로 파악하고 이를 계획에 반영하는 과정을 의미한다. 이 과정을 통해 대학은 추진하려는 대학 발전계획에 대한 공감대를 형성할 수 있으며, 이는 결국 계획의 실행력을 높이는 역할을 한다.

대학 발전계획은 단순히 대학 내부의 문제점을 해결하는 것을 넘어서, 사회적인 변화와 경제적 변화에 대응하고, 미래 사회에서 요구되는 인재를 양성하는 등의 중요한 역할을 수행한다. 이와 같은 복잡하고 다양한 목표를 성취하기 위해서는 대학 내외 이해관계자들의 의견과 요구사항을 충분히 반영하는 것이 필요하다. 이러한 이해관계자 분석을 통해 대학은 미래 지향적인 대학 발전계획을 수립하는 데 필요한 다양한 지식과 정보를 확보할 수 있다.

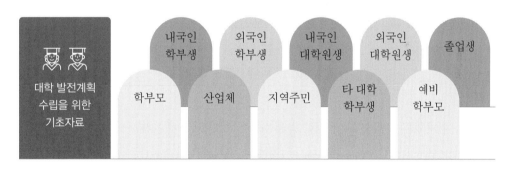

[**그림 2-5**] 이해관계자 분석 대상

이해관계자 분석의 방법론에 대해서는 다음과 같이 설명할 수 있다.

첫째, 이해관계자의 식별과 분류 단계이다. 대학 발전계획에 직접적인 영향을 주거나 받을 수 있는 이해관계자들을 식별하고, 이들을 대학 발전계획에 대한 영향력과 관심도에 따라 분류하는 것이다. 이해관계자는 대학의 학생, 교수, 직원, 대학경영진, 졸업생, 지역사회, 산업체, 학부모, 정부 등 다양한 그룹에 걸쳐 있다.

둘째, 이해관계자의 요구와 기대치 분석 단계이다. 이 단계에서는 각 이해관계자 그룹이 대학 발전계획에 어떤 요구와 기대를 하고 있는지를 파악하는 것이다. 이를 위해 설문조사, 인터뷰, 포커스 그룹 토론 등 다양한 방법을 사용할 수 있다.

셋째, 이해관계자의 요구와 기대치 반영 단계이다. 이 단계에서는 이해관계자 분석을 통해 얻은 정보를 대학 발전계획에 반영하는 과정이다. 이를 위해 이해관계자들의 요구사항과 기대치를 우선순위에 따라 정리하고, 이를 바탕으로 대학 발전계획을 구체화하는 작업을 진행한다. 이는 대학의 발전 과정에서 이해관계자들의 의견을 존중하고, 그들의 요구와 기대를 충족시키는 방향으로 계획을 수정하고 개선하는 데 기여한다.

넷째, 이해관계자의 반응과 피드백 단계이다. 이 단계는 계획이 실행된 후 이해관계자들의 반응과 피드백을 수집하고 분석하는 과정이다. 이를 통해 대학은 전략계획의 실행 과정과 결과에 대한 이해관계자들의 평가와 의견을 파악하고, 이를 다음 계획 수립에 반영할 수 있다. 이는 계획의 효과를 검증하고, 지속적인 개선을 위한 근거를 마련하는 데 중요하다.

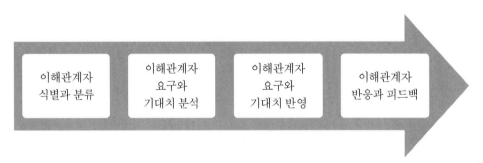

**[그림 2-6]** 이해관계자 분석 방법론

이렇게 이해관계자 분석을 통해 대학 발전계획을 수립하는 것은 대학의 사회적 책임을 실현하고, 대학 발전의 지속가능성을 확보하는 데 크게 기여한다. 대학 발전계획 수립 시 이해관계자 분석은 결코 간과할 수 없는 필수적인 과정이라고 할 수 있다. 따라서 대학 발전계획의 전반적인 과정에서 반복적으로 이루어져야 한다. 이는 계획 수립뿐만 아니라 계획의 실행과 평가, 그리고 수정 및 개선 과정에서도 계속 이루어져야 하는 과정이다. 이를 통해 대학은 지속해서 이해관계자들의 변화하는 요구와 기대를 파악하고, 이를 계획에 반영함으로써 미래 지향적이고 유연한 대학 발전계획을 수립할 수 있다.

결론적으로, 이해관계자 분석은 대학 발전계획 수립의 중요한 과정으로서, 대학의 미래 지향적 발전을 위한 핵심적인 역할을 하는 것이다. 이 과정을 통해 대학은 다양한 이해관계자의 의견과 요구를 충족시키고, 이해관계자들의 지속적인 지원과 협력을 얻는 계획을 수립할 수 있다. 이는 대학의 지속적인 발전을 위한 중요한 기반을 마련하는 것이다.

**표 2-4** 이해관계자를 대상으로 한 주요 분석 내용

| 대상 | | | 주요 내용 |
|---|---|---|---|
| 내부<br>구성원 | 학생 | 학부생 | • 교육과정 개선<br>• 전공선택 유연화 |
| | | 대학원생 | • 연구환경 조성 |
| | 교수 | | • 연구지원 |
| | 직원 | | • 행정서비스 |
| | 대학경영진 | | • 대학의 중장기적 발전 |
| 외부<br>구성원 | 졸업생 | | • 대학의 위상 제고<br>• 재교육 프로그램 |
| | 지역주민 | | • 대학의 지역사회 기여 |
| | 산업체수요조사 | | • 산업연계 교육과정 및 프로그램 |
| | 학부모 | | • 대학교육과정 |

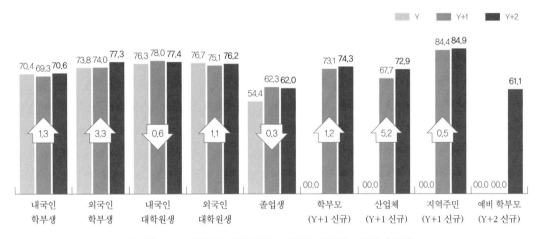

**[그림 2-7]** 이해관계자 분석 결과 예시(숭실대학교 발전계획서)

　　대학 발전계획의 추진과 목표를 달성하기 위해서는 대학 구성원의 인식 전환과 헌신이 필요하다. 따라서 수립 과정 전반에 걸쳐 대학을 둘러싼 이해관계자들의 의견을 반영할 필요가 있으며, 특히 직접 구성원에 해당하는 학생, 교수, 직원의 의견을 꼼꼼히 살펴볼 필요가 있다. 계획의 수립 단계에서 의견을 살펴보고, 반영하는 것은 대학 발전계획의 추진과정에서의 참여를 이끌 수 있는 모멘텀이 될 수 있기 때문이다.

　　이 책 제2부에서 다루는 영역별 전략계획의 추진과 달성은 결국 구성원들의 몫이기 때문에

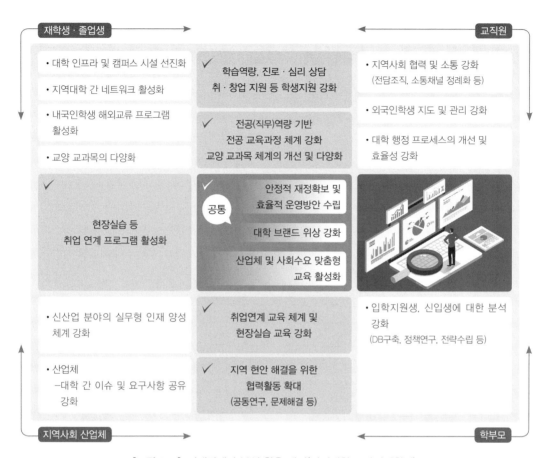

**[그림 2-8]** 이해관계자 분석 활용 예시(명지대학교 발전계획서)

이들의 의견을 반영하여 계획을 수립하는 단계는 무엇보다 중요하다.

(3) 대학 경쟁력 분석

한국대육협의회 대학정보공시, 한국대육협의회 한국평가인증원, 한국사학진흥재단 대학재정알리미 등 각종 통계자료를 통해, 우리 대학과 경쟁 대학 또는 목표하는 대학의 현황값을 비교해 봄으로써 대학의 경쟁력을 가늠할 수 있다.

① 대학정보공시(대학알리미, https://www.academyinfo.go.kr)

[그림 2-9] 대학정보공시 홈페이지

대학 경쟁력 분석을 위해 가장 많이 활용하는 데이터이며, 다음과 같은 분석이 가능하다.

표 2-5 대학 경쟁력 분석_대학정보공시

| 구분 | 지표 |
|---|---|
| 대학 경쟁력 | • 재학생 충원율<br>• 취업률<br>• 신입생 충원율<br>• 학생 1인당 교육비<br>• 전임교원 확보율<br>• 학생 1인당 장학금 |

| 학생 | 교원연구 | 재정 | 교육여건 |
|---|---|---|---|
| • 신입생 충원율<br>• 재학생 충원율<br>• 중도탈락률<br>• 외국인학생현황<br>• 외국인 중도탈락 현황<br>• 취업률 | • 전임교원 확보 현황<br>• 강의담당 학점<br>• 1인당 연구비 수혜실적 | • 장학금 수혜 현황<br>• 등록금 현황<br>• 학생 1인당 교육비<br>• 강사 강의료<br>• 재정지원 사업 수혜실적 | • 교지 확보 현황<br>• 교사시설 확보 현황<br>• 기숙사 수용률<br>• 소규모강좌비율 |

- 대학의 기본현황 분석이 가능하며, 타 대학과 비교 분석이 가능
- 권역 내에서 대학 간의 객관적 자료를 바탕으로 분석하여 목표 설정 가능
- 유사 규모(재학생) 대학 간의 비교를 통해 경쟁력 확보 가능

② 한국대학평가원(https://aims.kcue.or.kr)

한국대학평가원은 한국대육협의회 부설기관이며, 대학기관평가인증을 시행하는 기관이다.

**[그림 2–10]** 한국대학평가원 홈페이지

대학평가에 필요한 평가지표의 상호 비교가 가능하며, 이를 통해 권역 내 대학 간, 경쟁 대학과의 비교우위를 확인하고 대학 발전계획 수립을 위한 기초자료로 활용할 수 있다.

표 2–6 **4주기 대학기관평가인증 평가기준(안)**

| 구분 | 대학경영 및 사회적 책무 | 교원 및 직원 | 학생지원 및 시설 |
|---|---|---|---|
| 주요 정량 지표 | • 등록금 비율<br>• 기부금 비율<br>• 법정부담금 부담률<br>• 법인전입금 비율<br>• 학생 충원 성과<br>• 졸업생 진로 성과 | • 교원 확보율<br>• 교내연구비<br>• 등재(후보)지 논문 실적<br>• SCI급 논문 실적<br>• 저역서 실적<br>• 교외연구비 | • 장학금 비율<br>• 강의실, 실험 · 실습실 면적<br>• 실험 · 실습 기자재 구입비<br>• 자료구입비(결산) |

③ 대학재정알리미(https://uniarlimi.kasfo.or.kr)

　한국사학진흥재단에서 제공하는 대학재정 관련 정보를 제공하고 있으며, 대학별 상세한 재
정 현황을 파악할 수 있다.

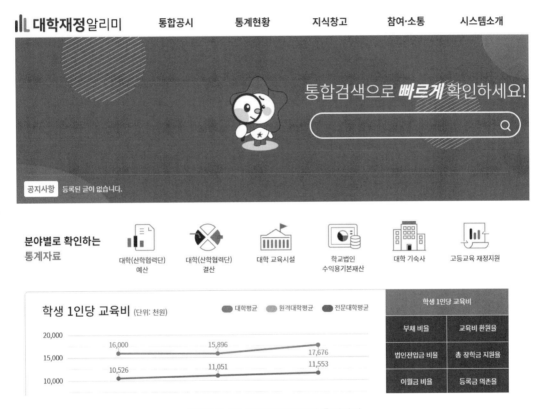

**[그림 2-11]** 대학재정알리미 홈페이지

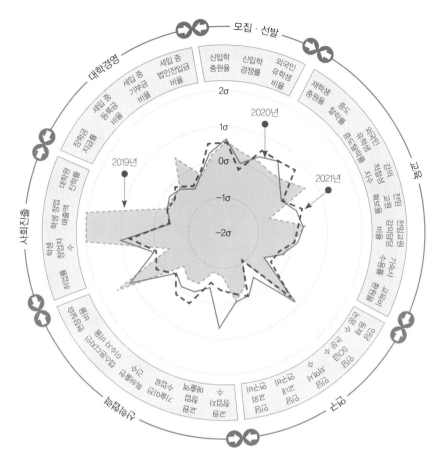

**[그림 2-12]** 대학 경쟁력 분석 예시[건국대(글로컬) 대학종합발전계획서]

### (4) 우수대학 및 경쟁 대학 벤치마킹

대학은 발전계획을 수립하는 과정에서 다양한 전략을 동원한다. 그중 하나가 바로 우수한 대학이나 경쟁 대학의 좋은 사례를 벤치마킹하는 것이다.

어느 특정 분야에서 우수한 상대를 목표로 삼아 차이를 비교하고, 이를 극복하기 위해 그들의 뛰어난 운영 프로세스를 배우면서 부단히 자기 혁신을 추구하는 경영기법을 벤치마킹이라고 한다. 국립국어원에서는 본따르기(본따르다, 본따라 만들다)로 순화하여 제시하고 있다.

기업 경영 분야에서 벤치마킹 기법은 미국의 사무기기 전문 기업 제록스가 일본의 경쟁 기업들의 경영 노하우를 알아내기 위해 직접 일본에 건너가 조사 활동을 벌이고 그 결과를 경영 전략에 활용하여 다시 기업 경쟁력을 회복한 것에서 비롯되었다. 남의 사례로부터 배운다는 점에서, '반면교사'나 '타산지석'과는 상응하면서도 뉘앙스가 정반대이다. 전자는 '우리는 저러지 말자'는 뜻이지만, 벤치마킹은 '우리도 저렇게 하자(혹은 본받자)'는 뜻에 가깝기 때문이다.

# "하나라도 더 배우자" 대학 간 벤치마킹 활발

| 우리 대학보다 뭘 잘하나…총장이 직접 나서기도

**대학들 생존 위한 움직임…"우리 대학보다 뭘 잘하나"**

**[그림 2-13]** 타 대학 벤치마킹(한국대학신문 기사 제목, 싱가포르 난양공과대)

벤치마킹은 이미 검증된 성공적인 방법론이나 정책을 참조하고, 강점과 약점을 파악하며, 이를 바탕으로 향후 개선 방향을 설정하는 데 큰 도움을 준다. 이를 통해서 대학은 추구하는 목표의 효과적인 달성에 필요한 방향성을 설정하고, 그 방향성을 실현하는 데 필요한 구체적인 계획을 세울 수 있다.

벤치마킹은 '최고의 사례'를 찾아 그것을 모델로 삼아 소속 대학의 성과를 향상시키려는 전략이다. 이는 단순히 다른 대학의 성공 사례를 무작정 복사하는 것이 아니라, 그들의 성공 요인을 깊이 이해하고, 그것을 상황에 맞게 적용하거나 개선하는 과정을 포함한다. 이를 통해 벤치마킹은 단순히 성공 사례를 따라 하는 것이 아니라, 자기 대학의 성장과 발전을 위한 독특하고 창조적인 방법을 찾는 데 도움을 준다.

대학 발전계획을 수립하면서 벤치마킹을 수행하는 과정은 대략 다음과 같다.

### ① 벤치마킹 대상 선정

가장 먼저 벤치마킹할 대상을 선정해야 한다. 이는 소속 대학과 유사한 특성을 가진 대학이거나, 추구하는 목표와 가장 부합하는 성과를 보여 준 대학일 수 있다. 대상 선정에는 교육과정,

연구 성과, 학생 서비스, 기관 운영 등 대학 운영의 다양한 측면을 고려해야 한다.

② 데이터 수집

선정된 대학의 세부 정보와 성과를 파악하기 위해 필요한 데이터를 수집한다. 이는 대학의 공식 문서, 우수 사례 세미나 자료, 연구 보고서, 통계 데이터, 학생 및 교직원의 인터뷰, 방문 등 다양한 방법으로 수집할 수 있다.

③ 데이터 분석

수집된 데이터를 분석하여 벤치마킹 대상 대학의 성공 요인, 강점, 약점 등을 파악한다. 이 과정에서는 소속 대학과 비교하여 무엇이 잘되고 있는지, 어떤 부분에서 개선이 필요한지를 확인한다.

④ 적용 및 개선

분석 결과를 바탕으로 대학 발전계획에 적용하고 개선한다. 이는 벤치마킹 대상 대학의 성공 요인을 그대로 복사하는 것이 아니라, 소속 대학의 상황과 목표에 맞게 조정하거나 확장하는 과정을 포함한다.

⑤ 평가 및 수정

적용된 계획의 효과를 평가하고 필요에 따라 계속 수정한다. 이는 벤치마킹이 한 번의 과정이 아니라 지속적인 과정이어야 함을 의미한다. 적용된 전략이나 정책이 예상대로 효과를 발휘하지 않을 경우, 그 원인을 파악하고 적절한 대응책을 마련해야 한다. 또한 벤치마킹 대상 대학이 새로운 성공 사례를 만들어 낼 경우, 그것을 다시 분석하고 소속 대학에 적용하는 과정을 반복해야 한다.

[그림 2-14] 타 대학 벤치마킹[싱가포르 경영대학(SMU)]

이러한 벤치마킹 과정을 통해 대학은 대학 발전계획을 수립하는 데 필요한 중요한 통찰력과 정보를 얻을 수 있다. 이는 대학의 경쟁력을 향상하고, 대학의 지속적인 발전을 도모하는 데 큰 도움이 된다. 그러나 벤치마킹은 단순히 다른 대학의 성공 사례를 복사하는 것이 아니라는 점을 명심해야 한다. 각 대학은 독특한 상황과 문화, 자원, 목표를 가지고 있으므로, 다른 대학의 방법이 소속 대학에 그대로 적용될 수는 없다. 따라서 벤치마킹은 다른 대학의 성공 요인을 이해하고, 이를 소속 대학의 상황에 맞게 적용하거나 개선하는 과정이어야 한다.

또한 벤치마킹은 대학 발전계획을 수립하는 데 필요한 한 가지 도구일 뿐이다. 벤치마킹만으로 모든 문제를 해결할 수는 없으며, 벤치마킹 결과를 바탕으로 대학의 강점을 활용하고 약점을 개선하는 노력이 함께 이루어져야 한다.

최종적으로, 벤치마킹은 대학 발전계획을 수립하는 데 중요한 전략이지만, 이는 소속 대학의 독특한 상황과 목표를 충분히 이해하고, 이를 바탕으로 실행되어야 효과적인 결과를 가져올 수 있다. 이를 통해 대학은 지속적인 발전과 성장을 도모할 수 있다.

벤치마킹은 단순히 한 번 가서 보고 배우자가 아닌, 사전에 벤치마킹 대상에 대한 우리 대학 특정 분야와의 분석이 무엇보다 중요하다. 분석을 통해, 비교 우위에 있는 대학의 장점을 배우고, 장점으로 부각되기까지의 경험과 노하우를 습득해야 과정으로 벤치마킹이 활용되어야 한다.

**Work Point**

- 현황을 분석하는 데 사용하는 분석방법과 기법은 다양하게 존재한다. 어느 하나가 대학 발전계획을 수립하는 데 있어, 완벽한 분석을 제시할 수는 없다. 따라서 특정한 분석방법이 좋다거나 나쁘다고 할 수 없다.
- 최소 2~3개의 다른 분석방법과 기법을 복합적으로 활용하면 더 빈틈없는 분석을 할 수 있다.
- 타 대학 벤치마킹 사례는 글로컬대학30 추진(안)을 참고하기 바란다.

# 3. 대내외 환경분석 결과 도출

## 1) PEST 분석 결과 활용

대외환경 분석의 결과를 〈표 2-7〉과 같이 정리할 수 있으며, 내부 환경분석과 종합적으로

**표 2-7** PEST 분석의 활용 예시

| 정책환경 | 지역기반 산업맞춤형 교육과정 및 인재양성 정책 수립 | 위협 | 사회환경 | 공학 및 보건의료 인력 부족 현상 | 기회 |
|---|---|---|---|---|---|
| | 재단의 사회적 책무 강화 | 위협 | | 평생교육 수요의 증가 | 기회 |
| | 무전공제 확대, 진로교육 강화 | 기회 | | 학령인구의 급감 | 위협 |
| | ⋮ | | | ⋮ | |
| 경제환경 | 국가 간 무역장벽 확대 | 위협 | 기술환경 | 신규 첨단 기술의 현장 도입 | 위협 |
| | 반도체, 자동차 등 주력 산업 호황 | 기회 | | AI 기반 교육방법 요구 확대 | 위협 |
| | AI 활용의 보편화 | 기회 | | 융복합 인재 양성 요구 증대 | 기회 |
| | ⋮ | | | ⋮ | |

판단하여 대학 발전계획을 수립하는 데 활용할 수 있다.

## 2) IPA 분석 결과 활용

대학은 사용할 수 있는 자원이 언제나 부족하다. 대학 발전계획의 목표를 달성하기 위해서 가용할 수 있는 재정이나 인력도 제한되어 있다. 결과적으로 주어진 자원들을 얼마나 효율적으로 활용하는가에 따라 대학 발전계획의 성과달성 유무를 결정할 수 있다.

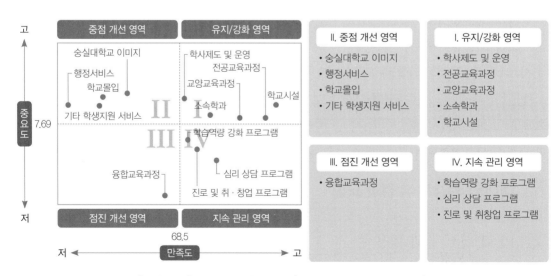

[그림 2-15] IPA 분석과 활용 예시(숭실대학교 고객만족도 조사)

| 구분 | 설명 |
|---|---|
| Ⅰ. 유지/강화 영역 | • 구성원에게 중요한 의미가 있는 영역이면서, 동시에 대학이 비교적 잘 만족시키고 있는 영역이다.<br>• 대학의 입장에서는 이미 충분히 잘하는 영역이고, 구성원의 별다른 불만이 없으므로, 현재 수준을 꾸준히 유지하는 것이 필요하다. |
| Ⅱ. 중점 개선 영역 | • 구성원들이 생각하는 중요도가 높음에도 불구하고 이에 해당하는 만족도가 낮은 영역이다.<br>• 가장 시급하게 개선이 필요한 내용이며, 개선 활동에 대한 효과성도 큰 영역이다. |
| Ⅲ. 점진 개선 영역 | • 구성원이 생각하는 중요도와 만족도(성과)가 모두 낮은 영역으로 현재로서는 크게 신경 쓸 필요가 없는 중요하지 않은 영역이다.<br>• 향후, 중요도가 올라간다면 만족도가 낮은 것이 문제가 될 수 있지만, 현재로서는 구성원들도 별로 신경을 쓰거나 중요하게 여기지 않는 부분들이므로, 만족도가 높고 낮음 자체가 문제가 되지 않는 부분이다.<br>• 그 결과 개선 대상영역은 향후 장기적인 개선과제로 그 우선순위가 밀려나는 부분이다. |
| Ⅳ. 지속 관리 영역 | • 대학의 관점에서 큰 문제 영역이다.<br>• 구성원들에게 중요하지 않음에도 불구하고 대학이 지나친 투자나 과잉 노력을 통해서 불필요할 정도로 만족도가 높은 영역이다. |

표 2-8 IPA 분석의 영역별 의미

IPA 분석은 Importance-Performance Analysis를 의미한다. IPA 분석은 구성원이 지각하는 특정 요소에 대한 만족도와 중요도를 각각 X와 Y로 하는 2차원상의 평면 위에 좌표로 각 요소를 표현하는 분석방법이다. 개선이 시급한 분야와 불필요하게 과잉 투자가 이루어진 분야를 파악하는 데 매우 유용하다.

IPA 분석은 만족도와 중요도의 평균값을 기준으로 대학의 전체 영역을 크게 Ⅰ 유지/강화 영역(높은 중요도-높은 만족도), Ⅱ 중점 개선 영역(높은 중요도-낮은 만족도), Ⅲ 점진 개선 영역(낮은 중요도-낮은 만족도), Ⅳ 지속 관리 영역(낮은 중요도-높은 만족도)으로 나뉜다.

## 3) Borich 요구도 분석

Borich 요구도 분석은 구성원들이 바라는 현재 수준(As is)과 바람직한 상태(To be)의 차이를 분석한다. 실제, 대학의 현황을 분석하는 과정에서 대학의 현재 수준과 중요도를 평가하고 이

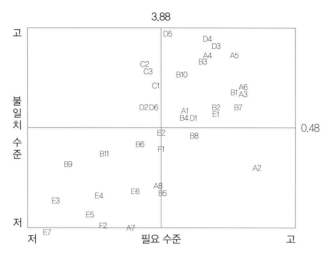

[그림 2-16] Borich 요구도 분석 예시

둘 값의 차이를 비교하여 차이(Gap)가 큰 부분을 우선 추진 과제로 도출하게 된다. 하지만 이러한 방법은 평균이 갖고 있는 한계성으로 인해 실제 필요한 과제를 도출하는 것이 아니라, 다른 과제를 도출하는 경우가 종종 발생한다.

Borich 요구도 분석을 한 단계 더 확장하여 분석된 요구도를 더욱 시각적으로 보여 주는 모델이 The Locus for Focus 모델이다. The Locus for Focus 모델의 특징은 좌표평면을 이용하여 시각적 효과를 나타낸다는 것이다. 좌표평면을 이용한 우선순위 결정 요구분석은 다른 기법에서도 활용된다.

## 4) SWOT 분석(결과 종합)

SWOT 분석은 대외 환경분석과 대내 환경분석 결과를 바탕으로 대학의 강점, 약점, 기회, 위기를 분석한다. SWOT 분석을 통해 대학 발전계획의 비전, 목표 및 발전전략은 결국 대학 발전계획의 전략과제까지 이어진다. SWOT 분석은 강점(Strength), 약점(Weakness), 기회(Opportunity), 위기(Threat)의 앞글자를 따서 SWOT 분석이라 하며, 강점과 약점, 기회와 위기를 열거하여 효과적인 대학 발전계획을 수립하기 위한 분석방법이다. 간단하지만 분석에 빈틈이 없어 각종 경영진단보고서, 제안서를 비롯하여 경영학 관련 서적에 이르기까지 자주 볼 수 있지만, 간단한 만큼 빈틈없이 제대로 분석하려면 엄청난 시간과 노력이 필요하다. 현황을 정확히 진단해야 하는 작업이기 때문에 수많은 자료를 추려내서 분석한 뒤에 결론을 도출해 내야 한다.

[그림 2-17] SWOT 분석

SWOT 분석은 다음과 같은 장점을 가지고 있다.

| 구분 | 내용 |
|---|---|
| 명확한 이해 | • 외부와 내부, 긍정과 부정의 현재 상황을 명확하게 이해할 수 있다. |
| 전략적 사고 | • 강점과 약점, 기회와 위협을 체계적으로 분석함으로써 전략적 사고를 할 수 있다. |
| 목표 설정 | • 조직의 목표를 설정하고, 이를 달성하기 위한 전략을 세울 수 있다. |
| 경쟁력 확보 | • 경쟁 대학과 비교하여 강점과 약점을 파악하고 이를 바탕으로 경쟁 우위를 확보할 수 있다. |
| 리스크 관리 | • 잠재적인 위협을 미리 파악하고 이에 대비할 수 있다. |

하지만 SWOT 분석만으로는 충분하지 않을 수 있다. SWOT 분석은 주관적인 판단이 들어가기 때문에, 객관적인 데이터 분석과 함께 진행되어야 더욱 효과적이다.

SWOT 분석의 요소를 항목별로 자세히 살펴보면 다음과 같다.

| 구분 | 분석 | 예시 |
|---|---|---|
| 강점<br>(Strength) | • 대학 내부적인 강점과 장점을 나타내며, 이러한 요소들은 경쟁 우위를 가져다줄 수 있다. | • 우리 대학이 잘하는 것은 무엇인가?<br>• 우리 대학이 특별한 것은 무엇인가?<br>• 대내외에서 우리대학을 좋아하는 점은 무엇인가? |
| 약점<br>(Weakness) | • 대학 내부적인 약점과 단점을 나타내면, 개선이 필요한 부분들이 여기에 포함될 수 있다. | • 기대에 못 미치는 분야는 무엇인가?<br>• 개선해야 하는 점은 무엇인가?<br>• 성과를 개선할 수 있는 방안은 무엇인가? |
| 기회<br>(Opportunity) | • 대외적인 환경 변화나 추세 중에서 대학이 이용할 수 있는 긍정적인 기회나 요소들을 기재한다. | • 약점을 개선하기 위해 사용할 수 있는 자원은 무엇인가?<br>• 우리 대학의 목표는 무엇인가? |
| 위협<br>(Threat) | • 대외적인 환경 변화나 경쟁 상황에서 대학에 영향을 미칠 수 있는 부정적인 요소들을 기재한다. | • 고등교육정책에서 어떤 변화가 우려되는가?<br>• 떠오르는 고등교육 트렌드는 무엇인가?<br>• 경쟁 대학들이 우리 대학보다 뛰어난 점은 무엇인가? |

SWOT 분석은 개별적으로 분석할 수도 있지만, 내부 요인 두 가지와 대외 요인 두 가지를 연결하여 총 네 가지의 전략을 세울 수 있다. 주로 강점과 기회(SO) 분석, 강점과 위기(ST) 분석, 약점과 기회(WO) 분석, 약점과 위기(WT) 분석 등이다. 내부 요인과 대외 요인을 결합해서 생각해 보는 것이 대학 발전계획을 수립할 때 도움이 되며, 대학 발전계획서의 최종 품질이 여기서 결정된다고 해도 과언이 아니다.

> SO 전략: 강점을 살려 기회를 잡는 전략
> ST 전략: 강점을 살려 위기를 극복하는 전략
> WO 전략: 약점을 보완하여 기회를 잡는 전략
> WT 전략: 약점을 보완하여 위기를 돌파하는 전략

대외 환경분석은 통제라기보다는 대처의 영역에 가깝다. 그래서 항상 신경 쓰고, 지속해서 관찰해야 한다. SWOT 분석은 대외 환경분석, 내부 환경분석(경쟁 대학 분석 포함) 등이 정확하게 이루어진 다음에 시행해야 향후 대학 발전계획을 수립하는 데 적절하게 활용할 수 있다.

SWOT 분석을 내부 환경분석의 분야별로 진행하면, 더 세부적인 분석이 가능하다. 즉, 교육분야 SWOT 분석, 연구분야 SWOT 분야, 산학협력분야 SWOT 등과 같은 형식이다.

### ※ 예시: 대학에서 SWOT 분석을 활용하는 일반적인 사례

예를 들어, 한 대학이 유학생을 더 많이 유치하기 위한 전략을 수립한다고 가정해 보자.

1. 강점(Strength): 이 대학은 이미 다양한 국제 교류 프로그램과 높은 수준의 교육 품질을 가지고 있다.
2. 약점(Weakness): 그러나 이 대학의 웹사이트는 외국어 지원이 부족하고, 외국 학생들을 위한 지원 서비스도 미흡하다.
3. 기회(Opportunity): 최근에는 외국 학생들이 해외에서 직접 학교를 찾는 경향이 증가하고 있으며, 우리 대학이 위치한 도시도 매력적인 여행지로 알려져 있다.
4. 위협(Threat): 하지만 다른 대학들도 외국 학생 유치에 힘쓰고 있으며, 비자 정책의 변화 등 대외 요인도 영향을 줄 수 있다.

### 대학에서 SWOT 분석 결과의 활용

예를 들어, 앞에서 언급한 대학의 경우, SWOT 분석 결과를 바탕으로 다음과 같은 전략을 수립하고 실행할 수 있다.

1. 강점 활용: 이미 가지고 있는 다양한 국제 교류 프로그램과 높은 교육 품질을 외국 학생들에게 알리는 마케팅 전략을 수립한다. 이를 위해 학교 홈페이지, 브로슈어, SNS, 현지 교육 박람회, 설명회 등 다양한 채널을 활용할 수 있다.
2. 약점 개선: 웹사이트의 외국어 지원을 강화하고, 외국 학생들을 위한 지원 서비스를 개선한다. 이를 위해 필요한 자원과 예산을 확보하고, 실행계획을 수립한다.
3. 기회 활용: 외국 학생들이 해외에서 학교를 찾는 경향과 도시의 매력을 활용하여 대학의 브랜드를 강화한다. 이를 위해 외국 학생들을 대상으로 한 특별한 이벤트나 프로그램을 기획할 수 있다.
4. 위협 대비: 경쟁 대학과 비자 정책 변화 등의 외부 위협에 대비한다. 이를 위해 동향을 지속해서 모니터링하고, 필요한 경우 전략을 수정하거나 새로운 전략을 수립한다.

| | 기회(O) | 위협(T) |
|---|---|---|
| | • 4차 산업혁명을 선도할 융합교육에 대한 관심 증대<br>• 학사구조 유연화에 대한 사회적 요구 증대<br>• 대학혁신을 견인하는 재정지원 사업 확대 | • 학령인구의 지속적 감소<br>• 대학의 사회적 책무 요구 증대<br>• 고등교육의 사회적 기여 약화<br>• 코로나19 확산 방지로 인한 글로벌 교육 지원 위축 |
| 강점<br>(S)<br><br>• 기독교대학의 정체성에 부합하는 사회공헌형 봉사역량 보유<br>• 강의 개선 체계 고도화<br>• ICT 분야 융합교육 및 SW 교육 선도<br>• 지역사회와의 상생 협력지원 네트워크 확장 | **SO 전략**<br>• 4차 산업혁명에 대비할 수 있는 다양한 교육과정 개발<br> −첨단산업 분야(AI, 반도체, 모빌리티, 빅데이터 등)<br> −디지털리터러시 역량 강화<br>• 강의 품질의 지속적 개선을 통한 학생 만족도 제고<br>• 본교의 정체성에 부합하는 인재 양성 도모 | **ST 전략**<br>• 우수인재 선발체계 다각화<br> −외국인 유학생, 대학원생<br>• 현장직무역량 개발 목적의 교육 확대로 학업 효용 제고<br>• 구성원 공감대 바탕으로 교육혁신 모델 지속적 개발<br>• 자원의 대학 간 교류, 확산<br> −혁신공유대학 사업 추진 |
| 약점<br>(W)<br><br>• 역사와 전통에 비해 낮은 인지도, 평판도<br>• 대내외 재정 확보 미약<br>• 재학생 중도탈락률, 충원율 등 약화<br>• 전임교원 연구기반 다소 부족 | **WO 전략**<br>• 재정지원사업 통합관리 체계 고도화를 통한 재정 활용도 강화<br>• 사회수요 맞춤형 교육과정의 개발을 통한 수입 확대<br>• 학사제도, 교육과정의 지속적 개선을 통한 학생만족도 제고<br>• 교원 연구역량 강화를 위한 인프라, 업적 인정제도 개선 | **WT 전략**<br>• 본교 우수 성과의 대외 홍보 활성화로 브랜드 이미지 제고<br>• 재직자 대상 교육과정 확대 및 특수대학원 모집 활성화<br>• 연구 강화를 통한 산학협력 활성화 및 지역사회 기여<br>• 재학생 글로벌역량 강화 및 외국인 유학생 유치 활성화를 위한 국제화 인프라 고도화 |

[그림 2-18] SWOT 분석 결과의 활용 예시(숭실대 발전계획)

---

**Work Point**

- 어느 조직이나 강점이 있고, 약점도 존재한다. 약점은 강점으로, 위기는 기회로 발전시키는 전략을 수립하고, 실행하는 단계에서 우선순위를 정해 대학이 가진 자원을 효율적으로 투입하는 것이 중요하다.
- 대표적인 분석 방법인 PEST 분석, IPA 분석, Borich 요구도 분석 등을 통한 대학 대내외 환경분석 이후 SWOT 분석을 통해 대학 발전계획의 전략과제 및 실행과제를 발굴하는 데 활용하는 것이 중요하다.

## 4. 대학 대내외 환경분석을 위한 제언

## 1) 대내외 환경분석 시 고려 사항

대학 발전계획 수립 과정상 대내외 환경분석을 수행할 때 주의해야 할 점은 다음과 같다.

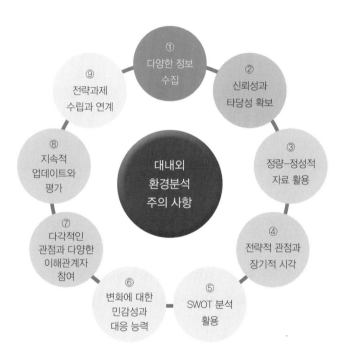

[그림 2-19] 대내외 환경분석 시 주의 사항

### (1) 다양한 정보 수집

대내외 환경분석을 수행하기 위해서는 다양한 정보를 수집해야 한다. 이를 위해 구성원 학계, 산업계, 정부기관, 지역사회 등 다양한 이해관계자들과의 소통과 협력이 필요하다. 또한 인터넷, 학술지, 보고서 등 다양한 정보원을 활용하여 신뢰성 높은 정보를 수집해야 한다.

### (2) 신뢰성과 타당성 확보

대내외 환경분석에서는 수집한 정보의 신뢰성과 타당성을 확보해야 한다. 정보의 출처와 제공자의 신뢰성을 판단하고, 통계자료나 연구결과의 타당성을 확보해야 한다. 신뢰성 있는 정보를 바탕으로 환경분석을 해야 신뢰할 수 있는 결과를 도출할 수 있다.

### (3) 정량-정성적 자료 활용

대내외 환경분석에서는 정량적 자료와 정성적 자료를 모두 활용해야 한다. 정량적 자료는 통계자료, 각종 공시자료 등과 같이 숫자로 표현되는 자료를 말하며, 정성적 자료는 인터뷰, 설문조사, 토론, 재정지원사업 평가보고서 등을 통해 얻은 주관적인 의견과 경험을 포함한다. 이 두 가지 자료를 종합적으로 분석함으로써 더욱 신뢰성 있는 결과를 도출할 수 있다.

### (4) 전략적 관점과 장기적 시각

대내외 환경분석은 단기적인 변화뿐만 아니라 장기적인 변화를 고려해야 한다. 대학 발전계획은 중·장기적인 목표를 달성하기 위해 수립되어야 하므로, 장기적인 시각에서 대내외 환경을 분석하는 것이 중요하다. 또한 전략적 관점에서 대내외 환경을 분석하여 대학의 경쟁력과 지속적인 발전 방향을 도출해야 한다.

### (5) SWOT 분석 활용(다른 검증된 분석 도구도 포함)

SWOT 분석은 대내외 환경분석에서 흔히 사용되는 분석 도구이다. 이를 활용하여 대학의 강점과 약점, 기회와 위협을 파악할 수 있다. 대학의 강점과 약점을 파악하고, 기회를 최대한 활용하며, 위협에 대비하는 전략을 수립할 수 있다.

### (6) 변화에 대한 민감성과 대응 능력

대내외 환경은 변화하는 것이 일반적이다. 대학은 변화에 대한 민감성을 가지고 대응해야 한다. 대내외 환경 변화를 지속적해서 모니터링하고, 유연하게 대응할 수 있는 능력을 갖추어야 한다. 변화에 대한 민감성과 대응 능력이 부족하면 대학의 발전에 어려움을 겪을 수 있다.

### (7) 다각적인 관점과 다양한 이해관계자 참여

대내외 환경분석은 다각적인 관점과 다양한 이해관계자의 참여가 필요하다. 다양한 관점을 수렴하고 다양한 이해관계자들의 의견을 듣는 것은 대내외 환경을 더욱 폭넓게 이해하고 분석하는 데 도움이 된다. 이를 통해 대학은 더욱 포괄적인 대응 전략을 수립할 수 있다.

### (8) 지속적 업데이트와 평가

대내외 환경은 변화하는 것이기 때문에 대내외 환경분석은 단 한 번의 작업으로 끝나지 않는다. 대학은 지속해서 대내외 환경을 모니터링하고, 변화에 따라 분석 내용을 업데이트해야 한다. 또한 분석 결과의 효과를 평가하고 필요에 따라 전략을 조정해야 한다.

### (9) 전략과제 수립과 연계

대내외 환경분석은 단순히 정보를 수집하고 분석하는 것뿐만 아니라, 전략과제 수립과 연계되어야 한다. 대내외 환경분석 결과를 바탕으로 대학의 강점을 활용하고 약점을 보완하는 전략을 수립해야 한다. 이를 통해 대학의 발전 방향과 목표를 구체화할 수 있다.

이상과 같이 대학 발전계획 수립에 있어서 대내외 환경분석은 매우 중요한 과정이다. 이를 신중하고 철저하게 수행함으로써 대학은 변화하는 환경에 대응하고 지속적인 발전을 이룰 수 있을 것이다.

## 2) 대내외 환경분석을 위한 점검사항

대학의 발전과 성장은 대내외 환경분석을 철저히 수행하고 그 결과를 적극적으로 활용하는 단계에서 시작된다. 대학 발전계획 수립의 단계에서 대내외 환경분석의 방향성을 점검하기 위해 다음과 같이 제안한다.

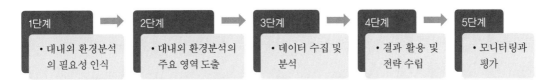

[그림 2-20] 대내외 환경분석과 점검 단계

### (1) 대내외 환경분석의 필요성 인식

대학이 발전하고 성장하기 위해서는 대내외 환경의 변화에 대한 인식과 이에 따른 대응이 필수적이다. 대학은 경쟁적인 교육 시장에서 존속하기 위해 학생 수요, 인력 시장 동향, 정책 변화 등을 철저히 파악해야 한다.

### (2) 대내외 환경분석의 주요 영역 도출

학생, 연구, 기술, 사회, 경제 등의 다양한 영역을 도출하고 각 영역에 대한 상세한 분석 방법을 수립해야 한다. 예를 들어, 학생 영역에서는 학생 수요 동향, 입학 경쟁률, 학생 만족도 조사 등을 분석하고, 사회 영역에서는 고등교육 정책 변화, 사회 요구 변화 등을 분석할 수 있다.

### (3) 데이터 수집 및 분석

대내외 환경분석에 필요한 데이터를 수집하고 정량적, 정성적 분석을 실시해야 한다. 이를 위해 조사, 설문, 통계자료 등을 활용하여 신뢰할 수 있는 데이터를 확보하고, 이를 기반으로 체계적인 분석을 수행한다. 분석 결과를 토대로 대학의 강점과 약점을 파악하고, 발전 방향을 도출할 수 있다.

### (4) 결과 활용 및 전략 수립

환경분석의 결과를 적극적으로 활용하여 대학의 발전전략을 수립해야 한다. 영역별로 도출된 분석 결과를 종합적으로 고려하여 대학의 비전과 목표를 재검토하고, 적합한 전략을 수립해야 한다. 이때, 대학의 현재와 사회적 요구 사이의 균형을 고려하는 동시에 지속적인 혁신과 발전을 추구해야 한다.

### (5) 모니터링과 평가

대내외 환경분석은 단기적인 목표 달성뿐만 아니라 장기적인 지속가능성을 위해 지속해서 수행되어야 한다. 대학은 전략의 실행 과정에서 대내외 환경의 변화를 모니터링하고, 정기적인 평가를 통해 전략의 효과를 확인해야 한다. 필요한 경우 전략의 수정과 보완을 통해 발전 방향을 조정할 수 있어야 한다.

CHECK LIST

| 단계 | 점검내용 | 수행 여부 (Y/N) |
|---|---|---|
| 준비 | 1. 현재 발전계획에 대한 분석은 하였는가? | |
| | 2. 각종 재정지원사업의 선정/미선정 사유에 대한 분석은 되어 있는가? | |
| | 3. 대외 환경분석을 위한 PEST 영역별 전문가는 구성되어 있는가? | |
| | 4. 내부 환경분석을 위한 자료가 준비되어 있는가? | |
| | 5. 이해관계자 분석을 위한 연도별 자료, FGI 대상자는 선정되었는가? | |
| 실행 (운영) | 1. 대학의 현황을 객관적으로 분석할 수 있는 영역별 정량적 데이터 분석은 실행하였는가? (대학정보공시, 대학재정알리미 등) | |
| | 2. 이해관계자를 통한 현황과 방향에 대한 데이터 수집은 실행하였는가? | |
| | 3. 영역별 벤치마킹 대학, 기관을 정하고 단계별 준비계획은 수립하였는가? | |
| 평가 | 1. 환경분석, SWOT 분석은 일정에 맞게 진행되었는가? | |
| | 2. SWOT 분석을 통해, SO, ST, WO, WT 전략을 분석하고, 대안은 마련하였는가? | |
| | 3. 단계별 결과물은 적절하게 도출되고 있는가? | |

## 제**3**장

# 대학 대내외 의견수렴 및
# 현행(기존) 발전계획의 자체 진단

Effective Strategic Planning in Higher Education

이 장에서는 대학의 중장기 발전계획의 수립에서 구성원 의견수렴의 의의와 필요성, 중요도를 확인하고, 발전계획 수립 과정에서 각 단계에 따라 구성원 의견수렴의 대상과 접근 방법을 어떻게 적용할 수 있는지 살펴보았다.

다음으로 대학정보공시에서 전국 197개 대학의 대학 발전계획 및 특성화 계획을 검토하여 대학의 구성원 의견수렴의 대상, 방법, 범위를 어떻게 설정하고 있는지에 관한 현황을 파악하였다. 이를 토대로 대학의 설립유형과 규모 등을 고려하여 이해관계자의 설정과 설문의 내용 등을 분석할 수 있는 대학 구성원 의견수렴의 표준적인 양상을 제시하고자 하였다. 또한 구성원 의견수렴에서 필요한 자문기구의 역할과 의사결정 기구의 사례를 제시하여 발전계획 수립에서 필요한 대학의 제위원회 및 직제 구성에 대해 시사하고자 하였다.

대학 발전계획의 수립은 기존 발전계획과의 연계성이 중요하다. 따라서 발전계획 수립을 위한 현행(기존) 발전계획의 자체 진단 방법을 제시하였다.

마지막으로 발전계획을 성공적으로 수립하기 위한 구성원 의견수렴과 발전계획 리뷰를 위해 준비−운영−평가 단계에서 필요한 체크리스트를 제시하였다.

## 1. 대학 대내외 의견수렴 및 현행(기존) 발전계획의 자체 진단 개요

### 1) 대학 대내외 의견수렴의 필요성

일반적으로 대학 발전계획을 수립하는 과정에서 발전전략을 성공적으로 수립하기 위한 기초 자료 수집은 양적 및 질적 데이터의 혼합 방법을 사용한다. 제2장에서 제시한 대학의 대내외 환경분석에서 제시된 대학 역량분석과 경쟁력 분석 등은 양적 패러다임이 될 수 있다. 양적 패러다임을 통해 얻어진 데이터들은 발전전략 수립 시 필요한 '무엇'을 설명하는 데 도움이 되는 한편, 질적 패러다임은 '이유'에 답해 줄 수 있다는 측면에서 중요하다.

질적 방법을 통해 얻어진 데이터들은 일반적으로 조직의 상황과 맥락(institutional context)에 대한 더 나은 이해를 제공해 줄 수 있다. 대상은 대학서비스의 주 수요자인 학생과 졸업생은 물론이고, 교수, 직원, 핵심관계자에 해당하는 경영진, 보직교수 등의 이해관계자가 포함된다([그림 3-1] 참조). 자료수집 방법은 이들을 대상으로 하는 인터뷰, FGI, FGD 등 설문조사, 대학 이해관계자의 자문 등의 방법이 대표적이다. 이와 같이 대학 구성원 의견을 양적, 질적 방법으로 수렴하고 이를 반영하려는 시도를 이해관계자 분석이라 한다.

대학 발전전략의 수립과 기획은 이해관계자가 인지하는 대학에 대한 기대에 기초하여 진행

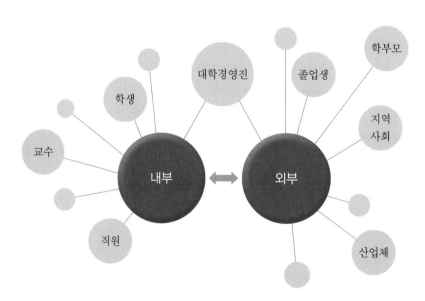

**[그림 3-1]** 대학 이해관계자의 분류

\* 남아 있는 자리는 대학 특성에 따라 존재할 수 있는 잠재적인 이해관계자들을 의미한다.

되며, 대학의 발전계획 이행 결과 단계에서의 이행 과제의 성공과 실패를 결정하는 데에도 이해관계자의 인식은 결정적인 영향을 준다(Bovairs, 2005; Davenport & Leitch, 2005; McAdam et al., 2005). 결국 대학 발전계획 이행의 성공은 대학 이해관계자의 기대와 요구를 반영하는 정도에 달려 있음을 시사한다.

이와 같이 학생, 교직원, 지역사회 등 모든 이해관계자 그룹의 기대를 고려하는 과정인 대내외 의견수렴은 대학이 장기적으로 건강하고 성공적으로 운영되기 위한 초석이자, 대학교육을 성공적으로 이끌어 가기 위한 전략적 계획을 수립함에 있어 정성적 데이터와 통찰력을 수집하는 필수적인 절차라 할 수 있다.

## 2) 대학 대내외 의견수렴 및 현행(기존) 발전계획 진단 과정

### (1) 대학 대내외 의견수렴

대학 발전계획 수립 단계에서 대학은 대학 내부와 외부에 다양하게 존재하는 이해관계자를 참여시키기 위한 의견수렴의 과정을 시도한다. 실제로 197개 대학의 대학 발전계획 수립 과정을 살펴본 결과, 모든 대학이 각 대학의 상황에 맞추어 이해관계자 분석을 이행하고 있었다. 방법적으로는 설문조사, 인터뷰, 포커스 그룹, 자문위원회 활용 등을 가장 빈번하게 활용하고 있었다.

대내외 의견수렴의 과정은 발전계획의 수립 절차를 진행하는 과정에서 각 단계에 적절한 방법을 통해 다양하게 이루어질 수 있다(그림 3-2) 참조).

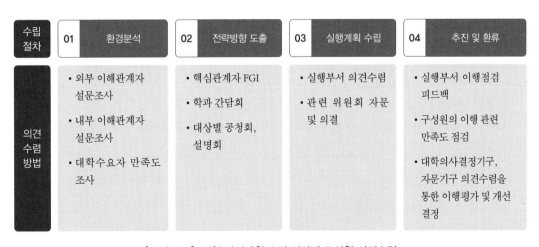

[그림 3-2] 대학 발전계획 수립 절차별 구성원 의견수렴

**Work Point**

● 일반적인 수준에서 이해관계자를 선정하기 어렵다면, 대학구성원을 대상으로 이해관계자 식별을 위한 설문을 진행하는 것이 좋다.

### (2) 현행(기존) 발전계획 진단

대학 발전계획의 수립은 기존의 발전계획이 있는 것을 전제로 기존 발전계획을 재검토 (review)하는 단계에서 시작한다. 기존 발전계획의 내용과 타당성을 검토하고 현재의 추진현황 과 문제점을 분석한다. 이러한 과정을 거친 다음에 대학의 환경분석 및 구성원 의견수렴 내용 과 종합해서 새로운 발전계획을 수립하기 위한 SWOT 분석이 이루어지게 된다. 현행(기존) 발 전계획에 대한 자체 진단은 발전계획의 수립을 위한 SWOT 분석에서 중요하다.

### (3) 대학 대내외 의견수렴 및 현행(기존) 발전계획 진단 개요

대학의 발전계획 수립 과정에서 대내외 의견 수립 및 기존 발전계획의 진단은 다양한 관점의 반영, 과거 성과의 평가, 전략적 목표 설정의 명확화, 그리고 구성원과의 커뮤니케이션 강화를 통해 대학의 지속가능한 발전을 도모하는 핵심 단계이다. 이 단계를 통해 나타난 분석결과를 토대로 대학이 변화하는 환경에 효과적으로 대응하고, 장기적으로 성공하기 위한 방향성을 설 정할 수 있다.

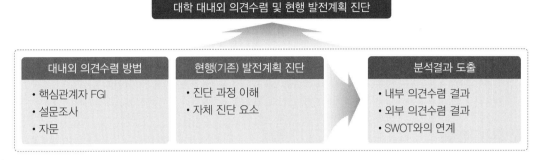

**[그림 3-3]** 대학 대내외 의견수렴 및 현행 발전계획 진단 개요

## 2. 대학 대내외 의견수렴의 방법

### 1) 핵심관계자 초점집단면접 조사

#### (1) FGI의 정의와 기본개념

포커스 그룹 인터뷰는 의사결정을 촉진하고 이해관계자로부터 다양한 정보를 얻는 대표적인 방법이다. 이는 포커스 그룹 인터뷰(focus group interviews), 초점화 인터뷰(focused interviews), 집단 심층 인터뷰(group depth interviews) 등의 다양한 이름으로 알려져 있다. 포커스 그룹 인터뷰의 정의는 다양하나, 일반적으로 다음과 같은 핵심 요소를 중심으로 정의할 수 있다.

- 그룹은 '정해진 주제에 관해 어떠한 관점을 제시해 줄 수 있는 사람들로 특정된 집단'으로 구성한다.
- 그룹은 6명에서 12명의 소규모 구성원 집단으로 상대적으로 동질적(homogenius)인 특성을 지닌다.
- 조사와 질문에 대해 숙련된 진행자가 단계별로 참가자들의 반응을 이끌어 낸다.
- 목표는 선택된 주제에 관한 참가자의 인식, 감정, 태도, 아이디어를 이끌어 내는 것이다.
- 포커스 그룹 인터뷰는 정량적 정보를 제공하기 위한 목적으로 활용되지 않는다.

포커스 그룹 인터뷰의 목적은 합의를 이끌어 내는 것이 아니라 특정 주제에 관한 다양한 의견을 관련된 사람들로부터 얻는 것에 있다. 이것이 소그룹 인터뷰와의 차이점이다. 사람들의 관점을 확인하기 위해 수행되는 소그룹 인터뷰보다는 포커스 그룹 인터뷰가 더 체계적·공식적이며, 인터뷰 내용의 분석 단계를 통해 결과를 산출하게 된다. 이 때문에 소그룹 인터뷰의 경우 합의를 이끌어 내거나 문제를 해결하기 위해 사용하는 반면, 포커스 그룹 인터뷰의 목표는 각자의 관점을 알아내고 서로 다른 관점을 표현할 수 있도록 참가자를 독려하는 것이다.

**Work Point**

- 의견수렴에 앞서 포커스 그룹 인터뷰의 기본 가정을 이해하자(Ledeman, 1990). 포커스 그룹 인터뷰의 기본 가정을 이해한다면, 대학 발전계획 수립을 위한 의견수렴 과정에서 포커스 그룹 인터뷰를 해야 하는 이유를 보다 직관적으로 이해할 수 있다.
  - 사람들은 자기 자신에 대해 보고할 수 있고, 자신의 감정과 인식에 대해 말로 표현할 수 있을 만큼 충분히 명확하다.
  - 사람들의 감정과 견해를 얻는 가장 좋은 절차는 진행자가 정보를 요청하는 구조화된 그룹 의사소통을 통하는 것이다.
  - 사람들이 특정한 주제에 대하여 솔직하게 말할 가능성을 높이는 그룹 역동의 효과가 있으며, 이것들은 개인이나 소그룹의 인터뷰를 통해서는 발생하기 어렵다. 이 가정과 관련하여 포커스 그룹 인터뷰에서 얻은 정보는 사람들이 집단 지성에 따라가는 것이 아닌 각 사람이 느끼는 것에 대한 진정한 정보이다.

### (2) 발전계획 수립을 위한 FGI의 일반적 단계

#### ① 목적 및 주제 선정
포커스 그룹 인터뷰의 특정 목표를 결정하고, 의견을 듣고자 하는 주제나 영역(예: 대학에 기대하는 미래의 모습, 대학의 교육 비전 등)을 결정한다. 이러한 주제는 발전전략계획 프로세스의 목표와 일치해야 한다.

#### ② 참가자 모집
기관 내에서 다양한 이해관계자 그룹을 대표하는 참가자를 선택한다. 여기에는 교직원, 학생, 관리자, 직원, 졸업생 및 기타 관련 개인이 포함될 수 있다. 포괄적인 관점을 얻기 위해 다양한 참가자를 모집한다.

**[그림 3-4]** 발전계획 수립 시 FGI 수행 단계

포커스 그룹의 목적과 목표가 명확하게 설정되면 참가자를 선정해야 한다. 포커스 그룹 인터뷰에서 얻은 정보의 정확성과 유용성은 적절한 참가자를 선정하는 것과 직접적인 관련이 있다. 인터뷰의 모든 데이터는 참가자에게서 나오기 때문에 정확한 선택과 식별, 모집이 중요하다.

대학 발전계획 단계에서 실행하는 포커스 그룹 인터뷰의 가능한 대상과 얻을 수 있는 주요 정보는 〈표 3-1〉과 같다.

**표 3-1** **인터뷰 대상에 따라 도출 가능한 FGI 결과**

| 대상 | | FGI를 통해 얻을 수 있는 주요 정보 |
|---|---|---|
| 내부 | 학생 | 학생경험, 교육과정, 대학 지원 서비스에 관한 관점을 수집할 수 있으며, 대학원생의 경우 대학의 연구지원 방향성을 검토하는 데 도움을 줄 수 있다. |
| | 교수 | 다양한 임용 형태에 따라 발전계획에 관한 요구와 우선순위를 파악할 수 있다. 종신 교수진은 연구와 거버넌스에 관한 정보 파악에 도움이 되며, 비종신 교수진은 직업의 안정과 교육지원에 관한 정보 파악에 도움이 된다. |
| | 직원 | 캠퍼스 운영, 행정체계 개선, 업무환경 등과 같은 주제에 관한 견해를 제공하기에 적합하다. |
| | 대학 경영진 | 경영진 안에는 총장과 이사회가 포함될 수 있다. 이들은 전략적 우선순위와 거버넌스를 대학의 이념과 임무에 맞추어 조정하고 선정해 나가는 데 광범위하게 정보를 제공할 수 있다. |

| | | |
|---|---|---|
| 외부 | 졸업생 | 졸업생은 대학교육의 효과와 졸업을 위해 대학이 어떠한 역량을 갖추고 준비할 수 있도록 해 주었는지에 대해 응답할 수 있다. |
| | 지역사회 | 지역사회 리더로 구성된 포커스 그룹은 대학이 지역에 미치는 영향에 대한 의견을 제시할 수 있고, 지역사회 참여, 경제 개발, 파트너십 등에 관한 정보를 제공해 준다. |
| | 산업체 | 산업체 관계자의 경우, 대학이 산업수요와 기관의 인력에 관한 요구사항에 맞추어 대학교육 프로그램을 조정할 수 있도록 정보를 제공한다. |
| | 학부모 | 학부모가 고등 교육에 기대하는 바와 중요하게 생각하는 것이 무엇인지에 대한 정보를 통해 교육지원 서비스에 대한 통찰을 얻을 수 있다. |
| 기타 | | 온라인 학습자, 예비 학생, 학생 단체, 학내 다양성을 확인할 수 있는 단체 등의 다양한 집단에게서 대학의 나아가야 할 방향과 개선이 필요한 영역에 관한 정보를 얻을 수 있다. |

③ 질문 만들기

포커스 그룹 토론을 안내할 일련의 개방형 질문을 개발한다. 이러한 질문은 참가자들이 발전전략계획을 위한 주제와 관련된 의견, 아이디어 및 제안을 공유하도록 장려하는 것이어야 한다.

④ 포커스 그룹 세션 일정 잡기

포커스 그룹 인터뷰 날짜, 시간 및 장소를 계획한다. 참가자의 가용성을 고려하고 모든 사람을 수용할 수 있는 일정을 만들며, 만약의 상황을 위해 포커스 그룹을 예비로 만들어 둔다.

⑤ 진행자 선택

토론을 안내하고 대화의 초점을 유지하며 모든 참가자가 자신의 견해를 공유할 수 있는 기회를 가질 수 있도록 숙련되고 중립적인 진행자를 선택한다. 진행자는 가이드라인을 마련하고 점검한다. 포커스 그룹 인터뷰 준비 과정에서 체크해 보아야 할 리스트는 다음과 같다.

- 목적의 진술이 명확하고 인터뷰의 모든 구성원이 동의하는가?
- 포커스 그룹의 목표와 결과가 설정되었는가?
- 포커스 스룹의 성공을 평가할 수 있을 만큼의 결과가 명시되어 있는가?
- 가장 많은 정보를 원하는 대상 그룹은 누구인가?
- 정보를 제공할 다른 그룹이 있는가?
- 적절한 장소가 마련되었으며 이는 그룹에게 매력적인가?
- 포커스 그룹의 목적과 기대사항에 대해 참가자에게 적절하게 정보를 제공하는가?
- 음식, 참가자 보상, 양식 등 모든 공급품이 준비되어 있는가?
- 설정된 목적과 목표를 적절하게 충족하기 위해 다양한 포커스 그룹을 준비했는가?

⑥ 참가자 오리엔테이션

인터뷰 전에 참가자들에게 발전계획 수립의 프로세스 및 논의할 주제에 대한 배경 정보를 제공한다. 이해관계자들이 포커스 그룹의 목적을 이해하고 편안하게 생각을 공유할 수 있도록 준비시킨다.

⑦ 인터뷰 수행

세션 중에 사전에 결정된 일련의 질문을 따르지만 유기적인 토론과 후속 질문을 허용하여 참가자의 응답을 풍부하게 한다. 참가자들 간의 개방적이고 정직한 대화를 장려하는 분위기가 형성되어야 한다.

**Work Point**

● 포커스 그룹 인터뷰 수행 시 진행자의 자세
  - 주제에 대한 참가자의 반응에 호불호를 표현하지 않는다. 보다 정교하고 심층적인 응답을 이끌어 낼수 있도록 참가자의 인식과 태도에 대해 중성적인 자세를 유지한다.
  - 진행자는 가이드보다는 리드를 하고, 수행자가 아닌 촉진자의 역할을 한다.
  - 참가자가 말한 내용을 기억하고 이를 향후 응답 및 조사와 연결할 수 있도록 경청해야 한다.
  - 각 구성원이 말하는 감정과 문제에 관심을 가지고 반응한다.
  - 그룹의 어떤 구성원도 소외시키지 않는 시선처리를 하고, 응답 기회를 다양하게 제공한다.

-수줍음이 많거나 참여도가 낮은 구성원을 끌어내며 특정 구성원이 응답의 경향과 분위기를 지배하지 않도록 조절해 나간다.

-인터뷰에 전적으로 참여하고 다른 사람들이 관심을 갖고 적극적으로 참여하도록 격려한다.

-각 응답을 기록하면서도 전체 응답에 흐르고 있는 패턴을 파악하여 기록하고 요약, 보고서 및 해석을 위한 역량을 갖추어야 한다.

⑧ 기록 및 전사

참가자의 동의하에 포커스 그룹 인터뷰를 기록하고 코딩한다. 나중에 자세한 분석을 위해 녹음 내용을 전사해 둔다.

• 주요 문제에 대한 참가자의 비언어적 및 언어적 반응을 광범위하게 기록한다. 이 정보는 평가표 해석에 도움이 될 수 있다(Vauhn et al., 1996).

• 참가자가 감정적인 메시지(예: 풍자 또는 분노)를 담은 진술을 하는 경우, 조사 결과의 해석을 돕기 위해 이를 기록해 둔다.

• 진행자는 의견을 확인한 다음 참가자에게 해당 의견에 얼마나 강력하게 동의하는지 또는 반대하는지 1~5점 척도로 표시해 둔다. 포커스 그룹 인터뷰의 데이터는 사람들의 감정이나 신념의 강도를 반영하도록 설계되지 않았으나(Basch, 1987), 개인의 감정의 강도를 확인하는 절차가 있으며 이를 사용할 수 있다.

| | A | B | C | D | E |
|---|---|---|---|---|---|
| 1 | | | | | |
| 2 | CODE | 대상 | | | |
| 3 | 그룹 1-1 | 총장 | | | |
| 4 | 그룹1-2 | 보직교수 | | | |
| 5 | 그룹1-3 | 이사진 | | | |
| 6 | | | | | |
| 7 | 질문1: 우리대학의 강점과 약점은 무엇이라고 생각하십니까? | | | | |
| 8 | 질문2: 교육의 질과 서비스 측면에서 우리대학이 다른 대학과 다른 점은 무엇이라고 생각하십니까? | | | | |
| 9 | | | | | |
| 10 | 참가자 ID | 그룹원 code | 질문1 반응 | 반응 정도 | 감정표현 |
| 11 | 1 | 1 | 지역사회와 산업체와의 연계가 잘 이루어져서 지역 내 위상이 높다는 게 강점이다. 특별하게 장기적인 관점에서 약점이 된다고 보여지는 것은 없다. | 4 | null |
| 12 | 2 | 2 | 지역적으로는 기반이 잘 형성되어 있지만, 전반적인 대학의 브랜드 가치는 떨어진다고 생각한다. 그걸 위해 노력하는 사람이 정해져 있고, 구성원들의 인식수준이 낮다. | 5 | N |

[그림 3-5] 데이터 기록을 위한 코딩 예시

- 데이터 분석은 포커스 그룹이 수행된 후 가능한 한 빨리 시작되어야 하므로 포커스 그룹이 수행된 후 즉시 데이터 코딩을 진행해야 한다.

### ⑨ 데이터 분석

전사를 분석하고 토론에서 나오는 공통 주제, 패턴을 파악하고 통찰을 얻는 방식의 분석을 진행한다. 정성적 데이터 분석 기법을 사용하여 의미 있는 정보를 추출한다.

**Work Point**

- 데이터 분석 시 고려할 점
  - **큰 아이디어 찾기**: 큰 아이디어는 신체 언어, 참가자의 말, 반응과 관련된 감정 수준, 댓글의 강도, 특정 문제에 대한 여러 참가자(반드시 전부는 아님)의 일관된 반응 등 다양한 데이터 소스에서 나타난다. 이를 위해서는 연구자가 어떤 내용에 관해 다루어진 빈도를 구하기보다는 결과의 패턴을 찾는 것이 중요하다.
  - **단어의 선택과 의미를 고려하기**: 결과를 해석할 때 참가자가 질문에 답하면서 선택한 단어와 참가자가 의도한 의미를 고려한다. 의미가 불분명하다고 판단되면, 면접관은 추가 정보를 얻기 위해 조사해야 한다.
  - **상황을 고려하기**: 참가자 의견이 다른 사람의 말, 포커스 그룹 내부 상황에 의해 영향을 받은 것으로 보이는지, 만약 참가자들이 직접 인터뷰를 했다고 해도 그와 같은 반응이 나왔을지 등, 의견에 상황적 측면에 반영되었는지 확인해야 한다.
  - **응답의 일관성을 고려하기**: 인터뷰 내내 참가자들의 반응이 어느 정도 일관되었는지, 참가자들이 입장을 바꾸지 않았는지, 어떤 조건에서인지, 만약 여러 참가자의 입장이 바뀌었다면, 그에 영향을 준 자극 발생했었는지 등을 고려한다.

### ⑩ 결과를 발전계획에 통합

포커스 그룹 인터뷰에서 얻은 결과를 전략계획 프로세스에 통합한다. 포커스 그룹 인터뷰의 목적에 의거한 정성적 판단을 통해 정량적 데이터를 보완하고 의사 결정을 공표한다.

### ⑪ 피드백 및 확인

확인을 위해 포커스 그룹 참가자와 요약된 결과를 공유하는 것이 바람직하다. 이 단계는 포커스 그룹 인터뷰 결과의 정확성을 보장하는 데 도움이 되며 필요한 경우에는 참가자가 스스로 추가적인 정보를 제공하는 경우도 있다.

⑫ 문서화 및 보고

포커스 그룹 인터뷰 결과를 포괄적인 보고서로 문서화한다.

⑬ 지속적인 참여

포커스 그룹 프로세스는 진행 중인 대화의 일부이므로, 발전전략계획의 프로세스가 발전함에 따라 참가자의 지속적인 참여와 피드백을 장려하여 의견수렴의 연속성과 지속성을 유지한다.

### (3) 발전전략계획 수립을 위한 FGI 질문지 개발의 실제

발전전략계획 수립을 위한 이해관계자 의견수렴에서 포커스 그룹 인터뷰를 실행하기 위해서는 우선 포커스 그룹 세션을 운영하기 위한 질문지를 개발해야 한다. 대학 발전전략의 핵심가치와 철학의 측정, 주요 전략 영역 등을 기반으로 대학의 상황과 목표에 맞추어 질문 영역을 선정해야 한다. 질문지는 포커스 그룹 인터뷰를 통해 나타난 결과에서 의미 있는 패턴과 정성적인 통찰을 얻을 수 있도록 개방형으로 구성하는 것이 중요하다.

**표 3-2** FGI 예상 질문지의 실제

| 질문 영역 | 질문 내용 |
|---|---|
| 소개 및<br>배경질문 | • 대학 내에서의 본인의 역할에 대해 간단히 소개해 주실 수 있습니까?<br>• 대학과 얼마나 오랫동안 관계를 맺으셨나요?<br>• 이 포커스 그룹에 참여하게 된 주된 이유는 무엇입니까? |
| 기관 인식 | • 우리 대학의 강점과 약점은 무엇이라고 생각하십니까?<br>• 교육의 질과 서비스 측면에서 우리 대학이 다른 대학과 다른 점은 무엇이라고 생각하십니까?<br>• 대학의 문화와 가치를 어떻게 설명하시겠습니까? |
| 사명과 비전 | • 대학의 현재 미션과 비전에 대한 생각은 어떠하십니까?<br>• 미션과 비전이 대학의 이념과 목표와 일치한다고 생각하십니까?<br>• 미션에서 비전에서 강조하거나 수정해야 할 부분이 있다면 어떤 부분입니까? |
| 학생 경험 | • 귀하의 관점에서 긍정적인 학생 경험에 기여하는 가장 중요한 측면은 무엇입니까?<br>• 대학이 전반적인 학생 경험을 개선할 수 있는 특정 영역이 있다면 어떤 부분입니까? |

| 학업 프로그램 및 커리큘럼 | • 대학에서 제공하는 학업 프로그램의 다양성과 관련성을 어떻게 평가하십니까?<br>• 대학에서 제안을 고려해야 한다고 생각하는 새로운 교육 분야나 연구 분야가 있습니까? |
|---|---|
| 교수진 및 직원 | • 대학의 교수진과 직원의 자질과 헌신에 대해 어떻게 생각하십니까?<br>• 대학이 교수진과 직원을 더 잘 지원하고 권한을 부여할 수 있는 방법이 있다면 무엇입니까? |
| 연구 및 혁신 | • 대학이 교수진과 학생들 사이에서 연구와 혁신을 얼마나 잘 촉진하고 있다고 생각하십니까?<br>• 대학이 앞으로 장려해야 할 연구 분야, 학제 간 협력 사항 등이 있습니까? |
| 지역사회 참여 및 파트너십 | • 지역사회 참여 및 파트너십 형성에 대한 대학의 노력을 어떻게 평가하시겠습니까?<br>• 대학이 지역 참여 이니셔티브를 강화할 수 있는 기회는 무엇이라고 보고 계십니까? |
| 기술 및 인프라 | • 대학의 현재 기술 인프라와 관련 역량을 어떻게 평가하고 계십니까?<br>• 필요하다고 생각하는 기술적 진보나 환경적 인프라의 개선사항이 있다면 무엇입니까? |
| 전략적 우선순위 | • 향후 5년간 대학의 최우선 전략적 우선순위는 무엇이라고 생각하십니까?<br>• 대학이 도전과 기회를 효과적으로 해결하기 위해 어떻게 강점을 활용할 수 있습니까? |
| 추가 의견이나 제안 | • 이전 질문에서 다루지 않은 내용 중에서 공유하거나 논의하고 싶은 추가적인 사항이 있습니까? |

## 2) 대학구성원 설문조사

### (1) 설문조사의 설계와 절차

대학구성원을 대상으로 하는 설문조사의 설계 절차는 일반적인 절차와 크게 다르지 않지만 여러 설문 중에서도 가장 다양한 집단을 대상으로 한다는 점에 주목할 만하다. 따라서 설문조사의 설계에 있어 전체 구성원에 대한 공통 설문 문항의 범위보다 대상별 설문 문항이 다양하게 존재하며, 대상에 따라 어떠한 질문을 해야 할지에 관해 문항설계에 있어 깊이 고려해야 한다.

### (2) 구성원 구분에 따른 설문의 범위

197개 대학의 발전전략 수립을 위한 구성원 설문의 주요 항목을 검토한 결과, 설문 대상에 따라 주요 설문 항목을 통해 설문의 범위를 다르게 제시하였다.

재학생의 경우에는 대학서비스를 경험하는 주체로서 대학교육 전반과 정주여건에 관한 만족도를 묻지만, 교육서비스를 제공하는 교직원을 통해서는 대학의 이미지, 행정서비스, 재직에 관한 만족도와 앞으로 조직이 나아가야 할 방향을 묻는 경우가 많았다.

외부 이해관계자라고 할 수 있는 지역사회와 산업체에는 외부에서 바라보는 대학의 이미지와 대학의 기여도, 졸업한 학생들에 관한 평판을 묻는 설문이 많다. 실제 대학이 설문 항목으로 제시한 내용들을 바탕으로(〈표 3-3〉참조) 설문 대상에 따라 설문의 빈도가 가장 높은 설문 항목을 도출한 분석표를 참고하여 대학의 실정에 알맞은 설문문항을 작성할 수 있도록 제시하였다(〈표 3-4〉참조).

**표 3-3** 197개 대학의 실제 주요 설문 항목

| 설문 대상 | 설문 항목 |
|---|---|
| 재학생 | 교육과정, 학사제도, 편의시설, 자치활동, 행정서비스, 대학이미지, 취업 프로그램 |
| 졸업생 | 졸업생 지원, 대학에 대한 전반적 만족도, 직무수행 도움도, 학과 교육과정 |
| 교수 | 대학 발전전략, 교육과정, 특성화, 대학이미지 제고, 업적평가, 학과평가, 산합협력 |
| 직원 | 행정서비스 개선, 대학의 위기의식, 재직만족도, 업무 조직 체계, 대학의 미래환경 변화 전망과 대응 |
| 학부모 | 교육과정, 교수, 비교과, 교육환경, 재정지원, 대학이미지, 대학의 경쟁력, 전반적 만족도 |
| 산업체 | 본교 출신 학생의 인성, 현장실무능력, 창의상, 글로벌 역량, 전공이해도, 산학협력, 향후 해당 대학 학생의 채용 여부 |
| 지역사회 | 지역사회 교류 및 협력에 대한 적극성, 우수인재양성 정도, 타 대학 대비 경쟁력 |

**표 3-4** 대학 설문 항목을 기반한 설문 영역 분류

| 설문 대상 | | 대분류 | 중분류 | 소분류 |
|---|---|---|---|---|
| 내부 | 재학생 | 교육서비스 | 교육과정 | 다양성, 학습성과 |
| | | | 비교과교육 | 다양성, 학습성과 |
| | | | 어학연수/교환학생 | 기회제공 |
| | | 장학금 복지 | 복지혜택 | 문화지원/복지서비스 |

| | | | | |
|---|---|---|---|---|
| | | 시설 만족도 | 학습시설 | 쾌적성 |
| | | | 도서관 | 자료의 최신성 |
| | | | 정보화시설 | 시설의 편의성, 최신성 |
| | | | 편의시설 | 매점, 체육시설, 휴게시설, 기숙사 |
| | | 행정서비스 | 의사소통 | 학생과의 의사소통 |
| | 교수 | 교육여건 | 강의실, 강의지원, 시간강사, 조교지원 | |
| | | 연구여건 | 연구지원, 연구예산확보 | |
| | | 조직 및 행정 | 직원 전문성, 행정신속성, 의사결정 합리성 | |
| | | 복지 | 복지시설 확충, 자기계발 지원 | |
| | 직원 | 조직 및 행정 | 인사제도, 의사소통, 업무집중도 분산 | |
| | | 직무 | 업무 난이도 조정, 성취감 제고 | |
| 외부 | 졸업생 | 교육서비스 | 교육과정/편의시설 | |
| | | 교육활용성 | 업무수행능력, 평판 | 업무지시, 업무처리정확도, 글로벌 마인드, 외국어, 창의력 |
| | 산업체 | 졸업생 평가 | 업무 관련 전문지식, 업무처리의 정확도 | |
| | | | 업무처리의 신속성 | |
| | | | 컴퓨터 활용능력 | |
| | | | 의사소통(커뮤니케이션) 능력 | |
| | 지역사회 | 대학브랜드 가치 | 대학 이미지, 평판, 기여도 | 대학의 개방성, 지역 내 위상, 졸업생 이미지 |

### (3) 결과 분석

구성원 의견수렴 자료의 분석을 위해 여러 분석 방법론을 활용할 수 있다. 〈표 3-5〉는 교차분석, GAP 분석, 상관분석, MATRIX 분석, IPA(Importance-Performance Analysis) 분석, 개선효용도 분석의 방법론적인 개념과 각 방법의 적용을 보여 준다. 이러한 분석 방법론들은 구성원의 의견을 체계적으로 분석하고, 조직 내에서 중요하게 여겨야 할 개선 영역을 식별하는 데 중요한 역할을 한다. 각 방법은 특정 상황이나 필요에 따라 선택하여 적용해야 하며, 필요한 여러 방법을 조합하여 발전전략 수립과 이행점검을 위한 통찰을 얻는 것이 바람직하다.

## [Part 1] 발전계획의 전반적인 질문

1. R.O.S.E.2023 발전계획의 전반에 대한 방향에 대한 질문입니다. 다음의 각각의 진술문에 대한 견재를 5첨 척도로 해서 응답을 해주시기 바랍니다.

| 측정 항목 | | 진술문 | 평가척도(5점) | | | | |
|---|---|---|---|---|---|---|---|
| | | | ① 전혀 아니다 | ② 아니다 | ③ 보통 이다 | ④ 그렇다 | ⑤ 매우 그렇다 |
| 필요성 | | 1) 루터대학교 상황을 고려할 때 R.O.S.E.2023 발전계획외에 새로운 발전계획의 수립이 필요하다. | | | | | |
| 절차-의견수렴 | | 2) R.O.S.E.2023 발전계획을 추진하는 과정에서 구성원들로부터 적절한 의견수렴이 있었다. | | | | | |
| 목표 와 비전 | 명확성 | 3) 학교가 제시하고 있는 R.O.S.E.2023 발전계획의 목표와 비전은 명확하다. | | | | | |
| | 현실성 | 4) 학교가 제시하고 있는 R.O.S.E.2023 발전계획의 목표와 비전은 루터대학교가 처한 상황을 잘 반영하고 있어 현실적이다. | | | | | |
| | 달성 가능성 | 5) 학교에서 제시하고 있는 R.O.S.E.2023 발전계획은 기간내에 달성이 가능하다. | | | | | |
| | 균형 | 6) 학교에서 제시하고 있는 R.O.S.E.2023 발전계획 내용은 균형을 이루고 있다. | | | | | |

2. 귀하는 R.O.S.E.2023 발전계획에 대해서 어느 정도 만족하고 있습니까?
___①전혀 만족하지 않는다  ___②만족하지 않는다  ___③보통이다  ___④만족한다  ___⑤매우 만족한다

3. 귀하는 R.O.S.E.2023 발전계획을 추진하는 과정에서 추가적인 작업(내용의 수정이나 구체화 작업 등)이 더 필요하다고 생각하십니까?
___①전혀 아니다  ___②대체로 아니다  ___③보통이다  ___④대체로 그렇다  ___⑤매우 그렇다

[그림 3-6] 설문지 개발 예시(루터대학교 발전계획 수립을 위한 설문, 2022)

표 3-5  구성원 의견수렴 자료의 분석을 위한 방법론적 접근

| 분석 방법 | 방법론적 개념 | 적용 |
|---|---|---|
| 교차분석 | 두 변수 간의 관계를 파악하기 위해 사용되는 분석 방법. 주로 범주형 변수 간의 관계를 파악한다. | 구성원의 다양한 배경(예: 직급, 연령대)에 따라 의견이 어떻게 다른지 파악할 때 적용한다. |
| GAP 분석 | 기대치와 실제치 사이의 격차를 분석하는 방법. 조직의 현재 상태와 목표 상태 사이의 차이를 파악한다. | 구성원이 기대하는 조건과 실제 제공되는 조건 사이의 격차를 파악하여 개선해야 할 영역을 식별할 때 적용한다. |
| 상관분석 | 두 변수 간의 선형적 관계의 정도를 측정하는 분석 방법. 상관계수를 통해 관계의 강도와 방향을 파악한다. | 구성원의 만족도와 조직의 성과와 같은 변수들 간의 관계를 분석할 때 적용한다. |
| MATRIX 분석 | 다차원의 데이터를 행렬 형태로 배열하여 분석하는 방법. 정보를 시각적으로 표현하여 복잡한 데이터 관계를 파악한다. | 여러 요인(예: 중요도, 만족도)을 기준으로 구성원 의견을 분류하고 우선순위를 결정할 때 적용한다. |
| IPA 분석 | 중요도와 성과(만족도)를 동시에 고려하여 분석하는 방법. 2차원 그래프를 통해 우선순위를 결정한다. | 구성원이 생각하는 각종 요소의 중요도와 이에 대한 조직의 실제 성과를 비교하여 개선이 필요한 영역을 식별할 때 적용한다. |
| 개선효용도 분석 | 개선 조치가 가져올 효과와 비용을 비교 분석하는 방법. 비용-효익 분석의 일종으로, 조치의 경제성을 평가한다. | 구성원 의견을 바탕으로 한 개선 조치의 효과를 비용 측면에서 평가하여 가장 효율적인 개선 방안을 결정에 적용한다. |

## 3) 대학 내 의사결정기구 및 자문기구 의견수렴

### (1) 대학 내 의사결정 이해관계자

다양한 이해관계자 중에서 의사결정의 역할을 하는 이해관계자는 어떻게 분류할 수 있을까? Mitchell 등(1997)은 다양한 이해관계자의 역할을 기반으로 대학 발전전략의 구현에 대한 권한의 속성을 가지는 이해관계자 집단을 식별하고 있다. 가장 영향력 있는 이해관계자는 대학 경영진과 기획 예산 부서, 외부적으로는 교육부, 외부 감사기관 등이다. 대학 계획 및 예산 책정에 관여하는 관리자의 비전이 조직 내부에서 작용하기 때문이다. 높은 정당성을 갖는 이해관계자는 최고 경영진, 이사회, 발전계획 이행과 점검에 관여하는 위원회 등이다.

학생, 교수진과 대학연계의 산업체 등은 권한이 적은 이해관계자에 속한다(Falqueto et al., 2020). 학생과 교수의 경우 이해관계자에 포함되어 대학이 취하는 전략적 결정에 영향을 받지만, 영향을 미치지는 않는 내부 이해관계에 해당되기 때문이다.

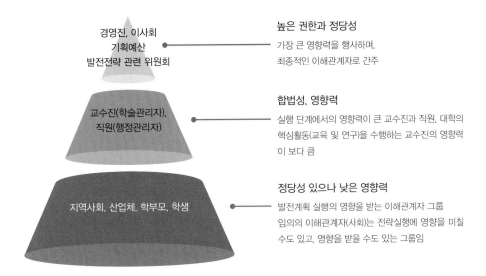

**[그림 3-7]** 대학 내 의사결정 이해관계자 특성에 따른 분류

출처: Lyra et al.(2009); Mitchell et al.(1997)를 번역하여 한국 대학 실정에 맞추어 재설정.

### (2) 자문기구 및 위원회

대학 발전전략 수립과 이행을 위한 노력을 조정하고 상호 지원하며 발생하는 중요한 갈등을 해결하기 위해 관련된 자문기구와 위원회를 둘 수 있다. 일반적으로 발전전략추진위원회가 발전전략 이행의 구조, 프로세스, 자원 또는 활동을 연결하고 조정하는데, 이행 관련 논의와 어려움을 합리적이고 우호적인 방법으로 해결할 수 있는 장을 제공하는 것이 중요한 역할이다.

통상적 이해관계자, 의사결정자 등은 좀 더 쉽게 분류가 가능하지만, 발전전략이 집중되어 있는 영역이나 대학 특성화에 따라 자문기구의 범위는 상이하고 다양해질 수 있다. 이때 이해관계자의 범위를 정하는 일을 맡게 된다면, 자문기구나 위원회 관련 이해관계자 식별을 위한 설문을 활용할 수 있다. 설문의 예를 들면 다음과 같다.

1. 우리 대학의 발전전략 이행과 점검을 위한 자문기구, 위원회에 선정 대상으로 적절한지 여부를 선택하세요.

| 대상 | 적절성 | | | | |
|---|---|---|---|---|---|
| | 낮다 ————————————————➔ 높다 | | | | |
| | 1 | 2 | 3 | 4 | 5 |
| 지자체 정책위원 | | | | | |
| 최고 경영자 | | | | | |
| 회계 및 재무 전문가 | | | | | |
| 교육 전문가 | | | | | |
| 데이터, 정보 기술 전문가 | | | | | |
| 일반 직원 | | | | | |
| 기타 외부 이해관계자(          ) | | | | | |

2. 우리 대학의 기존 자문기구 및 위원회에 추가되어야 하는 구성원이 있다면 고르고, 이유를 간단히 적어 주세요.

| 대상 | 선정 이유 |
|---|---|
| 지자체 정책위원 | |
| 최고 경영자 | |
| 회계 및 재무 전문가 | |
| 교육 전문가 | |
| 데이터, 정보 기술 전문가 | |
| 일반 직원 | |
| 기타 외부 이해관계자(          ) | |

3. 선택하신 자문기구(위원회) 구성원이 발전전략의 이행에 도움이 되는 부분은 무엇입니까?
(박스에 체크)

☐ 발전전략 및 전략계획 수립 이행 작업, 책임, 진행 상황 점검 및 필요한 추가 조치
☐ 세부과제나 추진 기관의 경계를 넘어 이행 프로세스와 작업을 조정하는 데 도움
☐ 발전전략 추진과 관련된 이해관계자들을 모으고 방향성을 인지시킬 수 있음
☐ 의사결정 조직의 결정 권한을 분배하여 권한을 공유
☐ 조직 내 갈등을 효과적으로 관리
☐ 기타(　　　　　　　　　　　)

### (3) 대학 내 의사결정기구 및 자문기구 의견수렴 사례

대학 발전계획을 수립할 때 의사결정 그룹과 관련 위원회에 사려 깊은 질문을 포함시키는 것은 발전계획이 포괄적이고 미래 지향적이며 대학의 목표 및 가치와 일치하는지 확인하는 데 매

**표 3-6　대학별 의사결정이해관계자 의견수렴 현황**

| 학교명 | 의견수렴 방법 | 의사결정 이해관계자 분류 | 조사항목 Key word |
|---|---|---|---|
| 국립 순천대학교 | 인터뷰 | 총장 주요 보직자 학과장 | • 대학 비전<br>• 대학 특성화 분야 및 전략<br>• 학사 구조 개선<br>• 학과 경쟁력, 학사 구조 개선 방식, 필수 학문 분야 |
| 국립한국 교통대학교 | 설문조사, 인터뷰 | 주요 보직자 | • 발전전략, 대학경영분야<br>• 교육과정<br>• 학생지원, 취창업<br>• 산학협력, 지역연계 |
| 송원대학교 | 인터뷰, 설문조사, 워크숍, 설명회, 공청회 | 주요 보직자 | • 대학의 이슈, 발전전략, 강점, 약점<br>• 전략체계 및 비전 수립 중요사항 등<br>• 질 개선사항, 복지 및 조직구조의 개선사항 |
| 김천대학교 | 설문조사 인터뷰 | 총장 주요 보직자 | • 대학 발전 방향<br>• 대학 조직발전<br>• 대학 발전 방향 및 특화<br>• 교육혁신분야<br>• 학생지원<br>• 산학연구경영 |

우 중요하다. 이들 이해관계자들에게 발전계획 수립과 관련한 의견수렴을 실행할 때 활용할
수 있는 질문은 〈표 3-7〉과 같다.

| 표 3-7 | 의사결정기구 및 자문기구 의견수렴 시 활용할 수 있는 질문 예시 |

| 영역 | 질문 |
|---|---|
| 사명과 비전 | • 우리의 현재 사명과 비전은 진화하는 고등 교육 환경과 사회적 요구에 어떻게 부합합니까?<br>• 우리 기관에 가장 중요한 가치는 무엇이며, 이를 전략계획에 어떻게 반영해야 합니까? |
| 환경분석 | • 우리 대학이 직면한 가장 중요한 외부 기회와 위협은 무엇입니까?<br>• 우리 내부의 강점과 약점은 고등 교육의 경쟁 환경에서 우리를 어떻게 위치시킵니까? |
| 중점 학문 분야<br>(교육과정) | • 미래 성장을 위해 어떤 학문 분야와 학문을 고려해야 하며, 어떤 자원이 필요합니까? |
| 학생성공 | • 학생의 유지율, 졸업률 및 전반적인 성공을 향상시키기 위해 어떤 전략을 구현할 수 있습니까? |
| 재정적 지속가능성 | • 재정의 우선순위는 무엇이며 전략계획이 재정적으로 지속가능하도록 어떻게 보장할 수 있습니까?<br>• 새로운 전략에 대한 투자와 기존 프로그램 및 시설을 유지 및 개선해야 하는 필요성 사이의 균형을 어떻게 맞출 것입니까? |
| 인프라 및 리소스 | • 우리의 전략적 목표를 지원하는 데 필요한 중요한 인프라와 기술은 무엇이며, 이를 어떻게 해결할 것입니까?<br>• 우리 캠퍼스를 더욱 지속가능하고 환경 친화적으로 만들 수 있는 방법은 무엇입니까? |
| 다양성, 형평성, 포용성 | • 발전전략계획은 대학 커뮤니티 내에서 다양성, 형평성 및 포용성을 어떻게 향상시킬 것입니까? |
| 대학기여도 | • 대학은 지역사회에서 어떤 역할을 해야 하며, 어떻게 영향력을 강화할 수 있습니까? |
| 성과지표 | • 발전전략의 성공을 측정하기 위해 어떤 지표와 벤치마크(기준)를 사용해야 합니까? |
| 이행노력 | • 투명성을 보장하고 대학 커뮤니티의 동의를 얻기 위해 어떤 커뮤니케이션 전략을 사용할 것입니까?<br>• 일정, 책임 당사자, 자원 할당을 포함하여 전략적 우선순위를 구현하기 위한 우리의 계획은 무엇입니까? |

## 3. 현행(기존) 대학 발전계획의 자체 진단 과정

대학이 발전전략을 구현하고 중요하고 지속적인 가치를 창출하고 공동의 선을 증진하는 것은 대학 발전계획 수립의 목표이다. 이를 달성하기 위해서는 새롭고 가치 있는 지속적인 전략의 효과적인 구현으로 가치를 창출하고, 과제를 이행 및 완수하며, 우선순위가 낮거나 비효율적인 일을 정리하는 일들이 반복된다.

이 과정에서 대학은 어떤 전략을 유지할 것인지, 어떤 전략을 추가할 것인지, 어떤 전략을 삭제할 것인지를 파악하는 작업을 수행해야 하는데, 이것이 대학 발전계획의 자체 진단이다.

발전전략의 한 주기는 일반적으로 5년으로 구성한다. 발전전략 실행은 발전전략의 계획 추진 프로세스를 검토하여 환류 개선하는 과정을 매년 거친다. 전체 조직이 구현된 전략, 구현 프로세스 및 전략계획에 대한 전반적인 검토를 하는 과정도 5년 주기에 따라 필요하다. 이를 현행(기존) 발전계획의 자체 진단이라 부를 수 있다.

현행(기존) 발전계획의 자체 진단 과정에서는 단지 세부과제들의 목표 달성 수치만을 확인하는 것이 아니라 앞으로 무엇을 해야 할지를 결정하기 위한 전략과 이를 촉발한 전략적 문제들을 재평가해야 한다. 여기에서 나타난 이유를 통하여 특정 전략을 유지·대체·종료해야 한다. 효과가 있었던 수행과정과 그렇지 않은 점, 개선을 위해 수행할 수 있는 작업을 확인해야 한다.

발전전략의 수립은 과거의 노력을 바탕으로 이루어져야 한다. 이를 통해 조직의 역량이 향상되고 전략적 계획을 수립하고 추진하는 과정도 쉬워지게 된다. 따라서 현행(기존) 발전계획의 자체 진단은 다음 주기의 전략계획 및 실행의 성공을 보장하는 중요한 기반이 되는 필수적 절차이다.

### 1) 현행(기존) 대학 발전계획 진단의 과정

현행(기존) 대학 발전계획의 진단의 과정은 다음과 같이 제시할 수 있다. 이 과정은 대학이 대학 발전계획에서 수립한 실행과제의 목표를 완수하고 나아가 공공 가치를 창출하는 데 도움이 되는 개념적이며 실용적인 가이드이다. 현행(기존) 대학 발전계획의 변경을 위한 진단과정은 다음과 같은 단계로 나타난다(그림 3-8] 참조).

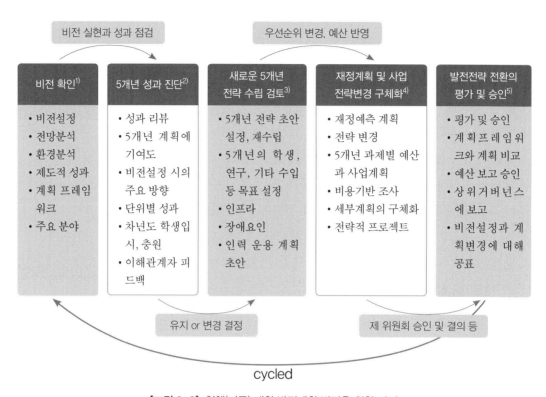

[그림 3-8] 현행(기존) 대학 발전계획 변경을 위한 과정

주1) 비전 확인: 현재 비전이 대학의 장기 목표와 여전히 일치하는지 평가하고, 현재와 미래의 학문적 및 산업적 트렌드를 반영하는지 확인한다. 이때에도 이해관계자들 간의 다양한 의견을 균형 있게 반영하는 것이 중요하다.

주2) 5개년 성과 진단: 지난 한 주기의 발전전략이 추진되어 온 5년간의 학문적, 재정적, 운영적 목표 달성도를 평가한다. 성과를 측정하기 위한 핵심성과 지표(KPIs)를 검토하고, 실패한 전략과 성공적 전략을 분석하여 미래 전략에 반영해야 한다. 성과 진단은 객관적이며 정량적인 데이터를 기초로 하되, 5개년 성과 진단에 있어서는 정성적이며 개념적인 성과를 도출해 내는 노력이 더욱 중요하다.

주3) 새로운 5개년 전략 수립 검토: 시장 조사, 학문적 트렌드 분석, 학내 외의 다양한 상황을 기반으로 새로운 전략을 검토한다. 혁신적이고 구체적인 이니셔티브를 포함하여 전략을 세부화하되, 전략의 실행 가능성을 기반으로 한다.

주4) 재정계획 및 사업전략변경 구체화: 새로운 전략에 따른 재정 요구 사항과 자원 배분 계획을 마련한다. 재정계획의 지속 능성을 확보하고, 재정적 위험 요인 역시 고려하여 세부계획을 구체화한다. 사업전략의 변경 사항을 모든 관련 부서와 소통하여야 한다.

주5) 발전전략 전환의 평가 및 승인: 학내 의사결정 기구를 통해 새로운 전략에 대한 평가 및 승인을 받는다. 전략 전환은 모든 학내 구성원의 참여와 지원을 필요로 하므로, 학내 커뮤니티와의 투명한 소통을 통해 지지를 확보한다. 승인된 전략을 전 대학적으로 구현하기 위한 실행 계획 및 예산계획 등을 부서 단위로 수립해 나간다.


이와 같이 현행 발전전략을 진단하고 평가하는 일은 전략적 대학 경영의 기본논리에 관한 이해를 바탕으로 실천할 때, 그 목적을 달성하기가 수월하다. 전략경영의 기본적인 논리는 다음과 같다.

첫째, 대학은 대학의 비전과 가치를 창출해야 한다. 발전전략의 수립과 이행은 시간을 거슬러 대학이 지녀 온 지속적이며 중요한 비전과 가치를 창출하기 위한 일이다. 이를 위해 발전계획 수립 시 성과 목표치를 제시하고 이를 달성하기 위한 노력을 기울이는 것이다.

둘째, 지속적인 전략과 운영을 유지하고 개선해 나가야 한다. 대학의 비전 달성을 위하여 지속적이고 새로운 전략을 구현하고 이를 완수하기 위한 조직관리를 수행한다.

셋째, 전략경영은 언제나 과거를 기반으로 이루어진다. 효과적일 수 있는 전략으로 옮겨 가려면 과거의 전략이 어떻게 이행되었고 결과가 어떠했는지에 기반하여야 한다. 과거를 바탕으로 우선순위가 가장 낮다고 판단되는 일은 그만두고, 제대로 작동하지 못했던 일들이 무엇인지 파악하여 이를 중단하거나 변경할 수 있게 된다.

## 2) 현행(기존) 발전계획 자체 진단의 요소

발전계획의 자체 진단은 발전전략 변경 주기의 도래에 따라 새로운 전략으로 이양하거나 대학에서 어떠한 사유로 발전전략을 변경하고자 할 때 수행한다. 이때 계획 수립 시 목표했던 바를 얼마나 성취했느냐에 관한 수치로서의 목표 달성 정도를 확인하는 것도 중요하지만, 이는 전체 진단과정의 한 요소이며, 이 밖에 다양하게 다루어야 할 요소들이 있다. 지표의 관리는 발전전략의 관리와 개선을 위한 가장 기본적인 요소로서 제13장 대학 발전계획 성과관리를 통해 자세하게 소개하겠다.

- 진단요소 1. 「사명과 비전」 현재의 사명과 비전이 대학의 장기 목표 및 변화하는 고등 교육 환경과 일치하는지 평가한다.
- 진단요소 2. 「전략적 목표」 현재 전략 목표의 관련성, 효율성 및 완료 상태를 평가한다.
- 진단요소 3. 「환경과 전망 분석」 최신 SWOT 분석 결과(강점, 약점, 기회, 위협)를 검토하여 내부 및 외부 환경을 이해한다.
- 진단요소 4. 「이해관계자 피드백」 주요 이해관계자(학생, 교직원, 교직원, 졸업생, 파트너)의 피드백을 요약하여 만족과 우려 사항이 있는 영역을 식별한다.
- 진단요소 5. 「학생 성공요소」 학생 수요, 졸업률, 취업 결과 등 기존 학업 프로그램의 성과와 시장 관련성, 유지율, 졸업률, 지원 서비스, 참여도 등 학생 성공과 관련된 지표를 검토
- 진단요소 6. 「재정건전성」 수입원, 지출, 투자 및 기부금을 포함하여 대학의 재정적 안정성을 평가

**[그림 3-9]** 현행(기존) 발전전략 자체 진단의 요소

- 진단요소 7. 「성과지표 점검」이행과제별 발전전략 목표와 그 효과를 향한 진행 상황을 측정하는 데 사용되는 측정항목을 분석
- 진단요소 8. 「커뮤니케이션 및 이행과정 평가」커뮤니케이션 전략의 효율성과 전략계획 이행의 전체 프로세스를 평가

# 4. 대학 대내외 의견수렴 및 발전계획 자체 진단을 위한 제언

## 1) 대학 대내외 의견수렴 및 발전계획 자체 진단 시 주의사항

발전계획 수립에 있어 대학 대내외 이해관계자의 의견을 수렴하고 반영하는 과정, 다양한 진단요소를 중심으로 자체 진단을 하는 과정에서 주의 깊게 고려해야 할 사항은 다음과 같다.

### (1) 의견수렴과 자체 진단을 수행함에 있어서의 기본 개념은 소통과 공유임을 알자

대학 대내외 의견수렴 및 발전계획 자체 진단을 필수적으로 여기는 이유는 대학 발전전략의 수립과 이행이 의사결정의 권한, 책임을 공유하기 위한 구체적인 소통 메커니즘의 확립(의견수렴, 자체 진단을 통해 구성원의 피드백 구하기)이 전제되어야 한다는 사실 때문이다.

권한은 법으로 정할 수 없기 때문에 일반적으로 정책 입안 기관이나 최고 경영자들은 조직의 발전전략 결과와 계획에 대해 공유하지 않으려는 경향성이 있을 수 있으나 이는 조직의 발전을 저해한다. 따라서 대학의 발전전략 수립과 개선을 위해서는 반드시 구성원의 의견수렴과 의사결정 참여를 통한 '소통과 공유'가 전제되어야 하며, 이는 구성원으로 하여금 참여, 정보 및 자원 공유, 계획과 전략 및 실행에 대한 헌신을 촉진시켜 주는 효과를 가진다(Linden, 2003).

### (2) 참여의 다양성이 중요하다

대학 대내외 의견수렴 및 발전계획 자체 진단을 진행할 때는 되도록 다양한 대내외 인사와 내부 구성원의 참여가 이루어져야 한다. 의견수렴과 반영, 이행을 위한 실행팀과 태스크포스의 활용, 관련 운영위원회 구성원의 다양성 추구, 참여와 활동의 활성화는 발전전략계획 수립과 실행에 있어 구성원의 책임과 결과에 대한 담보를 함께 얻을 수 있는 최선의 방안이 되어 주기 때문이며, 이러한 점은 실무자뿐만 아니라 경영진이 반드시 이해해야 한다.

## 2) 대학 대내외 의견수렴 및 발전계획 자체 진단을 위한 점검사항

대학 대내외 의견수렴 및 발전계획 자체 진단을 점검할 수 있는 체크리스트를 제시하면 〈표 3-8〉과 같다.

**표 3-8**  대학 대내외 의견수렴 및 발전계획 자체 진단을 위한 체크리스트

| 단계 | 점검내용 | 수행 여부 (Y/N) |
|---|---|---|
| 준비 | 이해관계자를 발전전략에 대한 영향력과 관심도 등을 중심으로 분류하였는가? | |
| | 대학 특성을 고려한 이해관계자 분류를 이행하였는가? | |
| | 이해관계자 분석의 구체적 목적과 기대 결과를 도출하였는가? | |
| | 기존 발전계획의 문서, 성과 보고서, 관련 데이터 및 통계자료를 모두 수집하였는가? | |
| | 기존 발전계획의 평가를 담당할 내외부 전문가로 구성된 평가팀을 구성하였는가? | |
| | 평가 과정에 참여할 이해관계자를 식별하고, 참여 방법을 계획해 두었는가? | |
| 실행 (운영) | 이해관계자와의 지속적인 소통과 참여를 유도하는 전략을 가지고 있는가? | |
| | 설문조사, 인터뷰, 포커스 그룹 등의 다양한 방법을 시도한 자료 수집이 이루어졌는가? | |
| | 발전계획의 성과 측정을 위한 목표 달성도, 문제점 및 도전과제를 평가할 수 있는가? | |
| 평가 | 수집된 데이터와 정보를 바탕으로 적절한 분석 방법을 활용하여 이해관계자의 요구사항과 기대를 평가한 자료가 생성되었는가? | |
| | 소통계획의 효과성을 평가하고 필요한 조정사항을 발전전략계획에 반영하였는가? | |
| | 수집된 데이터와 정보를 바탕으로 기존 발전계획 자체 진단의 종합 분석 보고서를 작성하였는가? | |
| | 평가 결과를 바탕으로 개선이 필요한 영역, 우선순위의 변경, 삭제와 유지 등에 관한 조치를 도출하였는가? | |
| | 이해관계자들의 피드백을 받고 최종 개선안을 검토하였는가? | |
| | 개선 사항의 효과적인 실행을 위한 모니터링 및 필요시 조정 계획을 수립하였는가? | |
| | 평가 과정에서의 투명성과 공공성을 담보할 수 있는가? | |

제**4**장

# 대학 발전계획 체계도 작성

Effective Strategic Planning in Higher Education

이 장에서는 대학의 발전계획에서 핵심이 되는 발전계획 체계도의 개념과 필요성을 다룬다. 세부적으로는 대학 발전계획 체계도를 구성하는 요소, 구성 요소들의 개념 및 중요성 등을 살펴보았다. 이 장에서는 미션, 비전, 발전목표, 그리고 발전영역과 발전전략까지 다룬다. 발전전략에 따른 구체적인 전략과제 및 실행과제는 제5장 이하에서 본격적으로 제시한다.

다음으로 대학 발전계획에서 비전체계와 수행체계 수립 시 고려해야 할 사항이 무엇인지 제시하였고, 일반적으로 대학에서 발전계획체계가 어떻게 수립되어 있는지 요소별로 살펴보았다. 대학의 발전영역과 발전전략 현황을 알아보기 위하여 26개의 대학을 대상으로 분석하였다. 그리고 분석 대학을 중심으로 대학 규모와 지역구분 등의 기준을 고려하여 향후 발전계획 체계도를 구성하는 데 도움을 주고자 예시를 제시하였다.

마지막으로 대학 발전계획 체계도를 수립하기 위한 제언에서는 주요 고려사항을 제시하였고, 준비 단계, 수립 단계, 평가 단계별로 체크리스트를 제시하여 향후 대학에서 발전계획 체계도를 작성하는 데 기준으로 활용할 수 있을 것이다.

# 1. 대학 발전계획 체계도 개요

## 1) 대학 발전계획 체계도의 중요성

대학 발전계획 체계도는 대학의 미래상을 구체화하기 위하여 미래방향, 가치, 전략, 과제를 조직화하여 만든 도식이라고 할 수 있다. 대학 발전계획 체계도는 비전전략체계도로 불리기도 한다. 대학 발전계획 체계도는 대학의 나아갈 방향성을 함축적으로 도식화하여 제시하는 대학 발전의 첫걸음이라고 할 수 있다. 대학 발전계획 체계도의 중요성을 제시하면 다음과 같다.

첫째, 미션 및 비전부터 전략과제 및 실행과제까지 발전계획 요소들의 연계성을 확보하도록 한다. 발전계획 체계도는 구성 요소들을 시각적으로 표현함으로써 각 요소들의 연계성을 전체적으로 검토할 수 있게 해 준다. 이를 통해 전체 전략을 조망하는 시각을 제시한다.

둘째, 대학 발전계획 체계도는 구성원에게 긍정적 기대감과 목표 달성에 대한 동기를 부여한다. 잘 구성된 대학 발전계획 체계도는 대학 구성원들에게 대학에 대한 자긍심과 자신의 업무의 중요성을 확인하도록 한다.

셋째, Top-Management Tools의 역할을 한다. 대학 발전계획 체계도는 대학의 최고 의사결정기구에서 시급한 의사결정, 새로운 전략 수립, 성과관리 등 중요한 업무를 수행할 때 기준이 된다.

## 2) 발전계획 체계도의 구성 요소

대학 발전계획 체계도는 일반적으로 미션, 비전, 발전목표, 발전전략, 그리고 전략과제 등으로 구성되며, 비전체계(가치체계) 영역과 실행체계(전략체계) 영역으로 구분할 수 있다. 비전체계 영역은 미션, 핵심가치, 비전, 발전목표 등을 포함하며, 실행체계 영역은 발전전략, 전략과제, 실행과제 등을 포함한다. 대학 발전계획 체계도의 구성 요소들을 각각의 체계별로 구분하여 간략히 살펴보면 다음과 같다.

### (1) 비전체계

비전체계는 미션, 비전, 그리고 발전목표를 포함한다. 비전체계는 시대 및 상황에 맞추어 변화되었다. 2000년대 초반까지는 비전을 비전체계의 최상위 개념으로 설정하였으나, 현재는 미션을 최상위 개념으로 체계도를 작성하고 있다(최소영, 전종혁, 2011). 미션은 대학이나 조직의 근본적인 존재 이유를 나타내는 것으로, 간결하고 기억하기 쉬우며 구체적이어야 한다. 비전은 조직이 목표로 하는 구체적인 미래상, 지향, 열망을 제시하는 것으로 목표와 의사결정을 이끌 수 있어야 한다. 즉, 미션은 대학의 목적이고 비전은 목적에 도달하는 방법을 나타낸다. 이에 미션은 특별한 상황 변화나 패러다임의 변화가 일어나지 않는 한 그대로 유지되는 반면 비전은 대학이 성장·발전함에 따라 바뀔 수 있다. 발전목표는 비전 달성을 위한 노력의 과정에서 달성해야 하는 결과를 구체화한 것으로 전략적 의사결정이 이루어지는 환경을 설정하고 이를 통해 전략적 의사결정에 대한 방침을 제공하는 역할을 한다(정동섭 외, 2016).

### (2) 실행체계

실행체계는 발전전략, 전략과제, 그리고 실행과제를 포함한다. 발전전략은 발전목표를 달성하기 위한 방향과 방법을 제시하고, 구성원들의 협력을 유도할 수 있다. 전략과제는 목표를 달성하기 위한 수단으로, 대학이 설정한 비전과 발전목표를 달성하기 위해 해결해야 할 과제이다. 전략과제는 대학이 설정한 발전목표를 달성하기 위해 수행해야 할 고수준의 활동으로 조직의 역량과 자원을 효율적으로 활용하는 방향성을 제시한다. 반면, 실행과제는 전략과제 수행을 위한 구체적인 작업, 프로젝트, 프로그램, 또는 행동이나 활동을 말한다.

### (3) 대학 발전계획 체계도 개요

대학 발전계획 체계도는 대학이 노력을 통하여 어떤 대학이 되고자 하는지를 보여 준다. 이에 대학 발전계획 체계도는 대학 발전을 위한 노력을 체계적으로 관리하는 데 유용한 도구이다. 대학 발전계획 체계도를 통해 대학은 비전과 목표를 명확히 하고, 이를 달성하기 위한 전략과 전략과제를 개발하여 발전 노력의 효과를 평가할 수 있도록 한다. 대학 발전계획 체계도는 [그림 4-1]과 같은 순서로 작성된다.

[**그림 4-1**] 대학 발전계획 체계도 작성

## 2. 비전체계: 미션, 비전 및 발전목표 설정

미션, 비전, 목표라 하면 통상 추상적인 개념으로 생각하는 것이 일반적이다. 대학 발전계획서 또는 다양한 사업계획서들을 작성하면서 우리는 관련 서적들과 유명 강사들의 강연을 통해 미션, 비전, 목표 설정이 중요하다는 것을 들어 왔다. 그러나 미션, 비전, 목표의 설정 방법 및 절차에 대하여 정확히 제시받은 기억은 많지 않다. 그러한 이유로 발전전략, 발전영역, 실행과제 설정보다 더 어려워하는 것이 바로 미션, 비전, 그리고 목표 설정이라고 할 수 있다.

### 1) 대학 발전계획에서 미션 수립하기

#### (1) 미션의 개념 및 중요성

미션은 대학이 사회에 제공하는 가치이자, 대학 구성원들이 노력해야 하는 의미를 말한다. 미션은 대학의 존재 이유와 목적을 규정한 것으로서 비전의 개념과 구분하여 대학 운영 및 교육철학과 이념을 함축적으로 표현하여 대학이 가야 할 지향점을 나타낸다. 더 구체적으로 말하면 미션은 대학의 설립이념과 철학이 반영된 것으로 대학의 성장과 발전의 기본 방향을 제시해 준다. 대학 운영 및 교육 정책의 최종 결정은 미션으로부터 출발하며, 미션은 전략 수립과 실행의 지침이 된다는 의의가 있다. 즉, 미션은 이사회, 의사결정자, 학생, 교수, 그리고 직원들에 이르기까지 대학의 존재 이유와 목적을 같이 공유하도록 하여 소속감과 자긍심을 높여 주고, 교육의 목적 및 목표를 달성하고 일정 성과를 내도록 한다는 데 중요성과 존재 이유가 있다.

#### (2) 미션 수립 절차

미션을 수립하는 가장 일반적 방식은 키워드 방식과 브레인스토밍(brainstorming) 등이 있다. 먼저 키워드 방식은 대학의 특성, 설립이념, 교육목적들에서 발췌한 단어나 문장으로 사명을 수립하는 방식이다. 즉, 미션 수립 시 핵심적 단어, 자주 사용하는 단어, 그리고 표현 등 해당 대학을 떠올리게 할 수 있는 키워드를 설정한다. 다음으로 브레인스토밍은 집단 사고 기법으로 일정한 주제에 관하여 구성원의 자유 발언을 통해 아이디어를 발굴하는 방법이다. 이렇게 도출된 아이디어들은 특성별로 유목화하여 정리하고, 정리된 아이디어 중에서 최종 아이디어를 채택한다.

미션 수립을 위한 절차를 살펴보면 [그림 4-2]와 같다.

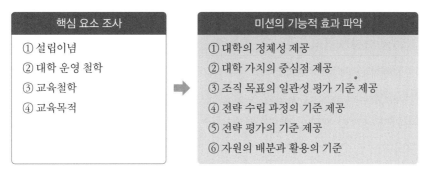

[**그림 4-2**] 미션 수립 절차

첫째, 미션 수립을 위한 핵심 요인을 조사한다. 핵심 요인은 대학의 설립이념, 대학 운영 철학, 교육철학, 교육목적 등을 조사하고 고려한다. 둘째, 미션이 가지는 기능적 효과를 파악한다. 설정하고자 하는 미션은 다음과 같은 질문에 답할 수 있어야 한다. 미션은 ① 대학의 정체성을 제공하는가? ② 대학 가치의 중심점을 제공하는가? ③ 조직 목표의 일관성 평가를 위한 기준이 되는가? ④ 전략 수립 과정의 기준을 제공하는가? ⑤ 전략 평가의 기준을 제공하는가? ⑥ 자원의 배분과 활용의 기준이 되는가?

이상의 절차에 따라 좋은 미션을 설정할 수 있다면, 미션은 구성원들에게 공통된 방향성과 자신감을 심어 줄 수 있다. 대학이 미션을 최종 결정할 때는 대학의 대외환경과 대학 내 문화를 공유하여 설정하도록 한다. 여기에서 주요한 대학 내 문화 요소는 공유된 가치, 설립배경, 설립형태, 전략, 구조, 관리시스템, 구성원, 그리고 리더십 스타일 등이라고 할 수 있다.

## 2) 대학 발전계획에서 비전 수립하기

### (1) 비전의 개념 및 중요성

비전은 '한 조직이 노력과 활동을 통해 도달해야 하는 최종 목적지'로, 현재보다 더 성공적이고 바람직한 미래상을 기술해 놓은 것이다. 비전은 공통의 목적 및 목표를 만들어 내고, 이들이 실행되었을 때 미래의 모습은 어떠할지를 설명하는 데 활용된다. 또한 비전은 조직의 미래 모습을 완성하기 위해 실행 가능하며, 매력적인 자극을 줄 수 있는 그림으로 정의될 수 있다. 이에 비전은 대학이 지향해야 할 방향과 목적을 알려 주는 지표로 미래의 대학 가치와 핵심 목적에 대한 표현이며, 대학운영과 대학교육에 대한 중요한 가치를 제공한다는 중요성이 있다. 즉, 비전은 조직이 혁신하고자 하는 방향을 설정하는 일이고, 그 방향으로 가기 위한 방책을 정하는 일로 대학의 차별화나 경쟁력의 원천이 될 수 있다(김성국, 2007).

비전 설정의 중요성은 관점에 따라 다양하게 설명될 수 있지만, 다음과 같이 세 가지로 정리될 수 있다. 첫째, 목표와 방향 설정이다. 비전은 미션과 더불어 목표설정을 명확하게 할 수 있게 하며, 어떤 방향으로 나아가야 하는지 결정할 수 있도록 한다. 즉, 비전은 우리의 노력을 효율적으로 이끌어 나가는 역할을 한다. 둘째, 우선순위와 계획 수립이다. 미래 계획을 세울 때 목표를 설정하고 우선순위를 수립하는 것이 중요하다. 비전은 어떤 목표를 우선으로 추구할 것인지 결정하고 그에 맞는 계획을 수립, 운영하도록 하여 목표 달성을 극대화할 수 있도록 한다. 셋째, 동기부여와 열정 유지이다. 비전 설정은 발전계획의 목표를 달성하기 위한 동기부여와 열정을 유지하는 데 도움을 준다. 비전은 목표를 달성하는 데 있어 장애요인을 극복하여 끊임없이 노력할 동기를 얻을 수 있도록 한다.

이상의 중요성에 비추어 볼 때 대학 발전계획에 있어 비전 설정은 다음과 같은 역할을 한다. 첫째, 비전은 대학으로 하여금 성공적인 미래란 어떤 것인지에 초점을 맞추도록 하고 성공적인 미래를 위하여 어떤 방법이 바람직하고 좋은 방향인지를 결정하도록 하는 데 도움을 준다. 둘째, 대학이 얼마나 목표에 근접했는지를 진단하도록 한다. 비전은 추상적이지 않으면서도 가능한 한 표현하고자 하는 모든 것을 전략과 목표에 맞게 설명하도록 한다. 셋째, 미래지향적 활동을 위한 어젠다를 설정하도록 한다. 비전은 구성원들이 공유하는 미션과 핵심 가치와의 연계를 통하여 구성원들이 어떤 활동을 해야 하는지, 대학은 어떤 정책을 개발 및 운영해야 하는지에 대한 논의의 기반을 제공한다.

### (2) 비전 수립 절차

비전은 발전계획 전부를 함축된 단어로 표현하여야 하므로 초기에 확정하기가 쉽지 않은 경우도 있어 발전계획을 진행하면서 계속 다듬어 가야만 한다(박영기, 2007). 비전을 구성하는 주요 원천은 크게 대학 의지의 발현으로 하고 싶은 일, 고등교육 환경에 대한 깊은 이해, 대학의 설립목적으로부터 기인해야 할 일, 그리고 대학의 역량을 고려하여 대학이 할 수 있는 일이다. 이러한 내용을 면밀하게 고려할 때 비로소 비전을 잘 설정할 수 있다.

비전은 일반적으로 6단계를 거쳐 수립되고 공유된다. 해당 절차는 대학의 상황에 따라 일부 단계가 생략되거나 순서가 바뀔 수도 있다.

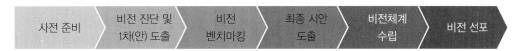

[그림 4-3] 비전 설정 절차

#### ① 사전 준비

비전 수립에 앞서 사전 준비 작업을 한다. 사전 준비 단계에서는 비전 설정에 필요한 사항을 수집하고 분석한다. 가장 일반적인 준비는 대학의 설립이념, 교육목적, 외부환경, 내부현황·역량 등을 수집하고 분석하는 것이다. 특히 내부현황·역량 수집·분석에서는 내부자 인터뷰, 과거 발전계획 평가, 사업 현황 등에 대한 분석을 통하여 비전 수립의 공감대 형성 영역 및 요인이 무엇인지를 파악하도록 한다.

#### ② 비전 진단 및 1차(안) 도출

이 단계에서는 내외부 환경분석을 통해 얻은 전략적 시사점 및 개선 방향에 비추어 현재 설정된 비전의 적절성을 판단한다. 이 과정에서 대학은 5~10년 후에 이루고자 하는 모습을 보여 주는 핵심 키워드 또는 핵심 가치에 기반하여 1차 비전(시안)을 제안한다.

#### ③ 비전 벤치마킹

비전 벤치마킹 단계에서는 비전 사례를 수집하고 내용을 파악한다. 비전 벤치마킹의 주요 내용은 우수 및 선진 사례, 핵심 가치, 체계 구성 및 의미 전달체계 등이다. 벤치마킹 대상을 선정할 때는 유사한 비전을 가진 대학, 비슷한 규모 및 지향하는 방향이 유사한 대학, 미래 지향적인 대학, 그리고 벤치마킹 대학의 비전 달성 수준, 지속 여부, 사회적 이미지, 고등교육계의 리더십, 혁신성 등을 고려하도록 한다. 해당 대학에 대한 체계적인 정보 수집을 위해서는 공식자료(발전계획, 자체평가보고서, 사업계획서, 홍보자료 등), 전문가 분석자료(컨설팅보고서, 리포트자료, 학술논문 등), 사례연구(우수사례보고서 등), 방문(대학방문, 인터뷰, 워크숍 등) 등의 방법을 사용한다. 비전 벤치마킹에서의 주요 수집 및 분석 내용은 해당 대학의 비전뿐만 아니라, 성과지표(비전 달성 정도, 목표 달성 속도, 주요 성과 지표 등), 전략(비전 실행 전략, 주요 이니셔티브, 자원 배분 방식 등), 대학의 역량(리더십, 조직 문화, 인재, 자원 등), 그리고 대학 문화(가치관, 비전에 대한 공감, 혁신 문화 등) 등이다.

④ 최종 시안 도출

이 단계에서는 앞서 진행된 결과를 토대로 대학의 주요 구성원이 참석한 워크숍을 통해 최종 시안을 결정한다. 주요 시안 도출방법으로는 브레인스토밍, 마인드맵, SCAMPER 등의 창의적인 기법 활용, 전문가 의견 등을 활용한다. 이때 대학의 상황, 현실적인 제약 조건, 실행 가능성 등을 고려하여 객관적 평가가 가능한 최적의 시안을 선택하도록 한다.

⑤ 비전체계 수립

비전체계는 대학의 교육이념과 목적 등을 반영하여 창의적이고 혁신적인 구성으로 정리하도록 한다. 여기에서는 최종적으로 재설정된 비전을 명확히 목표화하고 전략적 방향성과 부문별 실행과제를 점검하고 정렬하도록 한다.

⑥ 비전 선포

비전이 설정되면 비전 워크숍 및 설명회를 통해 비전을 공포하도록 한다. 대학은 비전 선포를 통하여 대학 구성원들에게 비전이 공유될 수 있도록 한다. 비전 선포를 위한 주요 방법은 직접 발표, 온라인(웹사이트, 소셜 미디어 등), 내부 커뮤니케이션(회의, 뉴스레터, 게시판 등), 그리고 외부 홍보(언론 보도, 홍보 행사 등) 등을 활용한다.

**Work Point**

● 비전 공유의 효과
  - 비전은 대학 구성원들의 마음을 하나로 뭉쳐 달성하고자 하는 목적을 보다 쉽게 달성할 수 있도록 한다.
  - 비전은 대학 구성원들이 자신에게 주어진 일들을 왜 해야 하는지를 알게 해 주고, 수행해야 하는 업무가 얼마나 중요한지를 인식하게 한다.
  - 비전은 대학 구성원들이 어느 방향으로 나아가야 하는지를 보여 주는 나침반과 같다. 이에 비전은 구성원들이 자신이 맡은 업무를 계획, 운영, 평가할 때 어떤 관점으로 설계해야 하는지를 제시해 준다. 또한 해당 업무를 스스로 관리하고 평가하여 개선, 공유, 확산할 수 있도록 한다.
  - 비전은 열정을 가지고 자신의 잠재능력을 발휘하도록 하여 참여도를 제고하고 업무 수행에 대한 자신감을 가지게 한다.
  - 비전은 구성원들에게 주어진 업무의 방향과 목표점을 명확히 하여 업무를 효과적으로 추진함으로써 부서 간, 부서 내 갈등을 해소하게 하여 조직 분위기를 개선할 수 있도록 한다.

2. 비전체계: 미션, 비전 및 발전목표 설정

### (3) 비전 제시 원리

대학 발전계획에서 잘 설정된 비전은 구성원 및 관계자들에게 대학의 의지와 미래를 상상할 수 있도록 하고 교육목표를 달성할 수 있도록 지지하는 역할을 한다. 이에 비전은 다음과 같이 설정·제시되어야 한다. 첫째, 비전은 이해관계자들에게 호소력이 있어야 한다. 비전 수립에서 가장 중요한 것은 구성원들이 공감할 수 있고 공유하기 쉽도록 간단명료하게 제시되어야 한다는 점이다. 둘째, 비전은 현재 상태가 아닌 우리 조직이 최선을 다한다면 달성할 수 있는 미래의 모습을 제시해야 한다. 잘못 설정된 비전은 대학 발전에 큰 장애요인이 된다. 비전은 대학이 5년, 10년 뒤 가야 할 원대한 목표를 기준으로 수립되어야 한다. 환경변화가 심한 요즘은 비전을 3~5년의 짧은 프로젝트 달성 수준으로 수립하는 경우도 있으나 비전은 적어도 대학이 추구하는 이상적인 모델을 목표로 그려 나가야 한다. 셋째, 비전은 실행 가능성이 있도록 현실에 기반하여 제시한다. 일부 대학은 비전을 단지 비전 선포식이나 대학평가를 위해 형식적으로 설정하기도 한다. 행사용이나 평가를 위해 형식적으로 설정된 비전은 발전목표, 전략과제, 그리고 실행과제 및 세부지표들과 연계성이 떨어지거나 구성원들에게 공유되기 어렵다. 이 경우 대부분 대학 구성원들은 비전을 제대로 공유받지 못하거나, 어떤 노력을 해야 하는지를 제시받지 못하기 때문에 비전을 달성하기가 매우 어려워진다. 또한 비전이 일부 부서 업무에 편중되어 설정되는 경우들도 있다. 이런 경우 부서 또는 구성원 간 업무분장 갈등, 행정체계 문제, 경쟁 등으로 인하여 대학 전체의 노력을 끌어내기 어렵게 된다. 비전은 누군가와 경쟁하기 위한 것이 아니라 대학 부서와 구성원 전체가 공동의 노력을 할 수 있는 방향으로 제시되어야 한다.

이상의 내용을 정리해 보면 비전은 달성하고자 하는 목표, 사업 내용, 수요자, 핵심역량, 그리고 목표 달성에 필요한 핵심 전략 등을 담아 설정되는바 다음과 같은 세 가지 질문에 응답할 수 있어야 한다.

첫째, 비전은 대학 구성원 모두를 공감시킬 수 있는가?
둘째, 비전은 전체 구성원들에게 영감과 야망을 자극하고 있는가?
셋째, 비전은 대학의 발전 스토리를 담아내고 있는가?

## 3) 발전목표의 수립

### (1) 발전목표의 개념 및 중요성

비전이 설정되면 조직, 인력, 자원 배분을 단계적으로 어떻게 변화시켜 비전을 달성할 것인지를 체계적으로 계획할 수 있는 발전목표를 수립할 수 있다. 발전목표는 조직의 비전을 달성하기 위한 구체적인 방안이나 행위목표를 의미하는 것으로 구성원들의 구체적인 행동 방향을 결정해 주고, 조직 활동의 성과를 평가하거나 조직 내의 자원을 배분하기 위한 중요한 기준으로 활용될 수 있다(박영기, 2007). 즉, 발전목표는 조직의 실제적인 운영 활동을 통하여 달성하고자 하는 결과물로 비전 달성 여부를 판단하는 구체적·객관적 지표라고 할 수 있다. 이에 발전목표는 비전체계에서 대학의 목표점을 구체적으로 제시하는 가장 중요한 역할을 한다. 발전목표의 역할을 구체적으로 살펴보면 다음과 같다. 첫째, 발전목표는 성공적으로 대학을 운영하는 기반을 마련할 수 있다. 둘째, 발전목표는 부서 안에서의 일상적인 의사결정과 활동 방향을 결정한다. 셋째, 발전목표는 구성원들에게 방향감각을 제공하여 그들이 무엇을 지향해야 할지를 알려 준다. 이러한 방향감각은 개별 부서가 달성할 목표의 수준을 결정하도록 하는 기준이 되고, 목표를 달성하도록 하는 동기부여의 역할을 한다.

### (2) 발전목표 수립 절차

대학 발전계획에서 발전목표는 대학의 지속가능성과 성장을 목표로 하는 전략적 목표로 발전전략 및 전략과제들을 구체적으로 설정하기 위한 지표가 된다. 대학은 역량분석을 통해 중점전략 및 중점분야를 도출하고, 중점분야와 중점전략과 연계할 수 있는 발전목표를 도출해야 한다(국가과학기술연구회, 2018). 발전목표 수립을 위한 절차를 살펴보면 다음과 같다.

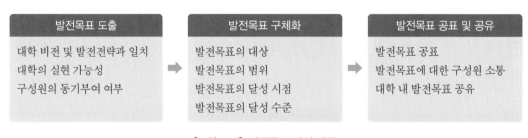

| 발전목표 도출 | 발전목표 구체화 | 발전목표 공표 및 공유 |
|---|---|---|
| 대학 비전 및 발전전략과 일치<br>대학의 실현 가능성<br>구성원의 동기부여 여부 | 발전목표의 대상<br>발전목표의 범위<br>발전목표의 달성 시점<br>발전목표의 달성 수준 | 발전목표 공표<br>발전목표에 대한 구성원 소통<br>대학 내 발전목표 공유 |

[그림 4-4] 발전목표 작성 절차

### ① 발전목표 도출

발전목표는 비전에 근거하고 발전전략을 고려하여 도출한다. 발전목표는 대학의 모든 구성원이 공유하고 추구할 수 있어야 한다. 이에 목표를 설정할 때 구성원의 의견을 수렴하고 합의점을 도출하는 과정은 필수적이다. 발전목표를 도출할 때 다음과 같은 기준을 고려하도록 한다. △ 대학의 비전과 발전전략이 일치하는가? △ 대학의 역량과 자원을 고려할 때 실현 가능한가? △ 발전목표는 구성원의 동기를 부여하는가?

### ② 발전목표 구체화

발전목표는 구체적이고 명확해야 하며, 측정 가능해야 한다. 이에 발전목표 도출에 있어 발전목표의 대상, 발전목표의 범위, 발전목표의 달성 시점, 그리고 발전목표의 달성 수준 등을 고려하도록 한다.

### ③ 발전목표 공표 및 공유

발전목표는 공표되어야 하고 구성원들과 소통하고 공유할 기회가 제공되어야 한다. 일부 대학의 경우 대학 발전계획을 대외비로 설정해 놓은 경우도 있다. 이는 대학 발전계획의 성격을 전혀 이해하지 못하는 것이라고 할 수 있다. 대학 발전계획은 대학 구성원들에게 공유되어야 하며, 대외적 공포를 통하여 대학의 발전 의지가 표명될 때 그 기능이 발휘될 수 있다. 이에 대학은 대학 발전계획 수립과정에서 설명회, 공청회뿐만 아니라 최종 수립 이후에도 대학 발전계획에 대한 비전과 발전목표 등을 대학 구성원들이 공유할 수 있도록 기회를 제공해야 한다.

### (3) 발전목표 제시 원리

발전목표는 각 대학의 비전을 실현하기 위한 구체적인 전략적 방안으로 보통 1~3개 정도의 목표가 제시된다. 국내 대학의 발전목표 진술 방식을 살펴보면 단일목표 제시형, 병렬적 목표 제시형, 그리고 단계적 목표 제시형의 형태로 구분해 볼 수 있다(김훈호 외, 2011). 첫째, 단일목표 제시형은 대학의 발전목표를 하나의 문장이나 어구로 표현하는 것을 말한다. 단일목표 제시형은 대학이 추구하는 발전 방향이나 교육목표를 하나의 발전목표로 제시한다. 둘째, 병렬적 목표 제시형은 '전문인력 양성', '특성화 대학', '산학협력 강화' 등과 같이 우선순위와 관계없이 여러 개의 발전목표를 단순 나열하는 경우를 말한다. 셋째, 단계적 목표 제시형은 발전목표를

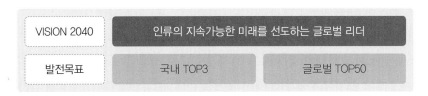

[그림 4-5] 동국대학교 비전 및 발전목표

출처: 동국대학교 홈페이지(https://www.dongguk.edu/page/573).

위계 또는 단계적으로 세부 목표를 제시하는 형태를 의미한다. 발전목표의 구체적인 우선순위가 정해져 있거나, '국내 10대 대학', '아시아 10대 대학', '세계 10대 대학' 등과 같이 점차 발전되는 형태로 제시되는 경우를 말한다.

발전목표 제시에 있어 기본적으로 고려해야 할 사항을 살펴보면 다음과 같다. 첫째, 발전목표는 비전을 달성할 수 있는 세분된 내용으로 제시되어야 한다. 발전목표는 대학의 비전 및 경영 방침에 부응하고 비전을 달성하기 위한 구체적 내용으로 제시한다. 둘째, 발전목표는 발전전략 및 중점분야와 연계될 수 있도록 제시되어야 한다. 발전목표는 비전과 발전전략 및 중점분야와 징검다리 역할을 하는바 비전, 발전전략, 중점분야와의 연계성을 고려하여 설정하도록 한다. 셋째, 발전목표는 현재 수준에서 달성할 수 있고 계량할 수 있는 내용으로 제시되어야 한다. 발전목표는 그 자체로 계량적 목표를 보여 주거나 목표 달성 정도에 대한 계량적 내용을 제시하도록 한다. 현재 수준에서 달성 가능하다는 의미는 대학 구성원의 참여와 노력을 통하여 달성 가능한 수준으로 제시되어야 한다는 것을 의미한다. 넷째, 발전목표는 도전할 만한 가치가 있는 것으로 혁신적으로 제시되어야 한다. 발전목표는 해당 대학의 의지에 대한 구체적 실행 방안과 노력을 보여 준다. 이에 발전목표는 도전적이고 혁신적으로 제시되어야 한다. 다섯째, 발전목표는 이해하기 쉽고, 평가에 있어 직관적으로 결과를 보여 줄 수 있어야 한다. 또한 목표는 실천에 직결되는 용어로 진술하는 것이 바람직하다(박영기, 2007; 박종렬, 2007).

## 3. 실행체계: 발전전략과 전략과제 설정

### 1) 발전전략, 전략과제

대학 발전계획에서 미션, 비전 및 발전목표를 포함한 비전체계를 설정하였다면, 다음으로 비전과 발전목표를 달성하기 위한 발전전략을 체계화하도록 한다. 대학들의 발전계획서를 살펴보면 발전목표를 달성하기 위한 발전전략을 설정하기에 앞서 발전영역을 먼저 제시하기도 하고 발전영역과 관계없이 발전전략을 체계화한 후 전략과제와 실행과제들을 제시하기도 한다. 발전전략 설정에 있어 고려해야 할 사항을 제시하면 다음과 같다.

첫째, 발전전략은 발전목표에 기초하여 설정하도록 한다. 발전전략은 대학이 중점을 두고 행·재정적 지원을 집중할 내용과 영역에 기초한다. 또한 발전전략은 대학 운영 및 교육활동을 통하여 성과를 도출할 수 있도록 설정되어야 하고 성과들은 발전목표와 직접적으로 관련되도록 한다.

둘째, 발전전략은 선행 활동에 기초하여 설정되어야 한다. 발전전략은 발전영역의 전략과제 및 세부과제들과의 연계성을 고려하여 제시되어야 한다. 이에 발전전략을 설정하기 위해서는 먼저 기존에 운영하던 정책, 제도, 프로그램 운영에 대한 수집, 분석, 평가 결과에 대한 검토가 요구된다. 각 영역에서 사전에 운영되었던 내용에 대한 철저한 검토는 발전전략을 보다 체계적으로 설정할 수 있도록 하고 새로운 정책, 제도, 프로그램 등이 제안될 수 있는 기반을 제공한다.

셋째, 발전전략은 해당 영역이 앞으로 어떤 방향과 수준으로 나아갈지를 보여 준다. 예를 들어, 교육 영역에서 '창의인성융합교육 체계 고도화'를 발전전략으로 설정하였다면, 우리는 고도화라는 용어에서 기본적으로 창의, 인성, 융합교육 관련 정책, 제도, 프로그램들이 이미 개발되어 예비 운영 또는 운영되었음을 짐작할 수 있다. 이에 해당 정책, 제도, 그리고 프로그램을 보완, 정착, 운영강화, 내실화 등을 통하여 발전시켜야 한다는 것을 알 수 있다.

넷째, 발전영역과 발전전략은 대학의 핵심성과지표로 대표되는 성과관리 영역과 내용을 고려하여 설정되어야 한다. 발전영역은 그 자체로 주요한 성과관리영역이 된다. 또한 발전전략은 대학 운영 및 교육활동에 대한 중요한 평가 내용이 된다. 성과지표 중에서 핵심성과지표를 선정·구성할 때 기본이 되는 근거가 바로 발전전략이다.

다음으로 전략과제는 SWOT을 활용하여 개발하는 것이 가장 일반적이다. SWOT을 기반으로 전략과제를 수립할 때의 기본은 강점은 투자, 약점은 보완, 기회는 포착, 그리고 위협은 회피이다. 이를 바탕으로 SWOT은 네 개의 전략방향 및 전략과제를 수립할 수 있다(정동섭 외, 2016).

SO 전략은 경쟁우위를 통하여 투자강화와 활성화를 위한 전략과제를 제시한다. ST 전략은 강점을 이용해 외부 위협을 축소할 수 있는 차별화를 위한 전략과제를 제시한다. WO 전략은

[그림 4-6] SWOT 결과에 따른 전략과제 설정

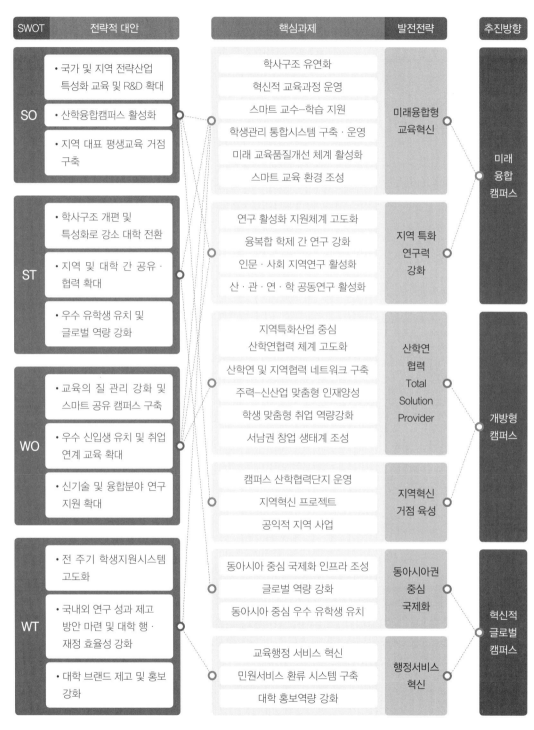

**[그림 4-7]** SWOT 결과에 따른 전략과제 설정 사례

출처: 국립목포대학교(2022: 38).

주: 전략과제를 핵심과제로 표현

기회를 살릴 수 있도록 시의적절한 신규 프로그램 개발 관련 전략과제를 설정한다. 그리고 WT 전략은 약점을 보완하기 위해 점검, 체계화, 건전성 확보를 위한 전략과제를 설정한다.

## 2) 주요 대학들의 발전영역 및 발전전략

발전영역과 발전전략은 포괄적이고 추상적인 비전과 발전목표와 비교할 때 대학의 특성과 상황을 적극적으로 반영하여 실천적으로 설정된다. 대학들이 발전전략을 수립할 때 타 대학 사례들을 살펴보는 것은 도움이 된다. 이에 국내 주요 대학들이 발전영역과 발전전략을 어떻게 설정하고 있는지를 살펴보자. 이 절에서는 국내 주요 37개 대학의 발전영역과 발전전략을 살펴보았으나 발전영역과 발전전략을 명확히 확인할 수 있는 26개 대학의 사례만을 제시하였다.

**표 4-1** | **사례 대학 분류 기준**

| 구분 | | 대학 규모 | |
|---|---|---|---|
| | | 대규모<br>(9개교) | 중소규모<br>(17개교) |
| 소재지 | 수도권<br>(11개교) | 건국대, 국민대, 동국대, 단국대,<br>숭실대, 중앙대, 한양대 | 강남대, 명지대,<br>안양대, 추계예대 |
| | 지방<br>(15개교) | 동의대, 호서대 | 동서대, 동신대, 우석대, 우송대, 경일대,<br>배재대, 남부대, 서원대, 대구한의대,<br>호남대, 남서울대, 국립목포해양대, 한라대 |

26개 대학의 특성을 살펴보면 대형(재학생 1만 명 이상: 대학알리미) 9개 대학, 중소형(재학생 1만 명 미만: 대학알리미) 17개 대학이다. 소재지별로는 수도권 11개 대학, 지방소재 15개 대학이다.

먼저, 대학들이 설정하고 있는 발전영역을 정리해 보면 다음과 같다. 첫째, 대학들은 교육, 연구, 산학, 경영을 기본 영역으로 설정하고, 대학의 상황과 정책에 따라 국제화, 학생지원, 봉사, 특성화 등을 선택적으로 배치하고 있다. 둘째, 대형 대학일수록 연구와 산학협력을 구분하고 있다. 중앙대학교의 경우 연구와 연구·산학협력으로 구분하여 제시하고 있기도 하다. 반면, 중소형대학들은 연구와 산학을 하나의 영역으로 제시하는 경우가 많은 것으로 나타나고 있다. 셋째, 대학경영 영역은 대부분 행·재정, 인프라, 그리고 성과관리 체계를 포함하고 있다. 넷째, 학생지원을 독립 영역으로 구분하기보다는 교육 영역의 세부 내용으로 설정하는 경우가 많다. 단, 학생지원을 독립 영역으로 제시하는 경우는 중소형 대학에서 집중적으로 나타나고

표 4-2 | 주요 대학의 대학 발전계획에 제시된 발전영역

| 대학명 | 발전영역 | 구분 |
|---|---|---|
| 건국대 | 교육, 연구, 산학협력, 경영, 학생성장 | 대규모 |
| 국민대 | 교육, 연구, 산학협력 | 대규모 |
| 동국대 | 교육, 연구, 산학협력, 경영 · 인프라 | 대규모 |
| 단국대 | 교육, 연구, 조직경영, 봉사협력 | 대규모 |
| 명지대 | 교육, 연구 · 산학, 특성화, 대학경영 | 중소규모 |
| 동의대 | 교육, 연구 · 산학, 인프라, 공동체 | 대규모 |
| 동서대 | 교육, 학생성장, 글로벌, 연구 · 산학협력, 행 · 재정 | 중소규모 |
| 동신대 | 교육, 연구, 지역 및 산학협력, 국제화, 경영 및 인프라 | 중소규모 |
| 우석대 | 교육과정, 교육지원체제, 연구 · 산학협력, 대학경영 | 중소규모 |
| 강남대 | 교육, 학생성공, 인프라 | 중소규모 |
| 우송대 | 교육, 연구 · 산학협력, 글로벌, 학생지원, 행 · 재정 | 중소규모 |
| 경일대 | 교육, 연구, 산학, 학생지원, 경영 | 중소규모 |
| 숭실대 | 특성화, 교육, 행 · 재정, 연구 · 산학협력, 인재발굴 · 양성, 국제화 | 대규모 |
| 배재대 | 교육, 글로벌, 학생성장, 산학융합, 경영 | 중소규모 |
| 남부대 | 교육, 학생, 연구, 산학, 국제, 경영 | 중소규모 |
| 서원대 | 교육, 특성화, 인프라, 산학 · 지역협력, 대학경영 | 중소규모 |
| 대구한의대 | 교육, 학생지원, 산학협력, 연구, 경영 | 중소규모 |
| 한라대 | 교육, 연구 · 산학, 공유 · 협력, 특성화, 대학경영 | 중소규모 |
| 호남대 | 교육, 산학 · 연구, 국제, 학생지원, 대학경영 | 중소규모 |
| 호서대 | 특성화, 교육, 산학 · 연구, 인프라 | 대규모 |
| 중앙대 | 연구, 연구 · 산학협력, 교육과정, 교육체계, 글로벌 · 사회협력 | 대규모 |
| 안양대 | 교육, 연구 · 산학협력, 대학경영 | 중소규모 |
| 남서울대 | 교육과정, 학생지원, 산학연계, 경영 | 중소규모 |
| 국립목포해양대 | 교육, 연구 · 지역사회기여, 대학체질개선 | 중소규모 |
| 추계예대 | 교육, 국제화 · 산학협력, 학생지원, 행 · 재정 | 중소규모 |
| 한양대 | 교육, 연구, 경영 | 대규모 |

출처: 각 대학 홈페이지(2024. 1.).

있다. 그러나 대학마다 상황과 여건에 따라 같은 영역이라도 서로 다른 내용을 포함하는 경우
도 있다. 관련 내용은 제5장 이후에서 확인하도록 한다.

다음으로, 영역별 발전전략을 살펴보도록 하겠다. 이 절에서는 교육, 학생지원, 연구, 산학협력, 국제화, 사회공헌, 그리고 대학경영으로 구분하여 살펴보았다. 해당 구분은 대학 발전계획에서 주요하게 다루어지는 영역과 대학 관련 평가에서 주요하게 평가되는 영역에 근거하였다.

먼저 교육 영역의 발전전략을 살펴보면 〈표 4-3〉과 같다.

표 4-3 교육 영역 발전전략

| 대학명 | 발전전략 | 구분 |
|---|---|---|
| 건국대 | 미래산업을 선도하는 혁신인재 양성 | 대규모 |
| 국민대 | 학문적 · 물리적 경계를 파괴하는 TEAM형 교육 혁신 | 대규모 |
| 동국대 | 화쟁형 인재 플랫폼 대학 | 대규모 |
| 단국대 | 미래지향적 교육 가치의 창출 | 대규모 |
| 명지대 | 수요자 중심의 미래지향적 교육체계 구축 | 중소규모 |
| 동의대 | 함께 배우고 함께 발전하는 콜라보 교육 확대 | 대규모 |
| 동서대 | 학생 개개인의 성장에 기여하는 교육체계 혁신 | 중소규모 |
| 동신대 | 학생 · 실천중심 창의융복합 교육역량 강화 | 중소규모 |
| 우석대 | (교육과정) 창의융합형 인재양성을 위한 역량 교육과정 선진화 | 중소규모 |
| 강남대 | 지적 유연성 함양 교육 혁신 | 중소규모 |
| 경일대 | 신(信, 新, 伸)인재 양성 | 중소규모 |
| 숭실대 | 디지털 대전환 시대 학생성공을 이끄는 창의 · 인성 · 융합교육 | 대규모 |
| 배재대 | 미래교육 경쟁력 선도 | 중소규모 |
| 남부대 | 교육체제 혁신화 | 중소규모 |
| 서원대 | 전주기적 교육체계 수립 | 중소규모 |
| 대구한의대 | 교육체계 혁신 | 중소규모 |
| 호남대 | 융 · 복합 교육과정 및 교육체계에 대한 개발 | 중소규모 |
| 호서대 | 교육의 질적 향상을 통한 재학률과 취업률 제고 | 대규모 |
| 중앙대 | 미래교육과정 혁신, 학생 주도형 교육체계 혁신 | 대규모 |
| 안양대 | 창의융합교육 모델 정착 | 중소규모 |
| 남서울대 | (교육과정) 융합 인재 양성을 위한 교육과정 고도화 | 중소규모 |
| 국립목포해양대 | 현장밀착형 미래교육 혁신 | 중소규모 |
| 추계예대 | 교육모델 특성화 | 중소규모 |
| 한양대 | 학생가치 중심 교육 | 대규모 |

출처: 각 대학 홈페이지(2024. 1.).

대학 발전계획에서 교육 영역의 발전전략은 대학의 교육방향, 교육체계, 추구하는 인재상 등이 무엇인지 명확히 제시해 준다. 대학 사례들도 특정 인재 양성, 교육체계 개발 및 선진화, 교육모델, 그리고 경쟁력 및 역량 강화를 교육 영역의 발전전략으로 제시하고 있음을 보여 준다.

**표 4-4 학생지원 영역 발전전략**

| 대학명 | 발전전략 | 구분 |
|---|---|---|
| 건국대 | 미래산업을 선도하는 혁신인재 양성 | 대규모 |
| 동서대 | 총제적 학생성장 지원체계 혁신 | 중소규모 |
| 우석대 | (교육지원체제) 미래형 교육지원 체제 고도화 | 중소규모 |
| 강남대 | 학생성공 지원체계 강화 | 중소규모 |
| 경일대 | 학생 행복 플랫폼 고도화 | 중소규모 |
| 배재대 | (학생성장) 학생지원체계 선진화 | 중소규모 |
| 남부대 | 학생지원시스템 선진화 | 중소규모 |
| 대구한의대 | 학생역량 지원강화 | 중소규모 |
| 호남대 | 체계적 학생 관리 및 지원 체계 구축 | 중소규모 |
| 남서울대 | 학생성장을 위한 맞춤형 학생지원체계 강화 | 중소규모 |
| 추계예대 | 학생 중심 지원체계 고도화 | 중소규모 |

출처: 각 대학 홈페이지(2024. 1.).

학생지원 영역은 학생들의 효과적인 학습활동 및 성공적인 대학생활을 지원하기 위한 영역이다. 주요 발전전략은 학생성장 및 성공을 위하여 지원체계를 어떻게 할 것인지를 제시한다. 대형 대학들은 교육 영역에 학생지원을 포함하는 경우가 많았다. 반면, 중소형 대학의 경우 17개 대학 중 10개 대학이 학생지원을 독립된 영역으로 설정하여 발전전략을 제시하였다. 학생지원 관련 발전전략은 대부분 지원체제 및 체계, 그리고 시스템 관련 내용을 포함하고 있다.

**표 4-5 연구 영역 발전전략**

| 대학명 | 발전전략 | 구분 |
|---|---|---|
| 건국대 | 산업기술 혁신을 주도하는 미래연구 육성 | 대규모 |
| 국민대 | Small Giant 특성화 분야 중심의 연구인재 양성기반 확립 | 대규모 |
| 동국대 | 인류 지속성장 기여 연구 선도대학 | 대규모 |
| 단국대 | 세계 수준의 창의적 지식 공동체 구축 | 대규모 |

| 명지대 | 연구인프라 조성을 통한 연구 · 산학경쟁력 강화 | 중소규모 |
|---|---|---|
| 동의대 | 대학과 기업의 가치공유를 통한 친화형 산학협력 생태계 구축 | 대규모 |
| 동서대 | 지역동반성장 체계 혁신 | 중소규모 |
| 동신대 | 지역산업성장을 견인하는 연구역량 제고 | 중소규모 |
| 우석대 | 미래 신산업 및 지역기반 연구 · 산학협력 선도 | 중소규모 |
| 경일대 | 융복합 연구를 통한 가치창출 | 중소규모 |
| 숭실대 | 세계적 연구성과, 통일 대비 역량 및 수요지향 산학연 협력 고도화 | 대규모 |
| 남부대 | 연구 생태계 조성 | 중소규모 |
| 대구한의대 | 실용 연구 선도 | 중소규모 |
| 호남대 | 산학협력 및 연구 활동 활성화 및 모니터링 | 중소규모 |
| 호서대 | 벤처와 산학협력의 고도화를 통한 자립연구운영체계 확립 | 대규모 |
| 안양대 | 연구 · 산학협력 성장 네트워크 확립 | 중소규모 |
| 한양대 | 사회가치 창출 연구 | 대규모 |

출처: 각 대학 홈페이지(2024. 1.).

　　연구 영역은 국가 및 지역, 그리고 인류 발전을 위한 의무를 지원하는 영역이라고 할 수 있으나, 일부 대학의 발전계획에는 연구 영역이 포함되어 있지 않기도 한다. 연구 영역은 연구 네트워크, 생태계 조성, 그리고 가치 창출 등을 주요 키워드로 제시한다. 연구 영역은 산학협력 영역과 중복되는 영역으로 연구 영역과 산학협력 영역을 분리하여 발전전략을 제시하는 대학과 산학 · 연구나 연구 · 산학협력으로 통합하여 발전전략을 제시하는 대학으로 구분된다. 대학들이 연구 영역에서 제시하고 있는 발전전략의 주요 내용을 살펴보면 대형 대학들의 경우 글로벌 수준에서의 발전전략, 중소형 대학들은 지역 관련 내용의 발전전략을 주요한 내용으로 제시하고 있다.

**표 4-6　산학협력 영역 발전전략**

| 대학명 | 발전전략 | 구분 |
|---|---|---|
| 국민대 | 4차 산업혁명 시대의 현장 기반 산학협력체제 구축 | 대규모 |
| 동국대 | 미래 산업 선도 대학 | 대규모 |
| 명지대 | 연구인프라 조성을 통한 연구 · 산학경쟁력 강화 | 중소규모 |
| 동의대 | 대학과 기업의 가치공유를 통한 친화형 산학협력 생태계 구축 | 대규모 |
| 동서대 | 지역동반성장 체계 혁신 | 중소규모 |
| 동신대 | 산학협력 생태계 고도화를 통한 지역-산업-대학의 동반성장 | 중소규모 |

| 우석대 | 미래 신산업 및 지역기반 연구 · 산학협력 선도 | 중소규모 |
|---|---|---|
| 경일대 | 산업전환을 위한 R&DB고도화 | 중소규모 |
| 숭실대 | 세계적 연구성과, 통일 대비 역량 및 수요지향 산학연 협력 고도화 | 대규모 |
| 배재대 | 지역밀착 협력 체질 개선 | 중소규모 |
| 남부대 | 산학협력강화 | 중소규모 |
| 서원대 | 산학협력을 통한 일자리 창출 및 산학협력 허브기능 수행 | 중소규모 |
| 대구한의대 | 글로컬 산학협력 활성화 | 중소규모 |
| 호남대 | 산학협력 및 연구 활동 활성화 및 모니터링 | 중소규모 |
| 호서대 | 벤처와 산학협력의 고도화를 통한 자립연구운영체계 확립 | 대규모 |
| 안양대 | 연구 · 산학협력 성장 네트워크 확립 | 중소규모 |
| 남서울대 | 지역사회와 상생하는 산학연계 강화 | 중소규모 |
| 추계예대 | 글로벌, 지역협력체계 강화 | 중소규모 |

출처: 각 대학 홈페이지(2024. 1.).

　앞에서 산학협력과 연구 영역을 통합하여 하나의 영역으로 설정하고 발전전략을 제시한 대학 (9개 대학)들이 다수 존재함을 언급하였다. 추계예술대학교의 경우에는 예술대학이라는 대학의 특성상 국제화와 산학협력을 하나의 영역으로 분류하였다. 산학협력에서는 국가, 지역, 학교, 기업 등 상호 간 공동 이익을 추구하기 위하여 특정 파트너십을 구축하는 노력을 주요 전략으로 설정한다. 산학협력 영역의 발전전략의 주요 키워드는 '지역' 및 '산업(현장)'이 가장 대표적이다.

　국제화 영역은 글로벌리더 및 세계시민으로 학생들을 육성하고, 대학이 세계적 수준의 역량을 갖추기 위한 노력을 주요 발전전략으로 제시한다. 2026년까지 비수도권의 지방대 30곳을 '글

표 4-7　**국제화 영역 발전전략**

| 대학명 | 발전전략 | 구분 |
|---|---|---|
| 동서대 | 세계적 수준의 글로벌 대학 구축 | 중소규모 |
| 동신대 | 내외국인 학생친화형 글로벌 교육시스템구축 | 중소규모 |
| 숭실대 | 글로벌 리더 양성을 위한 최고의 Global Campus 구축 | 대규모 |
| 배재대 | 글로벌 역량 강화 | 중소규모 |
| 남부대 | 글로벌 공동체 교육 확대 | 중소규모 |
| 호남대 | 국제화 역량 개발과 해외 자원 · 시장 탐색 | 중소규모 |
| 추계예대 | 글로벌, 지역협력체계 강화 | 중소규모 |

출처: 각 대학 홈페이지(2024. 1.).

표 4-8 **사회공헌 영역 발전전략**

| 대학명 | 발전전략 | 구분 |
|---|---|---|
| 단국대 | 봉사와 협력의 대학 브랜드 명품화 | 대규모 |
| 동의대 | (공동체) 재능나눔을 통한 지역공동체 허브 역할 강화 | 대규모 |

출처: 각 대학 홈페이지(2024. 1.).

로컬(Glocal) 대학'으로 선정 · 지원하는 정책 사업으로 인하여 대학들은 지역사회와 결속력 있는 파트너십을 형성하고 글로벌 수준으로 동반 성장하는 것을 주요 발전전략으로 설정할 것이 예상된다.

표 4-9 **경영 영역 발전전략**

| 대학명 | 발전전략 | 구분 |
|---|---|---|
| 건국대 | 지속가능 사회로 전환을 위한 ESG경영 | 대규모 |
| 동국대 | 미래 가치 창출 글로벌 경영시스템 구축 | 대규모 |
| 단국대 | 혁신과 효율의 신개념 조직 및 경영 체제구현 | 대규모 |
| 명지대 | 지속성장을 위한 대학경영 인프라 구축 | 중소규모 |
| 동의대 | (인프라) 지속가능한 발전을 위한 소통과 공유 기반 인프라 혁신 | 대규모 |
| 동서대 | 효율적 행정체계 구축 및 탄탄한 재정 확보 | 중소규모 |
| 동신대 | 스마트경영 시스템 구축으로 경영 효율화 | 중소규모 |
| 우석대 | 지속가능성 제고를 통한 대학 가치 극대화 | 중소규모 |
| 경일대 | 미래형 대학혁신 체계 구축 | 중소규모 |
| 숭실대 | (행재정인프라) 수요자 만족제고를 위한 스마트 행정 | 대규모 |
| 배재대 | 성과중심 경영 체계 확립 | 중소규모 |
| 남부대 | 대학경영체계 개선 | 중소규모 |
| 서원대 | 지속성장을 위한 대학경영 체계 확립 | 중소규모 |
| 대구한의대 | 관리체계고도화 | 중소규모 |
| 호서대 | (인프라) 대학조직 혁신과 재정기반 확보를 통한 대학 기반 조성 | 대규모 |
| 안양대 | 브랜드 중심의 지속성장 책임 경영체계 구축 | 중소규모 |
| 남서울대 | 지속성장을 위한 경영 인프라 혁신 | 중소규모 |
| 추계예대 | (행 · 재정) 대학운영 효율화 | 중소규모 |
| 한양대 | 대학 가치실현 경영 | 대규모 |

출처: 각 대학 홈페이지(2024. 1.).

사회공헌 관련 발전전략은 봉사에 대한 내용으로 설정되어 있다. 사회공헌은 대학이 사회에 갖는 책임 활동의 한 형태로 사회적 가치 창출과 지역사회 역량 강화 및 발전을 도모하는 활동을 주요 발전전략으로 한다. 이에 사회공헌 영역 발전전략의 주요 용어는 봉사, 나눔, 공동체로 표현된다.

대학경영 영역은 재정 운영, 인프라 및 직원 역량 강화교육까지를 포함한다. 대학경영은 대학의 교육목적, 비전, 목표를 달성하기 위한 영역으로 대학 운영의 효율성을 주요 발전전략으로 한다. 이에 대학경영 영역의 발전전략은 지속 성장, 재정, 효율, 그리고 가치 등의 용어를 사용한다.

## 4. 대학 발전계획의 체계도 구성

### 1) 대학 발전계획 체계도

대학 발전계획은 미션, 비전, 발전목표, 발전영역 및 발전전략을 설정 후 전략과제와 실행과제를 제시하는 대학 발전계획 체계도를 제시한다. 대학은 대학 발전계획 체계도 작성에 있어 체계도를 세분화할 것인지 단순화할 것인지 결정하여야 한다. 즉, 대학은 설정할 영역, 조직,

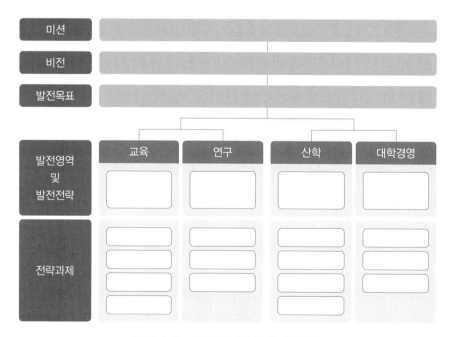

[그림 4-8] 대학 발전계획 체계도(간략형)

조직문화, 경영 인프라 등 대학이 처한 상황에 맞게 체계를 설정하도록 한다. 대학들이 제시하고 있는 발전계획 체계도를 살펴보면 비전, 발전목표, 발전영역 및 발전전략, 전략과제, 그리고 실행과제로 제시하는 경우가 있는가 하면, 미션, 비전, 핵심가치, 인재상, 발전목표, 발전영역 및 발전전략, 전략과제, 그리고 실행과제들까지 제시하는 경우들도 볼 수 있다. 어떠한 형태든 체계도는 비전, 발전목표, 발전전략, 전략과제, 그리고 실행과제가 일맥상통할 수 있도록 주요 키워드를 연계성 있게 배열할 필요성이 있다.

## 2) 대학 발전계획 체계도 작성 방법

대학 발전계획 체계도는 다음 세 가지 물음에 대하여 대답할 수 있어야 한다. 첫째, 우리 대학은 어디로 가고자 하는가? 대학 발전계획 체계도는 대학의 존재 이유와 더불어 현재의 대학에서 미래 어떤 대학으로 발전해 갈 것인지를 명확히 보여 줄 수 있어야 한다. 둘째, 우리 대학은 무엇을 할 것인가? 대학의 발전된 모습을 보여 주기 위해 대학은 어떤 노력을 할 것인지를 제시해야 한다. 셋째, 언제 어느 정도 달성할 것인가? 대학 발전계획에서는 달성 정도를 명확히 측정할 수 있는 표현보다는 달성 정도 수준의 표현을 사용한다. 즉, 조성, 구축, 체계화, 내실화, 활성화, 고도화, 선진화, 글로벌화 등으로 표현한다. 단, 실행과제 수준에서는 측정할 수 있는 표현을 사용하도록 한다. 세 가지 물음에 대한 응답을 통하여 체계도는 발전을 위한 노력의 흐름과 체계가 보일 수 있도록 작성되어야 한다. 발전계획의 단계적 위계 또는 흐름을 강조하고 싶을 때는 위에서 아래로 가는 체계도를 기본으로 도형과 도형 간 흐름이나 연결을 보여 주는 선과 화살표 등을 적절하게 사용한다. 발전계획의 내용이나 영역을 강조하는 체계도의 경우에는 영역 및 내용 간 유기적 연결을 확인할 수 있는 선들이 어디에서 어디로 연결되는지를 보여 주거나 도형의 색과 선의 굵기 등을 조절하여 보여 주는 것이 도움이 된다.

발전계획 체계도를 작성할 때 다음과 같은 몇 가지 내용을 고려하도록 한다.

### (1) 목표 달성 스토리 제공

체계도는 목표 달성을 유도하는 스토리를 제공해야 한다. 체계도는 목표 달성을 위해 프로세스별 강조 포인트를 잘 담아내야 한다. 체계도는 구성 요소 간 키워드, 도형 등을 이용하여 발전계획 전체의 스토리를 만들어 낼 수도 있다. 이러한 스토리는 발전계획을 이해하려는 사람이 체계도 작성자의 의도대로 체계도를 읽어 낼 수 있도록 한다. 이를 통하여 대학 구성원들은 자연스럽게 목표에 공감하고 목표 달성을 위한 노력에 참여할 수 있게 된다.

### (2) 가독성 확보

체계도는 한눈에 들어오도록 제작한다. 체계도는 발전계획에 대한 전반적 내용과 흐름이 보이도록 도식화한다. 체계도는 세밀하고 구체적인 내용의 전달을 목적으로 하지 않는다. 체계도는 발전계획 전체를 가늠할 수 있도록 한다. 이에 체계도 작성자는 발전계획의 전체적인 윤곽과 흐름이 의도에 맞게 설계되었는지를 점검해 볼 수 있다.

### (3) 시각적 효과 극대화

체계도는 시각적 효과를 극대화한다. 텍스트는 최소화하고 가능한 이미지를 사용하도록 한다. 체계도는 텍스트의 나열만으로 내용을 효과적으로 전달하는 것이 제한적일 수 있다. 이에 영역과 경계를 잡아 주는 도형, 선, 화살표 등을 적절히 사용하도록 한다. 선의 굵기, 점선 등 선의 표현 방식, 명확한 방향성을 알려 주는 화살표를 이용하여 흐름, 순환, 상호관계성을 표현하도록 한다.

### (4) 발전계획 과정 및 내용 평가가 가능한 체계도

체계도 작성을 통해 발전계획 과정과 내용 전체를 평가할 수 있어야 한다. 체계도는 통상적으로 발전계획 작성단계 중 실행과제 정의서 작성 및 예산 배분을 제외하고 가장 마지막 단계에 이루어진다고 할 수 있다. 이에 체계도 작성단계에서 작성자들은 체계도를 작성하면서 발전계획 프로세스상에 '중복'이나 '누락'이 없는지, 또는 내용의 '비약'이나 영역 간 '불균형'이 나타나고 있지는 않은지를 점검하고 논의할 수 있어야 한다.

### (5) 구성원 공유

체계도는 구성원들에게 공유되어야 한다. 대학 발전계획 체계도의 공유는 대학 발전에 대한 의지의 공유라고 할 수 있다. 발전계획을 세우는 것보다 중요한 것은 바로 대학 구성원들의 공감 및 참여이기 때문이다. 대학 구성원들의 공감과 참여를 위해서는 기본적으로 발전계획 및 발전체계에 대한 설명회를 통하여 구성원 간 공유를 고려해 볼 만하다.

## 5. 대학 발전계획 체계도 작성을 위한 제언

### 1) 대학 발전계획 체계도 작성 시 유의사항

이 장에서는 대학 발전계획 체계도의 중요성을 제시하고 구성 요소를 자세히 살펴보았다. 대학 발전계획에서 체계도는 발전계획을 요약해서 보여 준다는 점, 발전계획의 스토리를 제공한다는 점, 대학의 미래의 모습을 제시한다는 점, 대학이 어떤 노력을 할 것인지에 대한 정보를 표현한다는 점 등에서 매우 중요하다. 이에 대학 발전계획 체계도를 제시할 때 다음의 사항을 유의해야 할 필요가 있다.

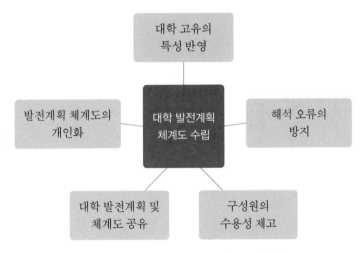

[그림 4-9] 대학 발전계획 체계도 유의사항

#### (1) 대학 고유의 특성 반영

대학 발전계획이 실효성 있는 대학의 생존 전략이 되기 위해서는 미션, 비전 및 목표가 대학 고유의 특성을 반영하는 '외적 차별성'과 '내적 연계성'을 동시에 충족시킴으로써 대학의 특성이 나타나도록 설정해야 한다. A대학과 B대학의 발전계획이 같다면 발전계획의 의미는 축소될 수밖에 없다. 대학 발전계획은 대학의 특징을 담아낼 수 있도록 발전계획서 제목부터 신경을 써야 한다.

### (2) 해석 오류의 방지

발전계획에 대한 해석과 공유가 요구된다. 발전계획은 함축적 의미를 내포한다. 함축적 의미를 내포한다는 것은 구성원들 간 이해와 해석에 차이가 나타날 수 있음을 의미하다. 이에 함축적 용어나 표현에 대해서는 명확한 정의를 덧붙여 해석의 오류에 대한 여지를 축소하여야 한다. 예를 들면, 비전 정의를 통하여 구성원들에게 새로운 비전 도입의 이유를 설명하고 발전계획이 목적하는 바를 명확히 인지시키며, 구성원들의 노력과 헌신을 유도할 수 있다.

### (3) 구성원의 수용성 제고

대학은 살아 있는 유기체 조직으로 비전, 발전목표, 발전전략, 전략과제, 그리고 실행과제를 구성원들이 수용하지 못하면 발전계획은 문서 작업(paper work)이 될 수밖에 없다. 따라서 대학 발전계획은 구성원들의 의견을 수집하고 분석하여 담도록 한다. 특히 주요 실행 부서의 의견을 충분히 듣도록 하고, 구성원 및 부서들을 대상으로 하는 대학 발전에 대한 설득과정은 필수적이라고 할 수 있다.

### (4) 대학 발전계획 및 체계도 공유

대학 구성원들이 대학 발전계획을 공유해야만 이해당사자들의 실천을 담보할 수 있다. 대학 발전계획 체계도를 수립하는 과정에서 새로운 관점이나 추가적인 아이디어에 대한 충분한 논의가 있다면 대학은 기대 이상의 성과를 거둘 수 있다. 발전계획 전반에 걸친 높은 공감대 형성은 큰 파급력을 지닌다. 발전계획을 만드는 작업과 그것의 공감대를 형성하는 노력을 별도로 진행하는 것보다 구성원들의 참여를 통해 체계도를 완성해 가는 것이 훨씬 효과적으로 목표에 달성하도록 한다. 발전계획 및 체계도의 공유 방법으로 대학의 주요 행사 및 프로그램 운영 시 발전계획 및 체계도를 지속적으로 제공·설명하는 것을 고민할 필요가 있다.

### (5) 발전계획 체계도의 개인화

발전체계를 개인화한다는 것은 비전, 발전목표, 발전전략을 현실적인 이슈로 만드는 동시에 참여자로 하여금 대학에 대한 주인의식을 가지게 한다. 이 단계에서 개인들은 자신만의 스토리를 만들거나 발전계획에 자신을 투영시키게 되고, 자신의 업무가 대학 발전에 기여하고 있다는 의미를 부여할 수 있게 된다.

## 2) 대학 발전계획 체계도 작성을 위한 점검사항

대학 발전계획 체계도를 작성하는 데 있어 점검해야 할 항목을 체크리스트로 제시하면 다음과 같다.

표 4–10　**대학 발전계획 체계도 작성을 위한 체크리스트**

| 단계 | 점검사항 | 점검내용 | 수행 여부 (Y/N) |
|---|---|---|---|
| 준비 | 단계설정 | 체계도 작성을 위한 단계를 설정하였는가? | |
| | 사전검토 | 이전 체계도를 검토하였는가? | |
| | | 주요 대학의 체계도를 분석하였는가? | |
| | 구성 요소 설정 | 체계도 작성을 위한 구성 요소를 선정하였는가? | |
| 수립 | 미션 | 미션 수립을 위한 핵심요인(대학설립이념, 교육목적 등)을 검토히였는가? | |
| | | 대학의 존재 이유를 명확히 보여 주고 있는가? | |
| | 비전 | 미션과의 연계성은 확보되었는가? | |
| | | 대학의 발전 방향을 명확히 제시하고 있는가? | |
| | 발전목표 | 비전과의 연계성은 확보되었는가? | |
| | | 도전적으로 제시되었는가? | |
| | | 목표 달성 여부를 확인할 수 있는 세부 내용(측정가능한)들을 고려하였는가? | |
| | | 성과 및 핵심지표와 연계되어 있는가? | |
| | 발전전략 | 발전목표와의 연계성은 확보되었는가? | |
| | | 관련부서와 협의하였는가? | |
| | | 성과 및 핵심지표와 연계되어 있는가? | |
| | 전략과제 | 발전전략과의 연계성은 확보되었는가? | |
| | | 전략과제는 과제달성 여부를 측정가능한 수준의 내용으로 세분화할 수 있는가? | |
| | | 관련부서와 협의하였는가? | |
| | | 성과지표와 연계되어 있는가? | |
| 평가 | 검토 | 체계도는 발전 스토리를 보여 주고 있는가? | |
| | | 체계도 요소 간 일관성이 있는가? | |
| | 공유 | 체계도는 구성원들에게 공포·선포되었는가? | |

제 **2** 부

# 대학 발전계획의 실제

제**5**장

# 교육 영역 발전계획

Effective Strategic Planning in Higher Education

이 장에서는 대학 발전계획에서 가장 핵심이라고 할 수 있는 '교육 영역'의 수립 목표와 필요성, 교육 영역에서 일반적으로 다루고 있는 내용들이 무엇인지 살펴보았다. 또한 교육 영역 발전계획 수립 시 고려해야 할 사항이 무엇인지 제시하였고, 일반적으로 교육 영역의 주요 전략과제와 세부과제들을 어떻게 수립하였는지 대학알리미에 공시되어 있는 대학 발전계획 및 특성화계획을 중심으로 살펴보았다.

대학의 설립유형, 대학 규모 등을 고려하여 총 35개의 국·공립대학, 사립대학의 대학 발전계획에서 추출하였고 이를 중심으로 교육 영역에 대한 목표, 전략과제, 세부과제 및 주요 특성이 무엇인지 분석하였다. 그리고 분석 대학을 중심으로 설립유형, 대학 규모 등의 기준을 고려하여 향후 교육 영역의 추진과제와 실행과제를 수립하는 데 도움을 주고자 하였다.

마지막으로 교육 영역 발전계획 수립을 위한 제언에서는 수립 단계, 실행 단계, 환류 단계에 근거한 핵심 성공요인과 각 단계별 체크리스트를 제시하였는데, 향후 각 대학들이 발전계획의 교육 영역을 수립, 운영, 평가하는 기준으로 이를 점검·활용할 수 있을 것이다.

## 1. 교육 영역 발전계획의 개요

### 1) 교육 영역 발전계획의 중요성

대학 발전계획에서 가장 중요한 영역을 선택한다면 당연 '교육 영역'이다. 실제로 대부분 대학의 발전계획을 살펴보면, 첫 번째로 교육 영역을 다루고 있다. 여기에서 제시하고 있는 전략과제들은 대학의 비전, 목적, 목표와 연계되어 대학이 학생들을 위해 어떠한 교육을 할 것인지 목표와 방향, 정체성을 내포하고 있기 때문에 발전계획의 가장 핵심영역이라고 해도 과언이 아닐 것이다.

대학 발전계획에서 교육 영역이 다루고 있는 것은 대학의 근본적인 사명과 직결되며, 학생들이 미래 사회의 다양한 도전에 긴밀하게 대응할 수 있도록 하는 교육 내용과 지원체계, 환경 구축 등으로 구성되어 있다. 특히 대학은 재학생들이 사회에서 경쟁력 있는 인재로 성장할 것을 기대하고 있기 때문에 교육 영역의 전략과제나 세부과제에 미래사회의 대응과 현대 사회가 요구하고 있는 교육방향들을 반영하고 있다. 또한 각 대학은 교육 영역에 제시된 전략과제들의 실천을 통해 교육의 질을 높이고, 학생 성공과 성장을 이끌며 대학의 경쟁력 강화와 더불어 지속 가능한 발전을 이루고자 노력한다.

앞서 언급한 바와 같이 각 대학 발전계획에서 교육 영역은 대학의 인재상, 교육목표를 중심으로 교육 영역 발전계획의 목표와 전략과제 세부과제들을 설정하게 된다. 그렇다면 일반적으로 대학들이 교육 영역 발전계획에서 설정하고 있는 주요 세부 영역들은 무엇인지 살펴보기로 하자. 이를 통해 향후 교육 영역 발전계획을 수립하고자 하는 대학에서는 각 대학의 특성을 반영한 전략과제와 세부과제를 설정하거나 수정·보완할 수 있을 것이다.

### 2) 교육 영역의 세부 영역

대학의 목표와 인재상을 달성하고 각 대학이 가지고 있는 특성화 영역을 고도화하기 위해 발전계획에서 다루고 있는 교육 영역은 다음과 같이 크게 네 가지 세부 영역으로 구분해 볼 수 있다.

## (1) 교육과정 체계 구축 및 개선

교육 영역 발전계획의 주요 영역으로, 첫째, '교육과정 체계 구축 및 개선'이다. 최근 대부분 대학의 교육과정은 대학교육과정에 개편에 대한 산업계의 요구가 증대되고 청년층의 실업문제가 심각해지면서 직업교육 분야에서 숙달하고자 하는 직무나 업무를 성공적으로 수행해 내는 역량(competency) 기반 교육과정을 수립·운영하고 있다. 특히 지난 2010년대 대학에 지원되었던 정부의 재정지원 사업들을 제시해 보면, 학부교육 선도대학 육성사업(Advancement of College Education: ACE), 산학협력선도대학 육성사업(Leaders in INdustry-university Cooperation: LINC), 대학 특성화사업(university for Creative Korea: CK), 대학 인문역량 강화사업(initiative for COllege of humanities' Research and Education: CORE), 산업연계교육활성화선도대학 사업(Program for Industrial needs-Matched Education: PRIME)이다. 이들 사업은 모두 교육과정과 학사교육 개편을 강조하고 있는데, 대표적으로 ACE 사업은, 각 대학이 위치한 지역에서 건학 이념과 인재상의 특성을 살려 다양한 교육을 디자인하는 것을 목적으로 하고 이에 부합한 교육과정을 구성하고 운영하도록 하였다. 또한 LINC 사업은 산학협력 친화형 교육과정 개편 및 운영, CK 사업은 지역사회의 수요를 기반으로 하여 대학별로 비교 우위에 있는 분야를 집중적으로 육성할 수 있는 교육과정 개편 및 운영, PRIME 사업은 사회수요에 따른 교육과정 및 학사구조 개편을 강조하면서 대학교육과정에 영향을 미치게 되었다. 특히 교양교육의 경우, ACE 사업을 통해 많은 대학이 교양교육과정을 강조하고 학생들이 이수하는 교양학점이 늘어났으며, 우수 교양수업모델과 교과목들을 개발하였다. 전공교육 역시 2014년에 출범한 대학 특성화 사업(CK 사업)을 통해서 직간접적으로 관련 정책이 추진되었다. 현재까지도 대학혁신지원사업이나 국립대학육성사업에서 교육과정에 대한 개선은 끊임없이 요구되고 있고, 지난 대학 평가(대학구조개혁평가, 대학기본역량진단, 대학기관평가인증)들에서도 교육과정 개선이 매우 중요한 평가지표 중 하나였다. 이러한 이유로 대부분의 대학은 교육 영역 발전계획을 세우는 데 교육과정을 수립하고 개선하는 과제를 첫 번째로 수립하고 이를 이행하고 있다. 최근 몇몇 대학에서는 '미래형 인재양성을 위한 융합형 교육과정, 미래 및 사회수요 반영을 기반으로 한 교육과정 개선'을 전략과제로 제시하고 있다. 이는 학문 간 경계를 허물고 다양한 전공 분야의 지식을 통합하여 학생들이 변화하는 사회와 시장의 요구에 대응할 수 있도록 교육과정을 개편·개선하는 것이다. 이는 다음 학사제도 개선과도 긴밀하게 연결되는 바이다.

### (2) 학사제도 개선

다음은 '학사제도 개선'으로 최근 우리나라 고등교육 현장은 급속하게 변화하는 사회 환경에 따라 대학의 특성화를 기반으로 자율적인 혁신과 체질 개선을 시도하고 있다. 이러한 노력들은 대학들이 급변하는 사회 환경에 긴밀하게 대응하고 경쟁력을 강화하기 위한 것으로 학습자 전공선택 자율화, 융합전공 활성화, 대학-산업체-지자체 협력 활성화, 평생학습 확대 등의 교육 모델을 수립하거나 전공의 벽을 허무는 무전공제, 다전공제, 자율전공제, 전공 교육과정의 모듈화를 통한 마이크로디그리 확대 등의 유연한 학사제도를 전략과제로 수립하고 있다. 또한 학생들의 대학 입학부터 졸업까지를 대학생활 전주기로 설정하고 성공적인 학교생활과 성장을 위한 AI 학사어드바이저나 전공선택, 진로지도를 제공하는 학사지원 시스템 구축 및 운영을 전략과제로 수립하고 있다. 이러한 제도나 시스템 구축 등을 통해 대학은 학생 중심의 교육 환경을 조성하고 사회 및 산업의 변화에 신속히 대응함으로써 학생들이 졸업 후 실질적인 직업 세계로 원활하게 진입할 수 있도록 하고 있다. 최근 대학 발전계획의 교육 영역에는 이와 같은 혁신적인 학사제도를 반영하고 있는 전략과제들이 중점적으로 제시되고 있다.

### (3) 교수-학습 지원

성공적인 교육과정과 학사제도를 운영하기 위한 대표적인 교육 지원체계 중 하나는 바로 '교수-학습 지원'이다. 여기에는 일반적으로 전통적인 수업에서 벗어나 학생들의 역량을 향상시킬 수 있는 학습자 중심 수업을 어떻게 개발하고 운영할지에 대한 계획들이 포함되어 있다. 또한 교수의 교수역량을 높이기 위한 전략, 대학의 특성을 반영한 수업설계 모형 들을 개발하여 제시하고 있다. 최근에는 시대적 변화에 따라 AI, 에듀테크에 대한 관심이 높아짐에 따라 이를 반영한 교육과정 개발 및 운영 방안, 에듀테크를 적용한 교과목 설계 및 운영 등의 전략과제들이 수립되고 있다. AI를 적용한 학습플랫폼 구축이나 LMS(학습관리시스템)의 교수-학생 자료들을 기반으로 한 학습분석 등도 몇몇 대학에서는 전략과제로 제시하고 있다.

뿐만 아니라 학생의 학습역량을 높이기 위한 전략들도 포함되는데, 수업을 중심으로 하는 학습활동에서 학생들의 역량을 높일 수 있도록 하는 과제들이 여기에 해당된다. 예를 들어, 학생 성장을 위한 학습지원체계 고도화, 학습자 중심 수업을 통한 학습지원체계 강화, 학제 간 연계 및 융합교과목을 통한 학생 학습능력 향상 등이 포함될 수 있다. 이와 같은 '교수-학습 지원'의 전략과제들은 대학이 교수-학습 질을 지속적으로 개선하고, 학생들의 학업 성공을 지원하는 데 중요한 역할이 된다. 이 밖에도 일반적인 학생들의 역량강화를 위한 비교과 프로그램 중심의 학생지원 전략은 제6장에서 구체적으로 다룰 것이다.

### (4) 교육의 질 관리

마지막으로 교육 영역의 일반적인 범주는 '교육의 질 관리'에 대한 계획이다. 여기에서는 앞서 제시한 교육과정과 이를 지원하는 지원체계들이 얼마나 내실 있게 운영되고 있는지 대학 스스로 자체평가를 하고, 개선점을 찾아 이를 반영하고자 하는 노력을 포함하고 있다. '교육의 질 관리' 영역에서 주로 제시되는 전략과제에는 교육과정 질 관리를 위한 자체평가 시스템 구축 및 운영, 성과기반 평가제도가 포함되어 있고 최근에는 성과평가 결과에 대한 피드백 메커니즘을 실현시키기 위해 플랫폼을 구축하여 성공적인 환류가 이루어지도록 노력하고 있다. 여기에서 주로 다루고 있는 전략과제는 '데이터 기반 교육품질 모델 개발, 교육과정 인증제, 교과목 인증제를 통한 환류체계 구축 및 고도화' 등이 있다. '교육의 질 관리' 영역을 주요 영역 중 하나로 설정하는 대학들도 있지만 몇몇 대학에서는 교육과정 영역의 전략과제 중 하나로 설정하기도 한다. 이는 교육과정의 체계적 운영 및 평가를 통한 내실화를 얼마나 강조하느냐에 따라 그 위계적 위치가 달라질 수 있을 것이다. 따라서 대학들은 교육 영역의 주요 발전 방향이나 목표에 맞춰 교육의 질 관리의 수준을 어디에 둘 것인지 고민해 볼 필요가 있다.

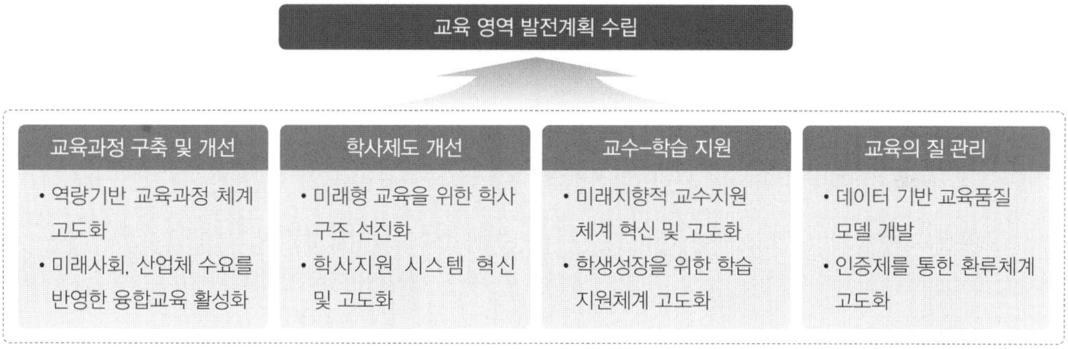

[그림 5-1] 교육 영역 발전계획의 개요

## 2. 교육 영역의 주요 전략과제 및 실행과제

### 1) 교육 영역의 구분 및 사례 대학 선정

대학 발전계획에서 수립하고 있는 교육 영역의 전략과제나 실행과제는 일반적으로 교육과정, 학사구조, 교육 관련 지원체계 및 인프라를 구축, 활성화, 고도화하는 것이 목표이다. 교육 영역의 대표적인 전략과제들을 살펴보면, 앞서 언급한 바와 같이 교육과정 개선(교양 교육과정, 전공 교육과정, 비교과 교육과정을 포함하기도 함), 학사제도 개선, 교수-학습 지원, 교육의 질 관리가 있고, 교육환경이 포함되기도 한다. 일부 대형 대학에서는 대학원 교육이나 우수인재 유치를 포함하여 과제들을 수립하고 있다.

　교육 영역의 범주와 주요 전략과제들을 살펴보기 위해 여기서는 각 대학이 공시하고 있는 학교 발전계획 및 특성화계획 항목을 분석해 보기로 하자. 먼저, 2023년 대학알리미에서 발전계획을 상세하게 제공하고 있는 4년제 대학 35개교를 교육 영역 사례 대학으로 설정하고 이들 대학의 교육 영역 전략과제 및 실행과제들을 추출하였다. 그런 다음 대상 대학들을 설립유형을 기준으로 국·공립과 사립대학으로 구분하였고 규모에 따라 대형과 중·소형으로 나누었다, 설립유형 중 국·공립대학의 경우에는 국립, 공립, 국립대 법인을 포함하여 분석하였다. 설립유형과 대학 규모에 따라 분류하면 〈표 5-1〉과 같다.

**표 5-1  사례 대학 분류 기준**

| 구분 | | 대학 규모 | | |
|---|---|---|---|---|
| | | 대규모 (20개교) | 중규모 (9개교) | 소규모 (6개교) |
| 설립유형 | 국·공립대학 (13개) | 강원대, 경북대, 경상국립대, 부산대, 서울과기대, 전남대, 전북대 | 국립군산대, 국립목포대, 국립한밭대, 서울시립대 | 국립금오공대, 국립목포해양대 |
| | 사립대학 (22개) | 경희대, 가천대, 경남대, 남서울대, 동국대, 명지대, 선문대, 숙명여대, 순천향대, 숭실대, 영남대, 중앙대, 호서대 | 동서대, 동명대, 연세대(미래), 안양대, 한림대 | 루터대, 포항공대, 한라대, 한세대 |

※ 주: 대규모(재학생 1만 명 이상), 중규모(재학생 5천 명 이상 1만 명 미만), 소규모(재학생 5천 명 미만), 대학명 가나다순

　대학알리미를 통해 공시한 학교 발전계획에서 교육 영역에 해당하는 전략과제의 주요범주를 설립유형과 대학 규모를 기준으로 분석해 보면 〈표 5-2〉와 같다. 〈표 5-2〉에 제시된 교육 영역 세부 범주별 사례 대학을 살펴보면, 모든 대학이 교육과정을 전략과제에 제시하였고, 주로 교양과 전공을 구분하거나 교육과정 전체를 하나의 전략과제로 제시(〈표 5-2〉에 굵게 표시된 대학들이 이에 해당)하였다. 앞에서도 언급한 바와 같이 교육과정 범주에 비교과를 포함하여 제시한 대학들도 있었고, 비교과 교육과정을 학생지원 영역을 따로 설정하여 진로, 취·창업 프로

**표 5-2  교육 영역 세부 영역별 사례 대학**

| 세부 영역 | | 사례 대학 |
|---|---|---|
| 교육과정<br>개선 | 교양 | 강원대, 경상국립대, 경남대, 국립강릉원주대, 국립목포대, 국립목포해양대, 국립안동대, 국립한밭대, 남서울대, 동서대, 서울과기대, 숙명여대, 숭실대, 신라대, 전남대, 전북대, 제주대, 충북대, 한라대, 한세대, 호남대(총 21개교) |
| | 전공 | 강원대, 경상국립대, 경남대, 국립강릉원주대, 국립목포대, 국립목포해양대, 국립안동대, 국립한밭대, 동서대, 서울과기대, 숙명여대, 숭실대, 신라대, 전남대, 전북대, 제주대, 충북대, 한세대, 호남대(총 19개교) |
| | 융복합 | 건양대, 경희대, 동국대, 서울시립대, 영남대, 중앙대, 포항공대(총 7개교) |
| 학사제도 개선 | | 건양대, 경상국립대, 경희대, 국립목포대, 남서울대, 서울과기대, 숙명여대, 제주대, 중앙대, 한라대(총 10개교) |
| 교수-학습 지원 | | 건양대, 경남대, 경희대, 국립강릉원주대, 국립목포대, 국립목포해양대, 국립안동대, 국립한밭대, 남서울대, 동서대, 서울과기대, 서울시립대, 숙명여대, 숭실대, 신라대, 전남대, 제주대, 중앙대, 충북대, 포항공대(총 20개교) |
| 교육의 질 관리 | | 강원대, 건양대, 경상국립대, 국립강릉원주대, 국립목포대, 남서울대, 숙명여대, 숭실대, 신라대, 한세대(총 10개교) |

※ 주: 대학명 가나다순으로 작성

그램, 학생성장을 위한 지원체계 등으로 제시하는 대학도 있었다. 또한 최근 들어 융·복합 교육과정을 주요 전략과제로 제시한 대학들도 상당수 있었고 이는 점점 확대되고 있는 추세이다.

지원체계의 경우 학사제도, 교수-학습, 교육의 질 관리로 구분되고 거의 대부분의 대학이 학사제도와 교수-학습 지원체계를 포함하고 있었다. 최근 융합교육과 다전공제가 강조되고 있는 가운데 많은 대학이 학사제도에 이에 대한 혁신 계획을 전략과제로 제시하고 있었다. 뿐만 아니라 대학들은 교육의 내실화를 위해 교육의 질 관리를 강조하고 있었고, 여기에는 교육과정 인증 모델을 개발하여 자체평가를 실시하는 전략을 포함하고 있었다.

이 밖에도 변화하는 교육환경에 긴밀하게 대응하기 위해 미래형 교육 매체와 플랫폼을 구축하거나 에듀테크 기반 수업환경을 마련하는 교육환경에 대한 전략들을 많은 대학에서 전략과제로 제시하고 있었고, 몇몇 대형 대학의 경우 우수 인재를 어떻게 하면 유치하여 교육할 수 있을지에 대한 전략들을 교육 영역에 포함하고 있었다.

## 2) 전략과제

교육 영역에서 앞서 분류한 교육과정 개선, 학사제도 개선, 교수-학습 지원, 교육의 질 관리 등 4대 세부 영역에 해당하는 전략과제와 전략과제에 대한 주요 내용을 예시로 제시하면 다음과 같다.

### (1) 교육과정 개선

교육과정은 다시 교양과 전공 교육과정으로 구분해 볼 수 있다. 여기서는 교과를 중심으로 주요 전략과제들을 살펴보았다. 교양 교육과정은 주로 대학이 설정한 핵심역량을 중심으로 교양교육의 목표를 설정하고 이를 운영하기 위한 체계를 마련하거나 고도화하는 전략들을 담고 있다. 대학만의 특성화된 교양교육 모델을 개발하거나 이를 고도화하는 전략들도 포함된다. 전공 교육과정은 미래 사회를 이끌고 사회와 산업분야의 요구를 반영한 전공교육 전략들을 담고 있다. 몇몇 대학에서는 전공 교육과정 전략과제로 융·복합 교육과정이나 다전공제를 위한 교육과정 개발을 제시하기도 하고 교육과정의 주요 전략과제로 융·복합 교육과정을 제시하는 대학(예: 서울대-창의 융합 교육혁신, 숙명여대-미래선도 창의융합형 교육실천)도 있다.

### (2) 학사제도 개선

학사제도의 주요 전략과제는 미래형 교육을 위한 다전공, 융·복합, 자기설계 전공, 무전공 등을 원활하게 운영하기 위한 학사구조 개편이나 단과대, 전공 계열별 이수 체계를 재조정하는 등의 전략들이 포함되어 있다. 이 밖에도 학생들이 자신의 주전공뿐만 아니라 다전공 제도를 이해하고 쉽게 접근할 수 있도록 학사 안내를 자동으로 제공해 주는 학사지원 시스템 구축 및 고도화를 전략으로 제시하고 있다. 최근에는 이 시스템을 학생들의 입학부터 졸업까지 학교생활에서 이루어지는 전 과정(교과목 이수 현황, 성적, 진로, 취업, 비교과 활동 등)을 전체적으로 지원해 주는 플랫폼으로 확대하여 구축, 운영하고 있다.

### (3) 교수-학습 지원

교수-학습 지원에 포함되는 전략들은 앞에서 제시한 교육전략들이 실현될 수 있는 것들로 대표적으로 혁신형 교수역량 강화 지원체계 구축 및 고도화, 에듀테크 기반 교육혁신 플랫폼 개발 등의 전략들을 포함하고 있다. 여기에서 대부분의 대학은 교수-학습 지원의 전반을 전략과제로 제시하고 있지만 몇몇 대학은 교수역량 지원만 이곳에서 다루고, 학습역량 지원은 학생지원 영역에서 다루고 있기도 하다. 또 몇몇 대학은 미래형 교육, 수업환경에 대한 전략과제들을 이 영역에서 제시하기도 한다. 최근 대학들의 발전계획에서는 교수–학습 지원에 4차 산업혁명 시대에 부응하여 AI, 에듀테크, 혁신형 수업을 중심으로 전략과제들을 수립하는 추세이다.

### (4) 교육의 질 관리

교육의 질 관리는 대학에서 교육과정에 대한 자체평가 모델을 개발하고 이를 중심으로 교육 과정 또는 교과목 인증제를 구축, 운영하는 전략과제를 포함하고 있다. 앞에서도 언급한 바와

표 5-3   **교육 영역의 주요 전략과제(예시)**

| 세부 영역 | | 전략과제 | 전략과제 내용 |
|---|---|---|---|
| 교육과정 개선 | 교양 | • 핵심역량기반 기초교양교육<br>• 핵심역량기반 교양교육과정 체계 강화<br>• '○○교양교육 모델' 고도화 및 확산 | • 대학이 설정한 핵심역량 기반 교양교육과정을 개발, 운영<br>• 대학 특성을 반영한 교양교육 모델 개발, 운영 |
| | 전공 | • 미래 사회를 선도하는 전문인력 양성<br>• 미래사회 수요에 부응하는 전공교육 다각화<br>• 전공능력기반 창의융합 전공교육 | • 전공교육의 방향과 목표에 따른 전공 교육과정 개발, 운영<br>• 사회, 미래 수요를 반영한 전공교육 체계 구축 및 운영 |
| | 융복합 | • 창의융합 교육혁신<br>• 미래선도 창의융합형 교육실천 | • 융합 교육과정을 위한 제도 개편, 교육과정 개발 및 운영<br>• 학부생 자율 창의 교육과정 개발 및 고도화 |
| 학사제도 개선 | | • 미래형 교육을 위한 학사구조 선진화<br>• 융합형 교육을 위한 학사지원 시스템 구축 | • 미래 사회와 산업을 반영하여 학사체계를 재조정<br>• 다전공제 실현을 위한 학과 및 전공 이수체계를 개편<br>• 수요자 요구를 반영한 학사지원시스템 고도화 |
| 교수–학습 지원 | | • 미래지향적 교수학습지원체계 혁신 및 고도화 | • 교수역량, 학습역량 강화를 위한 체계, 프로그램 구축 및 운영<br>• 학습자 중심, 혁신형 수업모델 개발 |
| 교육의 질 관리 | | • DATA 기반 교육품질 관리체계 구축, 고도화 | • 교과 및 비교과 교육과정에 대한 성과평가 체계 구축 및 운영 |

같이 교육의 질 관리를 하나의 범주로 보고 하위 전략과제로 '교육과정 인증제 모델 개발, 인증
제 운영을 통한 교육과정 질 제고' 등을 제시하기도 하지만, 몇몇 대학에서는 '교육의 질 관리'를
교육과정 개선을 위한 하나의 전략과제로 포함하여 '교육과정을 개발 및 운영', 그리고 이를 평
가하는 '교육과정 자체평가 및 인증제 실시'로 제시하기도 한다. 이 밖에도 성공적인 교육과정
평가 및 환류가 이루어지기 위해 교육과정, 교과목, 프로그램 등을 평가하는 시스템을 개발·
운영하는 것을 전략과제로 수립하기도 한다.

35개 사례 대학에서 수립한 교육 영역 발전계획의 세부 영역과 전략과제는 〈표 5-4〉와 같으
며, 이는 앞에서 언급한 네 개 범주(교육과정 개선, 학사제도 개선, 교수-학습 지원, 교육의 질 관리)
를 중심으로 전략과제를 제시하였다. 많은 대학에서 비교과 교육과정, 학생지원 프로그램(예:
취·창업 지원, 학업부진 학생지원, 심리·상담 지원 등)을 교육 영역의 전략과제로 제시하고 있어
이 부분은 제6장 학생지원 영역 발전계획에서 살펴보기로 하자.

**표 5-4  교육 영역의 전략과제 사례**

| 대학명 | 세부 영역 | 전략과제 |
|---|---|---|
| 강원대 | 교육과정 개선 | 교양, 전공교육과정 혁신 |
| | 학사제도 개선 | 선순환 학사구조 생태계 조성 |
| | 교수-학습 지원 | 교육지원시스템 혁신 |
| 경북대 | 교육과정 개선 | 초연결 교육지향 |
| | 학사구조 개선 | 진로 연계 유연한 학사체계 구축 |
| 경상국립대 | 교육과정 개선 | 핵심역량기반 교양교육과정 체계 강화<br>역량기반 전공 교육과정 체계 강화 |
| | 학사제도 개선 | 학생 중심의 이수체계(다전공) 활성화 |
| | 교수-학습 지원 | 교육성과기반 교수학습지원체계 강화<br>미래형 교육매체 플랫폼 강화 |
| | 교육의 질 관리 | 전주기적 교육품질 개선 체계구축 |
| 경남대 | 교육과정 개선 | 학생성공을 위한 교육과정 혁신 |
| | 교수-학습 지원 | 경험기반 교수학습체계 강화 |
| | 교육의 질 관리 | 학생성공을 위한 스마트 학습생태계 강화 |
| 경희대 | 교육과정 개선 | 전환적 창의융합적 인재양성 |
| | 학사제도 개선 | 학습자 중심 선진학사제도 구현 |
| | 교수-학습 지원 | 교수학습역량 강화 |

| | | |
|---|---|---|
| 국립군산대 | 교육과정 개선 | 선진교육운영체계 확립<br>창의융복합 인재교육강화 |
| | 교육의 질 관리 | 성과중심의 교육 질 관리 강화 |
| 국립금오공대 | 교육과정 개선 | 자율융합 교육 시스템 도입 |
| | 교육의 질 관리 | 통합적 인재관리체제 구축 |
| 국립목포대 | 교육과정 개선 | 혁신적 교육과정 운영 |
| | 학사제도 개선 | 학사구조 유연화 |
| | 교수-학습 지원 | 스마트 교수학습지원체계 구축 |
| | 교육의 질 관리 | 지역수요기반 미래 교육품질 개선 체계 활성화 |
| 국립한밭대 | 교육과정 개선 | 하이브리드 교육모델 완성<br>핵심역량기반 교육과정 개편 |
| | 교수-학습 지원 | 맞춤형 교수학습 지원체계 구축 |
| | 교육의 질 관리 | DATA 기반 교육품질 관리체계 구축 |
| 남서울대 | 교육과정 개선 | 핵심역량기반 교양교육과정 혁신<br>전공역량기반 전공교육과정 혁신 |
| | 학사제도 개선 | 융합 교육모델 특성화 |
| | 교수-학습 지원 | 스마트 교수학습지원체계 구축<br>스마트 교육환경 구축 |
| | 교육의 질 관리 | 교육과정 CQI 체계 고도화 |
| 동국대 | 교육과정 개선 | 융합개방형 교육체계 강화<br>융합추진 교육체계 강화 |
| 동서대 | 교육과정 개선 | 기초교양교육 강화<br>미래가치지향 전공교육 강화 |
| | 교수-학습 지원 | 교수-학습지원 고도화<br>미래형 교육 인프라 구축 |
| 동명대 | 교육과정 개선 | 미래역량 중심 실천교육 혁신 |
| | 교수-학습 지원 | 혁신 인프라 구축 |
| 루터대 | 교육과정 개선 | 참여실천형 교육모델 구현 |
| | 학사제도 개선 | 강소대학형 운영체계 구축 |
| 명지대 | 교육과정 개선/<br>교육의 질 관리 | 미래지향적 교육과정 내실화 및 질 관리 체계 고도화 |
| | 학사제도 개선 | 미래형 교육을 위한 학사구조 선진화 |
| | 교수-학습 지원 | 수요자 중심 교육지원 강화<br>디지털 기반 미래교육 전환 기반 강화 |

| 부산대 | 교육과정 개선 | 교육과정 혁신<br>수요자 중심 교육지원 강화<br>뉴노멀 시대 선도 교육혁신 및 특성화 |
|---|---|---|
| 서울과기대 | 교육과정 개선 | Epic 핵심역량 기반 교과 및 비교과 교육 내실화 |
|  | 학사제도 개선 | 새로운 미래를 여는 튼튼한 학사제도 구축 |
|  | 교수-학습 지원 | 창의융합 인재양성을 위한 교수학습력 개선 |
| 서울시립대 | 교육과정 개선 | 미래를 선도하는 전공교육 신설 및 강화<br>교양 및 평생교육의 확충 및 품질제고 |
|  | 교수-학습 지원 | 교수자 및 수업 관련 인프라 발전 지원 |
| 선문대 | 교육과정 개선 | 교육 패러다임 혁신 |
|  | 학사제도 개선 | 미래형 학사제도 개편 |
|  | 교수-학습 지원 | 디지털 교육 혁신 |
| 숙명여대 | 교육과정 개선 | 수요 맞춤형 교육을 위한 교육과정 혁신 |
|  | 학사제도 개선 | 학생 자기주도 성장을 지원하는 유연한 학사제도 마련 |
|  | 교수-학습 지원 | 인공지능기반 창의융합적 교수학습 모델 개발 및 지원체계<br>고도화 |
| 순천향대 | 교육과정 개선 | 수요자 맞춤형 교육과정 혁신 |
|  | 학사제도 개선 | 미래교육 대응 전략 마련 |
|  | 교수-학습 지원 | 뉴노멀 교수학습지원체계 구축 |
|  | 교육의 질 관리 | 데이터 기반 교육환류 시스템 체계화 |
| 숭실대 | 교육과정 개선 | META형 교육과정 혁신 |
|  | 교수-학습 지원 | META형 교육 지원체계 혁신 |
| 안양대 | 교육과정 개선 | 미래형 창의융합 교육선도<br>수요자 맞춤교육 강화<br>AYU 특성화 분야 선도 |
| 연세대(미래) | 교육과정 개선 | 혁신적 융합교육 체계 구축 |
| 영남대 | 교육과정 개선 | 탈경계형 교육융합 |
| 전남대 | 교육과정 개선 | 역량중심 교양교육강화<br>미래선도형 전공교육혁신 |
|  | 교수-학습 지원 | 교수학습 능력 개발 고도화<br>교육혁신 플랫폼 구축 |
| 전북대 | 교육과정 개선 | 미래 사회를 선도하는 전문인력 양성<br>학생 맞춤형 교양, 교과, 비교과 활동 강화 |

| 중앙대 | 교육과정 개선 | 융합형 교육 활성화 |
|---|---|---|
| | 학사제도 개선 | 선진학사 시스템 도입 |
| | 교수-학습 지원 | 다빈치러닝 모델 구현 |
| 포항공대 | 교육과정 개선 | 학문의 경계를 넘나드는 융복합 교육과정 |
| | 학사제도 개선 | 포스텍만의 차별화된 교육 |
| | 교수-학습 지원 | 자기주도적 학습을 촉진하는 교수-학습 지원체계 및 인프라 |
| 한라대 | 교육과정 개선 | 미래지향적 교양전공교육 혁신 |
| | 학사제도 개선 | 혁신적 학사구조 및 제도 구축<br>성인학습자 친화형 교육체제 고도화 |
| 한세대 | 교육과정 개선 | 미래 융복합 교육 강화 |
| | 교수-학습 지원 | 미래형 수업강화 |
| | 학사제도 개선 | 선진 학사제도 도입 |
| 호서대 | 교육과정 개선 | 벤처정신을 가진 사회공헌형 인재 육성 |
| | 교육의 질 관리 | 학생 중심 교육 강화 및 교육의 질 관리 체계 강화 |

출처: 대학알리미(2023).

## 3) 실행과제

교육 영역에서 제시한 전략과제는 보다 구체성을 띠는 실행과제들을 포함하고 있다. 일반적으로 1개의 전략과제는 2개의 실행과제를 포함하고 있고, 실행과제는 다시 단위 사업이나 프로그램 수준과 같은 세부과제들을 포함하며 이 역시 1~2개 정도로 구성되어 있다. 여기에서는 1개의 전략과제별 2개의 실행과제와 2개의 세부과제를 예시로 제시해 보고자 한다.

**표 5-5** 교육 영역의 전략과제별 실행과제 및 세부과제(예시)

| 전략과제 | 실행과제 | 세부과제 |
|---|---|---|
| 역량기반 교육과정 혁신<br>(교육과정 개선) | • 핵심역량기반 교양교육과정 고도화 | • 교양교과목 핵심역량 강화활동 확대 |
| | | • 교양기초 교과목 표준 교육과정 개발 및 운영 |
| | • 전공능력 제고를 위한 미래 융합형 전공교육 운영 | • 전공능력 제고를 위한 전공교육과정 편성 및 운영 |
| | | • 전공별 전공역량 진단 및 활용 활성화 |

| 융합형 양성을 위한 학사제도 유연화 (학사제도 개선) | • 다전공(복수전공, 융합전공) 활성화 및 효율적 관리 | • 융합형 마이크로디그리 개발 및 운영 |
|---|---|---|
| | | • 다전공 활성화를 위한 전공페스티벌 운영 |
| | • 학사지원 시스템 고도화 | • 학생평가 및 수업평가 제도 개선 |
| | | • 수요자 중심 학사관리시스템 고도화 |
| SMART 교수–학습 지원체계 고도화 (교수–학습 지원) | • 혁신적인 교수역량 강화 지원 | • 교수역량 강화를 위한 교수지원 모델 체계화 |
| | | • Active Learning 기반 교수법 지원 강화 |
| | • 학생성공을 위한 학습역량 강화지원 | • 학습역량 강화 프로그램 고도화 |
| | | • 교과 연계 교수·학생 협업 프로그램 확대 |
| 지속가능한 교육 질 개선 체계 강화 (교육의 질 관리) | • 데이터 기반 교육 질 관리 강화 | • 대학교육 성과관리 및 환류체계 고도화 |
| | | • 교육 데이터 통합관리시스템 개선 |
| | • 교육과정 인증제 고도화 | • 교양 교육과정 인증제 확대 |
| | | • 전공 교육과정 인증제 확대 |

〈표 5-6〉은 교육 영역의 전략과제와 실행과제의 사례를 제시한 것이다. 여기에서는 각 대학에서 수립한 전략과제 중 부합성이 높은 실행과제들을 중심으로 제시하였다.

**표 5-6 교육 영역 전략과제별 실행과제 사례**

| 대학명 | 전략과제 | 실행과제 |
|---|---|---|
| 강원대 | 교양, 전공교육과정 혁신 | • 핵심역량 중심 교양교육 강화<br>• 실사구시형 중핵 교육과정 개편<br>• 부·복수 전공 활성화<br>• 미래 사회수요 맞춤형 전공교육 질 강화 |
| | 선순환 학사구조 생태계 조성 | • 미래융합가상학과 운영<br>• 미래형 자유전공학부 운영<br>• 탄력 정원제 실시 |
| | 교육지원시스템 혁신 | • KNU 교수–학습지원 체제강화<br>• K-Cloud 기반 초연결 교수–학습 지원체계 고도화 |
| 경남대 | 학생성공을 위한 교육과정 혁신 | • 핵심역량 제고를 위한 교양교육 체계 운영<br>• 전공능력 제고를 위한 미래 융합형 전공교육 생태계 구축 및 운영<br>• 융합형 인재 양성을 위한 학사제도 혁신 및 지원시스템 운영 |

| | | |
|---|---|---|
| | 경험기반 교수-학습<br>체계 강화 | • K-HiT2 교수-학습체계 구축 및 운영<br>• 자기구조화학습환경(SOLE) 조성 및 운영<br>• 교수-학습 지원 시스템 지속적 고도화 |
| | 학생성공을 위한<br>스마트 학습생태계 강화 | • 데이터 기반 교육 질 관리시스템 구축 및 운영 |
| 국립목포대 | 학사구조 유연화 | • 학사제도 유연성 확보를 위한 제도 혁신 |
| | 혁신적 교육과정 운영 | • 전공능력강화<br>• 기초 융복합 교양 확대 |
| | 스마트 교수-학습 지원 | • 교수역량 강화<br>• 학습역량 강화<br>• 교수-학습 지원 시스템의 고도화 |
| | 지역 수요기반 미래 교육<br>품질 개선 체계 활성화 | • 지역 수요기반 미래 교육품질 개선 체계 활성화 |
| 남서울대 | 핵심역량기반<br>교양교육과정 혁신 | • 핵심역량 기반 교양교육과정 구축<br>• 교양교육과정 및 비교과 연계 구축 |
| | 전공역량기반<br>전공교육과정 혁신 | • 전공역량기반 전공교육과정 구축<br>• 전공교육과정 및 비교과 연계 구축 |
| | 융합교육모델<br>특성화 | • 집중이수제 확대 실시<br>• 프로젝트 학기제 도입<br>• 수요맞춤형 융합 전공개발 및 운영 |
| | 스마트 교수학습<br>지원체계 구축<br>스마트 교육환경 구축 | • 스마트 학생성장을 위한 교수법 지원과 공유 강화<br>• 맞춤형 학습지원 프로그램 강화<br>• 스마트 혁신 교육방법 강화<br>• 자기주도형 학습지원 동기부여 프로그램 강화<br>• 학생친화형 학생지원 공간 혁신<br>• 스마트 교육 기자재 구입 |
| | 교육과정 CQI 체제<br>고도화 | • 교육과정 CQI 체제 고도화<br>• 교육과정 인증제 도입 및 정착 |
| 동서대 | 기초교양교육 강화<br>미래가치지향<br>전공교육 강화 | • 리버럴 교육 강화<br>• 핵심역량기반 교양교육과정 강화<br>• 역량기반 전공교육과정 운영체제 확립<br>• 지역사회연계 전공교육 체계화<br>• 창의융합형 전공교육 강화 |
| | 교수-학습지원 고도화<br>미래형 교육 인프라 구축 | • 미래형 교수역량 강화<br>• 미래형 수업의 구현 |

| | | |
|---|---|---|
| 루터대 | 참여실천형<br>교육모델 구현 | • 휴먼서비스 역량기반 교양교육체계 구축<br>• 사회문제해결기반 융복합 전공교육 |
| | 강소대학형<br>운영체계 구축 | • 혁신적 학사시스템 구축 운영 |
| 명지대 | 미래지향적 교육과정<br>내실화 및 질 관리<br>체계 고도화 | • 창의·융합형 교육 강화<br>• 핵심역량 기반 교양교육 운영 강화<br>• 전공 교육과정 개편 및 성과관리 강화 |
| | 미래형 교육을 위한<br>학사구조 선진화 | • 미래지향적 학사제도 혁신<br>• 수요자 중심 학사구조 개편 |
| | 수요자 중심<br>교육지원 강화<br>디지털 기반 미래교육<br>전환 기반 강화 | • 빅데이터 분석 기반 교수지원 강화<br>• 학습역량 강화 프로그램 다양화 및 확대<br>• 공유, 협력 교육 확대<br>• 미래형 비대면 교육역량 강화 |
| 서울시립대 | 미래를 선도하는<br>전공교육 신설 및 강화<br>교양 및 평생교육의<br>확충 및 품질제고 | • 미래 주도산업 수요에 부응하는 첨단, 융복합 학과 신설 및 운영<br>　체계화<br>• 현장 니즈 맞춤형 전공 교육 강화<br>• 고품질의 통합 교양교육 제공<br>• 지역주민과의 지식 공유 프로그램 품질 제고 |
| | 교수자 및 수업 관련<br>인프라 발전 지원 | • 교수자의 강의 개선을 위한 지원 강화<br>• 인프라 구축을 통한 학생들의 수강 편의 제고 |
| 숙명여대 | 수요 맞춤형 교육을 위한<br>교육과정 혁신 | • 학생수요 맞춤형 모듈기반 교육과정 도입<br>• 사회수요 맞춤형 산업연계 교육과정 강화<br>• 숙명핵심역량 인재 육성을 위한 교양교육 고도화 |
| | 학생 자기주도 성장을<br>지원하는 유연한<br>학사제도 마련 | • 학생 중심 유연학기제 운영 |
| | 인공지능기반<br>창의융합적 교수학습<br>모델 개발 및<br>지원체계 고도화 | • WISE Education3[cube] 모델 개발 및 운영<br>• 교수학습 지원체제 고도화<br>• 뉴노멀시대를 선도하는 교육 시스템 확대 |
| 포항공대 | 학문의 경계를 넘나드는<br>융복합 교육과정 | • POSTECHIAN Open Curriculum 운영<br>• POSTECHx 기반, 대학의 사회적 책무 및 영향력 강화 |
| | 포스텍만의<br>차별화된 교육 | • POSTECH만의 차별화된 경험(오프-캠퍼스 학기제) |

| | 자기주도적 학습을 촉진하는 교수–학습 지원체계 및 인프라 | • AR, VR 등을 활용한 하이브리드 러닝 시스템 구축<br>• 학생의 능동적 학습을 촉진하는 학습공간 다양화 |
|---|---|---|
| 호서대 | 벤처정신을 가진 사회공헌형 인재 육성 | • 창의융합형 교육과정 강화<br>• 벤처 교양교육 강화 |
| | 학생 중심 교육 강화 및 교육의 질 관리 체계 강화 | • 교육지원 질 관리 체계 강화 |

출처: 대학알리미(2023).

## 4) 교육 영역의 시사점

교육 영역 발전계획 수립을 위해서 가장 고려해야 할 사항은 '수립한 전략과제와 실행과제들이 우리 대학의 목표, 인재상에 부합하는가?'이다. 왜냐하면 대학이 교육 영역 발전계획을 수립하면서 미래와 사회 수요, 고등교육의 정책 등을 너무 강조하다 보면 자칫 대학이 가지고 있는 특수성과 차별성을 놓칠 수 있기 때문이다.

실제로 대학알리미에 공개된 각 대학의 교육 영역 발전계획을 살펴본 결과, 전략과제와 세부과제의 부합성이 떨어지는 사례들을 종종 발견할 수 있다. 예를 들어, 한 대학은 학생 비교과 프로그램에 대한 전략과제가 교육 영역에 포함되어 있고, 학생지원의 전략과제인 취, 창업 지원에도 중복 제시되면서 혼란을 불러일으키고 있다. 따라서 대학에서는 발전계획을 수립할 때, 전략과제와 세부과제의 부합성, 타 영역과 어떻게 연계되는지 등을 꼼꼼하게 살펴볼 필요가 있다. 또한 몇몇 대학의 경우 교육과정에서 제시된 전략과제, 세부과제와 학사제도에서 제시된 전략과제, 세부과제가 어떻게 연계되는지 애매모호하게 수립된 경우들이 있다. 예를 들어, 융·복합 인재양성을 위한 학사제도 유연화가 전략과제로 제시되었다면, 이것이 교양과 전공 교육과정에 어떻게 반영되는지 구체적으로 제시할 필요가 있다.

〈표 5-6〉의 교육 영역 전략과제와 세부과제들을 살펴보면, 일반적으로 대학들은 '교육과정 개선, 학사구조 개선, 교수–학습 지원, 교육의 질 관리'의 범주 내에서 각 학교의 특성과 상황을 반영하여 과제들을 수립하였다. 대형 국립대 중 하나인 C대학은 교육 영역의 목표를 '미래사회가 요구하는 융복합 창의인재 양성을 위한 교육체계 확립'으로 설정하고, 추진과제를 '사회수요를 반영한 창의·융합 전공교육 활성화, 미래핵심역량 기반 교양교육 내실화, 미래 창의인재 양성을 위한 비교과 교육 체계화, 융복합교육 및 지역사회 연계를 위한 공간확보·시설 첨단화'로 제

시하였다. 이 대학의 경우, 비교과 교육과정을 교과 교육과 구분하여 교육 영역에 제시하였고, 교수 역량강화는 연구 영역에, 학생 역량강화는 교육 영역(미래 창의인재 양성을 위한 비교과 교육 체계화)에 포함하였으며, 교육의 질 관리는 전공, 교육과정의 추진전략 내 세부과제로 제시하였다.

중소형 국립대학인 H대학은 '융복합 인재양성을 위한 교육혁신'이라는 교육목표하에 '융복합 인재 특화교육모델 개발, 융복합 기반 전공교육혁신, 핵심역량기반 교양교육 혁신, 융복합 교육을 위한 교수학습법 혁신, 융복합 인재양성을 위한 학사제도 혁신'이라는 5개의 전략과제를 설정하였다. 이 대학은 융복합 인재양성이라는 목표를 달성하기 위해 대학만의 교육모델을 설정하고 이를 기반으로 전공, 교양교육과 지원체계인 교수-학습, 학사제도를 혁신하고자 하는 계획을 포함한 것이다. H대학도 교육의 질 관리에 대한 계획은 전공과 교양교육의 전략과제의 세부과제에 포함하였다.

대형 사립대학인 S대학은 '잘 가르치는 대학'이라는 교육목표하에 '미래형 학사제도 개편, 교육 패러다임 혁신, 학생성공 플랫폼 구축, 디지털 교육 혁신'이라는 4개의 전략과제를 설정하였다. 여기서 미래형 학사제도에는 '학사제도 유연화와 혁신교육모델을 개발'의 세부과제를 제시하였고, 교육패러다임 혁신에는 '교수-학습 방법 개발 및 운영, 원격교육을 포함한 미래형 교육 인프라, 교양교육 개발 및 성과관리, 학생성공 지원체계'를 제시하였다. 학생성공 플랫폼 구축은 학생지원 영역으로 초점을 맞추었고, 디지털 교육혁신은 소프트웨어 교육에 대한 세부과제를 설정하였다.

중소형 사립대학인 D대학은 '학생 개개인의 성장에 기여하는 교육체계 혁신'이라는 교육목표하에 '기초교양교육 강화, 미래가치지향 전공교육강화, 역량중심 비교과 교육강화, 교수-학습지원 고도화, 미래형 교육인프라 구축'으로 설정하였고 이 대학 역시 교육의 질 관리는 교양교육, 전공교육의 세부과제에 포함하고 있다.

이처럼 각 대학은 대학이 설정한 발전계획의 목표, 비전을 중심으로 교육 영역의 목표를 설정하고 학교의 설립주체, 규모, 지향하는 방향, 목표 등을 고려하여 전략과제와 세부과제를 수립한다.

---

**Work Point**

- 교육 영역 발전계획 수립 시 고려 사항은 대학의 교육목표와 인재상에 부합하는지 점검하고, 도출한 전략과제와 세부과제들 간에 부합성은 있는지, 타 영역과 중복되어 제시된 것은 없는지 확인해야 한다.
- 교육과정과 학사제도가 긴밀하게 연결됨이 보이도록 제시하는 것이 좋다. 예를 들어, 융합형 인재 양성을 위한 다전공제도가 교양, 전공 교육과정과 어떻게 연결되는지 보여 주어야 한다.

## 3. 교육 영역의 과제정의서 작성

### 1) 과제정의서의 주관부서 및 성과지표 설정

과제정의서는 상단 부분(주관부서 및 성과지표 설정), 중간 부분(세부과제 설정), 하단 부분(인프라 설정) 등 크게 세 부분으로 구분해 볼 수 있다. 상단 부분에는 전략과제명, 전략과제에 대한 전반적인 설명인 개요와 전략과제를 통해서 도달하고 추구하는 목표, 전략과제를 책임지고 수행하는 과제책임자(champion), 실행과제와 세부과제를 주관해서 실행하는 주관부서, 실행과제와 세부과제를 추진하는 데 주관부서를 지원해 주는 협조부서, 전략과제를 달성하기 위해 수립된 실행과제와 세부과제를 추진하는 데 필요한 소요 예산, 전략과제에 부합한 성과지표와 산출근거를 제시하는 산출식, 그리고 향후 10년간 달성해야 할 목푯값 등을 제시한다.

교육 영역의 과제책임자는 주로 교무처장, 교육혁신처장 등이 될 수 있다. 전략과제나 실행과제를 추진하는 데 주관부서는 교무처, 교육혁신처, 교육혁신원 등이고, 협조부서는 기획처, 정보전산원, 각 단과대학 행정실(교학지원팀) 등이다.

성과지표는 하나의 단일지표로 관리하는 것과 2개 이상의 세부지표를 종합하여 관리하는 복합지표로 구분할 수 있다. 복합지표는 세부지표별로 가중치를 부여하고 그 합이 100%가 되도

**표 5-7** 과제 영역 과제정의서의 주관부서 및 성과지표 설정(예시)

| 전략과제 | A-1 | 미래사회 수요에 부응하는 전공교육 다각화 | champion | 교무처장 |
| --- | --- | --- | --- | --- |
| | | | 주관부서 | 교무처 |
| 개요 | 미래의 사회적 변화와 요구에 대응하기 위해 전공교육의 내용, 이수 형태 및 방법을 다양화하여 학생 역량 강화 | | 협조부서 | 교육과정지원센터, 기획처 |
| 목표 | 1. 다양한 학문 분야 간의 연계를 강화하여 학생들의 융합적 사고와 문제 해결 능력 제고<br>2. 지역과 산업체와의 연계, 협력을 강화하여 학생들의 실무능력 및 전문성 강화 | | 소요 예산<br>(백만 원) | 51,450 |
| 성과지표 | 복수전공, 다전공 활성화율(%) | | 산출식 | 복수전공, 다전공 활성화율(%)=복수전공 및 다전공 제도 개선 건수(A)×0.2+다전공 참여 학생 수(B)×0.4+다전공이수학생수(C)×0.4 |
| | | | 목푯값 | Y년 / Y+1년 / Y+2년 / Y+3년 / Y+5년 / Y+9년<br>10% / 11% / 12% / 13% / 15% / 20% |

록 구성하는 것이다. 단일지표이든 복합지표이든 해당 성과지표를 통해 전략과제에 대한 이행을 점검하는 수단으로 활용한다. 〈표 5-7〉에서 제시한 사례는 복합지표로, 복수전공 및 다전공 제도 개선을 한 건수와 다전공 학생 수, 다전공 이수 학생 수에 각각 가중치를 20%, 40%, 40%를 두어 총 100%가 되도록 설정하였다. 이러한 가중치는 각 대학에서 대학의 상황에 맞게 설정할 수 있다. 〈표 5-7〉에 제시된 'A-1 미래사회 수요에 부응하는 전공교육 다각화' 전략과제는 주관부서가 교무처이고 이곳에서는 성과지표인 '복수전공, 다전공 활성화율'(%)의 세부지표인 '복수전공 및 다전공 제도 개선 건수, 다전공 참여 학생 수, 다전공 이수 학생 수' 각각의 목푯값을 매년 관리·점검해야 할 것이다. 성과지표 및 목푯값 설정에 대한 상세한 내용은 '제13장 대학 발전계획의 성과관리'를 참고하기를 바란다.

## 2) 과제정의서의 세부과제 설정

다음으로 과제정의서의 중간 부분에 해당하는 실행과제, 세부과제, 예산 규모에 대해 살펴보도록 하자. 먼저, 실행과제에서는 전략과제에 부합한 실행력을 갖춘 과제들로 구성한다. 실행과제는 전략과제가 추구하는 목표를 달성하기 위해 실제 이루어지는 과제들로, 전략과제와 함께 지속해서 발전계획의 종료 시점까지 추진해야 하는 경우도 있지만, 발전계획 추진 중간에 실행과제를 완성했거나 성과가 도달되어 더 이상 필요하지 않은 경우가 있다. 이런 경우에는 발전계획의 추진 일정 중 1/2 또는 1/3 시점에 점검하여 새로운 교육 영역의 실행과제를 발굴·추가해서 발전계획 종료 기한까지 지속적으로 추진할 수 있도록 계획을 부분 수정해야 할 것이다.

교육 영역 실행과제별로 세부과제는 2~3개 정도 추가하여 세부과제의 추진 활동을 통해 전략과제의 목표가 달성될 수 있게 해야 한다. 이때, 세부과제는 교육 영역에서 지속적으로 해 온 것이 아니라 세부과제에 부합하여 얼마나 중요하고 새롭게 추진해야 할 것인지, 긴급성은 어느 정도인지 미리 점검해 볼 필요가 있다. 〈표 5-8〉에서는 '다전공(복수전공, 융합전공) 활성화 및 효율적 관리'와 '학사지원 시스템 고도화'에 대한 실행과제에 각각 2개씩(융합형 마이크로디그리 개발 및 운영, 다전공 활성화를 위한 전공페스티벌 운영, 다전공 이수 활성화를 위한 수강신청제도 개선, 수요자 중심 학사관리시스템 고도화)의 세부과제를 설정하였다. 이 경우 '융합형 마이크로디그리 개발 및 운영'은 중요하고 시급한 과제로 확인되어 전략과제 A-1의 성과지표를 달성하기 위해 무엇보다 먼저 이행되어야 할 것이다.

수립된 세부과제를 추진하는 데 필요한 예산 규모를 산출하는 것도 요구되는데, 이는 각 해당 부서에서 달성하기 위한 활동(activity)들을 고려하여 사업화한다고 생각하고 산출해야 한다.

**표 5-8** 교육 영역의 전략과제 정의서 중간 부분

| 실행과제 | | 실행과제명 | | 개요 | | | | | |
|---|---|---|---|---|---|---|---|---|---|
| | a | 다전공(복수전공, 융합전공) 활성화 및 효율적 관리 | | 부, 복수, 마이크로디그리 등 다양한 전공 이수체계를 개발 및 운영 | | | | | |
| | b | 학사지원시스템 고도화 | | 학사어드바이저, 고도화된 학사관리시스템을 활용하여 효율적인 전공이수 지원 | | | | | |

| 세부과제 | | 주요 내용 | 관리지표 | 실행시기 [목푯값] | | | | 우선순위 | |
|---|---|---|---|---|---|---|---|---|---|
| | | | | Y년 | Y+1년 | … | Y+9년 | 중요성 | 시급성 |
| | a-1 | 융합형 마이크로디그리 개발 및 운영 | 마이크로디그리 운영 건수 | → [2] | → [4] | … | → [20] | 상 | 상 |
| | a-2 | 다전공 활성화를 위한 전공페스티벌 운영 | 전공페스티벌 참여자 만족도 | → [3.0] | → [3.2] | … | → [20%] | 상 | 중 |
| | b-1 | 다전공 이수 활성화를 위한 수강신청제도 개선 | 제도 개선 건수 | → [10%] | → [11%] | … | → [20%] | 중 | 중 |
| | b-2 | 수요자 중심 학사관리시스템 고도화 | 학사관리시스템 구축여부 | → [5%] | → [5%] | … | → [10%] | 상 | 중 |

| 예산 규모 (백만 원) | | 산출근거 | Y년 | Y+1년 | … | Y+9년 | 계 |
|---|---|---|---|---|---|---|---|
| | a | • 마이크로디그리 개발 연구지원금 2과목×30백만 원=60백만 원<br>• 전공페스티벌 행사 개최 2회/년×20백만 원=40백만 원 | 4,600 | 4,600 | … | 4,600 | 46,000 |
| | b | • 학사관리시스템 구축: 5,000백만 원×1년=5,000백만 원<br>• 유지보수비(2차년도~): 50백만 원 | 5,000 | 50 | … | 50 | 5,450 |
| | | 계 | 9,600 | 4,650 | … | 4,650 | 51,450 |

세부과제는 수립한 관리지표를 달성하는 데 기여할 수 있도록 주요 활동들로 구성하고, 이를 통해 실행과제 단위로 종합하여 예산계획을 수립하는 것이 좋다. 예를 들어, 〈표 5-8〉의 세부과제 'b-1 다전공 이수 활성화를 위한 수강신청제도 개선'의 경우 학사관리 시스템과 연계하여 예산 수립이 가능할 수 있어 과제정의서 예산수립 산출근거에는 제시하지 않았다. 이처럼 대학의 상황에 따라 실제적으로 예산 계획을 수립하는 것이 좋다. 마지막으로 산출된 예산 규모의 총액은 상단 부분의 소요 예산과 일치해야 한다.

## 3) 과제정의서의 인프라 설정

과제정의서의 하단 부분(인프라 설정)에는 앞서 중간 부분(세부과제 설정)에서 산출한 예산 규모를 어떻게 확보할 것인지 고민한 후 이를 추진하는 데 필요한 인력 및 공간 확보 계획, 해당 전략과제를 추진하는 데 있어 고려해야 할 사항들을 작성한다.

먼저, 예산 조달 계획은 대학 발전계획을 추진하는 데 있어 필요한 예산의 확보 방안에 해당한다. 이는 교비회계(국립대 경우 대학회계), 정부 및 지방자치단체(이하 '지자체'라 한다)의 국고보조금, 산학협력단회계, 기타로 구분할 수 있다. 과제정의서에 제시된 예산이 현실적으로 집행이 가능한지 검토해 본 후 그 범위 내에서 계획을 수립하고, 추후 이에 대한 추진이 적절하게 이루어지고 있는지 점검해야 할 것이다. 각 전략과제의 예산 조달 계획을 종합해 보면, 대학의 중장기 재정 확보계획을 수립하는 데 도움이 된다.

다음에 작성할 내용은 추진과제를 실행하는 데 필요로 하는 인력 및 공간 확보계획(resource plan)이다. 교육 영역의 경우 무엇보다도 인력확보 계획이 중요한 과제 중 하나이다. 교육 영역의 상당 부분 실행과제들이 재정지원사업을 기반으로 운영될 수 있는데 이때 사업비 기반으로 인력확충이 이루어져 갑작스러운 사업종료나 재정지원사업비 감축으로 인하여 인력충원이 되지 않을 경우 과제 이행이 어려울 수 있다. 이에 안정적으로 전략과제를 수행할 수 있도록 인력확보계획을 미리 마련해 둘 필요가 있다.

**Work Point**

- 교육 영역 발전계획 수립 시 전략과제 및 실행과제를 추진하기 위해서 필요한 Resource Plan에 대해 주관부서 및 협조부서로부터 반드시 의견을 청취하자.
- 교육 영역의 경우 특히 인력확보가 불안정한 경우가 발생하는데, 충분한 인력과 예산이 확보될 수 있도록 미리 기획, 예산 부서와 원활한 협의가 이루어져야 할 것이다.

표 5-9  교육 영역 과제정의서의 연차별 예산 조달 계획 및 인프라 설정(예시)

| | 실행시기 | 교비회계 | 정부 (대학혁신 지원사업비) | 지자체 | 산학협력단 회계 | 기타 | 계 |
|---|---|---|---|---|---|---|---|
| 예산 조달 계획 (백만 원) | Y년 | 600 | 4,000 | – | 5,000 | – | 9,600 |
| | Y+1년 | 600 | 4,000 | – | 50 | – | 4,650 |
| | ⋮ | – | ⋮ | ⋮ | ⋮ | ⋮ | ⋮ |
| | Y+9년 | 600 | 4,000 | – | 50 | – | 4,650 |
| | 계 | 6,000 | 40,000 | – | 5,450 | – | 51,450 |
| 인력/공간 확보계획 | • 마이크로디그리 확대에 따른 교육과정 설계 지원을 위한 연구원 1인 충원(교육과정지원센터) | | | | | | |
| 고려사항 | • 학사제도 개편, 평가제도 개편 시 대학 구성원과의 지속적인 소통 강화<br>• 학사관리시스템 예비 운영단계에서 적극적인 구성원 의견을 반영 | | | | | | |

## 4) 교육 영역 과제정의서(종합)

앞서 살펴본 교육 영역의 전략과제와 실행과제를 중심으로 하나의 과제정의서를 예시로 작성하여 제시하면 〈표 5-10〉과 같다.

표 5-10  교육 영역의 전략과제 정의서

| 전략과제 | A-2 | 융합형 양성을 위한 학사제도 유연화 | champion | 교무처장 |
|---|---|---|---|---|
| | | | 주관부서 | 교무처, 교육과정지원센터 |
| 개요 | 미래의 사회적 변화와 요구에 대응하기 위해 전공교육의 내용, 이수 형태 및 방법을 다양화하여 학생 역량 강화 | | 협조부서 | 기획처, 정보전산원 |
| 목표 | 1. 다양한 학문 분야 간의 연계를 강화하여 학생들의 융합적 사고와 문제 해결 능력 제고<br>2. 지역과 산업체와의 연계, 협력을 강화하여 학생들의 실무능력 및 전문성 강화 | | 소요 예산 (백만 원) | 51,450 |
| 성과지표 | 복수전공, 다전공 활성화율(%) | 산출식 | 복수전공 및 다전공 제도 개선 건수+다전공 참여 학생 수+다전공 이수 학생 수 | |

| 목푯값 | Y년 | Y+1년 | Y+2년 | Y+3년 | Y+5년 | Y+9년 |
|---|---|---|---|---|---|---|
| | 10% | 11% | 12% | 13% | 15% | 20% |

| 실행과제 | | 실행과제명 | | | | | 개요 | | | |
|---|---|---|---|---|---|---|---|---|---|---|
| | a | 다전공(복수전공, 융합전공) 활성화 및 효율적 관리 | | | | | 부, 복수, 마이크로디그리 등 다양한 전공 이수체계를 개발 및 운영 | | | |
| | b | 학사지원 시스템 고도화 | | | | | 학사어드바이저, 고도화된 학사관리시스템을 활용하여 효율적인 전공이수 지원 | | | |

| 세부과제 | | 주요 내용 | 관리지표 | 실행시기 [목푯값] | | | | 우선순위 | |
|---|---|---|---|---|---|---|---|---|---|
| | | | | Y년 | Y+1년 | … | Y+9년 | 중요성 | 시급성 |
| | a-1 | 융합형 마이크로디그리 개발 및 운영 | 마이크로디그리 운영 건수 | → [2] | → [4] | … | → [20] | 상 | 상 |
| | a-2 | 다전공 활성화를 위한 전공페스티벌 운영 | 전공페스티벌 참여자 만족도 | → [3.0] | → [3.2] | … | → [20%] | 상 | 중 |
| | b-1 | 다전공 이수 활성화를 위한 수강신청제도 개선 | 제도 개선 건수 | → [10%] | → [11%] | … | → [20%] | 중 | 중 |
| | b-2 | 수요자 중심 학사관리시스템 고도화 | 학사관리시스템 구축여부 | → [5%] | → [5%] | … | → [10%] | 상 | 중 |

| 예산 규모 (백만 원) | | 산출근거 | Y년 | Y+1년 | … | Y+9년 | 계 |
|---|---|---|---|---|---|---|---|
| | a | • 마이크로디그리 개발 연구지원금 2과목×3백만 원=6백만 원<br>• 전공페스티벌 행사 개최 2회/년×20백만 원=40백만 원 | 4,600 | 4,600 | … | 4,600 | 46,000 |
| | b | • 학사관리시스템 구축: 5,000백만 원×1년=5,000백만 원<br>• 유지보수비(2차년도~): 50백만 원 | 5,000 | 50 | … | 50 | 5,450 |
| | | 계 | 9,600 | 4,650 | … | 4,650 | 51,450 |

| 예산 조달 계획 (백만 원) | 실행시기 | 교비회계 | 정부 (대학혁신 지원사업비) | 지자체 | 산학협력단 회계 | 기타 | 계 |
|---|---|---|---|---|---|---|---|
| | Y년 | 600 | 4,000 | – | 5,000 | – | 9,600 |
| | Y+1년 | 600 | 4,000 | – | 50 | – | 4,650 |
| | ⋮ | – | – | ⋮ | ⋮ | ⋮ | ⋮ |
| | Y+9년 | 600 | 4,000 | – | 50 | – | 4,650 |
| | 계 | 6,000 | 40,000 | – | 5,450 | – | 51,450 |

| 인력/공간 확보계획 | • 마이크로디그리 확대에 따른 교육과정 설계 지원을 위한 연구원 1인 충원(교육과정지원센터) |
|---|---|
| 고려사항 | • 학사제도 개편, 평가제도 개편 시 대학 구성원과의 지속적인 소통 강화<br>• 학사관리시스템 예비 운영단계에서 적극적인 구성원 의견을 반영 |

## 4. 교육 영역 발전계획을 위한 제언

## 1) 교육 영역 발전계획 수립 시 고려사항

성공적인 교육 영역 발전계획 수립을 위해서 가장 먼저 고려해야 할 사항으로, '첫째, 우리 대학의 교육목적, 교육목표, 인재상 달성을 위함인가? 둘째, 현재 대학 상황과 특성을 고려하여 세운 계획과 전략인가?'를 스스로 점검해 보아야 한다. 간혹 몇몇 대학의 경우, 대학 평가나 재정지원사업에만 초점을 맞추어 전체적인 체계와 부합성이 떨어진 계획이 제시된 것을 볼 수 있다. 따라서 수립했던 계획과 전략이 과연 우리 대학의 특성과 상황에 맞는 것인지, 현실적으로 달성 가능한 것인지 반드시 살펴보아야 한다.

교육 영역의 경우, 연구, 산학협력, 학생지원, 국제화, 기반 영역과 모두 밀접하게 연계되어 있다. 따라서 교육 영역 전략과 타 영역의 전략과 과제가 어떻게 연결되어 있는지 추진 시기, 예산, 협조부서 등을 면밀하게 살펴볼 필요가 있다. 예를 들어, 교육 영역에 '현장 미러형 교수-학습 선진화'라는 세부과제를, 주관부서는 교수학습지원센터, 협조부서는 LINC 사업단으로 제시하였다면, 산학협력 영역의 세부과제에 '산학연계 현장실습 활성화'에서 주관부서 LINC 사업단, 협조부서 교수학습지원센터로 제시하면서 유사한 과제들을 실제 어떻게 연계, 협력할 것인지 미리 고민해 보아야 할 것이다. 이와 더불어 교육 영역 발전계획을 수립할 때에는 다음의 사항들을 고려할 필요가 있다.

### (1) 대학 특성화가 나타나는 교육전략 수립

이것은 대학의 위치, 규모에 상관없이 일반적으로 교육 영역 발전계획을 수립할 때 반드시 고려해야 할 사항이다. 각 대학은 특성화 전략과 부합하여 이루어지는 교육전략이 무엇인지 검토해 보아야 한다. 여러 대학이 발전계획에서 특성화 영역을 분리하여 제시하고 있는데, 이 경우 특성화 영역의 교육 전략과제들과 발전계획의 일반적인 교육 영역 전략과제와 방향이 맞지 않거나 전략과제 수준에 차이가 나는 경우가 있다. 따라서 발전계획 교육 영역의 방향과 전략과제, 특성화 영역 내의 교육과 관련된 전략과제를 비교 검토해 보아야 한다. 또한 중소규모 대학의 경우, 대형 대학과 차별화하여 독자적인 경쟁력을 가질 수 있는 교육 시스템과 방법이 있는지 살펴보아야 할 것이다. 중소규모 대학으로서 차별화될 수 있는 교육모델은 무엇인지 그 내용과 방법은 어떻게 구성할 것인지 깊이 있는 고민을 해야 한다.

### (2) 대학원 교육과정의 계획 설정

대규모 대학은 교육과정에 학부의 교육과정 이외에 대학원 교육과정의 계획도 제시할 필요가 있다. 대규모 대학의 경우 학부의 규모도 크지만 대학원의 규모 역시 크고 이에 대한 체계적인 운영과 질 관리가 요구되기 때문에 대학원 교육에 대한 교육과정, 학사제도, 지원체계와 관련된 전략과제들이 무엇이 있는지 찾고 이를 발전계획에 반영해야 한다.

### (3) 대학의 설립 주체와 여건을 반영한 계획 설정

국·공립대학은 국가 교육 경쟁력 강화와 지역 균형 발전을 위해 국립대학의 교육역량을 향상시키는 데 발전계획이 수립되어 있는지 살펴보아야 할 것이다. 교육 영역 발전계획을 통해 지역인재를 양성하고 지역산업과 사회발전에 공헌할 수 있는지, 공공가치와 사회적 책임을 학습할 수 있는 과제들이 포함되어 있는지 확인해 보아야 한다.

사립대학은 대학의 특성화와 자율성을 반영하여 대학의 특성과 강점, 목표에 맞는 우리 대학만의 특성화 전략을 수립하여 교육적 우수성을 추구할 수 있는 전략들로 구성되어 있는지 확인해 볼 필요가 있다. 뿐만 아니라 수립한 전략들이 대학의 재정 건전성을 유지하고 지속가능성을 확보할 수 있는지 검토해 보아야 한다.

〈표 5-11〉은 교육 영역 발전계획을 수립할 때 장애요인과 촉진요인을 제시한 것이다. 일반적으로 장애요인으로 교육 영역 발전계획을 수립하고 이를 이행할 때, 교육 영역 전략과제를 이행하기 위한 충분한 조직 및 인력 확보가 어렵다는 점을 들 수 있다. 물론 이것은 교육 영역 이외에 다른 영역도 같은 상황이겠지만 앞에서도 언급한 바와 같이 정부재정지원 사업의 의존도가 높은 교육전략일수록 이에 대한 어려움이 크다. 이 부분과 연결되어 인력의 불안정한 고용 상태 역시 효율적인 교육 운영과 교육 영역 발전계획의 지속가능성을 저해한다. 또한 협조부서와 원활한 의사소통이 이루어지지 않을 경우, 세부과제 각각의 이행을 달성하지 못해서 전체적인 전략과제를 결국 달성하지 못한 상황으로까지 가게 된다. 마지막으로 변화에 대한 저항과 경직된 대학의 거버넌스 구조가 발전계획에 제시된 혁신적인 시도를 제한할 수 있다.

그러나 이와 반대로 충분한 예산 확보, 지원조직과 인력의 안정성, 대학 운영진의 적극적인 지원과 효과적인 소통은 교육 영역 발전을 위한 중요한 동력이 되기 때문에 대학은 교육 영역의 지속가능한 발전을 도모할 수 있게 될 것이다.

4. 교육 영역 발전계획을 위한 제언

표 5-11 교육 영역 발전계획 수립 시 장애 및 촉진 요인

| 범주 | 장애요인 | 촉진요인 |
|---|---|---|
| 역량 및 자원 | • 교육 영역 관련 조직 및 인력 확보 부족<br>• 교육 영역 관련 조직 인력의 고용 불안정성<br>• 관련 조직의 구성원 간 협력 부족 | • 교육 영역 관련 대학회계, 정부재정지원 사업의 예산 확보<br>• 교무처, 교수학습지원센터, 성과관리센터 등 교육 관련 지원조직, 인력보유<br>• 교육관련 조직 인력의 안정성 |
| 제도 및 규정 | • 재정지원 사업 성격에 따른 잦은 행정 처리 변경 | • 혁신적인 학사제도 실현을 위한 근거 규정, 지침<br>• 제도 및 규정 신설 및 개편과정에서의 학교분위기 |
| 경영 및 조직 | • 대학 거버넌스의 경직된 문화 | • 대학본부의 의지와 지원<br>• 대학 조직 내 소통창구 활성화 정도 |

## 2) 교육 영역 발전계획 수립을 위한 체크리스트

교육 영역 발전계획을 수립하는 데 있어 점검해야 할 항목을 준비-실행(운영)-평가 단계로 구분하여 수행 여부를 확인할 수 있도록 체크리스트를 제시하면 〈표 5-12〉와 같다. 이러한 체크리스트를 기준으로 교육 영역의 발전계획을 수립하고 운영하는 과정에서 확인해야 할 점들을 참고할 수 있다.

표 5-12 교육 영역 발전계획 수립을 위한 체크리스트

| 단계 | 점검사항 | 점검내용 | 수행 여부 (Y/N) |
|---|---|---|---|
| 준비 | 필요성 | 우리 대학 발전계획 수립 기간 내에 교육 영역으로 꼭 필요한 전략과제인가? | |
| | 범주 구분 | '교육' 영역에서 세부 범주는 구분했는가? | |
| | 전략과제 설정 | 교육 영역에 부합한 전략과제들로 구성되었는가? | |
| | 장애요인 | 교육 영역에서 고려해야 할 장애요인을 확인했는가? | |
| | 촉진요인 | 교육 영역에서 고려해야 할 촉진요인을 확인했는가? | |
| | 사례 대학 선정 | 교육 영역에서 참고할 사례 대학을 선정했는가? | |

| | | | |
|---|---|---|---|
| 실행<br>(운영) | 과제정의서 | 과제정의서 양식은 정했는가? | |
| | 주관부서 | 전략과제별 과제책임자, 주관부서, 협조부서는 설정하고 있는가? | |
| | 성과지표 | 전략과제별 성과지표와 산출식, 목푯값은 설정하고 있는가? | |
| | 실행과제 | 교육 영역의 전략과제에 부합하는 실행과제를 제시하고 있는가? | |
| | 세부과제 | 교육 영역의 실행과제에 부합하는 세부과제를 제시하고 있는가? | |
| | 추진과정 | 과제정의서의 세부과제별 실행시기와 우선순위 등을 제시하고 있는가? | |
| | 인력/공간 | 전략과제의 목표를 달성하기 위해 필요한 인력 및 공간 확보계획을 마련하였는가? | |
| | 소요 예산 | 전략과제를 추진하는 데 필요한 소요 예산을 산출하고 적정하게 편성하였는가? | |
| 평가 | 중간 점검 | 교육 영역 전략과제의 중간 점검 및 그 점검 결과에 따른 후속 조치가 이루어지고 있는가? | |
| | 성과지표 | 교육 영역의 과제정의서에서 제시하고 있는 성과지표의 목푯값을 달성하였는가? | |
| | 보상 | 추진과제에 대한 목표 달성 정도에 따라 주관 및 협조 부서에 적절한 보상이 이루어졌는가? | |
| | 환류 | 교육 영역의 추진 실적에 대한 이행점검을 하고, 차년도의 세부계획 수립 시 반영하고 있는가? | |

제**6**장

# 학생지원 영역 발전계획

Effective Strategic Planning in Higher Education

이 장에서는 대학의 중장기 발전계획에서 학생지원 활동에 대한 발전계획 수립 필요성과 절차, 주요 내용에 대해 소개하였다. 아직 학생지원 분야를 교육이나 연구, 산학협력 분야처럼 별도의 영역으로 독립시켜 발전계획을 수립하는 대학은 많지 않다. 그러나 앞으로는 많아질 것으로 예상된다. 그 이유는 대학에 입학하기 위해 열심히 달려온 중·고교 시절과는 완전히 다른 학습과 생활에 빠르게 적응할 수 있게 대학이 도와줘야 하기 때문이다.

대학은 대학의 자원을 충분히 활용하여 학생 본인이 원하는 분야로 성공적으로 진출하게 도와줘야 한다. 학생이 의미 있는 대학생활을 보내고 잘 성장해서 성공적으로 사회에 진출하게 되면 학생만 좋은 것이 아니다. 졸업생이 대학의 브랜드를 높여 줘 우수한 또는 많은 입학생이 찾는 대학으로 자리매김하게 될 것이다.

이 장에서는 학생지원 분야의 목표 설정, 전략과제 및 실행과제 수립 요령과 함께 여러 대학의 사례를 제시하고 과제정의서 작성방법을 소개하여 대학의 발전계획 수립과정에 참고자료로 활용할 수 있는 도움을 주고자 하였다. 아울러 학생지원 영역 발전계획 수립을 위한 제언에서는 수립 단계, 실행 단계, 환류 단계별로 논리모델에 근거한 핵심 성공요인과 단계별 체크리스트를 제시하여, 향후 대학에서 학생지원 영역의 중장기 발전계획을 수립, 운영, 평가하는 기준으로 활용할 수 있을 것으로 기대한다.

## 1. 학생지원 영역 발전계획의 개요

### 1) 학생지원 영역 발전계획의 중요성

대학 발전계획을 세울 때 절대 빼놓으면 안 될 부분은 교육 영역이다. 두말할 나위 없이 교육 기관이기 때문이다. 대학 발전계획은 2000년대 들어서서 본격적으로 수립되기 시작했는데, 당시 대부분의 구성 요소는 교육과 연구, 경영이었다. 당시의 발전계획을 잠시 들여다보면 교육은 비전 설정, 교육목적-교육목표-인재상 재확립, 특성화 등이 중심이었고 연구는 외부 연구비 수주, 논문 게재가 중심이고 지식재산권이나 기술이전이 일부 포함되었다. 경영은 기금 모금을 통한 재정 안정성 확보, 합리적 예산 편성 및 집행, 핵심 조직 강화, 캠퍼스 환경 개선 등이 대부분의 구성 내용이었다.

2010년대 들어 취업을 중심으로 창업을 포함하는, 그리고 기존 연구 영역의 일부가 포함된 산학협력 분야가 등장했고 최근에야 비로소, 즉 2030(2021~2030년) 중장기 발전계획을 수립하면서 학생지원 영역을 별도로 구성하기 시작했는데 아직은 약 30% 내외의 대학만 해당한다. 그만큼 교육과 산학협력이 중요한 부분이었고 여전히 그 중요성은 줄어들지 않았다. 그런데 여기에 학생지원까지 중요해지고 있는 상황이다.

학생지원 영역을 별도로 독립시켜 발전계획을 수립한 이유가 무엇일까를 생각해 보자. 대학에서 진행하는 업무들을 하나도 빠짐없이 포함하려는 의도인지, 발전계획 실행 정도를 반영한 교내 성과관리 차원에서인지, 교육이나 산학협력 추진 과제가 너무 많아 별도의 영역으로 균형을 이루고자 하는 것인지 등을 생각해 보게 된다. 그런 단순한 이유는 아닐 것이다. 최근 대학을 둘러싼 환경의 변화를 고려해 보면, 그리고 대학에 진학하는 연령대 학생들의 특성을 보면 교육 외에도 학생들이 더욱 수월하게 대학생활에 적응하고 나름대로 즐겁고 보람 있게 대학생활을 해 나갈 수 있게 도움을 줘야 하기 때문일 것이다. 학령인구가 감소하면서 대학에 진학하지 않거나 본인이 원하는 대학이나 전공으로 입학하지 못한 학생들의 이탈률은 나날이 늘어만 가고 있다. 대학이 학생들에게 소홀해지면 다른 대학으로 학생을 뺏길 수도 있는 것이다.

대부분 학생이 취업을 위해 대학에 진학하는 것이 현실인데 취업시장은 만만치 않다. 취업문도 굉장히 좁을뿐더러 성적만 좋다고, 영어를 잘한다고, 명문대 출신이라고 취업이 수월한 것이 아니다. 그리고 명확하진 않더라도 혹은 도중에 바꾸더라도 어떤 공부를 해서 어떤 분야에서 일을 하고 싶다는 생각이라도 있어야 하는데 이런 학생들도 너무나 적은 편이다. 1980,

1990년대나 2000년대 초반 대학의 모습과는 전혀 다른 상황이 벌어지고 있다. 이러한 상황을 종합해 볼 때 학생지원 영역에 대한 대학의 중장기 발전계획 수립이 필요한 시점이 되었다.

## 2) 학생지원 영역의 세부 영역

대학 발전계획에서 '학생지원' 영역에 포함되는 세부 영역은 무엇일까? 협의로는 학습, 진로, 취·창업, 상담을 들 수 있고, 확대하면 우수 학생 유치, 교육시설, 학생복지(장학, 장애 학생지원), 학생 자치활동까지라고 할 수 있다. 그리고 4주기 대학기관평가인증의 4영역 〈학생지원 및 시설〉에서는 ① 장학 제도 및 학생 자치활동 지원, ② 학생 심리 상담 및 권익 보호, ③ 진로 및 취·창업 지원, ④ 교육시설, ⑤ 기숙사 및 학생 복지시설, ⑥ 도서관으로 설정하고 있다.

대학 발전계획은 보통 10년 정도 주기로 수립하고 있으므로 학생지원이라 할 수 있는 부분은 모두 다 포함되는 것이 좋겠지만 특별히 목표를 수립하여 진행할 성격이 아닌 일들까지 포함하게 되면 전략과제와 실행과제가 지나치게 많아 추진에 어려움을 겪을 가능성이 크다. 따라서 이 영역에서는 학습, 진로 및 취·창업, 상담을 중심으로 하는 발전계획에 학생 자치활동과 우수학생 유치를 부가적으로 포함해 보려 한다. 어디까지나 제안일 뿐, 이렇게 구성하지 않으면 안 되는 것은 아니므로 학습을 교육 영역으로 보낸다든가 진로와 취·창업을 하나로 묶는다든가 하는 것은 대학의 선택이다.

표 6-1 **학생지원 영역 세부 영역**

| 세부 영역 | 필요성 |
| --- | --- |
| 학습 | 비교과 활동을 통한 학생의 학습 역량 강화 계획이 필요<br>※ 교수 지원 발전계획과 연계하는 학습 지원은 교육 영역에서 수립할 것 |
| 진로 | 최근 '학생의 실질적 전공 선택권 보장과 진로 지원 내실화' 강조에 따라 단순히 진로와 관련한 교양과목이나 비교과 교육의 나열이 아닌, 제대로 된 진로지도를 위해 대학의 모든 자원을 집중하는 체계를 갖추고 실행해야 하므로 필요 |
| 취·창업 | 입학생의 90% 이상 취업을 목적으로 하는 것이 현실이고 재학 중 어떤 활동을 계기로 창업에 도전하는 학생들을 지원해야 해서 필요<br>※ 산학협력 영역과 중복될 수 있으니 교육, 학생지도를 중심으로 수립할 것 |

| 상담 | 학생들의 대학생활 적응을 돕고 대학생활을 하면서 자연스럽게 겪게 될 교우관계나 사제관계가 학업 지속에 상당한 영향을 미치므로 학생 개인의 문제를 예방하고 해결하는 데 필요<br>※ 학생이 겪고 있는 심리 문제, 교우관계, 학업 고민, 학교폭력 피해 경험도 확인할 것 |
|---|---|
| 학생 자치활동 | 학부 조직(단과대학, 학부, 학과 등)이나 교수와 연계하는 커뮤니티 활동이 좋은 인간관계와 인성을 만들어 주고 학업 성공에 매우 긍정적인 효과를 주므로 필요 |
| 우수학생 유치 | 수도권 대학은 덜 와닿을 수 있지만 수도권 외 지역의 대학들은 신경 써야 할 분야가 되었거나 되어 가고 있으므로 필요 |

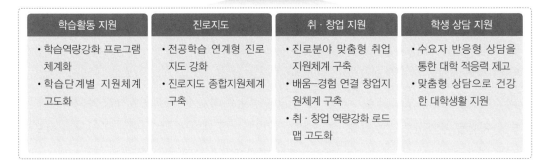

[그림 6-1] 학생지원 영역 발전계획

**Work Point**

- 학과 간 벽을 허물고 학생의 전공선택권을 확대하면서 진로지도에 대한 요구가 강화되고 있기 때문에 진로지도는 최소한 취업지원과 동등한 중요성을 부여하고 프로그램을 확대 제공할 필요가 있다.
- 진로지도와 취업지원은 가급적 구분하는 것이 좋다. 간혹 혼합된 형태의 프로그램을 운영하는 경우가 있는데, 이런 프로그램이 세부과제로 들어가면 어느 범주에 포함시킬지 애매해질 수 있다.

## 2. 학생지원 영역의 주요 전략과제 및 실행과제

### 1) 학생지원 영역의 구분 및 사례 대학 선정

학생지원 영역의 세부 영역을 살펴보기 위해 각 대학이 공시하고 있는 대학 발전계획 및 특성화계획 항목을 살펴보았다. 대학알리미에서 발전계획 자료를 상세하게 제공하고 있는 4년제 대학의 사례를 살펴보고자 했지만 학생지원 영역을 독립된 하나의 영역으로 제시하고 있는 대학이 많지 않아 대학 홈페이지를 바탕으로 조사했다.

대학 발전계획은 홈페이지에 공개하는 수준이 대학마다 너무 달라서 학생지원 영역의 발전계획을 별도로 수립한 대학, 타 영역에 포함되어 있지만 비교적 확인하기 쉽게 정보를 공개하고 있는 대학을 중심으로 조사할 수밖에 없었다. 따라서 설립유형이나 대학 규모에 따라 골고루 조사하지 못했다는 한계는 있지만 학생지원 영역 발전계획 수립을 준비하는 데 있어 참고로 활용하기에 부족하지는 않을 것이다.

**표 6-2** 사례 대학 분류 기준

| 구분 | | 대학 규모 | | |
|---|---|---|---|---|
| | | 대규모<br>(13개교) | 중규모<br>(16개교) | 소규모<br>(2개교) |
| 설립<br>유형 | 국 · 공립대학<br>(2개교) | 서울과기대, 서울대 | – | – |
| | 사립대학<br>(29개교) | 건국대, 경기대, 고려대,<br>동국대, 성균관대,<br>숙명여대, 숭실대, 우송대,<br>이화여대, 중앙대,<br>한국외대 | 강남대, 경일대, 광운대,<br>남서울대, 대구한의대, 대진대,<br>덕성여대, 동서대, 배재대,<br>삼육대, 서경대, 성신여대,<br>아주대, 연세대(미래),<br>한성대, 호남대 | 남부대,<br>추계예대 |

※ 주: 대규모(재학생 1만 명 이상), 중규모(5천 명 이상 1만 명 미만), 소규모(5천 명 미만), 대학명 가나다순

## 2) 전략과제

전략은 목표를 달성하기 위한 수단이라고 볼 수 있다. 학생지원 영역의 목표가 '학생 성공(성장)'이고 수단은 '방법'이므로 '학생 성공(성장)을 지원하는 방법으로 부과하는 일'이 바로 전략과제일 것이다. 전략과제는 해당 영역에서 우리가 실제 하는 일을 직접적으로 표현하는 것은 아니다. 해당 영역의 목표를 이루기 위해 해야 할 일들이 무엇인지를 찾아내는 것이므로, 하는 일과 해야 할 일이 복합되어 있다고 볼 수 있다.

전략과제는 어떻게 도출해야 할까? 우선 해당 영역의 목표와 연계성을 가져야 한다. 연계성을 보이기 위해서 간혹 목표를 추상적으로 설정하는 대학들이 있다. 그러나 목표는 뚜렷해야 하므로 구체적이고 명확하며 측정 가능성까지 가지고 있어야 한다. 그래야 전략과제나 실행과제를 구체적으로 만들어 낼 수 있고, 전략과제나 실행과제가 구체적이어야 실행가능성과 측정 가능성도 높아지게 될 것이다.

전략과제 도출은 SWOT 분석을 활용하는 것이 가장 쉽다. SWOT 분석은 발전계획 전체를 수립할 때만 하는 것으로 생각하지는 말자. 하나의 영역에 대한 계획을 수립할 때도 얼마든지 활용할 수 있다. SWOT은 잘 알다시피 강점은 투자, 약점은 보완, 기회는 포착, 그리고 위협은 회피이다. 강점과 약점은 우리가 무엇을 할 수 있는가이고 기회와 위협은 우리가 무엇을 해야 하는가이다. 따라서 해당 영역을 발전시키기 위해 할 수 있는 일과 해야 할 일을 모두 포함할 수 있다.

SWOT 분석을 하면 기본적으로 네 가지 과제를 도출할 수 있다. 강점을 통해 투자를 강화하고 활성화해야 하는 과제(SO 전략), 강점을 이용해 외부 위협을 최소화할 수 있는 차별화된 과제(ST 전략), 약점을 강점으로 바꿀 수 있도록 새로운 일을 적시에 개발하는 과제(WO 전략), 그리고 약점을 보완하기 위해 점검과 재설계를 통해 체계화하는 과제(WT 전략)를 도출할 수 있다.

전략과제를 도출하기 위해서는 발전계획을 수립하는 위원회 또는 TFT팀이 해당 영역에서 진행하고 있는 일을 담당하는 사람들을 만나 지금 하는 일이 어떤 것인지, 무엇을 위해 하는 것인지, 나타나는 실적과 성과는 어떤지, 만일 인력과 예산을 준다면 어떤 일을 할 수 있는지 확인하는 과정이 필요하다. 시대적, 사회적으로 요구되는 것이 무엇인지, 학생들이 대학에 바라는 점은 무엇인지도 살펴봐야 한다. 다른 대학에서는 무슨 일을 하고 있는지도 파악해야 하고 학생들을 대상으로 설문조사를 해 보거나 학생 대표기구를 통해 요구사항을 파악해 보는 것도 좋다. SWOT 분석 결과와 학생 요구 조사 결과, 그리고 타 대학에서 어떤 일들을 하고 있는지 등을 담당자들과 공유하면서 현재 하는 일을 유지하는 방안, 수정·보완하는 방안, 새로운 일을 개발하는 방안에 대해 공감대를 형성하며 과제를 도출하는 방식을 추천한다.

**표 6-3** 학생지원 영역 구성 항목별 전략과제 예시

| 구성항목 | 전략과제 | 과제 내용 |
|---|---|---|
| 학습 지원 | • STEP BY STEP 학습지원체계 구축<br>• 학생 학습역량 강화 프로그램 체계화 | • 학년별, 학생 상황별(신·편입생, 재학생, 외국인 학생 등) 단계적, 차별적 학습지원 프로세스 확립<br>• 개별학습, 협동학습, 튜터링, 학습상담 등 대학에서 발생하는 학습 상황에 최적화된 학습역량 강화 프로그램 체계 구축 |
| 진로지도 | • 학습 단계별 진로지도 강화<br>• 진로지도 종합지원체계 구축 | • 학년, 진로 성숙도(이미 진로를 정한 또는 아직 못 정한)에 따른 차별화된 진로지도 프로그램 제공<br>• 교과-비교과 연계, 교내-외부자원 결합을 통한 종합지원 방안 마련 |
| 취·창업 지원 | • 진로 분야별 맞춤형 취업지원 시스템 구축<br>• 배움-경험 연결 창업지원 체계 구축<br>• 취·창업 역량 강화 로드맵 고도화 | • 전공 진로 로드맵을 적극 활용하는 직무 중심 취업 지원체계<br>• 창업 마인드 고취 교육과 메이커톤 활동 활성화<br>• 기초-발전-성숙으로 이어지는 취·창업 역량 성장 로드맵 구조 develop |
| 상담 | • 맞춤형 상담으로 건강한 대학생활 지원<br>• 수요자 반응형 상담을 통한 대학생활 적응력 제고 | • 대학생활 부적응 요인 파악과 분석을 통한 맞춤형 상담 서비스<br>• 겉핥기식 상담에 그치지 않고 세부 전문가에게로 이어져 효과성을 제고할 수 있는 상담체계 마련 |
| 학생 자치활동 지원 | • 소학회 활동을 통한 사제-교우관계 개선<br>• 학생 커뮤니티 활동을 통한 학생지원 서비스 극대화 | • 전공과목에서 파생된, 전공 세부 분야를 중심으로 전공 소학회 활동 전개<br>• 교육, 복지, 장학 등 분야별 학생 서포터즈 활동을 통한 학생 서비스 개선 방안 모색 |
| 우수 학생 유치 | • ○○형 인재 양성을 위한 입시제도 혁신<br>• 우수 학생 유치를 위한 입학전형 다각화 | • 대학 인재상 실현에 적합한 잠재력을 지닌 학생 유치를 위한 입시제도 및 홍보방안 발굴<br>• 대학 비전이나 발전 방향에 부합하는 학생 선발을 위한 전형유형 및 전형 방법 개발 |

학생지원 분야 발전계획을 별도의 영역으로 수립한 대학들과 다른 영역에 포함해 수립한 대학들의 전략과제는 〈표 6-4〉와 같다. 비교적 추상적인 단어도 보이고 상당히 구체적인 단어도 보인다. 이미 체계를 갖추었다면 '고도화'나 '선진화', 체계가 없거나 부족하면 '구축'이나 '마련', 그동안 부족했던 부분을 만회하기 위한 '활성화'나 '강화', 작은 규모나 적은 참여를 확대하기 위한 '확산' 등이 주를 이루고 있다.

표 6-4 | 학생지원 영역 전략과제의 대학 사례

| 대학명 | 세부 영역 | 전략과제 | |
|---|---|---|---|
| 강남대 | 학습 지원 | • 개인 수준별 학습지원 | |
| | 진로/취 · 창업 | • 학생 Lifetime 경력 개발 지원 | |
| 건국대 | 학생 성장 | • 학생의 성장 목표 수립 지원<br>• 성공적 사회진출을 위한 맞춤형 성장지원<br>• 미래 변화를 선도하는 혁신 인재 양성 | |
| | 진로/취 · 창업 | • 학생 맞춤형 진로-취업 지원 서비스 제공<br>• 창업 활성화를 위한 환경, 인적 저변 확보<br>• 산학협력 교원을 활용한 산학협력 활성화 | |
| 경기대 | 만족도 | • 학생 중심 만족도 제고 | |
| | 인프라 | • 교육 인프라 개선 | |
| 경일대 | 학생 성장 | • 학생 성장 맞춤 고도화<br>• 사회진출 성공 위한 맞춤형 학생성장지원 | |
| | 학습 지원 | • 글로벌 경험학습 지원 | |
| | 복지 | • 학생복지 서비스 지원 강화 | |
| 고려대 | 학생 성장 | • 빅데이터 기반 학생지원 시스템 고도화 | |
| | 진로/취 · 창업 | • 사회변화, 학생수요 부응 경력개발지원<br>• 창업 통합지원 플랫폼 구축 | |
| 광운대 | 학생 성장 | • 단계별 학생 경력개발체계 마련 및 강화 | |
| | 학생 상담 | • 新 학교생활 적응지원 프로그램 강화<br>• 신입생 맞춤형 지원 강화 | |
| 남부대 | 학생 성장 | • 학생 성공 지원<br>• 학생지원 시스템 선진화 | • 맞춤형 학생지원체계 구축 |
| 남서울대 | 학생 성장 | • 학생 성장 맞춤형 진로/심리 상담 체계 운영 | |
| | 학습 지원 | • 스마트 교수학습 지원체계 구축 | • 스마트 교육환경 구축 |
| | 진로/취 · 창업 | • 직무역량 기반 취 · 창업 체계 구축 | |
| 대구한의대 | 학습 지원 | • High-achieving 교수학습 지원 | |
| | 진로/취 · 창업 | • Total Care 진로 심리 상담 지원 | • DHU One-Stop 취 · 창업 지원 |
| | 학생 상담 | • Student First 지원 강화 | |
| 덕성여대 | 학생 성장 | • 성장 단계별 학생지원체계 강화 | |
| | 학습 지원 | • 자기 주도 학습 역량 강화 지원 | |
| | 진로/취 · 창업 | • 맞춤형 진로 지원 강화 | • 수요자 중심 취 · 창업 지원 |
| | 학생 상담 | • 학생 지도 지원체계 다면화 강화 지원 | |

| | | |
|---|---|---|
| 동국대 | 학생 성장 | • 성공적 사회진출을 위한 맞춤형 학생 성장지원 강화<br>• 글로벌 교육 강화 및 성인 학습자 대상 평생교육 체계 확충 |
| 동서대 | 학생 성장 | • 학생 활동 지원 강화 |
| | 진로/취 · 창업 | • 진로 · 취업 경쟁력 강화 |
| 배재대 | 학생 성장 | • 과학적 학생지원체계 고도화 |
| | 진로/취 · 창업 | • 학생 성장 기반의 취 · 창업 강화 |
| 삼육대 | 학생 성장 | • 학생 성장을 위한 학업생활 종합지원 |
| | 진로/취 · 창업 | • 사회기여 MVP인재 진로, 취 · 창업 지원 |
| 서울과기대 | 학생 성장 | • 학생 행복을 위한 전주기적 학생관리 추진 |
| | 진로/취 · 창업 | • 데이터 기반 진로 및 심리 시스템 강화<br>• 성공적 사회진출을 위한 밀착형 취업지원<br>• 세상을 바꾸는 열린 창업시스템 지원 |
| 서울대 | 학생 성장 | • 학생 성장형 장학제도 운영   • 학생지원 및 소통 통로 활성화 |
| | 복지 | • 전방위적 맞춤형 복지지원   • 생활 및 주거지원 확충 |
| 성균관대 | 진로/취 · 창업 | • 꿈−학습−진로 연계형 학생지원체제 구축<br>• 학생 중심 랩 기반 창업 프로그램 고도화 |
| 성신여대 | 학습 지원 | • 학습 역량 강화 지원 |
| | 진로/취 · 창업 | • 진로지도 및 경력 개발 관리 고도화<br>• 재학생 취 · 창업 역량 강화 |
| | 학생상담 | • 학생 마음 건강 지원 |
| | 기타 | • 중도 탈락 및 충원율 관리 |
| 아주대 | 진로/취 · 창업 | • 생애 주기형 취업 지원   • 단계별 창업지원 인프라 구축<br>• 전주기형 창업 교육 |
| 안양대 | 진로/취 · 창업 | • 현장연계 Career DESIGN   • 맞춤형 학생 진로지도 체계<br>  취 · 창업 지원   • 학생 창업 교육<br>• Life DESIGN Lab |
| 연세대(미래) | 학생 성장 | • 학생 역량 맞춤형 지원체계 구축   • 초개인화 학생성장지원체계 운영 |
| 우송대 | 학생 성장 | • (데이터 기반) 통합적 학생관리 체계 구축<br>• 학생 생애주기 관리 위한 스마트 학생관리 플랫폼 구축 |
| | 학습 지원 | • 역량 중심 교육과정 재편과 연계한 학생 역량 강화 프로그램 확대 |
| 을지대 | 진로/취 · 창업 | • 진로 역량 강화   • 진로 · 심리 상담 지원 Gatekeeping<br>• 소셜 임팩트 학생 창업교육 지원 |

| | | |
|---|---|---|
| 이화여대 | 학생 성장 | • AI기반 학생 맞춤형 미래 설계 지원 강화 |
| | 학습 지원 | • 기업가 정신 교과과정 연계 확산 |
| | 진로/취·창업 | • 맞춤형 진로/취업 프로그램 지원<br>• HQ(Hight Quality Internship) 프로그램<br>• 취·창업 공간 기반 창업 프로그램 |
| 중앙대 | 학생 성장 | • 학생 역량을 성장시키는 다양한 경험의 기회 제공 |
| | 학습 지원 | • 미래 세대를 위한 新 패러다임의 혁신적 교육 제공 |
| | 진로/취·창업 | • AI 기반 전주기 학생 성장 지원체계를 통한 진로 목표 달성의 지원 |
| 추계예대 | 학생 성장 | • 학생 전방위 지원체계 강화 |
| | 진로/취·창업 | • 취·창업 지원 및 상담체계 고도화 |
| 한국외대 | 학습 지원 | • 학생 만족도 제고를 위한 맞춤형 교육지원 시스템 운영 |
| | 진로/취·창업 | • 진로지도 고도화를 통한 실무형 교육지원 |
| 한성대 | 학습 지원 | • 학생 성공 중심 맞춤형 학습지원 고도화<br>• IR기반 교육품질 및 학습성과관리 고도화<br>• 온오프라인 복합교육체계 강화 |
| | 진로/취·창업 | • 성공적 대학생활 실현 진로, 심리지도 강화<br>• 학생 성공 창업/취업 지원체계 강화 |
| 호남대 | 학생 성장 | • 전주기적 학생지원 시스템 구축<br>• 빅데이터 기반 핵심역량 관리 강화 |
| | 진로/취·창업 | • 사회안착형 취·창업 브릿지 시스템 강화 |
| | 학생 유치 | • 우수인재 확보를 위한 입시제도 혁신 |

출처: 대학알리미(2023).

## 3) 실행과제

전략과제를 도출했으면 그 전략대로 나아갈 실행과제를 만들어야 한다. 해당 영역에서 업무를 수행하는 담당자들과 충분히 소통하지 않고 수립한 과제는 실행력을 담보하기 어렵다. 간혹 시간에 쫓겨서 또는 수직적, 수평적 협조가 잘 이루어지지 않아 발전계획을 수립하는 위원들이 주도하여 실행과제까지 도출하는 경우가 있다. 이렇게 만들어진 실행과제는 무슨 일을 해야 할지 명확하지 않고 애매모호한 경우가 많다. 그러니 전담 부서나 담당 직원들이 늘 하던 일을 실행과제에 꿰맞춰 하던 대로 진행하곤 한다. 그러면 성과를 내기도 힘들고 실행과제와 담당업무가 따로 놀게 된다.

### (1) 업무와 실행과제 연계

실행과제는 대부분 현재 하는 일을 중심으로 도출하는 것이 낫다. 그러나 늘 하던 대로 하는 것이 아니라 약간 또는 상당히 변화를 주는 것이 필요하다. 항상 좋은 성과를 보여 주고 꾸준한 참여가 보장되는 일이라면 유지만 해도 되겠지만 그동안 진행했던 대부분의 일이 제대로 된 성과관리를 하지 않으면서 진행했을 가능성이 크다. 따라서 지금이라도 객관적인 결과를 분석하고 어떤 성과를 만들어 냈는지 평가해 봐야 한다.

평가를 담당자 혼자 하는 것은 바람직하지 않다. 내가 진행한 소중한 일이니, 주관이 듬뿍 담긴 평가로 흐를 수 있다. 팀장이나 부서장, 해당 영역 발전계획 수립위원이 함께하는 것이 좋다. 해당 영역 발전계획 수립위원은 보통 전략과제만 제시하고 실행과제는 담당 부서나 담당자가 수립한 과제를 그대로 계획서에 탑재하는 경우가 흔한데, 과제 간 맥락과 연계성이 있어야 하니 수고스럽더라도 실행과제 도출과 과제정의서 작성까지 참여해야 한다. 그래야 그동안 하던 일에 대한 객관적인 평가가 가능하고, 이러한 평가 과정을 통해 현황을 파악할 수 있으니, 전략과제를 제대로 실행하기 위한 과제로 탈바꿈시킬 수 있을 것이다.

### (2) 구체적인 과제명

실행과제는 과제명이 구체적인 것이 좋다. 보통 중장기 발전계획은 10년 단위로 수립하고 있어서 중간에 담당자가 바뀔 가능성이 크다. 과제명을 추상적으로 만들어 놓으면 조금 다른 방향으로 일을 진행하거나 유사한 다른 일을 새롭게 해도 꿰맞출 수 있다는 장점은 있지만, 애초 그 계획을 세운 초심을 잃을 가능성이 크다. 해당 과제에 대한 성과지표를 늘 염두에 두고 일을 진행한다면 방향이 달라도, 새로운 일을 해도 성과지표를 달성할 수 있으니 다행이지만 혹시라도 일 따로, 지표 따로가 된다면 과제를 실행해도 학교를 변화시키기에는 역부족일 것이다.

### (3) 적당한 과제 수

과제 수와 균형에 너무 신경 쓰지 않았으면 한다. 전략과제를 3개 도출하면 과제당 실행과제를 2개씩 또는 3개씩 만들려고 하다가 과제답지 않은 과제를 만들거나 지나치게 일을 세분화해야 하는 상황에 직면하기도 한다. 전략과제 하나에 최소 1개의 실행과제는 있어야 하지만, 다른 전략과제는 실행과제가 3개씩이라 균형을 맞추려고 과제를 쪼개거나, 실행 가능성을 잘 모르면서 새로운 과제를 만들어 내지는 않아도 된다. 1개라 하더라도 중요성이 크고 인력과 예산 투입이 많은 과제일 수 있으니, 성과지표를 잘 설정하고 성과를 내기 위해 집중하는 것이 나을 수 있다.

## (4) 세부과제

실행과제는 연결이 되는 몇 개의 세부과제를 갖고 있다. 이 세부과제가 실제 우리가 하는 일(교육, 프로그램)일 것이다. 실행과제는 추후 수정·보완을 할 수도 있고 교체도 가능하지만 일단 발전계획을 수립할 때는 당장 해야 할, 그리고 앞으로 해야 할 과제를 도출한다. 그러나 세부과제는 비교적 유연하다. 단기간에 끝내야 할 일, 시기에 따라 순서대로 실행하는 것이 좋은 일, 해야 할 일이지만 지금 당장은 어렵고 기반을 갖춰 놓은 후에 할 수 있는 일도 있을 수 있다. 따라서 어떤 세부과제는 3년 차에 끝내고 4년 차부터는 다른 과제를, 어떤 세부과제는 3년 차까지 진행 후 4~6년 차에는 다음 단계로, 7년 차 이후 그다음 단계로 나아가는 과제를, 어떤 세부과제는 2년 차부터 시작하는 과제로 구성될 수도 있다.

**표 6-5** 학생지원 영역 실행과제-세부과제 예시

| 전략과제 | 실행과제 | 세부과제 |
|---|---|---|
| STEP BY STEP 학습 지원체계 고도화 | 맞춤형 학습역량강화 지원 | • 교수법 유형별 학습역량강화 지원 |
| | | • 학업능력/학습역량별 학습 지원 |
| | | • 學UP 프로그램 |
| | 학생 상황별 학습역량강화 지원체계 구축 | • 개별학습 역량강화 프로그램 |
| | | • 협동학습 역량강화 프로그램 |
| | | • 학업단절자 학습 도움 프로젝트 |
| | | • 유학생 학습 도움 프로젝트 |
| 진로지도 종합지원체계 구축 | 트라이앵글 진로지도체계 구축 | • 전공진로탐색과목 리뉴얼 |
| | | • 전공진로 로드맵 업데이트 |
| | | • 커리어디자인과목 개발 운영 |
| | 진로지도 플랫폼 개발 | • 교과-비교과 연계 진로지도 맵 구축 |
| | | • 웹, 모바일 진로정보 시스템 개발 |
| 진로 분야별 맞춤형 취업지원 시스템 강화 | 진로-취업 연계 로드맵 고도화 | • 진로지도 전담(담임)교수제 |
| | | • 직무 교육훈련 프로그램 다각화 |
| | | • 취업 연계 일자리 프로그램 확대 |
| | 학생성장시스템 고도화 | • 진로 맞춤형 취업 솔루션 제공 |
| | | • 진로-경력-취업 성장 포트폴리오 제공 |

| | | |
|---|---|---|
| 배움-경험 연결 창업 지원 체계 구축 | 창업 교과 및 비교과 운영 | • 창업 교과목 운영 |
| | | • 창업 비교과 프로그램 운영 |
| | 창업 인프라 확대 | • 창업지원 공간 확충 |
| | | • 다각적 사업화 지원 |
| 맞춤형 상담으로 건강한 대학생활 지원 | 꿈-설계 상담 시스템 구축 | • 찾아가는 상담 프로그램 시행 |
| | | • 상담센터 기능 전문화 및 고도화 |
| | | • 데이터를 통한 상담관리체계 마련 |
| | 단계별(진단-예방-처방) 상담 체계 구축 | • 문제 예방을 위한 진단, 검사 활성화 |
| | | • 상담 사후관리 프로그램 개발 |
| | | • 위기개입 문제해결 상담 지원 |
| 소학회 활동을 통한 사제-교우관계 개선 | 전공소학회 활성화 | • 과목 기반 소학회 활동 지원(Bottom-up) |
| | | • 주제 중심 소학회 활동 지원(Top-down) |
| | | • 활동 성과 공유·확산 fair |
| ○○형 인재 양성을 위한 입시제도 혁신 | 차별적인 전형방법 개발 | • 인재상 적합형 전형 개발 |
| | 입학생 유치전략 모색 | • 전형 유형별 학생성장 로드맵 제시 |
| | | • 데이터 기반 맞춤형 입학상담 |
| | | • 예비 대학생 전공 체험 프로그램 운영 |

　학생지원 분야 발전계획을 별도의 영역으로 수립한 대학들과 다른 영역에 포함해 수립한 대학들의 실행과제는 〈표 6-6〉과 같다.

**표 6-6  학생지원 영역 실행과제 사례**

| 대학명 | 전략과제 | 실행과제 |
|---|---|---|
| 강남대 | 개인 수준별 학습 지원 | • ABA-Learning 교육체계 확대 개편<br>• K-core Leader 교육 프로그램 구축<br>• 개인별 sMCM(search-Major-Career-Matching) 관리 |
| | 학생 Lifetime 경력개발 지원 | • 역량 강화를 위한 비교과 프로그램 체계화<br>• 취·창업 지원 서비스 강화<br>• 학생 경력개발관리시스템 고도화 |

| | | |
|---|---|---|
| 남부대 | 학생 성공 지원 | • 다차원적 학생지원 시스템 구축<br>• 사회적 가치 기여 활동 강화 |
| | 학생지원시스템 선진화 | • 학생 성장 단계별 취·창업 지원<br>• 장학 지원 시스템 개선 |
| | 맞춤형 학생지원 체계 구축 | • 데이터 기반 학생지원 시스템 운영<br>• 맞춤형 심리 진로 상담 지원 |
| 대진대 | 학생 중심 비교과 프로그램 선진화 | • AI 학생 맞춤형 비교과 운영 강화<br>• 학생 성공을 위한 특화 프로그램 운영 |
| | 학생 행복을 위한 지원 서비스 강화 | • 교원의 학생지원 서비스 강화<br>• 마음건강상담 고도화 및 고위험군 통합관리<br>• 행복한 대학생활을 위한 복지환경개선 |
| | 맞춤형 취창지원 강화 | • 진로·취업역량 강화 프로그램<br>• 산업수요 맞춤형 현장 교육<br>• 창업체계 허브 구축<br>• 창업 교육 확대 및 지원 강화 |
| 동서대 | 학생 활동 지원 강화 | • 성공적인 학생 문화 실현(Stay in DSU)<br>• 효율적이고 탄력적인 장학 운영<br>• 낙오자 없는 교육을 위한 심리 상담 지원<br>• 구성원의 인권 보호 및 권익 향상<br>• 도서관 체계 고도화 |
| | 진로·취업 경쟁력 강화 | • 진로 취업 지원체계 고도화<br>• 현장 연결 교육체계 고도화 |
| 배재대 | 과학적 학생지원체계 고도화 | • 학생성장센터 설립<br>• 학생지원 업무 통합관리<br>• 빅데이터 기반 학생지원<br>• 학생상담센터 기능 강화 |
| | 학생성장 기반의 취·창업 강화 | • 창업 교육체계 개선<br>• 창업교육지원 강화<br>• 창업지원 시설 고도화 |
| 삼육대 | 학생 성장, 성공을 위한 학업생활 종합지원 | • 마음건강으로 회복탄력성을 키우는 정서·심리 지원 체계<br>• 학생 맞춤형 학습역량 향상 지원<br>• 자기주도적 학습공동체 지원<br>• 학교 교내 대학생활 여건 및 복지 지원 개선 |

| | | |
|---|---|---|
| 서울과기대 | 사회기여 MVP 인재를 완성하는 진로·취창업 지원 | • 진로탄력성 기반 진로개발 지원<br>• 졸업생 사회진출 분야 맞춤형 취업 지원<br>• 학생 특성 및 지역사회 맞춤형 창업 지원 |
| | 기업연계 취업 프로그램 운영 | • 빅데이터 기반 취업지원을 위한 기업정보 제공<br>• 취업연계 우수기업 발굴<br>• 장단기 사업체 현장실습 프로그램 강화 |
| | 열린 창업시스템 구축을 통한 창업명문대학으로의 도약 | • 스타트업 시뮬레이션 교육 프로그램 운영 강화<br>• Lean Startup 기반 창업 명문대학 브랜드 완성 |
| | 우수연구지원을 통한 실험실 창업 활성화 | • 뉴 콜럼버스 S-Tech S School 체계 마련<br>• 실험실 창업 및 지원 강화<br>• 교원 및 대학원생 창업교육 강화 |
| 서울대 | 학생 성장형 장학제도 운영 | • 학생들의 진로 설계 등 졸업 후 사회생활에 실질적인 도움을 줄 수 있는 다양한 프로그램 운영 |
| | 학생지원 및 소통 통로 활성화 | • 필요기반 및 능력 중심 장학금 다양화<br>• 글로벌 인재 양성을 위한 국제 학생 네트워크 구축 |
| | 전방위적 맞춤형 복지지원 | • 건강 증진을 위한 대학건강센터 설립<br>• SNU 문화예술원을 통한 새로운 문화예술 교육 프로그램 창출<br>• 정신건강 상담 서비스 확충 |
| | 생활 및 주거지원 확충 | • LIL(Learning in Living) 주거형 학습 터전 마련<br>• 서울대학교 생활협동조합 운영 개선과 캠퍼스 식문화 선진화<br>• 학생생활관과 교직원 주거시설 통합형 관리시스템 구축 |
| 성균관대 | 꿈-학습-진로 연계형 학생지원 체제 구축 | • 학생지원센터 간 유기적 연계 및 운영 효율성 제고<br>• 핵심역량 기반으로 학생지원 시스템 재편<br>• 학생상담센터별 상담기록 DB화, 상담 효율성 제고 |
| 성신여대 | 중도탈락 및 충원율 관리 | • 신입생 대학생활 정착을 위한 종합 지원<br>• 학생 자기주도 활동 지원<br>• 학생-대학 간 소통 강화 |
| | 학습역량 강화 지원 | • 학습에 도움이 필요한 학생을 위한 집중 지원 |
| | 학생 마음건강 지원 | • 성신인권센터 인프라 확충 및 전문역량 강화<br>• 심리 상담체계 구축 및 활성화<br>• 인권 상담체계 구축 및 활성화 |

| | | |
|---|---|---|
| 우송대 | 진로지도 및 경력개발 관리 고도화 | • 학생진로종합시스템 고도화<br>• 진로 탐색 및 경력개발 로드맵 기반 지원 프로그램 개발 및 운영 |
| | 재학생 취·창업 역량 강화 | • 취업지원 인프라 및 역량 강화<br>• 수요자 중심의 맞춤형 취업 지원 프로그램 개발 운영<br>• 창업보육 프로그램 강화 |
| | (데이터 기반의) 통합적인 학생관리 체계 구축 | • 일회성 상담 체계의 한계를 극복하고, 교육, 진로, 심리 등 다양한 학생 정보 활용한 데이터 기반의 학생지원 및 관리 강화<br>• 적극적인 다중 학생관리 체계 구축(지도교수–책임교수–멘토 간의 연계 협력) |
| | 역량중심 교육과정 재편과 연계한 학생 역량 강화 프로그램 확대 | • 역량중심 교육과정–학생 상담 및 관리 연계 통합 플랫폼을 활용하여 종합적으로 관리하는 체계 구축<br>• 직무역량 중심 통합 교육을 통해 특성화 부문 경쟁력 강화 및 비인기 학과 취업률 제고, 중도 탈락률 저감 |
| | 학생 생애주기 관리 위한 스마트 학생관리 플랫폼(학생역량통합관리시스템) 구축 | • 비교과 활동, RC프로그램 활성화 등을 통해 신입생 학교 적응 및 교육 만족도 제고<br>• 효과적인 학생관리 및 생활지도에 필요한 정보를 발굴하고, 통합적으로 운영하여 맞춤형 학생지도 서비스 제공 |
| 추계예대 | 취·창업 지원 및 상담체계 고도화 | • 실질적 취·창업 지원 체계 마련<br>• 예술 취·창업 멘토링 및 실무 지원 프로그램 개발 |
| | 학생 전방위 지원체계 강화 | • 학생지원 조직의 전문성 강화<br>• 수준별 학습역량 지원 체계 마련<br>• 전주기 학생 중심 기반 경력 개발 시스템 개발<br>• 학생역량진단 및 비교과 프로그램 관리 시스템 개선 |
| 한국외대 | 학생주도 통합 학습지원시스템 구축 | • HUFS 핵심역량통합관리시스템 고도화 |
| | 교수–학습역량 강화 프로그램 및 자기주도 역량 강화 지원 확대 | • 피드백에 근거한 학생 수업만족도 제고<br>• 맞춤형 교수–학습역량 강화 프로그램 확대<br>• 자기주도 역량 강화를 위한 실험실습 지원 확대 |
| | 사회적 소수자 학습접근성 강화 및 학생 인권 강화 인프라 구축 | • 사회적 소수자 교내 학습접근성 강화를 위한 교육지원 프로그램 및 시설 확대<br>• 학생인권강화 인프라 구축 |
| | 진로지도 시스템 고도화 | • 외부 시스템과의 연계를 통한 취창업 지원 강화 |
| | 전주기적 커리어 관리를 통한 실무형 교육지원 | • 학과별 진로취업 로드맵 제작 및 밀착 지도<br>• 실무역량 혁신 프로그램 단계별 운영 |

| | 우수인재확보를 위한 입시제도 혁신 | • 사회 트렌드 및 지역 수요를 반영한 입시전략 개선 |
|---|---|---|
| 호남대 | 전주기적 학생지원 시스템 구축 | • 입학 전부터 졸업까지 학생들에게 진로에 대해 스스로 고민할 기회를 제공하고 대학생활 적응 능력 향상을 위한 지원 시스템 구축 |
| | 사회안착형 취창업 브릿지 시스템 강화 | • 빅데이터 및 학생수요 기반 취·창업 프로그램 운영 및 졸업생 재교육을 통한 사회 적응력 극대화 |
| | 빅데이터 기반 핵심역량 관리 강화 | • 빅데이터 관리시스템 체계를 통해 핵심역량 관리 활동 고도화 |

출처: 대학알리미(2023); 서울대학교(2022. 7.).

## 4) 학생지원 영역의 시사점

학생지원 영역은 광범위하다. 교육, 연구, 산학협력 외에 모든 것이 학생지원 영역이라 할 수 있다. 우리 대학에 입학한 학생의 대학생활을 지원하지 않을 수 없기 때문에 그렇다. 학생이 도움을 요청하면 도와주는 부분도 있고, 요청이 없어도 이런 것들은 도와주겠으니 얼마든지 이용하라고 서비스하는 부분도 있다. 그래서 학생지원 영역은 대학에 따라 전략과제나 실행과제가 다양하게 나올 수 있지만, 어느 대학이든 다 포함하는 범주는 학습, 진로, 취·창업, 상담이다.

2010년 학부교육선진화선도대학지원사업(약칭 ACE 사업)이 시작되면서 대학가에 비교과교육과 학생지도가 강조되었다. ACE 사업은 사업계획서를 7개의 영역으로 나누었는데 세 번째가 비교과 교육이었고 다섯 번째가 학생지도였다.

비교과 교육은 'noncredit course' 또는 'extra curriculum'으로 불리며 학습지원, 취업지원, 학생상담 분야에 대해 체계를 갖추어 지원하기 시작했다. 이에 발맞춰 2015년 1주기 대학기본역량진단(당시 공식 명칭은 '대학구조개혁평가'였음)에서는 학생지원 영역에 해당하는 보고서 목차를 ① 학생 학습역량 지원, ② 진로 및 심리 상담 지원, ③ 취·창업 지원으로 제시하여 3주기 진단(2021년)까지 유지하였다.

교육부의 평가와 재정지원을 무시하면서 대학을 운영할 수는 없다. 그리고 평가와 재정지원사업은 항상 대학의 중장기 발전계획과 연계성이 있어야 한다. 그러니 발전계획의 학생지원 영역을 구성하는 범주는 대학에서 따로 구성한 것이 아니라 평가와 재정지원사업을 준비하면서 자연스럽게 만들어져 온 것이다.

이제 학생지원 영역 발전계획에서 학습, 진로, 취·창업, 상담은 default value이다. 어느 대학도 이 네 가지를 포함하지 않은 대학은 없다. 학생지원 영역을 독립하여 발전계획을 세우지 않은 대학조차 이 네 가지는 교육 영역이나 산학협력 영역에 포함되어 있다. 대학들이 네 가지 범주에 대해 세우는 전략과제나 실행과제를 살펴보면 다음과 같은 특성이 있다.

### (1) 학습 지원

대체로 수준별, 맞춤형, 자기주도라는 단어가 눈에 띈다. 학습역량진단결과, 학년, 수업유형, 학문 분야, 원격수업, 학생 상황(외국인, 학사경고자) 등 다양한 차이에 맞추어 차별적인 지원을 하겠다는 계획을 세우고 있다. Edu Tech의 발전에 따라 스마트 기기나 AI의 도움을 얻는 학습지원에 대한 계획을 세우는 대학도 늘어 가고 있다.

### (2) 진로지도

대체로 맞춤형, 생애주기, 로드맵, 사회수요라는 단어가 눈에 띈다. 진로 개발 단계에 따라 맞춤형 지도를 하겠다, 저학년부터 고학년까지 대학생활 생애주기에 따라 지도하겠다, 사회수요에 맞추어 새로운 진로 분야를 발굴하여 지원하겠다는 계획을 세우고 있다. 주목할 만한 점은 대학이 취업 전담부서나 취업지원관에 한하지 않고 전공 교수들을 적극 참여시키는 방향으로 가고 있다는 점이다.

### (3) 취·창업 지원

대체로 전 주기적, 맞춤형, 현장 연계, 직무역량이라는 단어가 눈에 띈다. 취업 또는 창업 준비부터 성공에 이르기까지 전 주기적으로 맞춤형 지원을 하겠다, 학생이 원하는 직무능력을 갖출 수 있도록 지원하겠다, 기업 현장을 연계하여 장단기 인턴 프로그램을 제공하겠다는 계획을 세우고 있다. 시대의 흐름에 따라 데이터를 분석하여 활용하거나 빅데이터를 수집하고 활용하겠다는 계획이 등장하기 시작했다.

### (4) 상담 지원

대체로 대학생활 적응, 마음 건강, total care, 상담체계, 위기관리라는 단어가 눈에 띈다. 상담지원 분야의 체계를 갖추고 신입생 중도탈락 예방을 위해 대학생활 적응을 돕겠다, 재학 중 학습에 집중할 수 있도록 심리적 건강을 유지하게끔 지원하겠다, 심리적 위기상황에 놓인 학생들에 대해서는 전문 상담기관과의 연계를 통해 care하겠다는 계획을 세우고 있다.

다음 중장기 발전계획을 수립할 때 학생지원 영역은 확대될 것이 분명하다. 앞서 언급한 것처럼 학령인구 감소로 인해 신입생 충원을 하지 못하는 대학들이 늘어 갈 것이므로 신입생 유치에 대한 계획이 필요할 것이고, 성적 인플레이션은 어느 대학에서나 겪고 있는 현상이므로 성적 장학금보다는 캠퍼스 마일리지나 멘토링, 튜터링과 같은 활동성 장학금을 확대하는 계획도 필요하다.

최근 도서관 인테리어는 러닝커먼스(토론과 그룹학습, 개인학습, 휴식, 북카페, 문화예술공연이 어우러진 복합 공간)와 같은 모습으로 변화하고 있다. 강의실과 같은 학습환경도 중요하지만, 강의동 건물 로비 공간을 러닝커먼스와 유사한 환경으로 꾸며 주면 학교에 대한 만족도가 상당히 높아진다. 또한 창업이나 캡스톤디자인을 지원하기 위한 메이커스페이스, 창의적인 학습과 작업을 위한 창의공간도 중요하다. 따라서 대학가의 트렌드와 학생들의 선호를 확인하고 최소한 뒤처지지 않을 정도의 인프라 개선에 대한 계획도 세우고 실천하는 것이 필요하다.

---

**Work Point**

- 전략과제명은 다소 추상적이어도 괜찮으나 실행과제나 세부과제명은 실제 진행하는 일을 바탕으로 구체적으로 만드는 것이 좋다.
- 과제명에 대학명의 영어 이니셜을 조합해서, 해당 사업(프로그램)을 표현함으로써 직관적으로 파악할 수 있도록 네이밍을 하는 방법도 좋다. 다만 너무 무리하게 영어 이니셜을 사용해서 오히려 사업(프로그램)의 내용이 모호하거나 쉽게 공감이 안 되면 역기능이 될 수 있다. 또한 한 번 사용했으면 일정 기간 동안 사용하고 대학이미지로 브랜드화하는 것이 바람직하다.

---

## 3. 학생지원 영역의 과제정의서 작성

### 1) 과제정의서의 주관 부서 및 성과지표 설정

과제정의서는 상단, 중단, 하단으로 구분할 수 있다. 상단에는 전략과제명, 과제 개요와 달성하고자 하는 목표, 해당 전략과제를 책임지고 수행하는 과제책임자(champion), 전략과제 내의 실행과제와 세부과제에 대한 주관 부서와 협조부서, 소요 예산, 성과지표와 목푯값을 제시한다.

표 6-7  학생지원 영역 과제정의서의 상단 부분

| 전략과제 | A-2 | 진로지도 종합지원체계 구축 | champion | 학생인재개발처장 |
| --- | --- | --- | --- | --- |
| | | | 주관부서 | 학생인재개발처 |
| 개요 | 저학년부터 고학년까지 전공학습 단계에 따라 교과와 비교과를 연계하고 내외부 자원을 효과적으로 활용할 수 있는 진로지도 종합지원체계를 마련하여 학생 성공을 지원함 | | 협조부서 | 교무처, 학과 |
| 목표 | • 전공과 직간접으로 연결된 다양한 진로 분야를 발굴하고, 전공 학습과정을 통해 체계적인 진로지도를 실천하여 학생 중도탈락 예방<br>• 진로 정보와 본인의 진로 발달과정을 확인할 수 있는 플랫폼을 제공하여 학생 성공 도모 | | 소요 예산<br>(백만 원) | 2,910 |

| 성과지표 | 학생 중도탈락률(%) | 산출식 | 신입생 중도탈락률(80%)+재학생 중도탈락률(20%) | | | | | |
| --- | --- | --- | --- | --- | --- | --- | --- | --- |
| | | 목푯값 | Y년 | Y+1년 | Y+2년 | Y+3년 | Y+5년 | Y+9년 |
| | | | 9.4% | 8.8% | 7.8% | 6.8% | 5.8% | 5% |

성과지표는 단순지표와 복합지표로 나눌 수 있다. 어느 방식으로 설정할 것이냐는 대학에서 선택하는 것이다. 단순지표는 전략과제가 도달해야 하는 정도를 대표적으로 측정하기 위해서 설정하고, 복합지표는 실행과제나 세부과제의 관리지표를 지수화하여 설정하는 것이다.

앞의 사례는 비록 가중치를 두었지만 단순지표이다. 진로지도를 강화해서 신입생부터 잘 지원하여 재학생에 비해 자퇴자 수가 훨씬 더 많은 신입생 중도탈락을 예방하고자 80%의 가중치를 부여한 것이다. 임의의 숫자를 넣어 기준값(Y-1년)을 산출해 보면 (신입생 중도탈락률 11×0.8)+(재학생 중도탈락률 5×0.2)=9.8%가 된다. 연차별로 목푯값을 설정하여 최종 목표는 5%까지 끌어내리는 것이다.

여기서 의문점이 하나 생길 수 있다. 대체 왜 '진로지도 종합지원체계 구축'이라는 전략과제의 성과지표를 '학생 중도탈락률'로 설정한 걸까 하는 의문점 말이다. 연계성을 잘 모르겠다고 생각할 수 있다. 또한 산출지표라는 관점에서 보면 전략과제 추진을 통해 달성한 성과를 측정하는 것이어야 하는데 체계적인 진로지도가 중도탈락 예방에 직결된다고 보기 어렵기 때문이다. 그러나 성과지표를 반드시 산출지표로 설정해야만 하는 것은 아니다.

Kirkpatrick의 교육훈련 4단계 평가모형(만족도-향상도-행동변화-기여도)의 3단계에 해당하는 행동변화를 측정하는 성과지표로는 적합한 지표라 볼 수 있다. 진로지도를 체계적으로 잘한 결과, 학생들이 나름대로 뚜렷한 진로를 설정하고 교수와 시스템의 도움을 받아 학생 성공을 향해 매진하게 된다면 중도탈락을 하지 않을 가능성이 커지기 때문이다. 중도탈락 예방이라는 것이 진로지도뿐만 아니라 학습, 상담, 학생활동 등 학생지원의 여러 분야에 걸쳐 있는 것이므로, 해당 대학이 무전공입학생 확대 추세에 따라 학생, 특히 신입생 중도탈락 예방에 가장 중요하게 영향을 미치는 분야가 전공 탐색을 통한 진로지도라고 판단한다면 얼마든지 성과지표로 삼을 수 있다.

물론 중단 부분의 세부과제별로 설정한 관리지표들을 활용하여 지수화한 복합지표를 만들 수도 있다. 예를 들어, 성과지표를 '진로정보활용지수'라고 설정해 놓고 세부과제의 관리지표를 하위지표로 활용하여 산출식을 만든다.

| 성과지표 | 진로정보활용지수(점) | 산출식 | [(전공진로탐색과목 수+진로 로드맵 수+커리어디자인과목 수)×50%]+[진로 설정률×30%]+[진로목표 달성률×20%] | | | | | |
|---|---|---|---|---|---|---|---|---|
| | | 목푯값 | Y년 | Y+1년 | Y+2년 | Y+3년 | Y+5년 | Y+9년 |
| | | | 50 | 80 | 90 | 100 | 120 | 158 |

과정지표라 할 수 있는 과목 수와 진로 로드맵 수는 진로지도를 체계적으로 하기 위해 바탕이 되어야 하는 것이므로 50%의 비중을 두었다. 제공한 진로에 따라 학생성공시스템에 진로를 설정한 학생의 비율에 30%, 진로 로드맵에서 제시하는 내비게이션에 맞추어 진로 목표를 따라가는 학생의 목표 달성 정도에 20%의 가중치를 두어 총 100%가 되게 만들었다.

기준값을 산출해 보면 $[(30+0+10) \times 0.5] + [0 \times 0.3] + [0 \times 0.2] = 20$점이 나온다. 시스템도 안 만들어지고 과목 개발도 아직 안 되어 있어 상당히 적은 값이 나올 수밖에 없다. 연차별 목푯값을 설정하기 위해 최종 목푯값을 산출해 보자. 우리 대학의 전공 수는 40개이고 진공진로탐색과목과 커리어디자인과목은 최소 전공당 1개는 개발할 예정이다. 진로 로드맵은 우선 전공당 4개 개발을 목표로 세웠다. 그러면 왼쪽 식의 최종 목푯값은 $(40+160+40) \times 0.5 = 120$으로 나온다.

다음으로 오른쪽 식의 최종 목푯값을 산출해 보자. 전체 학생이 시스템을 통해 본인의 진로를 설정하게 만들 계획이라면 100%일 것이고 이게 현실적으로 불가하여 80%를 목표로 할 수도 있다. 진로목표 달성도는 각 진로에 해당하는 교과 및 비교과 이수 정도를 측정하는 데 4학년 학생들만을 대상으로 측정하고 목표를 70%로 정했다면 최종 목푯값은 $(80 \times 0.3) + (70 + 0.2) = 38$로 나온다. 이 둘을 합하면 $120+38=158$점이 된다. 이 최종 목푯값을 바탕으로 현재의 기준값과 대비하고 과제 수행 진도를 고려하여 연차별 목푯값을 세우면 될 것이다.

왼쪽은 수, 오른쪽은 비율이라 균형이 맞지 않아 적절한 예시가 아닐 수 있으니 참고만 하면 된다. 강조하고 싶은 점은 목푯값을 설정할 때 연차별 우상향으로 설정하는 방법도 있지만 최종 목푯값을 설정하고 해당 과제의 연차별 진행 계획에 따라 어떤 해에는 조금 크게, 어떤 해에는 조금 작게, 어떤 해에는 전년도 수준을 유지하는 쪽으로 설정하는 방법도 있다는 것이다. 아울러 지수라는 것이 100점을 만점으로 해야만 하는 것이 아니라는 것도 알아 두기 바란다.

복합지표 설정 시 유의할 사항이 있다. 하위지표 중 어느 하나의 지표가 월등하게 성과를 나타내어 초과 달성할 때 다른 하위지표가 부족하더라도 그 결과가 묻힐 수 있다. 어쨌든 성과지표를 달성해서 다행일 수도 있지만 부족한 하위지표가 방치되지 않고 성과가 나타나도록 신경을 써야 한다. 그리고 해 보지 않은 일이라 예상만을 가지고 수치화하여 최종 목푯값을 설정했다면 중간점검 후 목푯값 수정을 고려하는 것도 좋다.

## 2) 과제정의서의 세부과제 설정

전략과제 중단 부분에는 실행과제, 세부과제, 관리지표, 예산 규모 등이 들어간다. 실행과제는 전략과제의 목표를 달성하기 위한 실행력을 갖춘 과제들로 구성한다. 실행과제는 발전계획의 종료 시점까지 추진해야 하는 경우도 있지만, 중간에 성과를 달성하여 더 이상 필요하지 않은 경우도 있다. 10년의 발전계획은 보통 3-3-4년으로 끊어 점검하고 계속해야 할 과제, 변경 또는 중단해야 할 과제, 사회 수요나 트렌드 변화에 따라 추가해야 할 과제를 찾아내서 추진해야 한다.

세부과제는 실행과제를 성공적으로 추진하기 위해 해야 할 업무를 말한다. 많은 대학이 실행과제 하나당 2~3개의 세부과제를 제시하곤 하는데 숫자와 균형에 연연하여 억지로 세부과제를 짜내지는 말자. 그렇다고 실행과제 하나에 세부과제가 하나를 배정해서는 곤란할 것이다. '실행과제=세부과제'라면 그건 실행과제이지 세부과제가 아니다.

세부과제는 향후 예산 투입을 고려하여 선택과 집중의 전략을 통해 '세부과제가 얼마나 중요한가'와 '어느 정도 시급하게 추진되어야 하는가'의 관점에서 우선순위를 상, 중, 하의 3단계로 구분하여 설정하는 것이 필요하다. 또한 세부과제별로 관리해야 하는 지표와 연차별 목푯값도 설정하여 추진 성과에 대해 점검해야 한다. 관리지표는 보통 과정지표를 많이 사용한다. 과정지표라는 것이 투입을 산출로 전환하기 위해 수행한 내용을 통해 나타난 결과이기 때문이다.

앞서 말한 바와 같이 세부과제는 전략과제 목표를 달성하기 위해 수행해야 할 업무 또는 사업이기 때문에 이를 추진하는 데 필요한 예산 규모를 산출해야 한다. 세부과제의 관리지표를 달성하는 데 필요한 주요 활동이 무엇인지, 업무 프로세스를 어떻게 진행할 것인지 정한 후 단가, 개수, 횟수, 인원 등에 따라 산출한 근거를 토대로 예산 계획을 수립하면 된다. 구체적인 산출식을 만들 수 없다고 해도 해당 항목에 대한 총액은 예상할 수 있어야 한다. 여기서 산출된 예

**표 6-8** 학생지원 영역 과제정의서의 중간 부분

| 실행과제 | | 실행과제명 | | 개요 | | | | | |
|---|---|---|---|---|---|---|---|---|---|
| | a | 트라이앵글 진로지도체계 구축 | | 학생인재개발처-교무처-학과가 연계하는 정규 교과과정 기반 진로지도 체계 구축 운영 | | | | | |
| | b | 진로지도 플랫폼 개발 | | 진로 내비게이션 제공으로 진로 성숙도 제고와 함께 성공적인 사회진출 지원 | | | | | |

| 세부과제 | | 주요 내용 | 관리지표 | 실행시기 [목푯값] | | | | 우선순위 | |
|---|---|---|---|---|---|---|---|---|---|
| | | | | Y년 | Y+1년 | … | Y+9년 | 중요성 | 시급성 |
| | a-1 | 전공진로탐색과목 리뉴얼 | 과목 수 | → [80%] | → [90%] | … | → [100%] | 상 | 상 |
| | a-2 | 전공진로 로드맵 업데이트(5년 주기) | 진로 로드맵 수 | [120] | [140] | … | [200] | 상 | 상 |
| | a-3 | 커리어디자인과목 개발 | 과목 수 | – | → [30%] | … | → [100%] | 상 | 중 |
| | b-1 | 교과-비교과 연계 진로지도 맵 구축 | 진로목표 달성률 | – | → [10%] | … | → [70%] | 상 | 중 |
| | b-2 | 웹, 모바일 진로정보 시스템 개발 | 진로 설정률 | → [5%] | → [20%] | … | → [80%] | 상 | 중 |

| 예산 규모 (백만 원) | | 산출근거 | Y년 | Y+1년 | … | Y+9년 | 계 |
|---|---|---|---|---|---|---|---|
| | a | • 전공진로탐색과목 연구개발 지원 40전공×2백만 원=80백만 원<br>• 진로 발굴 지원 40전공×2백만 원=80백만 원<br>• 커리어디자인과목 개발 지원(2차년도~) 20전공×3백만 원=60백만 원<br>• 전공진로탐색과목 운영비(2차년도~) 40전공×1백만 원=40백만 원<br>• 커리어디자인과목 운영비(3차년도~) 20전공×1백만 원=20백만 원 | 160 | 100 | … | 80 | 820 |
| | b | • 진로정보시스템 구축: 2,000백만 원×1년=2,000백만 원<br>• 유지보수비(2차년도~): 10백만 원 | 2,000 | 10 | … | 10 | 2,090 |
| | | 계 | 2,160 | 110 | … | 90 | 2,910 |

산 규모의 총액은 과제정의서 상단 부분의 소요 예산과 일치해야 한다.

## 3) 과제정의서의 인프라 설정

과제정의서 하단은 중간 부분에서 산출한 예산 조달, 해당 전략과제를 추진하는 데 필요한 인력 및 공간 확보, 그리고 해당 전략과제를 추진하는 데 있어 고려해야 할 사항에 대해 작성한다.

예산 조달 계획은 중장기 발전계획을 추진하는 데 필요한 예산을 어느 재원으로 확보할 것인가이다. 재원은 교비회계, 정부 및 지방자치단체(이하 '지자체'라 한다)의 국고보조금, 산학협력단회계, 기타로 구분할 수 있다. 연차별로 적법한 예산 집행이 가능한 범위 내에서 확보계획을 수립하고 이에 대한 추진이 적절하게 이루어지고 있는지 점검도 반드시 해야 한다.

인력 및 공간 확보계획은 실행과제나 세부과제 추진에 필요한 인력과 공간을 말하는데, 일단 확보하고 보자는 식으로 작성해서는 곤란하다. 요구사항에만 그치지 않도록 정당한 사유를 설득력 있게 작성해야 한다. 기존 인력과 공간으로 추진할 수 있다면 별도로 작성할 필요는 없다.

마지막으로 고려사항은 해당 전략과제를 추진하는 데 주관부서와 협력부서뿐만 아니라, 중장기 발전계획을 전담하는 기획처에서 함께 고려해야 하는 사항을 작성한다.

표 6-9 | **학생지원 영역 과제정의서의 하단 부분**

| | 실행시기 | 교비회계 | 정부 재정지원 사업비 | 지자체 | 산학협력단 회계 | 기타 | 계 |
|---|---|---|---|---|---|---|---|
| 예산 조달 계획 (백만 원) | Y년 | – | 2,160 | – | – | – | 2,160 |
| | Y+1년 | 50 | 60 | – | – | – | 110 |
| | ⋮ | | | | | | 0 |
| | Y+9년 | 90 | – | – | – | – | 90 |
| | 계 | 630 | 2,280 | – | – | – | 2,910 |
| 인력/공간 확보계획 | • 해당 없음 | | | | | | |
| 고려사항 | • 학과 대상 세부과제 실행 시 사전설명회를 통해 키포인트(과목 커리큘럼 구성 시 공통 포함 부분, 최소 몇 개 이상의 진로 발굴 등)를 주지시키고 교수들의 의견을 수렴하여 참여도를 제고할 수 있는 방향으로 진행<br>• 진로정보시스템 개발 시 적극적으로 구성원의 의견을 반영하고 지나치게 많은 내용으로 구성해서 이용자에게 복잡한 사용을 요구할 것이 아니라 서비스 중요도 순위를 매겨 꼭 필요한 부분을 중심으로 구성 | | | | | | |

　지금까지 살펴본 전략과제 과제정의서 예시를 하나로 묶어 제시하면 〈표 6-10〉과 같다. 실제로 대학에서 과제정의서를 작성할 때 이 양식과 똑같이 만들 필요는 없지만 구성 요소만큼은 빠져서는 안 될 것이다. 그리고 앞서 말한 것과 같이 전략과제 단위로 만들 것인지 실행과제 단위로 만들 것인지도 잘 판단해서 진행해야 할 것이다.

**표 6-10**　학생지원 영역의 전략과제 정의서

| 전략과제 | A-2 | 진로지도 종합지원체계 구축 | | champion | 학생인재개발처장 |
|---|---|---|---|---|---|
| | | | | 주관부서 | 학생인재개발처 |
| 개요 | 저학년부터 고학년까지 전공학습 단계에 따라 교과와 비교과를 연계하고 내외부 자원을 효과적으로 활용할 수 있는 진로지도 종합지원체계를 마련하여 학생 성공을 지원함 | | | 협조부서 | 교무처, 학과 |
| 목표 | • 전공과 직간접으로 연결된 다양한 진로 분야를 발굴하고, 전공 학습과정을 통해 체계적인 진로지도를 실천하여 학생 중도탈락 예방<br>• 진로 정보와 본인의 진로 발달과정을 확인할 수 있는 플랫폼을 제공하여 학생 성공 도모 | | | 소요 예산<br>(백만 원) | 2,910 |

| 성과지표 | 학생 중도탈락률(%) | 산출식 | 신입생 중도탈락률(8)+재학생 중도탈락률(2) | | | | | |
|---|---|---|---|---|---|---|---|---|
| | | 목푯값 | Y년 | Y+1년 | Y+2년 | Y+3년 | Y+5년 | Y+9년 |
| | | | 9.4% | 8.8% | 7.8% | 6.8% | 5.8% | 5% |

| 실행과제 | | 실행과제명 | 개요 |
|---|---|---|---|
| | a | 트라이앵글 진로지도체계 구축 | 학생인재개발처-교무처-학과가 연계하는 정규 교과과정 기반 진로지도 체계 구축 운영 |
| | b | 진로지도 플랫폼 개발 | 진로 내비게이션 제공으로 진로 성숙도 제고와 함께 성공적인 사회진출 지원 |

| 세부과제 | | 주요 내용 | 관리지표 | 실행시기 [목푯값] | | | | 우선순위 | |
|---|---|---|---|---|---|---|---|---|---|
| | | | | Y년 | Y+1년 | … | Y+9년 | 중요성 | 시급성 |
| | a-1 | 전공진로탐색과목 리뉴얼 | 과목 수 | →<br>[80%] | →<br>[90%] | … | →<br>[100%] | 상 | 상 |
| | a-2 | 전공진로 로드맵 업데이트(5년 주기) | 진로<br>로드맵 수 | →<br>[120] | →<br>[140] | … | →<br>[200] | 상 | 중 |
| | a-3 | 커리어디자인과목 개발 | 과목 수 | − | →<br>[30%] | … | →<br>[100%] | 상 | 중 |

| | | | | | | | | | |
|---|---|---|---|---|---|---|---|---|---|
| b-1 | 교과-비교과 연계 진로지도 맵 구축 | 진로목표 달성률 | → | → [10%] | … | → [70%] | 상 | 중 |
| b-2 | 웹, 모바일 진로정보 시스템 개발 | 진로 설정률 | → [5%] | → [20%] | … | → [80%] | 상 | 중 |

| 예산 규모 (백만 원) | | 산출근거 | Y년 | Y+1년 | … | Y+9년 | 계 |
|---|---|---|---|---|---|---|---|
| | a | • 전공진로탐색과목 연구개발 지원 40전공 ×2백만 원=80백만 원<br>• 진로 발굴 지원 40전공×2백만 원=80백만 원<br>• 커리어디자인과목 개발 지원(2차년도~) 20전공×3백만 원=60백만 원<br>• 전공진로탐색과목 운영비(2차년도~) 40전공×1백만 원=40백만 원<br>• 커리어디자인과목 운영비(3차년도~) 20전공×1백만 원=20백만 원 | 160 | 100 | … | 80 | 820 |
| | b | • 진로정보시스템 구축: 2,000백만 원×1년 =2,000백만 원<br>• 유지보수비(2차년도~): 10백만 원 | 2,000 | 10 | … | 10 | 2,090 |
| | | 계 | 80 | 91 | … | 109 | 0 |

| 예산 조달 계획 (백만 원) | 실행시기 | 교비회계 | 재정지원 사업비 | 지자체 | 산학협력단 회계 | 기타 | 계 |
|---|---|---|---|---|---|---|---|
| | Y년 | – | 2,160 | – | – | – | 2,160 |
| | Y+1년 | 50 | 60 | – | – | – | 110 |
| | ⋮ | – | – | – | – | – | 0 |
| | Y+9년 | 90 | – | – | – | – | 90 |
| | 계 | 630 | 2,280 | – | – | – | 2,910 |

| 인력공간 확보계획 | • 해당 없음 |
|---|---|
| 고려사항 | • 학과 대상 세부과제 실행 시 사전설명회를 통해 키포인트(과목 커리큘럼 구성 시 공통 포함 부분, 최소 몇 개 이상의 진로 발굴 등)를 주지시키고 교수들의 의견을 수렴하여 참여도를 제고할 수 있는 방향으로 진행<br>• 진로정보시스템 개발 시 적극적으로 구성원의 의견을 반영하고 지나치게 많은 내용으로 구성해서 이용자에게 복잡한 사용을 요구할 것이 아니라 서비스 중요도 순위를 매겨 꼭 필요한 부분을 중심으로 구성 |

**Work Point**

- 과제정의서를 너무 formal하거나 official하게 작성하려고 노력하지 말자. 어디 보여 주고 평가받을 문서가 아니라 내가 업무를 진행하면서 수시로 들여다볼 문서임을 잊지 말고 구체적으로 이해하기 쉽게 작성하자.
- 어렵게 과제정의서를 다 작성했으니 할 일 다했다고 생각하고 업무 폴더 안에 넣어만 두지 말자. 과제정의서 작성은 시작일 뿐, 이제부터 실행이라는 고생길이 열린 것임을 잊지 말고 업무를 진행하면서 최소한 세 번(준비, 진행 중, 완료 후)은 열어 보는 것을 습관화하자.

## 4. 학생지원 영역 발전계획을 위한 제언

### 1) 발전계획 수립 준비와 실행

대학에서 본격적으로 중장기발전계획을 수립한 지는 그리 오래되지 않았다. 정확하지는 않지만 2000년대 초반부터로 기억된다. '중장기'라는 단어가 내포하듯 보통 10년짜리 발전계획을 수립했으니 2024년인 지금은 2018~9년쯤 수립한 발전계획하에 업무를 진행하고 있을 것이다. 지금이라도 이 계획대로 실천하고 있는지 돌아볼 필요가 있다. 그 이유는 대학에 소속된 분들은 너무나 잘 알 것이다. 일부러 그런 것은 아니지만 발전계획 따로, 업무 따로 진행되어 왔고, 대학기관평가인증이나 재정지원사업 신청을 위한 보고서를 쓸 때나 비로소 발전계획서를 들여다본 경험들이 많을 것이다.

대학을 대상으로 인사/조직, 교육, 재정 등에 대해 컨설팅을 해 본 경험은 제법 있지만, 대학을 깊이 있게 알지 못하는 외부 업체에 발전계획 수립을 맡긴다거나, 발전계획수립위원회를 출범시켜 구성원과의 충분한 소통 과정 없이 여러 미사여구와 멋진 그림(때론 복잡한 그림)으로 도해하여 상당히 추상적인 발전계획을 수립한다면 학생지원 영역뿐만 아니라 어떤 영역도 실현하기 어렵다. 대학의 주요 보직자들과 직원들을 대상으로 발전계획 선포식을 개최하고 책자를 만들어 배포하면 구성원들은 한 번 펼쳐 보고 책꽂이에 꽂고 나서 잊어버리곤 한다. 물론 그렇지 않은 대학들도 있겠지만 혹시 여전히 그런 대학이 있다면 다음과 같이 네 가지 사항에 대해 고려하는 것이 필요하다.

### (1) 발전계획수립위원과 업무 담당자와의 소통

발전계획수립위원 중 학생지원 영역 위원은 해당 영역에 포함할 수 있는 업무 담당자와 자주 만나야 한다. 자주 만나서 현재 하는 일과 해 보고 싶은 일, 다른 대학은 어떤 일을 어떻게 진행하고 있는지에 대해 많은 이야기를 나누어 봐야 한다. 또한 업무마다 목표, 실적과 성과, 애로사항이나 대학에 요구하고 싶은 사항(인력, 공간, 예산, 협조 등)까지 파악해야 한다.

그 이후에 위원은 전략과제를 수립하고 업무 담당자는 현재 진행하고 있는 업무를 세부과제로 넣기 위해 해당 업무의 목표와 키워드를 바탕으로 카테고리를 분류해 놓는다. 이 과정에서도 위원과 업무 담당자는 계속 소통해야 한다. 그래야 수립된 전략과제 내에 현재 하는 일을 실행과제 또는 세부과제로 포함할 수 있고, 새롭게 해야 할 일에 대해서는 왜 그 일을 해야만 하는지 명확히 알게 될 것이다. 적어도 이 정도의 컨센서스는 있어야 해당 과제가 실행력을 가질 수 있을 것이다.

### (2) 발전계획수립위원의 헌신

발전계획수립위원은 위원회가 해체되어도 다른 형태로 남아 있어야 한다. 예를 들면, 발전계획운영위원회나 평가위원회라는 형태로라도 말이다. 돌이켜 보면 발전계획이든 재정지원사업이든 위원회나 TFT팀에 포함되어 열심히 만들고, 그 일이 끝나고 나면 그 일에서 벗어나고 싶어 한다. 발전계획이든 재정지원사업이든 이제부터 시작인데 계획을 세운 사람들이 떠나고 나면 과연 성공할 수 있을까? 새로운 멤버로 운영이나 평가위원회를 구성하면 그들에게는 내용자체가 생소하여 성공적으로 추진하는 데 한계가 있다.

이제부터라도 발전계획수립위원 위촉 시 더 큰 보상을 약속하면서 최소한 3년 이상은 참여해 달라고 요청하자. 3년 차가 되면 중간점검, 즉 1단계 추진에 대해 점검하고 계획의 수정, 보완, 추가가 필요할 것이다. '시작이 반'이라는 말이 있듯이 발전계획도 1단계 추진이 제일 중요하다. 당장 내일 벌어질 일도 잘 모를 수 있는데 10년짜리 계획을 완벽하게 세울 수 없으니 계획수립에 큰 역할을 한 위원이 진행 상황을 점검하여 막힌 곳을 뚫거나 성과를 널리 퍼뜨리는 데 도움을 준다면 성공적인 추진에 한 걸음 더 나아갈 수 있다. 아울러 과제 수립을 함께한 담당직원도 최소 3년은 다른 부서로 이동시키지 않는 배려가 필요하다.

### (3) 발전계획과 성과관리의 연계

발전계획 이행점검을 교내 성과관리제도에 포함하여 체계적으로 꼼꼼히 해야 한다. 발전계획 이행점검은 기획부서에서 매년 또는 학기별로 실시하는데 성과지표나 관리지표 달성 여부,

예산 사용률, 환류 내용 등을 포함한 서류 제출만으로 끝내는 경우가 있다. 이렇게 원론적이고 개략적인 수준에 머문다면 곤란하다.

대학마다 성과관리를 하고 있고 성과관리체계도 갖추고 있을 것이다. 만일 아직 성과관리를 하고 있지 않다면 발전계획을 바탕으로 시작해 보면 어떨까. 발전계획의 과제정의서는 전략과제별로 작성했지만, 부서별 성과관리를 위해 실행(세부)과제의 과제정의서를 작성하면 된다. 관리지표는 그 일을 담당하는 부서의 성과지표가 되고, 필요하면 세부과제마다 업무 프로세스까지 포함한 액션플랜을 작성해 두는 것도 좋다. 액션플랜은 해당 부서의 사업(업무)계획이고 이를 바탕으로 사업(업무) 종료 후 결과보고서를 작성해 기획부서로 제출한다.

앞에서 언급한 내용은 대학 단위의 발전계획 영역별 점검이고 과제별 점검은 영역 소위원회나 행정부서 단위별로 진행하는 것이 좋다. 다른 영역도 마찬가지겠지만 학생지원 영역의 세부과제는 여러 부서가 나누어 담당하고 있을 것이므로 전략과제 단위의 점검은 영역 소위원회에서 진행하고 실행(세부)과제별 점검은 담당하는 행정부서에서 하면 될 것 같다. 뭐가 이렇게 점검이 많냐고 할 수도 있는데, 사업(업무)을 한다는 것이 단지 하는 게 중요한 게 아니라 제대로 하는 게 중요하니만큼 점검은 부족하지 않게 하는 것이 좋다.

행정부서의 점검은 업무 진행 과정에 포함하여 자연스럽게 하면 된다. 이를테면 어떤 사업(업무)에 대한 이번 학년도의 목표를 관리지표 목푯값으로 설정하고, 이를 달성하기 위해 추진방법이나 담당자의 노력에 변화를 주고 결과를 지켜본다. 학년도 말에 부서장 입회하에 팀장이 주관해서 점검을 진행한다. 이는 실행(세부)과제별 점검이다. 소위원회의 점검은 환류를 중심으로 정성적으로 하는 게 낫다. 여러 실행(세부)과제가 전략과제 달성에 어떤 영향을 미치고 있는지, 더 크게 기여하고 있는 세부과제에 더 많은 투자를 하는 것이 나을지, 어떤 요소를 투입해야 더 큰 성과가 나올 수 있을지, 이 과제를 지속해야 할지 등에 대해 점검하는 것이 필요하다.

여기서 주의할 점은 실행(세부)과제의 주요 내용이 너무 선언적이고 원론적으로 작성되었다면 추진 점검 자체가 개념적인 수준에 머물 가능성이 있으니 최대한 구체적으로 작성해야 점검도 그 의미가 있을 수 있다.

### (4) 성과에 대한 적절한 보상

발전계획을 이행하면서 도출한 성과에 대해서는 필요충분한 보상이 이루어져야 한다. 발전계획의 과제를 실행한다는 것은 늘 하던 일을 하는 것만은 아니다. 하던 일도 수립된 전략과제에 부합하게 변화시켜야 할 수도 있고 새로운 일이 부과되기도 한다. 더군다나 그냥 진행하면

되는 것이 아니라 성과도 내야 한다. 기업에서 성과를 내면 인센티브를 준다. 대학은 기업과 다르니 인센티브가 왜 필요하냐고 말하는 사람은 발전계획을 수립만 하고 성공적 추진은 기대하지 않는 게 좋겠다. 또한 시대를 보는 눈이 없으니 혹시라도 보직을 담당하고 있다면 내려놓는 것을 권장하고 싶다.

몇 년 전부터 학령인구 감소에 따라 대학은 벚꽃이 피는 순서대로 문을 닫는다는 말이 나돌고 있다. 진짜로 이런 일이 언제 본격적으로 나타날지는 잘 모르겠지만 신입생 충원을 100% 못하는 대학이 늘어나고 있는 것은 현실이다. 대학이 '갑'이었던 상황은 오히려 역전되어 이젠 '을'이라 해도 과언이 아니다. 가만히 숨만 쉬고 지내면 학생들은 다른 대학으로 갈 것이 불을 보듯 뻔하니 대학은 발전계획을 잘 세우고 세운대로 발전시켜야 우리 대학이 오래 버틸 수 있지 않을까?

이젠 대학경영도 기업과 크게 다르지 않아야 한다. 성과의 형태가 다를 뿐이다. 교육, 연구, 산학협력으로 생산성을 나타내야 한다. 좋은 아이디어와 우수한 사업계획을 만들어 수십억의 재정지원사업 선정에 기여를 하면 파격적인 인센티브를 줄 수 있는 문화가 되어야 한다. 그러니 대학혁신지원사업이나 재정지원사업 선정의 근간이 되는 발전계획을 잘 수립해야 하고, 이를 잘 추진해서 성과를 달성하면 당연히 보상이 따라야 한다. 금전과 같은 유형의 보상이든 휴가나 안식년 같은 무형의 보상이든 보상의 형태는 대학의 선택이다. 이 부분을 아끼려다 소탐대실할 수 있다.

## 2) 발전계획 수립에 미치는 영향 파악

어느 영역이든 해당 영역에 대한 미션과 비전이 따로 있는 것이 좋다. 학생지원 영역의 미션은 학생지원이 필요한 이유이고, 비전은 학생지원을 통해 달성하고자 하는 미래의 모습이다. 이게 있어야 우리가 어디로 가야 하는지를 공유하고 그 방향으로 나아갈 수 있다.

다음으로 목표를 설정하는데, 목표는 미션이나 비전과 연결되어야 하고 측정할 수 있어야 한다. 그래야 달성 여부를 파악할 수 있기 때문이다. 목표를 정했으면 환경분석을 통해 외부 기회와 위협, 내부 강점과 약점을 객관적, 체계적으로 분석해서 어떤 일을 할 것인가, 그 일을 어떻게 할 것인가에 대해 전략적 선택을 하고 실행해야 한다. 만일 객관적인 내부 현황 분석을 하지 않고 최근의 이슈와 트렌드만을 중심으로 목표나 전략과제를 도출하게 되면 목표에 대한 공감대를 형성하기 어렵고, 과제 따로 업무 따로가 될 수 있으니 주의해야 할 것이다.

그리고 발전계획을 성공적으로 실행하기 위해서는 전략과 일치하는 조직 구조와 통제 시스템을 갖추고 보상 정책까지 마련해 두는 것이 좋다. 인력, 예산이 부족하거나 성과관리 체계가 갖추어지지 않으면 제대로 추진하기 어렵다. 보상책이 없으면 과제의 실적과 성과를 제고하기 어렵다. 혹시나 보상책도 두고 페널티도 두자고 하지는 말자. 동기부여는 포지티브만 있으면 된다. 네거티브가 있다는 것을 아는 순간, 동기부여는 '욕만 먹지 말자'로 끝날 수 있다. 보상책을 합리적으로 만드는 노력을 더 하는 것이 좋다.

학생지원 영역 발전계획 수립 시 반드시 고려해야 할 사항은 대학 내 학생지원 활동에 대한 장애 및 촉진 요인을 파악하는 것이다. 대학이 갖추고 있는 역량과 자원, 마련되어 있는 제도와 규정, 대학의 의지와 조직문화를 파악해 봐야 한다. As is를 알아야 To be가 나올 수 있다.

학생지원 영역은 타 영역과 마찬가지로 담당하는 사람들의 전문성이 필요하다. 따라서 전문인력을 보유하고 있다면 많은 도움이 되는데, 그 전문인력의 고용 형태가 불안정하다면 일정 수준 이상의 성과를 기대하기는 어렵다. 시작은 계약직이라 할지라도 실적과 성과에 따라 정규직이 될 가능성은 열려 있어야 한다.

제도나 규정이 갖추어져 있다는 것도 중요한 부분이다. 하지만 제대로 운영하고 있는가를 검토해 봐야 한다. 대학평가나 재정지원사업 신청을 위해 만들어 놓고 운영은 안 하는 대학들이 실제로 있다. 이 부분을 읽다가 뜨끔하면 지금이라도 실행할 수 있도록 제도나 규정에 손을 대야 한다. 다음 발전계획 수립 때 손 대면 된다고 미루지 말자.

발전계획 수립과 실천에 가장 중요한 열쇠가 대학 본부의 의지와 구성원의 참여인 것은 누구

표 6–11 학생지원 활동의 촉진 및 장애 요인

| 범주 | 촉진요인 | 장애요인 |
|---|---|---|
| 역량 및 자원 | • 일자리플러스 사업<br>• 진로지도 전담교원 채용<br>• 취업지원관, 변리사 보유<br>• 상담전문가 보유 | • 취·창업 분야 인력의 전문성 부족<br>• 직원들의 잦은 부서 이동<br>• 정규직 대비 계약직 인력 과다<br>• 예산의 국고 의존도 증가 |
| 제도 및 규정 | • 진로지도전담교수제 시행<br>• 취·창업 분야 정규과목 편성<br>• 의무상담제 시행 | • 성과에 대한 보상체계 부재<br>• 데이터 기반 성과관리체계 부재 |
| 경영 및 조직 | • 대학 본부의 의지와 지원<br>• 구성원참여소통위원회 활성화 | • 경직된 조직 문화와 협조체제 부족<br>• 교육, 산학협력 영역에 비해 구성원들의 중요성 인식 부족 |
| 기타 | • 인근 지역 타 대학과의 연계협력 개시<br>• 외부 전문기관과의 MOU | • 창업에 대한 낮은 인식<br>• 중간자 역할 부재 |

나 공감할 것이다. 의지를 뒷받침해 주는 필요충분한 소통과 협조가 있다면 전문인력 확보와 예산의 적절한 분배, 제도와 규정 마련 등이 모두 해결될 수 있기 때문이다. 따라서 학생지원 활동의 촉진요인이 갖춰지지 않았거나 미흡하면 이게 바로 장애요인이 될 수 있다고 생각하면서, 리더는 강력한 의지를 보여야 하고 팔로워는 잘 협조하는 태도가 중요하다. 너무 뻔한 얘기로 들리겠지만 어쩌면 우리는 그 뻔한 것을 제대로 이행하지 못하고 있는 것은 아닌지 성찰해 볼 필요가 있다.

학생지원 활동의 촉진요인과 장애요인은 〈표 6-11〉과 같다. 더 많은 요인이 있을 수 있지만 비교적 영향력이 큰 부분만 제시하였다.

## 3) 발전계획 수립을 위한 체크리스트

학생지원 영역 발전계획을 수립하는 데 있어 점검해야 할 항목을 준비-실행(운영)-평가 단계로 구분하여 수행 여부를 확인할 수 있도록 체크리스트를 제시하면 〈표 6-12〉와 같다.

준비 단계에서는, 우선 학생지원 영역을 독립시켜 발전계획을 수립할 것인지를 먼저 체크해 봐야 한다. 그리고 해당 영역에서 진행하고 있는 일들이 어떤 것인지를 파악해 보고 장애요인과 촉진요인이 무엇인지도 파악해야 한다. 이러한 파악이 우선되어야 추진할 과제를 만들 수 있고 과제정의서 작성이 가능하다.

실행(운영) 단계에서는 전략과제 정의서에서 제시하고 있는 우선순위에 따라 연차별로 수립된 계획이 실행되고 있는지와 예산 집행 계획에 따라 예산이 적절하게 집행되고 있는지를 점검한다. 더불어 세부과제의 업무 프로세스가 확립되어 있는지도 체크할 필요가 있다. 새롭게 진행할 일이나 그동안 해 왔던 일에 변화를 주면 실제 진행할 준비가 되어 있는지, 미루다가 시행 시기가 늦춰지는 것은 아닌지 확인해야 하기 때문이다.

평가 단계에서는 전략과제의 종합적인 성과지표와 실행(세부)과제에서 제시하고 있는 관리지표가 달성되고 있는지와 실행(세부)과제의 실행에 대한 이행점검 및 그 결과를 다음 연도 계획에 반영하고 있는지, 그리고 성과목표의 달성에 따른 적절한 보상이 이루어지고 있는지를 점검한다.

**표 6-12** **학생지원 영역 발전계획 수립을 위한 체크리스트**

| 단계 | 점검사항 | 점검내용 | 수행 여부 (Y/N) |
|---|---|---|---|
| 준비 | 필요성 | 우리 대학 발전계획 수립 기간 내에 학생지원 영역으로 꼭 필요한 전략과제인가? | |
| | 범주 구분 | 학생지원 영역에서 세부 범주는 구분했는가? | |
| | 전략과제 설정 | 학생지원 영역에 부합한 전략과제들로 구성되었는가? | |
| | 장애요인 | 학생지원 영역에서 고려해야 할 장애요인을 확인했는가? | |
| | 촉진요인 | 학생지원 영역에서 고려해야 할 촉진요인을 확인했는가? | |
| | 사례 대학 선정 | 학생지원 영역에서 참고할 사례 대학을 선정했는가? | |
| 실행 (운영) | 과제정의서 | 과제정의서 양식은 정했는가? | |
| | 주관부서 | 전략과제별 과제책임자, 주관부서, 협조부서는 설정하고 있는가? | |
| | 성과지표 | 전략과제별 성과지표와 산출식, 목푯값은 설정하고 있는가? | |
| | 실행과제 | 학생지원 영역의 전략과제에 부합하는 실행과제를 제시하고 있는가? | |
| | 세부과제 | 학생지원 영역의 실행과제에 부합하는 세부과제를 제시하고 있는가? | |
| | 추진과정 | 과제정의서의 세부과제별 실행시기와 우선순위 등을 제시하고 있는가? | |
| | 인력/공간 | 전략과제의 목표를 달성하기 위해 필요한 인력 및 공간 확보 계획을 마련하였는가? | |
| | 소요 예산 | 전략과제를 추진하는 데 필요한 소요 예산을 산출하고 적정하게 편성하였는가? | |
| 평가 | 중간 점검 | 학생지원 영역 전략과제의 중간 점검 및 그 점검 결과에 따른 후속 조치가 이루어지고 있는가? | |
| | 성과지표 | 학생지원 영역의 과제정의서에서 제시하고 있는 성과지표의 목푯값을 달성하였는가? | |
| | 보상 | 추진과제에 대한 목표 달성 정도에 따라 주관 및 협조 부서에 적절한 보상이 이루어졌는가? | |
| | 환류 | 학생지원 영역의 추진 실적에 대한 이행점검을 하고, 차년도의 세부계획 수립 시 반영하고 있는가? | |

## 4) 수월한 수립 방법 제안

혹시나 학생지원 영역 발전계획 수립이 너무 막막하다면 일상생활에서 하는 일을 참고해서 접근해 보는 것도 나쁘지 않다. 우리는 흔히 '기획'이라는 말을 굉장히 거창하게, 기획안을 만든다는 것을 쉽지 않은 일이라고만 생각하는데 그렇지 않다.

생활 속에서 어떤 새로운 일을 시작할 때 내가 어떻게 하는지 복기해 보자. 가족들과 여행을 하고 싶다면 우선 며칠 동안 여행할지, 가족들이 다 갈 수 있는 날짜는 언제인지 정한 후 가성비 있는 숙박업소를 선정한다. 그러고 나서 출발 시간과 귀가 시간을 정하고 여행 장소에 대한 정보를 탐색해서 날짜별 동선을 정하며 동선에 따라 맛집을 찾아 식당을 정한다. 이렇게 계획을 세우다 보면 비용이 어느 정도 필요한지까지 알게 된다.

전략과제는 '즐거운 가족여행', 실행과제는 '가성비 있는 숙소 정하기', '날짜별 여행 동선 짜기', '맛집 찾기'가 아닐까? 세부과제는 숙소를 조식 패키지 상품이나 수영장&사우나 패키지 상품을 찾아본다든가, 체험 중심, 관람 중심이나 혼합형으로 여행 동선을 짜는 것, 또는 지역 전통 음식, 방송에 나온 유명 식당, 지역민들 추천 맛집을 찾아보는 것이라 말할 수 있다. 성과지표는 무엇일까? 내가 주도하여 계획한 여행을 마친 후 가족들의 전반적인 만족도가 아닐까? 관리지표는 숙소에 대한 만족도, 여행 일정에 대한 만족도, 식사에 대한 만족도일 것이다.

발전계획도 비슷한 사고 과정을 거쳐 시작해 보면 된다. 다행히 혼자 만드는 것이 아니므로 관련 구성원들의 도움을 받거나 국내·외 타 대학 자료들을 참고로 정보를 탐색해 가며 추가하고 수정하다 보면 상당히 진척된 결과물을 볼 수 있을 것이다. 다음 예시는 개인이 자기 발전계획을 수립한다면 이것이 대학 학생지원 영역 발전계획 수립과 별로 다르지 않을 것 같아서 비교해 본 것이다. 개인이 이런 식으로 발전계획을 수립하고 기록하며 실천하지는 않겠지만 어떤 목표를 이루고자 할 때 진행하는 과정은 그다지 다를 게 없다고 본다.

**표 6-13** 개인과 조직의 발전계획 수립하기 사례

| 구분 | 건강한 몸 | 학생지원 |
|---|---|---|
| 목표 | • 체지방 down, 골격근 up으로 완소남 등극<br>• Inbody를 통해 현재의 몸 상태 확인(상태 분석을 통한 현황 파악)<br>• 체지방과 골격근을 측정하여 목표 달성도 확인(측정 가능성 확보) | • 입학부터 사회진출 성공까지 행복한 대학생활 지원<br>• 학생지원 분야 진행 업무와 성과(학습역량, 취업률, 창업, 교육만족도)를 통한 현황 파악<br>• 학생지원 분야 각종 데이터를 수집하고 측정하여 목표 달성도 확인(측정 가능성 확보) |

| 전략<br>과제 | <table><tr><td>S</td><td>• 끈기가 있다.<br>• 집과 헬스장이<br>가깝다.</td><td>W</td><td>• 고정비 지출이<br>커서 여윳돈이<br>별로 없다.</td></tr><tr><td>O</td><td>• 헬스장 할인<br>행사가 있다.</td><td>T</td><td>• 곧 회사에서 프로<br>젝트를 맡게 된다.</td></tr></table> | <table><tr><td>S</td><td>• 협동학습능력<br>상위권<br>• 진로지도체계<br>보유</td><td>W</td><td>• 낮은 취업률<br>• 높은 신입생<br>중도탈락</td></tr><tr><td>O</td><td>• 일자리플러스<br>사업<br>• 겸무교수제 시행</td><td>T</td><td>• 학령인구 감소<br>• 무전공 입학생<br>증가</td></tr></table> |
|---|---|---|
| | (SO) 헬스장 등록<br>(ST) 시간관리 계획 수립<br>(WO) 부수입처 발굴<br>(WT) 금전출납부 작성 | (SO) STEP BY STEP 학습지원체계 고도화<br>(ST) 진로지도 종합지원체계 구축<br>(WO) 진로별 맞춤형 취업지원 시스템 강화<br>(WT) 맞춤형 상담으로 건강한 대학생활 지원 |
| 실행<br>과제 | • Personal Training<br>• 나만의 분할운동 개발과 실천<br>• 주 단위 운동/휴식 운영 체계 수립과 실천<br>• 파트타임 일자리 구하기<br>• 주식투자 공부<br>• 고정비 절감과 부수입 활용 방안 마련 | • 맞춤형 학습역량 강화 지원<br>• 학생 상황별 학습역량강화 지원체계 구축<br>• 트라이앵글 진로지도체계 구축<br>• 진로지도 플랫폼 개발<br>• 진로–취업 연계 로드맵 고도화<br>• 학생성장시스템 고도화<br>• 꿈–설계 상담 시스템 구축<br>• 단계별(진단–예방–처방) 상담체계 구축 |
| 세부<br>과제 | • PT 횟수별 할인조건 확인과 트레이너 선택<br>• PT 시간과 보강 일정 확인<br>• 무분할, 2분할, 3분할 운동방법 개발 및 실행<br>• 숙련 단계별 운동방법 변화<br>• 일상 및 회사 일정을 고려한 운영 체계 마련<br>• 유연한 운동시간 배분<br>• 여유시간 확인과 시간에 맞는 일자리 파악<br>• 이동거리 대비 수입을 고려한 근무기간 선정<br>• 고배당주, 공모주 중심 투자<br>• 관리비, 통신비 등 절감방안 마련<br>• 운동 투자 후 잔여 부수입 저축/투자 | • 학업능력/학습역량별 학습 지원<br>• 學UP 프로그램<br>• 협동학습 역량강화 프로그램<br>• 학업단절자 학습 도움 프로젝트<br>• 전공진로탐색과목 리뉴얼<br>• 전공진로 로드맵 업데이트<br>• 교과–비교과 연계 진로지도 맵 구축<br>• 웹, 모바일 진로정보 시스템 개발<br>• 직무 교육훈련 프로그램 다각화<br>• 취업 연계 일자리 프로그램 확대<br>• 진로 맞춤형 취업 설루션 제공<br>• 진로–경력–취업 성장 포트폴리오 제공<br>• 상담센터 기능 전문화 및 고도화<br>• 데이터를 통한 상담관리체계 마련<br>• 문제 예방을 위한 진단, 검사 활성화<br>• 위기개입 문제해결 상담 지원 |

| 성과 지표 | • Inbody 점수(하위: 체지방률, 골격근량)<br>• 평균 운동시간<br>• 급여외 수입<br>• 금전출납 분석(하위: 출납부 작성, 환류) | • 학습역량지수(하위: 개별학습, 협동학습)<br>• 학생 중도탈락율(하위: 신입생, 재학생)<br>• 학생 취업률(하위: 재학 중, 졸업 후)<br>• 상담 만족도(하위: 지도교수, 상담센터) |
|---|---|---|
| 고려 사항 | • 헬스용품 지출 최소화<br>• 감기에 걸리지 않고 부상을 입지 않도록 주의 | • 상담 전문인력 확보<br>• 교수 대상 진로지도 전문성 강화 교육 제공<br>• 취 · 창업, 상담 전문기관과 적극적 MOU 체결 |

**Work Point**

● 우리는 일상생활에서 사소한 일에서도 목표를 설정하고 계획을 세우며 살아간다. 가족의 생일을 챙길 때도, 업무상 출장을 갈 때도, 필요한 물건을 살 때도 그렇다. 다만, 글로 적어 놓지 않는 것뿐이다. 이것을 발전계획 수립 현장에 적용해 보자. 아내 생일에 어떤 근사한 식당을 몇 시에 예약할지, 자가운전으로 출장을 가면서 어느 휴게소에서 쉬고 출장지에서는 언제쯤 출발할 것인지, 자전거 라이딩을 해 보려 하는데 어떤 자전거를 사야 할지 목표를 설정하고 계획을 세우며 실행하듯 (전략, 실행, 세부)과제와 (성과, 관리)지표를 만들어 보자. 당신도 얼마든지 할 수 있다.

제**7**장

# 연구 영역 발전계획

Effective Strategic Planning in Higher Education

대학의 주요 기능 중 하나인 연구 영역은 대학의 경쟁력을 보여 줄 수 있는 중요한 지표이다. 대학의 연구 기능은 학문 후속세대 양성을 위한 교육과 대학이 위치한 지역사회 및 국제사회의 문제해결, 산업과의 협력적 연구 등 교육, 산학협력, 지역협력, 특성화, 국제화 등과 밀접하게 관련된다.

이 장에서는 대학알리미에 공시되는 대학 발전계획 및 특성화계획 전체 대학 자료 중 대학의 설립유형, 규모, 지리적 위치, 특성화 유형(교육중심, 연구중심) 등을 고려하여 35개의 국·공립대학 및 사립대학을 대상으로 분석하여 연구 영역의 목표, 전략과제, 실행과제 및 주요 특성이 어떠한지 살펴보았다. 그리고 대학의 설립유형, 대학규모, 지리적 위치, 특성화 유형(교육중심, 연구중심) 등을 기준으로 공통점과 차이점을 분석하여 대학 특성에 따라 연구 영역의 중장기 발전계획을 수립하는 데 도움을 주고자 하였다.

발전계획의 연구 영역을 수립하기 위한 제언에서는 CIPP 모형에 근거한 연구 영역 발전계획 수립 시 고려사항과 연구 영역의 장애 및 촉진요인을 제시하였다. 또한 연구 영역 발전계획 수립을 위한 단계별 체크리스트를 제시하여 향후 대학에서 연구 영역의 중장기 발전계획을 수립, 운영, 평가하는 기준으로 활용할 수 있을 것이다.

# 1. 연구 영역 발전계획의 개요

## 1) 연구 영역 발전계획의 중요성

대학은 연구, 교육, 사회봉사의 3대 주요 기능을 수행하면서, 기업, 국책연구소와 함께 국가의 주요 연구개발(R&D) 역할을 담당하고 있다. 국가에서 바라보는 대학의 연구개발 역할과 기능은 경쟁력 있는 연구를 수행하면서 학문 후속세대를 양성할 수 있는 연구와 교육이 가능한 기관이라는 점에서 기업 및 국책연구소와 차별성을 갖는다. 또한 대학이 속한 지역 및 산업과 연계한 협력적 연구 수행을 통해 지·산·학의 동반성장과 새로운 가치를 창출할 수 있는 핵심적 역할을 기대한다.

정부가 대학에 기대하는 연구개발 역할은 각각 대학원 중심대학 육성지원사업과 두뇌한국(Brain Korea: BK) 21사업 등의 인력양성, 산학연협력 선도대학 육성사업(Leaders in Industry-university Cooperation: LINC)과 지자체–대학 협력기반 지역혁신사업(Regional Innovation System: RIS) 등 지산학연 협력을 통한 인력양성 및 연구개발에 초점을 둔 정부재정지원 사업을 통해 확인할 수 있다. 이렇게 수행된 연구개발의 성과는 논문, 특허, 기술료, 사업화, HRD, 연수지원 등으로 나타난다(과학기술정보통신부, 한국과학기술기획평가원, 2022).

대학의 연구 성과는 대학의 경쟁력을 보여 줄 수 있는 사회적 평판, 각종 대학평가와 지표에서 중요한 역할을 차지한다. 따라서 그간 연구 영역은 대학의 경쟁력을 대표하는 수단으로서 양적인 연구 성과와 이를 강화하기 위한 전략들을 중심으로 논의되어 왔다. 즉, 우리 대학의 소속 교수들이 국제적으로 얼마나 저명한 학술지에 다수의 연구 성과를 낼 수 있는지, 이를 위해 대학은 어떠한 지원과 환경을 갖추어야 하는지를 중점적으로 제시한 것이다.

그러나 최근 대학의 연구 성과는 새로운 지식과 기술을 통해 학부 및 대학원 교육의 질에 영향을 미쳐 대학의 경쟁력을 강화하는 수단이 될 뿐만 아니라(박기범 외, 2018), 지역의 신산업 유치, 지역 문제 해결, 인재 양성 등 지역사회의 경제적·문화적 발전을 위한 기여적 역할을 수행하는 것과도 깊이 연계한다(서영인 외, 2022). 즉, 연구는 교육, 산학협력, 지역협력, 특성화 등 대학 중장기 발전계획의 주요 영역과 매우 밀접하게 연관되어 있다.

따라서 연구 영역의 발전계획은 대학의 규모, 특성, 지리적 위치 등에 따라 지향하고 있는 연구의 방향과 목표, 구체적인 목표 달성 방법과 전략을 달리 제시해야 한다. 이에 대학들은 산학협력 연구, 다양한 학문 분야의 융복합 연구, 국제 및 지역사회의 어젠다를 탐색하고 해결하는 글로컬 연구, 대학의 특화 분야를 중심으로 한 세계적 수준의 연구 등 대학의 맥락을 감안하여 보다 특성화되고 질적인 수준을 고려한 발전계획을 고민하기 시작하였다.

더불어 최근 연구 영역은 교수 연구성과 중심에서 대학에서 양성한 학문 후속세대가 수행하는 연구의 성과까지 그 범위가 확대되었다. 즉, 수준 높은 학문 후속세대와 신진 연구인력을 어떻게 양성할 것인지, 그들에게 어떠한 연구 역량을 갖추게 할 것인지, 어떠한 지원을 통해 연구성과를 강화할 것인지 등을 함께 논의하고 있다.

## 2) 연구 영역의 세부 영역

연구 영역의 경우 연구 또는 교육중심을 표방하는 대학인지, 대학이 위치한 지역의 기반이나 특성이 어떠한지, 대학의 규모가 어떠한지 등 대학의 배경에 따라 그 방향과 구체적인 과제가 설정될 수 있다. 이러한 점을 고려하여 다수의 대학이 공통적으로 고려할 수 있는 연구 영역은 다음과 같이 네 개의 세부 영역으로 구분해 볼 수 있다.

### (1) 대학특성화 분야 연구 활성화

대학특성화 분야 연구 활성화는 대학이 지향하고자 하는 연구의 발전계획의 방향성이 담겨 있는 내용적인 차원의 영역이다. 즉, 대학의 내외부적 분석을 통해 대학이 강점을 갖고 있는 연구 분야를 제시하거나, 지향하고자 하는 연구의 방향 등을 포함하여 전략과제를 구성한다. 따라서 본 영역은 대학마다 달성하고자 하는 연구 성과는 어떠한지, 연구 수행을 위한 인적·물적 자원이 어떠한지 등에 근거하여 내용적으로 상이한 특성을 보인다.

### (2) 맞춤형 연구지원

맞춤형 연구지원은 대학의 연구 성과 활성화를 위해 대학 내부의 연구 인력에게 제공하는 연구지원 서비스, 프로그램, 제도 등을 의미한다. 이 영역은 연구 활성화를 위해 다수의 대학에서 전략과제를 마련하고 있으며, 대학의 예산 규모나 지원 대상 등에 따라 그 범위, 다양성, 깊이 등에서 차이가 나타난다.

### (3) 연구 인프라 구축

연구 인프라 구축은 대학이 연구기관으로서 갖추어야 할 기본적인 인프라로서 우수한 연구수행을 위한 시설·장비, 자원, 정보, 조직, 시스템 등을 의미한다. 연구지원과 마찬가지로 다수의 대학에서 연구 수행을 위한 인프라 구축 관련 전략과제를 작성하고 있으며, 기본적인 시설 · 장비 등의 유형의 인프라부터 인적 네트워크, 연구 성과분석 프로세스 등 연구 성과에 영향을 미치는 무형의 인프라 등을 포함한다.

### (4) 학문 후속세대 양성

학문 후속세대 양성은 교원 외 학내에서 연구를 수행할 수 있는 박사후 국내연수, 대학원생 등 연구 인력을 양성하고, 그들이 연구를 수행할 수 있도록 지원하는 체계를 의미한다. 연구중심을 표방하는 대학, 대학원을 갖추고 있는 대학에서 주로 관련 전략과제를 설정하며, 대학원 입학자원의 확충부터 교육, 연구 수행, 성과 도출 등의 내용을 포함하고 있다.

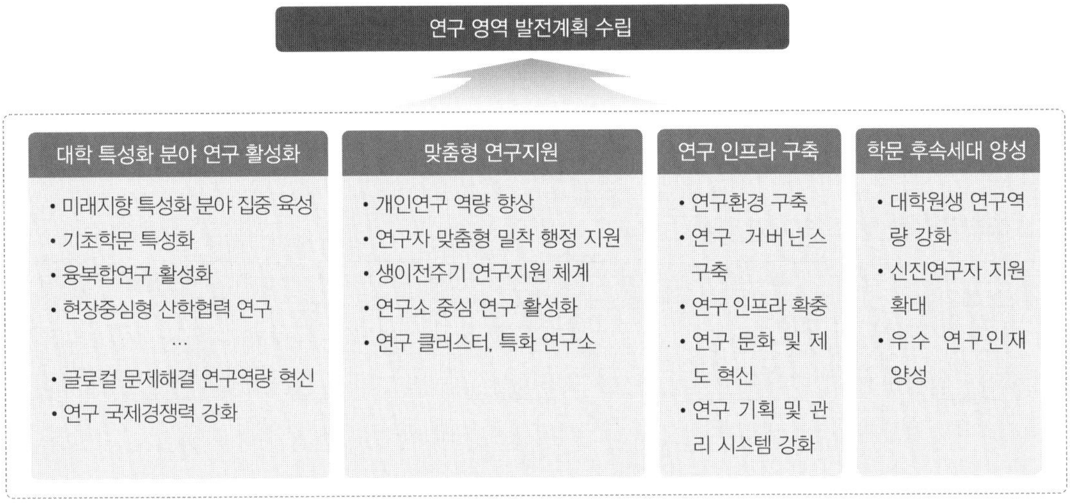

**연구 영역 발전계획 수립**

| 대학 특성화 분야 연구 활성화 | 맞춤형 연구지원 | 연구 인프라 구축 | 학문 후속세대 양성 |
|---|---|---|---|
| • 미래지향 특성화 분야 집중 육성<br>• 기초학문 특성화<br>• 융복합연구 활성화<br>• 현장중심형 산학협력 연구<br>…<br>• 글로컬 문제해결 연구역량 혁신<br>• 연구 국제경쟁력 강화 | • 개인연구 역량 향상<br>• 연구자 맞춤형 밀착 행정 지원<br>• 생애전주기 연구지원 체계<br>• 연구소 중심 연구 활성화<br>• 연구 클러스터, 특화 연구소 | • 연구환경 구축<br>• 연구 거버넌스 구축<br>• 연구 인프라 확충<br>• 연구 문화 및 제도 혁신<br>• 연구 기획 및 관리 시스템 강화 | • 대학원생 연구역량 강화<br>• 신진연구자 지원 확대<br>• 우수 연구인재 양성 |

[그림 7-1] 연구 영역 발전계획의 개요

## 2. 연구 영역의 주요 전략과제 및 실행과제

## 1) 연구 영역의 구분 및 사례 대학 선정

연구 영역의 주요 영역과 구체화된 전략과제 및 세부과제 등을 도출하기 위해 각 대학이 공시하고 있는 학교 발전계획 및 특성화계획 항목을 살펴보았다. 대학알리미에서 대학의 규모, 설립유형, 지리적 위치, 대학 특성화 방향(연구중심 또는 교육중심) 등을 고려하여 35개 대학의

| 표 7-1 | 연구 영역 사례 대학 분류 기준

| 구분 | | 대학 규모 | | |
|---|---|---|---|---|
| | | 대규모<br>(14개교) | 중규모<br>(16개교) | 소규모<br>(5개교) |
| 설립<br>유형 | 국·공립대학<br>(17개교) | 강원대, 경북대,국립부경대<br>서울과기대, 서울대<br>전남대, 충남대 | 국립강릉원주대, 국립목포대,<br>국립순천대, 국립안동대,<br>국립창원대, 국립한국교통대,<br>국립한밭대, 제주대, 한경국립대 | 국립목포해양대 |
| | 사립대학<br>(18개교) | 고려대, 성균관대, 순천향대,<br>영남대, 이화여대,<br>중앙대, 한림대 | 동서대, 상명대, 서강대<br>세명대, 연세대(미래)<br>인제대, 호남대 | 포항공대<br>한동대, 한라대<br>한국기술대 |

연구 영역 발전계획을 분석하였다. 대학의 설립유형은 '국·공립'과 '사립' 대학으로 구분하고, 국·공립대학의 경우에는 국립, 공립, 국립대법인을 포함하였다. 대학 규모는 재학생 1만 명 이상 대규모, 재학생 5천 명 이상 1만 명 미만 중규모, 재학생 5천 명 미만 소규모로 구분하였다. 설립유형과 대학 규모에 따라 사례 대학을 분류하면 〈표 7-1〉과 같다.

분석 결과, 연구 영역은 연구를 위한 인프라를 갖추고, 구성원이 연구에 전념할 수 있는 연구 지원을 실시하여 융합, 국제협력, 산학협력 연구 등 대학 특성화 분야의 연구를 활성화하는 전략과제를 주요 영역으로 구성하고 있었다. 더불어 대학원이 활성화되어 있는 대학에서는 교육 영역과 연계하여 학문 후속세대의 교육과 연구역량 및 지원 강화에 대한 영역을 추가적으로 확인할 수 있었다.

이를 세부 영역으로 구분해 보면, 대학 특성화 분야 연구 활성화, 맞춤형 연구지원, 연구 인프라 구축, 학문 후속세대 양성 등으로 나타난다. 전략과제와 주요 내용을 토대로 4대 세부 영역에 해당하는 대학을 제시하면 〈표 7-2〉와 같다.

| 표 7-2 | 연구 세부 영역별 사례 대학

| 세부 영역 | 사례 대학 |
|---|---|
| 대학 특성화 분야<br>연구 활성화 | 강원대, 경북대, 경상국립대, 고려대, 국립강릉원주대, 국립목포대, 국립목포해양대, 국립부경대, 국립순천대, 국립안동대, 국립창원대, 국립한국교통대, 국립한밭대, 동서대, 상명대, 서강대, 서울과기대, 서울대, 성균관대, 순천향대, 연세대(미래), 영남대, 이화여대, 인제대, 전남대, 중앙대, 충남대, 포항공대, 한경대, 한국기술교육대, 한동대, 한림대, 한세대, 호남대(총 34개교) |

| 맞춤형 연구지원 | 강원대, 경북대, 경상국립대, 고려대, 국립강릉원주대, 국립목포대, 국립부경대, 국립순천대, 국립안동대, 국립한밭대, 상명대, 서울과기대, 서울대, 성균관대, 세명대, 순천향대, 이화여대, 인제대, 전남대, 중앙대, 충남대, 포항공대, 한국기술교대, 한라대(총 24개교) |
|---|---|
| 연구 인프라 구축 | 강원대, 경북대, 경상국립대, 고려대, 국립강릉원주대, 국립목포대, 국립부경대, 국립순천대, 국립안동대, 국립한국교통대, 국립한밭대, 동서대, 상명대, 서강대, 서울과기대, 서울대, 성균관대, 세명대, 순천향대, 연세대(미래), 영남대, 이화여대, 인제대, 전남대, 중앙대, 충남대, 포항공대, 한경국립대, 한국기술교대, 한라대, 한림대(총 31개교) |
| 학문 후속세대 양성 | 경북대, 경상국립대, 고려대, 국립강릉원주대, 국립부경대, 동서대, 서강대, 서울과기대, 순천향대, 영남대, 전남대, 충남대, 포항공대, 한경국립대(총 14개교) |

보다 구체적으로 살펴보면, 대학 특성화 분야 연구 활성화에 대한 추진과제 수립은 조사한 모든 대학에서 제시하고 있는 것으로 나타났다. 맞춤형 연구지원 영역은 27개 대학, 연구 인프라 구축을 추진과제로 수립하고 있는 대학은 31개 대학으로 나타났다. 더불어 학문 후속세대 양성은 대규모 대학, 국립대학, 연구형 대학 중심으로 14개교가 채택하고 있었다.

## 2) 전략과제

세부 영역별 대표 전략과제를 살펴보면, 첫째, 대학 특성화 분야 연구 활성화 영역은 기초학문, 융복합, 산학협력, 지역사회연계, 실용 등 대학이 지향하고자 하는 특성화된 연구 분야를 전략과제에 담아내고 있다. 대학에 따라서는 세계적 수준, 국내 최고 등 연구 성과의 수준을 드러낼 수 있는 전략과제를 설정하기도 한다.

둘째, 맞춤형 연구지원 영역에서는 연구를 수행하는 교원 및 연구인력, 연구 조직을 대상으로 어떻게 연구지원을 실시할 것인지 전략과제를 제시한다. 또한 연구 특성화 방향에 따라 어떠한 지원을 실시할 것인지 다루고 있다. 구체적으로 교수자의 생애주기에 따른 지원, 개인 연구자 맞춤형 지원, 특성화 분야 및 관련 연구소 중심의 연구 지원 체계 구축 등을 다룬다.

셋째, 연구 인프라 구축 영역은 원활한 연구 수행 및 지원을 위해 갖추어야 할 인적, 물적 자원의 관리, 연구지원 조직, 시설 및 장비, 시스템 등을 체계화하는 전략과제를 제시한다. 구체적으로 연구 거버넌스, 환경, 시설, 문화, 제도 등을 다룬다.

넷째, 학문 후속세대 양성 영역은 대학원생, 신진연구인력 등 학문 후속세대의 양성 및 연구 성과를 활성화하는 전략과제를 제시한다. 구체적으로 학문 후속세대의 확보 방안, 학문 후속세대 양성을 위한 교육, 연구역량 강화 및 연구지원, 연구 성과 활성화, 연구 성과 공유 등을 다룬다.

**표 7-3  연구 영역의 주요 전략과제(예시)**

| 세부 영역 | 전략과제 | 전략과제 내용 |
|---|---|---|
| 대학 특성화 분야 연구 활성화 | • 미래지향 특성화 분야 집중 육성<br>• 기초학문 특성화<br>• 융복합연구 활성화<br>• 현장중심형 산학협력 연구<br>• 인문사회 지역연구 활성화<br>• 지역 및 산업기반 연구 활성화<br>• 가치창출형 실용연구 확대<br>• 글로컬 문제해결 연구역량 혁신<br>• 연구 국제경쟁력 강화 | • 대학의 맥락에 따라 특성화된 연구 분야를 설정하고, 이를 활성화하는 방안을 전략과제로 설정<br>• 내용적으로는 기초학문, 융복합연구, 산학협력연구, 지역사회연계 연구, 실용연구 등 대학이 지향하는 방향을 전략과제로 제시<br>• 세계적인 연구 등 연구 성과의 수준을 전략과제로 제시하기도 함 |
| 맞춤형 연구지원 | • 개인연구 역량 향상<br>• 연구자 맞춤형 밀착 행정 지원<br>• 신진연구자 지원 확대<br>• 생애 전주기 연구지원체계<br>• 연구소 중심 연구 활성화<br>• 연구 클러스터, 특화연구소 지원 | • 연구를 수행하고 성과를 도출하는 교원 및 연구 인력, 연구 조직 대상 연구지원 강화 방안 제시<br>• 대학 특성화 분야 연구 활성화를 위해 수행해야 할 지원 체계를 전략과제로 제시 |
| 연구 인프라 구축 | • 연구환경 구축<br>• 연구 거버넌스 구축<br>• 연구 인프라 고도화<br>• 연구관리 선진화<br>• 연구 문화 및 제도 혁신<br>• 연구 기획 및 관리 시스템 강화<br>• 석학급 우수교원 확충<br>• 글로컬 연구 플랫폼 구축 | • 연구 수행 및 지원을 위한 인적, 물적 자원의 관리 방안 제시<br>• 연구 수행 및 지원 조직, 시설, 인프라 구축 방안 제시<br>• 연구 윤리, 안전 등 연구 문화 혁신 및 연구 활성화를 위한 제도 개선 등에 대한 전략과제로 범위가 확대됨 |
| 학문 후속세대 양성 | • 대학원생 연구역량 강화<br>• 신진연구자 지원 확대<br>• 우수 연구인재 양성<br>• 대학원 학사제도 유연화<br>• 연구밀착형 교육제도 혁신 | • 대학원생, 신진연구인력 등 학문 후속세대 확보 방안을 전략과제로 설정<br>• 연구중심 대학은 학문 후속세대 연구 활성화를 위한 연구 역량 및 지원 강화 방안 제시<br>• 연구중심 대학은 학문 후속세대 양성을 위한 대학원 교육 체계화를 전략과제로 제시하기도 함 |

대학별 연구 영역의 전략과제 사례는 〈표 7-4〉에서 구체적으로 살펴볼 수 있다. 대학의 전략과제는 연구 영역 주요 범주인 네 가지 세부 영역을 통합하거나 한 영역을 보다 세분화하여

작성한 것으로 보인다. 또한 대학의 규모, 지리적 위치, 특성화 방향, 연구 영역의 목표 등에 따라 '지역연계/지역밀착', '세계적 수준', '융합/실용연구', '미래지향', '첨단', '산학협력', '지산학연' 등의 다소 상이한 내용도 살펴볼 수 있다.

표 7-4  연구 영역 전략과제의 대학 사례

| 대학명 | 세부 영역 | 전략과제 | |
|--------|-----------|----------|---|
| 국립강릉<br>원주대 | 연구 | • 대학 특성화체계 고도화<br>• 연구 및 산학협력 역량 강화 | • 미래지향적 연구체계 강화<br>• 지역발전 선도형 산학협력 체계<br> 강화 |
| 국립<br>목포대 | 지역특화<br>연구력 강화 | • 연구 활성화 지원체계 고도화<br>• 융복합 학제간 연구 강화 | • 인문사회 지역연구 활성화<br>• 산학, 관학 공동연구 활성화 |
| 국립<br>한밭대 | 가치창출형<br>연구·산학협력 | • 지역 산업을 위한 네트워킹 확대<br>• 미래지향적 연구기반 확보 | • 가치창출형 실용연구 확대<br>• 스타트업 엑셀러레이팅 |
| 서강대 | 연구 | • 연구역량 강화 선순환 구조 구축<br>• 미래형 융합 연구분야 특성화 | • 우수한 신진연구 인력 육성 |
| 서울대 | 국가와 인류문제<br>해결을 위한<br>선도적 연구 | • 융복합 연구중심의 운영시스템 구축<br>• 개인연구 역량 향상<br>• 창업 및 기술사업화를 위한 선도적<br> 연구환경 구축 | • 기본에 충실한 연구문화 및<br> 제도 혁신<br>• 질적 국제화를 위한 체질 개선<br> 및 시스템 구축 |
| 성균관대 | 연구역량,<br>생산성 고도화 | • 글로벌 연구 플랫폼 구축<br>• 교수 Domain 국제화<br>• 최우수 Faculty Platform 확충 | • 연구 인프라 혁신<br>• 우수 스타트 연구자 육성<br>• 인문사회·자연과학 융합연구<br> 클러스터 구축 |
| 순천향대 | 연구 | • 융합–실용 연구 활성화<br>• 연구인프라 고도화<br>• 연구관리 선진화 | • 세계적 수준의 선도 연구분야<br> 육성<br>• 학부·대학원 연계 연구 체계<br> 활착화 |
| 영남대 | 산학연구 | • 지식기반 신산업 인재 양성<br>• 선도형 산학협력·연구 통합 플랫<br> 폼 구현 | • 산·학·연·관 협력 네트워크<br> 및 상생발전체계 고도화 |
| 인제대 | 연구: 특성화<br>융합연구 | • 미래지향 특성화 분야 집중 육성<br>• 융합연구 지원체계 강화<br>• 연구자중심 연구지원제도 강화 | • 연구 역량 강화를 위한 인프라<br> 확충<br>• 특화연구소 및 부설연구기관<br> 활성화 |

| 전남대 | 연구 | • 연구밀착형 교육제도 혁신<br>• 대학원생 연구역량 강화<br>• 생애전주기 연구지원체계 실행<br>• 신진연구자 지원 확대 | • 연구 국제 경쟁력 강화<br>• 지속가능 연구혁신 제도 추진<br>• 연구자 맞춤형 밀착행정 지원<br>• 연구정보 제공 및 관리체계<br>  고도화 |
|---|---|---|---|
| 중앙대 | 연구중심 체제<br>고도화 | • 연구형 대학체제 확립<br>• 석학급 우수교원 확충<br>• 핵심·첨단 분야 연구집단 집중 육성 | • 융합·공동연구 활성화<br>• 지산학연관 협력 클러스터 구축<br>• 연구 산학협력 성과공유 확산 |
| 포항공대 | 연구 | • 세상을 변화하는 융복합 연구 활성화<br>• 세계적인 수준의 연구자 육성 및 지원 | • 융복합연구 인프라베이션<br>  (infra+innovation) 구축 |
| 한동대 | 연구 | • 글로컬 문제해결 연구역량 혁신<br>• 미래 문제 대비 창의·융합연구<br>  역량 강화 | • 기독교 정신에 입각하여 진리<br>  를 탐구하고 세상을 변화시키는<br>  혁신연구 장려 |
| 호남대 | 지역상생을 위한<br>산학·연구혁신 | • 공동학습 생태계 구축 및 확산<br>• 지역자립형 산학협력 고도화 | • 지역사회 선도분야 및 대학특화<br>  간 연계<br>• 지역사회 상생형 연구활동 강화 |

※ 세부 영역은 대학마다 구분에 차이가 많아서 해당 대학의 구분명으로 명시했음

## 3) 실행과제

전략과제를 보다 구체화한 후속 과제는 대학에 따라 위계 설정이 상이하나, 대체적으로는 전략과제를 실행하기 위한 상세한 과제를 실행과제, 세부과제 등으로 설정한다. 실행과제는 전략과제보다 세분화되어 있으면서 세부과제를 둘러쌀 수 있는 주제로 구성한다. 세부과제는 실행과제보다 구체화된 프로그램 단위로 작성한다.

앞서 제시한 연구 영역의 전략과제 중 대표적인 전략과제를 달성하기 위해 수립한 실행과제와 그에 따른 세부과제를 예시로 제시하였다. 1개의 전략과제별 2개의 실행과제와 실행과제별 2개의 세부과제를 예시로 제시해 보면 〈표 7-5〉와 같다.

표 7-5  연구 영역의 주요 실행과제(예시)

| 전략과제 | 실행과제 | 세부과제 |
|---|---|---|
| 창의 · 도전 연구지원 활성화 | 창의 · 도전 연구 기반 구축 | • 도전 연구 분야 및 연구 그룹 발굴 |
| | | • 창의적 · 도전적 연구 질적 평가 방안 마련 |
| | 창의 · 도전 연구 활성화 | • 국제 네트워크를 통한 글로벌 공동 도전연구 과제 참여 활성화 |
| | | • 도전연구 성과 확산 학술대회 개최 |
| 개인연구 역량 향상을 위한 지원 체계 운영 | 교원 생애주기별 맞춤형 연구지원 | • 신임교원을 위한 연구비 지원 확대 |
| | | • 우수연구자 발굴 및 지원 강화 |
| | 연구성과 창출을 위한 연구지원 확대 | • 학제간 연구회 지원사업 운영 |
| | | • 연구자별 맞춤형 안전관리 교육체계 운영 |
| 연구친화형 환경 조성 | 연구 성과 및 공유제도 정비 | • 학내 연구자원 DB 구축 |
| | | • 연구업적평가시스템 선진화 및 연구성과 분석 · 관리 플랫폼 구축 |
| | 투명한 연구비 집행 및 관리 | • 연구비 관리시스템 구축 |
| | | • 외부회계감사 감리제도 운영 |
| 학문 후속세대 연구역량 강화 | 대학원생 연구역량 강화를 위한 밀착형 연구지원 강화 | • 대학원생 논문작성 클리닉 및 국제학술지 영어논문 교정 지원 |
| | | • 학술정보 제공 및 표절 예방 지원 |
| | 우수대학원생 유치 및 연구몰입도 향상 | • 대학원 단과대학별 맞춤형 장학제도 혁신 |
| | | • 우수 대학원생 유치를 위한 홍보활동 강화 |

대학별 연구 영역의 실행과제 사례는 다음에서 구체적으로 살펴볼 수 있다. 연구 영역의 전략과제와 실행과제 간의 연계성을 살펴보기 위해 이를 함께 제시하였다. 대형 대학과 중 · 소형 대학으로 구분한 후 대학의 지리적 위치, 설립유형 등을 고려하여 총 9개 대학의 사례를 제시하였다. 대형 대학이 추진하고자 설정한 전략과제별 실행과제는 〈표 7-6〉과 같다.

**표 7-6　연구 영역의 주요 전략과제 및 실행과제(대형)**

| 대학명 | 전략과제 | 실행과제 |
|---|---|---|
| 고려대 | 연구기획 및 관리 시스템 강화 | • 연구중심 조직 체계 구축<br>• 연구기획 및 관리제도 체계화<br>• 부처별 연계를 통한 통합정책 마스터플랜 체계 구축<br>• 스마트연구지원 시스템 구축 |
| | 연구성과 창출 지원체계 고도화 | • 창의적 미래연구 지원 시스템 구축<br>• 글로벌 연구 우수교원 확보 및 양성<br>• 글로벌 연구 네트워크 확대 및 위상 강화<br>• 연구 윤리의 선진화 |
| | 미래선도 기초 및 융합연구 육성 | • 미래선도형 기초연구 확대<br>• 창의융합 연구사업 육성<br>• 연구자중심의 최첨단 인프라 구축<br>• 연구성과 공유를 통한 선순환 구조 확립 |
| | 세계적 수준의 연구성과 창출지원 | • 수요자 중심 통합 연구지원 체계 구축<br>• 성과확산을 위한 기획 및 홍보<br>• 질적 성과 중심의 연구지원 확대 및 장려<br>• 연구실 안전 강화 시스템 구축 |
| | 대학원 혁신을 통한 연구중심대학 체계 고도화 | • 대학원 중심의 거버넌스 확립<br>• 학문 후속세대 양성을 위한 교육/연구 수월성 확대<br>• 연구의 국제화를 위한 국제공동연구 및 국제교류의 활성화 |
| 서울대 | 융복합 연구중심의 운영시스템 구축 | • 국가 및 인류 난제 극복을 위한 융복합 연구소와 이를 관리하는 전담 기관 설립<br>• 공동·융복합·학제 간 연구역량 강화를 위한 운영제도와 지원시스템 혁신<br>• 세계적 수준에 걸맞는 융복합.공동.학제간 연구지원 시설 확충 |
| | 개인연구 역량 향상 | • 우수인적자원 확보를 위한 제반 여건 개선<br>• 효율적인 연구지원 환경 구축<br>• 연구 생애 단계별 지원체계 확립<br>• 선도적 연구 장려 평가 제도 확립<br>• 연구비 확보 및 관리의 선진화 |
| | 창업 및 기술사업화를 위한 선도적 연구환경 구축 | • 지식재산권 확보와 가치 극대화<br>• 창업생태계 고도화: 전주기적 창업활동 지원 강화<br>• 대형 산학협력 과제 유치를 위한 개방형 산학협력 플랫폼 구축<br>• 지역사회와 협력하는 산학협력 연구기지의 모델 구현: 벤처 삼각벨트, 시흥과 평창 특화 연구기지 구축 |

| | 기본에 충실한 연구문화 및 제도 혁신 | • 사회변화에 선도적으로 대응하는 연구윤리<br>• 연구자 우선의 안전 환경 확립 |
|---|---|---|
| 영남대 | 지식기반 신산업 인재 양성 | • 미래 산업 친화형 교육혁신<br>• 기업가정신 기반 창업혁신 |
| | 선도형 산학협력 · 연구 통합 플랫폼 구현 | • 지식 집중형 연구혁신<br>• 기술 · 자원 집적화 재정혁신 |
| | 산 · 학 · 연 · 관 협력 네트워크 및 상생발전 체계 | • 산 · 학 · 연 · 관 일원형 네트워크 혁신<br>• 산학협력 연구 성과 확산형 소통 혁신 |
| | 대학원 교육체계 혁신 | • 대학원 교육과정 개선<br>• 대학원 교육 내실화 |
| 충남대 | CNU 연구 특성화 분야 집중 육성 | • CNU 연구특성화 분야 발굴과 지정 확대<br>• 융복합 연구 역량 강화<br>• 특성화 분야 연구역량 강화를 위한 제도 개선 |
| | CNU 우수 연구 인재 양성 | • 연구역량 강화를 위한 학생 중심 교육 지원<br>• 학문 후속세대 연구역량 강화 프로그램 확대<br>• 우수교원 확보 및 지원 강화<br>• 교수 연구역량 강화 지원 고도화 |
| | 우수특화연구센터 육성 | • CNU 특화 분야 연구센터 유치<br>• CNU 특성화 분야 연계 우수연구센터 육성 |
| | 글로컬 연구 플랫폼 구축 | • 지역네트워크 중심의 연구 활성화<br>• 충청권 지역혁신성장 유도<br>• 대전 미래 전략 산업연계 CNU 특화 분야 연구 활성화<br>• 지역기반 글로벌 네트워크 중심의 연구 활성화 |
| | 연구친화형 환경 조성 | • 연구몰입환경 조성<br>• 연구성과 및 공유제도 정비<br>• 연구윤리 강화 |
| | 기초 · 보호학문분야 지속가능성 확립 | • 계열별 기초 · 보호학문분야 지정 육성<br>• 기초 · 보호학문 연계 지역학 연구 지원 및 육성<br>• 기초 · 보호학문 육성 기반 플랫폼 조성<br>• 기초 · 보호학문 분야 지속가능성 도모 |

연구 영역의 발전계획에서 수립한 전략과제의 목표를 달성하기 위해 중소형 대학이 추진하고자 설정한 전략과제별 실행과제는 〈표 7-7〉과 같다.

**표 7-7** 연구 영역의 주요 전략과제 및 실행과제(중·소형)

| 대학명 | 전략과제 | 실행과제 |
|---|---|---|
| 상명대 | 경쟁력 있는 중점 연구분야 육성 | • 중점 연구분야 선정 및 지원체계 강화<br>• 미래사회를 선도하는 융복합 연구 역량 강화 |
| | 교육/연구/산학협력 연계 시스템 강화 | • 산업수요 맞춤형 교육 시스템 고도화<br>• 가치 창출을 위한 산·학·연 연계 강화 |
| | 연구/산학협력 질적 제고를 위한 지원체계 강화 | • 연구/산학협력 지원 시스템 강화<br>• 연구/산학 성과관리 체계 고도화 |
| 한경<br>국립대 | 미래대비 융합연구 활성화 | • 대학(원) 연구기반 강화<br>• 국책 사업 유치 확대 |
| | 산학연 협력체제 고도화 | • 산학협력단 기능 및 전문성 강화<br>• 산학협력 친화형 교원업적 평가/인사제도 개선<br>• 글로컬 산학연협력 네트워크 구축 및 운영 |
| | 지역산업 맞춤형 산학협력 강화 | • 산학 공동연구 및 기술개발 강화<br>• 연구성과의 확산, 기술이전 및 사업화 촉진<br>• 기업연계 공유·협업 활동 강화 |
| | 미래선도 특성화 학문분야 육성 | • 특화 분야 기업협업센터(ICC) 구축 및 운영<br>• 특성화 학문분야 연구그룹 집중 육성<br>• 국제 학술교류 및 공동연구 강화 |
| 인제대 | 미래지향 특성화 분야 집중 육성 | • 학문분야별 연구평가 및 특성화 분야 연구<br>• 학생참여형 연구과정 운영<br>• 학술연구조성비 지원제도 운영 |
| | 융합연구 지원체계 강화 | • 교내융합연구지원제도 운영<br>• 국제학술연구지원제도 운영<br>• 연구논문장려금 지원제도 운영 |
| | 연구자중심 연구지원제도 강화 | • 교원 주기별 연구장려 제도 운영<br>• 찾아가는 연구행정 서비스 구축<br>• 맞춤형 연구·학습지원 프로그램 |
| | 연구역량 강화를 위한 인프라 확충 | • 연구환경개선 프로그램<br>• 우수 연구인력 지원<br>• 인제 학술상 지원 및 운영 |
| | 특화연구소 및 부설연구기관 활성화 | • 우수/일반 연구자 연구진흥제도 운영<br>• 교내부설연구소 지원 강화<br>• 국책 연구과제 연구센터의 지원 및 운영 |

| | | |
|---|---|---|
| 포항공대 | 세상을 변화하는 융·복합 연구 활성화 | • Flagship 연구분야 선정 및 육성<br>• 생애주기별 맞춤형 연구지원 플랫폼 구축<br>• 공동지도교수제, 공동학위제 활성화 |
| | 세계적인 수준의 연구자 육성 및 지원 | • 우수교원 유치 및 유지를 위한 파격적인 정착지원 및 평가제도 강화<br>• 대학차원의 시그니처 박사후 연구인력 유치 및 유지 제도 운영<br>• 우수 대학원생 유치 |
| | 융복합연구 인프라베이션 (infra+innovation) 구축 | • 대학캠퍼스의 미래첨단기술 테스트베드화<br>• Virtual(Global) campus 조성, 국제공동연구 및 심포지엄 활성화<br>• 국책 또는 기업 부설연구소의 캠퍼스 유치 |
| 국립 순천대 | 연구중심 캠퍼스 역량강화 플랫폼 구축 | • 산학협력 친화형 체계 및 연구기반 구축<br>• 산학협력 선도형 성과관리체계 확립<br>• 산학협력 공유·협업 플랫폼 확립 |
| | 특화 분야 ICC 중심 산학협력 체계 구축 | • 특화 분야 중심 ICC 운영으로 산학협력 브랜드화<br>• 산학연 공동연구 활성화<br>• 기술사업화 선순환 기업성장 생태계 구축 |
| | 학내 창업 인프라 및 지역사회 창업문화 확산 | • 학내 창업 인프라 구축 확대<br>• 지역사회 연계 창업문화 확산 |

출처: 대학알리미(2023); 서울대학교(2022. 7.).

## 4) 연구 영역의 시사점

대학의 주요 기능 중 하나인 연구는 중장기발전계획 수립에서 선택이 아닌 필수이다. 대학의 상황에 따라 연구 영역을 독립적으로 구분하기도 하고, 대학원 교육과 연계할 수도 있다. 또한 대학에서 특성화하고자 하는 방향과 연계하여 연구 영역의 전략과제나 실행과제를 작성할 수도 있다. 더불어 산학협력, 국제화 등의 다른 영역과 함께 논의할 수도 있다. 이는 앞서 살펴본 국내 대학의 발전계획 연구 영역 사례에서도 대학의 특성에 따라 연구 영역 발전계획의 목표, 주요 영역, 전략과제 및 실행과제 등이 상이하게 나타나는 것을 확인할 수 있었다.

대학의 중장기 발전계획이 대학기관평가인증, 대학기본역량진단 등 대학평가, 대학혁신지원사업, 국립대학 육성사업 등의 정부재정지원사업에서 중요하게 다뤄지면서 대학은 대학만의 특성화 방향을 교육, 연구 등의 발전계획에 녹여내고 있다. 이는 매우 바람직한 방향이다. 대학의 설립목적, 대학을 대표하는 특정 학문 또는 대학에서 수행하는 연구 성과의 수준 등 대학이 지향하고자 하는 브랜드를 연구 영역에서도 강조하는 경향을 보인다. 이러한 흐름은 연구 영역의 목표 수립과 더불어 전략과제 및 세부과제의 선정, 관련 예산의 배분에서도 동일하게 확인할 수 있다.

연구 영역의 특성화 방향은 각 대학마다 다른 특색을 보이기도 하지만, 대학의 설립유형이나 규모, 지리적 위치 등에 따라 유사한 측면을 보이기도 한다. 즉, 설립유형에 따라 국립대학은 사립대학에 비해 기초학문 보호와 관련한 전략과제를 추가적으로 설정하고 있었고, 수도권 중심의 대형 사립대학은 우수한 연구역량을 갖춘 교원의 초빙과 국제적인 수준의 선도분야 발굴, 세계적인 연구 성과의 도출과 관련한 전략과제를 수립하고 있었다. 대체적으로 대학원을 운영하고 있는 대형 대학이나 국·공립대학, 연구중심 지향 대학은 학문 후속세대 양성에 관한 전략과제를 수립하고 있었다.

한편, 중소규모의 대학은 연구중심을 지향하느냐 교육중심을 지향하느냐에 따라 연구 영역의 전략과제 수립의 특성이 상이하게 나타났다. 연구중심을 지향하는 대학은 대규모 대학과 유사한 전략과제를 수립하였다. 반면, 교육중심을 지향하는 대학은 대체적으로 대형 대학에 비해 산학협력과 연구를 연계하는 경향을 보였다. 즉, 발전계획의 영역을 설정하는 것에서부터 연구 영역을 독립적으로 구분하기보다는 산학협력과 연구를 연계하거나 통합하여 제시하는 모습을 보였다. 그러나 교육중심의 중소규모 대학 내에서도 어떠한 부분을 더욱 강조하느냐에 따라 전략과제 및 세부과제가 다소 상이하게 나타났다. 즉, 산학협력을 더욱 강조하면서 연구활동을 장려하는 대학과 연구 성과를 중심으로 산학협력을 강조하는 대학 등에서 차이를 보였다.

대학의 지리적 위치에 따라 수도권에 비해 지방에 위치한 대학, 특히 중소규모 대학은 지역

표 7-8　**설립유형별 대학규모별 연구 영역 특성화 방향 특징**

| 구분 | 국·공립대학 | 사립대학 |
|---|---|---|
| 대규모 대학 | • '기초학문 보호', '기초학문 후속세대 양성' 등 기초학문 관련 전략과제를 추가적으로 포함함 | • '우수 교원 초빙', '국제적 수준의 선도분야 발굴' 및 '세계적인 연구 성과 창출' 등을 보다 강조 |
| | • 대학원 교육을 연구 영역으로 포함하여 학문 후속세대 양성 강조 | |
| 중소규모 대학 | • 산학협력과 연구를 연계하거나 통합하여 영역 제시<br>• 대학에 따라 산학협력을 연구보다 강조하기도 하고, 연구 성과를 중심으로 산학협력을 논의하기도 함<br>• 지방에 위치한 경우 지역연계에 보다 초점 | |

연계에 보다 초점을 맞추고 있었다. 지역과 연계한 선도분야 발굴, 지역 산학협력 연구 수행, 지역학 연구, 지역사회 문제해결 등을 주요 전략과제 영역으로 제시하였다. 반면, 수도권에 위치한 대학은 핵심ㆍ첨단분야, 융합연구, 국제적 연구, 공동연구 등에 보다 초점을 맞추어 전략과제를 제시하는 경향을 보였다.

이상을 종합해 보면, 연구지원, 연구 인프라 영역은 다수의 대학에서 공통적으로 나타났으나, 대학 특성화 및 학문 후속세대 양성 영역은 대학 맥락에 따라 상이한 것으로 분석된다. 대학 특성화 및 학문 후속세대 양성의 전략과제 및 실행과제는 대학의 설립유형별, 대학규모별, 지리적 위치에 따라 다소 특정한 경향성을 보였다. 하지만 이러한 경향과 무관하게 대학이 가지고 있는 여건, 잠재가능성, 대학이 지향하고자 하는 바에 따라 연구 영역의 특성화 방향은 얼마든지 다르게 설정할 수 있다.

대학의 연구 영역 지향점이 어떠하든 대학은 연구를 수행하고 성과를 도출하여 학문과 사회의 발전에 기여할 책무를 갖고 있다. 이는 대학기관으로서 갖추어야 할 최소한의 질을 점검하고 인증하는 대학기관평가인증에서 대학의 성과로서 '연구성과'를 평가하는 것에서도 확인할 수 있다. 구체적인 연구성과 평가 항목은 최근 3년간 전임교원 1인당 등재(후보)지 논문, SCI급 논문, 저역서, 교외연구비 실적과 함께 연구윤리 확립 체계 및 실적이다. 여기서 연구윤리 확립 체계 및 실적을 제외한 연구성과는 충족해야 할 기준값이 제시되어 있다. 이 밖에도 다양한 세계적인 수준의 대학평가에서는 논문 인용, 논문 수, 연구비 등이 매우 중요한 평가 항목으로 연구 성과를 다루고 있다.

대학평가에서 연구 영역을 중요한 평가 항목으로 제시하는 이유는 연구가 교육과 긴밀하게 연결되기 때문이다. 양질의 연구 성과는 학부에서, 대학원에서 최신의 교육으로 연결되는 것을 전제한다. 그리고 그러한 교육을 받은 후속세대가 성장하여 다시 학문 발전에 기여할 수 있는 연구를 수행한다. 그들이 수행한 연구성과는 사회적, 경제적, 학문적 가치를 창출한다. 대학은 연구를 둘러싼 이러한 일련의 과정이 선순환될 수 있도록 기반을 구축하고, 지원하며, 성과를 관리해야 한다. 더불어 이는 연구 영역의 발전계획의 전략과제로 구체화되어야 한다.

# 3. 연구 영역의 과제정의서 작성

## 1) 과제정의서의 주관부서 및 성과지표 설정

선언적인 문서 중심의 발전계획은 과제정의서를 통해 보다 구체적이고 실천적인 업무로 구체화된다. 즉, 과제정의서 작성은 대학구성원이 발전계획을 업무로서 수행하고, 성공적인 성과관리에 활용할 수 있도록 내용을 구체화하는 데 그 목적이 있다. 따라서 과제정의서는 대학마다 업무 수행 및 성과관리 편의성에 따라 서식이나 내용을 달리할 수 있다. 이 장에서 제시하는 과제정의서 서식은 정답이라기보다는 하나의 예시에 가깝다.

과제정의서의 상단 부분은 전략과제명과 관련 부서 및 예산 성과지표 등을 제시한다. 〈표 7-9〉에서 살펴볼 수 있듯이 '연구지원체계 고도화' 전략과제와 이에 대한 설명을 제시하고, 업무 구분 및 주관을 명확히 할 수 있도록 과제책임자와 주관부서 협조부서를 구체화한다. 더불어 전략과제를 달성하기 위해 수립된 실행과제와 세부과제를 추진하는 데 필요한 소요 예산, 전략과제에 부합한 성과지표와 산출근거를 제시하는 산출식, 그리고 향후 10년간의 목푯값을 제시한다.

**표 7-9** 연구 영역 과제정의서의 상단 부분

| 전략과제 | A-1 | 연구지원체계 고도화 | | champion | 산학연구처장 |
|---|---|---|---|---|---|
| | | | | 주관부서 | 산학연구처, 교무처 |
| 개요 | 소속 교수진의 연구력 향상을 위한 지원 체계를 고도화하여 수월성을 확보하고 대학의 연구 위상을 강화함 | | | 협조부서 | 재정과, 공동실험 실습관, 시설과 |
| 목표 | • 전임교원 연구력 증진 및 대학 연구경쟁력 강화<br>• 대학차원의 체계적인 연구지원 계획 수립 | | | 소요 예산<br>(백만 원) | 30,920 |
| 성과지표 | 전임교원 연구성과 달성률(%) | | 산출식 | (목표대비 전임교원 1인당 SCI급 논문 성과율×40%)+(목표대비 전임교원 KCI급 논문 성과율×30%)+(목표대비 전임교원 외부연구비 확보율×30%) | |

| 목푯값 | Y년 | Y+1년 | Y+2년 | Y+3년 | Y+5년 | Y+9년 |
|---|---|---|---|---|---|---|
| | 100 | 100 | … | … | … | 100 |

성과지표는 크게 두 가지 형태로 제시할 수 있는데, 하나는 단순지표로 관리하는 방법으로, 전략과제가 도달해야 하는 정도를 대표적으로 측정하기 위해서 설정할 수 있다. 예를 들면, A 연구지원 프로그램을 통해 나타난 성과를 목푯값으로 제시하는 것이다. 프로그램 참여 교원 수, 만족도, 규정 또는 업적평가제도 개선 유무 등이 대표적인 단순지표가 된다.

다른 하나는 복합지표로 관리하는 방안으로 세부과제에서 제시하고 있는 관리지표를 지수화하여 제시하는 방안이 있다. 예를 들면, 〈표 7-9〉에 제시된 '전임교원 연구성과 달성률'과 같이 두 가지 이상의 성과를 복합적으로 나열한 후, 가중치를 부여하여 그 합이 100%가 되도록 구성하는 것이다.

'전임교원 연구성과 달성률'에서는 대학에서 설정한 목표 대비 전임교원의 SCI급 논문 성과율과 KCI급 논문 성과율, 외부연구비 확보율을 제시하였다. 각 지표는 목표 건수 대비 성과를 달성했다면 100%를 초과하는 점수를 보일 것이다. 더불어 대학이 가장 중점적으로 추진하고자하는 바가 SCI급 논문이라면 다른 지표에 비해 더 높은 비중을 설정한다. 매년 목푯값은 세 가지 연구 성과에서 목표한 건수를 달성하여 그 비중을 더하여 100%를 달성하도록 제시하였다.

단순지표이든 복합지표이든 해당 성과지표를 통해 전략과제에 대한 이행을 점검하는 수단으로 활용한다. 단순지표는 해당 과제로 인한 성과 유무가 직관적으로 보인다는 장점이 있으나, 해당 과제로 인한 다양한 성과를 고려하지 않는다는 단점이 있다. 반면, 복합지표는 하나의 과제로 다성과를 측정할 수 있다는 장점이 있지만, 목푯값 대비 달성값만으로는 각 세부 지표 모두 성과를 달성했는지 확인하기 어렵다는 단점이 있다. 즉, 목푯값 대비 성과를 달성하였으나, 세부적으로 분석해 보면 세부지표 하나가 월등히 성과를 달성하여 다소 부족한 성과를 보이는 부분이 나타날 수 있다는 점이다. 무엇보다 중요한 것은 성과지표를 관리하는 부서에서는 이를 면밀히 분석하여 점검할 필요가 있다.

## 2) 과제정의서의 세부과제 설정

과제정의서 중간 부분은 실행과제, 세부과제, 예산 규모를 구체화한다. 연구 영역 전략과제인 '연구지원체계 고도화' 과제정의서의 중간 부분은 〈표 7-10〉과 같이 제시된다.

3. 연구 영역의 과제정의서 작성 **217**

표 7-10 | 연구 영역 과제정의서의 중간 부분

| | | 실행과제명 | 개요 |
|---|---|---|---|
| 실행 과제 | a | 연구지원 체계 및 인프라 구축 | 연구자가 연구에 전념할 수 있는 연구자 중심의 지원체계를 구축하고, 연구 윤리를 준수하며 개인 및 집단 연구를 활성하는 연구 인프라를 구축함 |
| | b | 연구 활성화를 위한 연구지원 확대 | 우수한 국제논문의 양적, 질적 실적의 개선을 위해 전임교원 대상 교내 연구비 지원 및 신임교원 연구 역량을 강화하고, 도서관의 연구지원 기능을 강화함 |
| | C | ⋮ | ⋮ |

| | | 주요 내용 | 관리지표 | 실행시기 [목푯값] | | | | 우선순위 | |
|---|---|---|---|---|---|---|---|---|---|
| | | | | Y년 | Y+1년 | ⋯ | Y+9년 | 중요성 | 시급성 |
| 세부과제 | a-1 | 교원업적평가 연구 영역 제도 개선 | 목표 대비 전임교원 1인당 SCI급/KCI급 논문 성과(율) | → [100] | → [100] | ⋯ | → [100] | 상 | 상 |
| | a-2 | 연구 인프라 개선 | 전임교원 연구지원 만족도 | → [63.4] | → [65] | | → [70] | 상 | 상 |
| | b-1 | 학술활동 경비 및 장려금 등 지원 확대 | 목표 대비 전임교원 1인당 SCI급/KCI급 논문 성과(율) | → [100] | → [100] | | → [100] | 상 | 상 |
| | b-2 | 신임교원 연구역량 확대 | 신임교수 1인당 연구 실적(건) | → [0.42] | → [0.45] | | → [0.70] | 상 | 중 |
| | c-1 | ⋮ | ⋮ | ⋮ | ⋮ | ⋮ | ⋮ | ⋮ | ⋮ |
| | c-2 | ⋮ | ⋮ | ⋮ | ⋮ | ⋮ | ⋮ | ⋮ | ⋮ |

| | | 산출근거 | Y년 | Y+1년 | ⋯ | Y+9년 | 계 |
|---|---|---|---|---|---|---|---|
| 예산 규모 (백만 원) | a | • 연구지원 확대를 위한 규정 개선 TFT 구성 및 운영(정책연구 및 국내여비): 1건×10백만 원=10백만 원<br>• 산학연구처 직원 전문성 강화 교육 운영: 5회×2백만 원=10백만 원<br>• 연구과제 윤리교육 운영: 5회×2백만 원=10백만 원<br>• 전자연구노트 시스템 구축: 1건×100백만 원=100백만 원<br>• 연구관리 통합시스템 개선: 1건×100백만 원=100백만 원 | 230 | 40 | ⋯ | 100 | 580 |

| | | | | | | |
|---|---|---|---|---|---|---|
| b | • 학술연구지원사업(전체): 1,950백만 원<br>• 신임교수 정착지원금(연구환경조성): 5백만 원<br>　×10명＝50백만 원 | 2,000 | 2,050 | ⋯ | 2,450 | 22,250 |
| c | ⋮ | ⋮ | ⋮ | ⋮ | ⋮ | ⋮ |
| | 계 | 3,020 | 3,100 | ⋯ | 3,100 | 30,920 |

　실행과제는 전략과제가 추구하는 목표를 달성하기 위해 실제 이루어지는 과제로 구성한다. '연구 활성화를 위한 연구지원 확대'처럼 전략과제와 함께 지속해서 발전계획의 종료 시점까지 추진해야 하는 경우도 있지만, '연구지원 체계 및 인프라 구축: 연구 영역 교원승진제도 개선'과 같이 발전계획 추진 중간에 완성되거나 성과가 도달되어 더 이상 필요하지 않은 경우도 있다. 이런 경우에는 발전계획의 추진 일정 중 1/2 또는 1/3 시점에 점검하여 새로운 실행과제를 발굴·추가해서 발전계획 종료기한까지 지속해서 추진하면 된다. 추가된 실행과제는 전략과제의 목표와 연계성을 고려해야 한다. 실행과제를 추진하는 데 다양한 주관부서가 있을 테니 필요하다면 이를 추가해도 좋다.

　다음은 실행과제별로 세부과제를 2~3개 정도 추가하여 실행과제에 부합하는 세부과제의 추진 활동을 통해 전략과제의 목표를 달성해 나갈 수 있다. 실행과제인 '연구지원체계 및 인프라 구축'을 추진하는 세부과제로 '교원업적평가 연구 영역 제도 개선'과 '연구인프라 개선'을 설정하고, 관리지표와 목푯값, 우선순위를 제시하였다. 관리지표는 세부과제의 추진 성과 점검을 위해 작성하고, 우선순위는 향후 예산 배정을 고려하여 '세부과제가 얼마나 중요한가'와 '어느 정도 시급하게 추진되어야 하는가'의 관점에서 우선순위를 상·중·하의 3단계로 구분하여 설정하는 것이 필요하다.

　한편, 수립된 세부과제를 추진하는 데 필요한 예산 규모를 산출해야 한다. 세부과제를 달성하는 데 기여할 수 있는 핵심적인 활동들을 제시하고 예산을 산출하면 된다. '연구 인프라 개선'을 위해 연구과제 윤리 교육, 전자연구노트 시스템 및 연구관리 통합시스템 개선 등을 구체적인 활동으로 제시하고, 각 활동의 단가, 개수, 횟수, 인원 등에 따라 산출근거를 제시하여 예산계획을 수립한다. 여기서 산출된 예산 규모의 총액은 상단 부분의 소요 예산과 일치해야 한다.

## 3) 과제정의서의 인프라 설정

과제정의서의 하단 부분에는 앞서 중간 부분에서 산출한 예산 규모를 어떻게 확보할 것인가에 대한 예산 조달 계획, 해당 전략과제를 추진하는 데 필요한 인력 및 공간 확보계획, 그리고 해당 전략과제를 추진하는 데 있어 고려해야 할 사항을 작성한다. '연구지원체계 고도화' 과제정의서의 하단 부분은 〈표 7-11〉과 같이 제시된다.

**표 7-11** 연구 영역 과제정의서의 하단 부분

<table>
<tr><td rowspan="6">예산 조달 계획 (백만 원)</td><td>실행시기</td><td>교비회계</td><td>정부 (재정지원 사업비)</td><td>지자체</td><td>산학협력단 회계</td><td>기타</td><td>계</td></tr>
<tr><td>Y년</td><td>1,000</td><td>1,000</td><td>–</td><td>1,020</td><td>–</td><td>3,020</td></tr>
<tr><td>Y+1년</td><td>1,000</td><td>1,000</td><td>–</td><td>1,100</td><td>–</td><td>3,100</td></tr>
<tr><td>⋮</td><td>⋮</td><td>⋮</td><td>⋮</td><td>⋮</td><td>⋮</td><td>…</td></tr>
<tr><td>Y+9년</td><td>1,000</td><td>1,000</td><td>–</td><td>1,100</td><td>–</td><td>3,100</td></tr>
<tr><td>계</td><td>10,000</td><td>10,000</td><td>–</td><td>10,920</td><td>–</td><td>30,920</td></tr>
<tr><td>인력/공간 확보계획</td><td colspan="7">• 교원업적평가 연구 영역 개선 TFT 지원 실무자 1명 확보(교무처 직원 겸직)<br>• 융복합 연구소 및 이를 관리하는 전담기관 설립: 공간 2실 및 직원 5명(연구교수, 직원 등) 확보 필요(Y+1년부터 연차별 채용)</td></tr>
<tr><td>고려사항</td><td colspan="7">• 안정적인 연구지원 재정 확보를 위해 학술연구지원사업은 교비 및 산학협력단회계, 연구지원체계 및 인프라 구축은 정부재정지원사업비를 활용함<br>• 관리지표 분석 시 교원 직급별 분석 필요</td></tr>
</table>

먼저, 예산 조달 계획은 대학에서 중장기 발전계획을 추진하는 데 있어 필요한 예산의 확보방안에 해당한다. 교비회계, 정부 및 지방자치단체(이하 '지자체'라 한다)의 국고보조금, 산학협력단회계, 기타로 구분할 수 있다. 연차별로 적법한 예산 집행이 가능한 범위 내에서 확보계획을 수립하고 이에 대한 추진이 적절하게 이루어지고 있는지 점검하는 것이 요구된다. 각 전략과제의 예산 조달 계획을 종합하면 대학의 중장기 재정 확보계획을 수립할 수 있다.

다음에 작성할 내용은 추진과제를 추진하는 데 필요한 인력 및 공간 확보계획이다. 이는 실행과제 및 세부과제를 추진하는 데 있어 해당 주관부서에서 추가로 필요한 인력과 공간을 의미한다. 기존 인력과 공간으로 추진이 가능하다면 별도로 작성할 필요는 없다. 다음의 예시에서는 TFT 구성을 위한 실무자 확보와 연구소 설립에 따른 공간 및 지원 등의 확보계획을 제시하였다. 구체적으로 언제 필요한지를 채용 및 설립 시기를 병기하여 대학차원의 계획 수립에도 도움이 될 수 있도록 하였다.

마지막으로 고려사항은 해당 전략과제를 추진하는 데 주관부서와 협력부서뿐만 아니라, 중장기 발전계획을 전담하는 기획처에서 함께 고려해야 하는 사항을 작성한다. 이 예시에서는 복합지표로 설정되어 있는 성과지표 외에도 세부과제에 따른 관리지표 등에 있어서 교원 직급별 분석이 필요함을 제시하였다.

## 4) 연구 영역 과제정의서(종합)

앞서 설명한 세 부분의 내용을 종합해서 연구 영역의 추진과제와 실행과제 및 세부과제를 중심으로 작성한 전략과제 정의서를 예시로 제시하면 〈표 7-12〉와 같다.

표 7-12  연구 영역의 전략과제 정의서

| 전략과제 | A-1 | 연구지원체계 고도화 | | champion | 산학연구처장 |
|---|---|---|---|---|---|
| | | | | 주관부서 | 산학연구처, 교무처 |
| 개요 | 소속 교수진의 연구력 향상을 위한 지원 체계를 고도화하여 수월성을 확보하고 대학의 연구 위상을 강화함 | | | 협조부서 | 재정과, 공동실험실습관, 시설과 |
| 목표 | • 전임교원 연구력 증진 및 대학 연구경쟁력 강화<br>• 대학차원의 체계적인 연구지원 계획 수립 | | | 소요 예산<br>(백만 원) | 30,920 |

| 성과지표 | 전임교원 연구성과<br>달성률(%) | 산출식 | (목표대비 전임교원 1인당 SCI급 논문 성과율×40%)+(목표대비 전임교원 KCI급 논문 성과율×30%)+(목표대비 전임교원 외부연구비 확보율×30%) | | | |
|---|---|---|---|---|---|---|
| | | 목푯값 | Y년 | Y+1년 | Y+2년 | Y+3년 | Y+5년 | Y+9년 |
| | | | 100 | 100 | ⋯ | ⋯ | ⋯ | 100 |

| 실행과제 | | 실행과제명 | 개요 |
|---|---|---|---|
| | a | 연구지원 체계 및 인프라 구축 | 연구자가 연구에 전념할 수 있는 연구자 중심의 지원체계를 구축하고, 연구 윤리를 준수하며 개인 및 집단 연구를 활성하는 연구 인프라를 구축함 |
| | b | 연구 활성화를 위한 연구지원 확대 | 우수한 국제논문의 양적, 질적 실적의 개선을 위해 전임교원 대상 교내 연구비 지원 및 신임교원 연구 역량을 강화하고, 도서관의 연구지원 기능을 강화함 |
| | c | ⋮ | ⋮ |

3. 연구 영역의 과제정의서 작성

| | | 주요 내용 | 관리지표 | 실행시기 [목푯값] | | | | 우선순위 | |
|---|---|---|---|---|---|---|---|---|---|
| | | | | Y년 | Y+1년 | … | Y+9년 | 중요성 | 시급성 |
| 세부과제 | a-1 | 연구자중심 연구지원체계 구축 | 전임교원 연구지원 만족도 | ➡ [63.4] | ➡ [65] | … | ➡ [70] | 상 | 상 |
| | a-2 | 연구 인프라 개선 | 전임교원 연구지원 만족도 | ➡ [63.4] | ➡ [65] | … | ➡ [70] | 상 | 상 |
| | b-1 | 학술활동 경비 및 장려금 등 지원 확대 | 전임교원 1인당 SCI급 연구실적(건) | ➡ [0.38] | ➡ [0.40] | … | ➡ [0.65] | 상 | 상 |
| | b-2 | 신임교원 연구역량 확대 | 신임교수 1인당 정착지원금(만 원) | ➡ [400] | ➡ [500] | … | ➡ [600] | 상 | 중 |
| | c-1 | ⋮ | ⋮ | ⋮ | ⋮ | … | ⋮ | ⋮ | ⋮ |
| | c-2 | ⋮ | ⋮ | ⋮ | ⋮ | … | ⋮ | ⋮ | ⋮ |

| | | 산출근거 | Y년 | Y+1년 | … | Y+9년 | 계 |
|---|---|---|---|---|---|---|---|
| 예산 규모 (백만 원) | a | • 산학연구처 직원 전문성 강화 교육 운영: 5회×2백만 원=10백만 원<br>• 연구과제 윤리교육 운영: 5회×2백만 원=10백만 원<br>• 전자연구노트 시스템 구축: 1건×100백만 원=100백만 원<br>• 연구관리 통합시스템 개선: 1건×100백만 원=100백만 원 | 220 | 40 | … | 100 | 580 |
| | b | • 연구지원 확대를 위한 규정 개선 TFT 구성 및 운영(정책연구 및 국내여비): 1건×10백만 원=10백만 원<br>• 학술연구지원사업(전체): 1,950백만 원<br>• 신임교수 정착지원금(연구환경조성): 4백만 원×10명=40백만 원 | 2,000 | 2,050 | … | 2,450 | 22,250 |
| | c | ⋮ | ⋮ | ⋮ | ⋮ | ⋮ | ⋮ |
| | | 계 | 3,020 | 3,100 | … | 3,100 | 30,920 |

| | 실행시기 | 교비회계 | 정부<br>(대학혁신<br>지원사업비) | 지자체 | 산학협력단<br>회계 | 기타 | 계 |
|---|---|---|---|---|---|---|---|
| 예산 조달<br>계획<br>(백만 원) | Y년 | 1,000 | 1,000 | – | 1,020 | – | 3,020 |
| | Y+1년 | 1,000 | 1,000 | – | 1,100 | – | 3,100 |
| | ⋮ | ⋮ | ⋮ | ⋮ | ⋮ | ⋮ | … |
| | Y+9년 | 1,000 | 1,000 | – | 1,100 | – | 3,100 |
| | 계 | 10,000 | 10,000 | – | 10,920 | – | 30,920 |
| 인력/공간<br>확보계획 | • 연구지원 확대를 위한 규정 개선 TFT 지원 실무자 1명 확보(교무처 직원 겸직)<br>• 융복합 연구소 및 이를 관리하는 전담기관 설립: 공간 2실 및 직원 5명(연구교수, 직원 등)<br>  확보 필요(Y+1년부터 연차별 채용) | | | | | | |
| 고려사항 | • 안정적인 연구지원 재정 확보를 위해 학술연구지원사업은 교비 및 산학협력단회계, 연구지<br>  원체계 및 인프라 구축은 정부재정지원사업비를 활용함<br>• 관리지표 분석 시 교원 직급별 분석 필요 | | | | | | |

## 4. 연구 영역 발전계획을 위한 제언

### 1) 연구 영역 발전계획 수립 시 고려사항

연구 영역 발전계획을 수립할 때 가장 중요한 요인 중 하나는 대학의 내부적인 특성을 잘 분석해야 한다는 것이다. 즉, 대학이 다양한 학문을 종합적으로 다루는 대규모 대학인지 또는 특정 학문이 중심이 된 소규모 대학인지를 고려해야 한다. 또한 학생의 실무역량 함양과 취업에 중점을 두고 있는지 또는 학문 추구를 목적으로 진학에 중점을 두고 있는지 살펴보아야 한다. 더불어 학부 교육중심인지 또는 대학원 연구중심인지 등에 따라 연구 영역의 비전, 목표, 세부 전략 등이 달라질 수 있다.

대학을 둘러싼 외부적 환경 역시 중요하게 고려해야 한다. 즉, 대학과 관련한 사회적·경제적·인구통계학적 변화는 대학에 요구하는 특성화된 연구 분야나 학문 후속세대 양성의 유입과 직결된다. 또한 대학이 위치한 지리적 특성은 지역사회가 특정 대학에 대한 기대나 요구와 밀접하게 연결된다. 대학이 위치한 지역 산업체의 요구 역시 중장기 발전계획 수립에 영향을 미친다.

### (1) CIPP 모형에 근거한 발전계획 수립

대학에서 연구 영역의 발전계획 수립 시 고려사항은 올바른 의사결정을 조력하는 CIPP 모형에 근거하여 다음과 같이 살펴볼 수 있다. CIPP 모형은 크게 맥락(Context), 투입(Input), 과정(Process), 산출(Product)로 구분해 볼 수 있다.

첫째, 맥락은 앞에서 논의한 것처럼 연구 영역 발전계획 수립을 위한 대학 대내외적 요구, 문제, 상태를 분석한 것이다. 현재 대학의 연구지원 정책, 전임교원 1인당 또는 학과(전공)별 연구성과, 전임교원 1인당 또는 학과(전공)별 외부연구비 규모 등 연구성과를 다각적으로 분석한다. 더불어 연구 영역을 둘러싼 정부의 정책, 정부재정지원사업, 대학 평가지표, 지역의 요구 등을 점검한다. 중장기 발전계획 수립을 위한 배경으로서 각 대학마다 처해 있는 다양한 상황에 대해 작성할 수 있다.

둘째, 투입은 앞서 분석한 맥락에 따라 대학의 연구역량 및 성과 강화를 위해 대학이 투자하는 인적·물적 자원, 조직, 제도, 전략 등을 의미한다. 대학의 연구 영역 비전 및 목표에 부합하는 연구환경 및 맞춤형 지원 등을 제시할 수 있다.

셋째, 과정은 투입을 통해 시행된 자원, 조직, 제도 등이 계획대로 운영되고 있는지 정기적으로 분석하고 점검하는 단계이다. 실제 수행해야 하는 대학의 특화 분야 및 연구 활동, 실행 단계에서의 문제점, 효과 및 효율성, 과정을 점검하는 방법 등을 제시할 수 있다.

넷째, 산출은 성과를 해석하고, 판단하며 효과를 확인하는 단계로 목표했던 연구역량 및 성과가 나타났는지 판단한다. 이는 구체적인 연구 활동을 통해 나타난 성과로 논문, 창업, 기술이전 등의 산출과 대학 특화 연구 분야에 대한 대학 평판, 지역 및 산학협력 성과 등으로 제시할 수 있다.

연구 영역의 주요 전략과제나 세부전략을 작성할 때에는 이와 같은 내용을 통합적으로 고려하여 제시해야 한다.

### (2) 연구 영역의 장애 및 촉진 요인

대학은 지향하는 연구 영역의 비전과 목표를 수립하고, 구체적인 달성방법과 전략을 제시해야 한다. 이때 우리 대학만이 갖는 구체적이고 특성화된 학문 분야나 연구방법 등이 무엇인지 고려해 보아야 한다. 즉, 대학의 맥락, 설립 목적 등에 부합한 연구 특성화 브랜드를 명확하게 설정하고, 독자적인 연구 활성화 전략을 마련하는 것은 매우 중요하다.

중장기 발전계획에서 마련한 대학 특성화 분야 연구를 활성하기 위한 맞춤형 지원체계를 마련하는 것 역시 중요하다. 연구수행 인력이 개인 연구를 수행하거나 연구소를 통한 조직화된 연구를 활발하게 수행할 수 있어야 한다. 또한 연구 수행을 조력하거나 지원할 수 있는 체계가 마련되어 있어 연구 활동 그 자체에 집중하고, 이를 통해 양질의 연구 성과를 낼 수 있도록 해야 한다.

　　연구 수행을 위한 예산이 충분히 마련되어 있고, 체계적이고 전문화된 연구지원 조직이 구성되어 있다면 맞춤형 연구지원을 통해 연구 특성화 및 활성화를 도모할 수 있다. 연구 수행을 위한 공간 및 시설, 장비, 전산시스템 등이 잘 갖추어져 이를 체계적으로 운영할 수 있다면 대학에서 연구 수행과 관리가 원활하게 이루어질 것이다.

　　학문 후속세대가 대학 내 지속적으로 유입되어 양질의 대학원 교과 및 비교과 교육을 통해 해당 분야의 연구 역량을 강화하는 것 역시 학문 후속세대 양성의 중요 요인이다. 더불어 그들

**표 7-13** 연구 영역의 장애 및 촉진 요인

| 범주 | 장애요인 | 촉진요인 |
|---|---|---|
| 대학 특성화 분야 연구 활성화 | • 불명확한 연구 특성화 분야<br>• 연구 특성화 및 활성화 전략 부재<br>• 대학 맥락과 부합하지 않는 특성화 분야 및 전략 | • 대학 설립 목적에 따른 연구 특성화 브랜드 확립<br>• 대학만의 독자적인 연구 활성화 전략 마련 |
| 맞춤형 연구지원 | • 연구소 등 교내 연구기관 부재에 따른 개인 연구 치중<br>• 연구 지원 방안 부재 및 미비<br>• 과도한 수업 및 행정 부담으로 연구 수행의 어려움 | • 연구소를 통한 조직화된 연구 및 개인 연구 활성화<br>• 다양하고 원활한 연구 수행 조력 및 지원 체계 확립<br>• 교원 연구트랙 제도를 활용한 연구 몰입 강화 |
| 연구 인프라 구축 | • 산학연 연구 협력 조직 및 인력 부족<br>• 연구 공간 및 시설 · 장비 부족<br>• 불안정한 연구지원 조직<br>• 연구지원 전산시스템 미비<br>• 제한된 재정으로 인한 연구비 지원 부족 및 연구비 관리 건전성 저하 | • 산학연 연구 활성화를 위한 조직 및 인력 확충<br>• 연구공간 및 시설 · 장비 확충<br>• 체계적 · 전문적 연구지원 조직<br>• 연구지원 전산시스템 구축<br>• 연구 성과 확산을 위한 안정적 연구비 지원 및 건전한 연구비 관리 |
| 학문 후속세대 양성 | • 학문 후속세대 확보 어려움<br>• 대학원 부재 또는 교육 미비<br>• 대학원생 연구역량 강화를 위한 교육 체계 부재<br>• 학문 후속세대 연구지원 부재 | • 학문 후속세대 지속 유입<br>• 대학원 교육 활성화<br>• 대학원생 연구역량 강화 교과 및 비교과 운영<br>• 학문 후속세대 대상 다양한 연구지원 운영 |

이 대학의 지원을 통해 다양한 연구 활동에 참여할 수 있다면 대학의 연구 성과는 더욱 촉진될 것이다.

## 2) 연구 영역 발전계획 수립을 위한 체크리스트

연구 영역 발전계획을 수립하는 데 있어 점검해야 할 항목을 준비–실행(운영)–평가 단계로 구분하여 체크리스트를 제시하면 다음과 같다. 이는 수행 여부를 확인하는 데 도움이 된다.

준비 단계에서는 주로 계획에 해당하는 내용이 적절한지, 예산의 산출 규모와 인력 및 공간 확보계획 등이 적절하게 수립되었는지를 제시하고 수행 여부를 점검한다.

실행(운영) 단계에서는 전략과제 정의서에서 제시하고 있는 우선순위에 따라 연차별로 수립된 계획이 실행되고 있는지와 예산 집행 계획에 따라 예산이 적절하게 집행되고 있는지를 점검한다.

평가 단계에서는 전략과제의 종합적인 성과지표와 실행과제 및 세부과제에서 제시하고 있는 관리지표가 달성되고 있는지와 실행과제 및 세부과제의 실행에 대한 이행점검과 그 결과를 차년도 계획에 반영하고 있는지, 그리고 성과목표의 달성에 따른 적절한 보상이 이루어지고 있는지를 점검한다.

**표 7-14** 연구 영역 발전계획 수립을 위한 체크리스트

| 단계 | 점검사항 | 점검내용 | 수행 여부 (Y/N) |
|---|---|---|---|
| 준비 | 영역 구분 | 대학 발전계획에서 '연구' 영역이 필요한가? | |
| | 목표/특성화 방향 수립 | 대학이 달성하고자 하는 연구 영역의 목표 및 특성화 방향은 무엇인가? | |
| | 범주 구분 | '연구' 영역에서 세부 범주는 구분했는가? | |
| | 전략과제 설정 | 연구 영역에 부합한 전략과제인가? | |
| | 장애요인 | 연구 영역에서 고려해야 할 장애요인을 확인했는가? | |
| | 촉진요인 | 연구 영역에서 고려해야 할 촉진요인을 확인했는가? | |
| | 사례 대학 선정 | 연구 영역에서 참고할 사례 대학을 선정했는가? | |

| | | | |
|---|---|---|---|
| 실행<br>(운영) | 과제정의서 | 과제정의서 양식은 정했는가? | |
| | 주관부서 | 전략과제별 과제책임자, 주관부서, 협조부서는 정하고 있는가? | |
| | 성과지표 | 전략과제별 성과지표와 산출식, 목푯값은 설정하고 있는가? | |
| | 실행과제 | 연구 영역의 전략과제에 부합하는 실행과제를 제시하고 있는가? | |
| | 세부과제 | 연구 영역의 실행과제에 부합하는 세부과제들을 제시하고 있는가? | |
| | 추진과정 | 세부과제별로 실행시기와 우선순위 등을 제시하고 있는가? | |
| | 인력/공간 | 전략과제의 목표를 달성하기 위해 필요한 인력/공간 확보계획을 수립하였는가? | |
| | 소요 예산 | 전략과제를 추진하는 데 필요한 소요 예산을 산출하고 편성하였는가? | |
| 평가 | 중간 점검 | 연구 영역의 전략과제의 중간점검 및 그 점검 결과에 따른 후속 조치가 이루어지고 있는가? | |
| | 성과지표 | 연구 영역의 과제정의서에서 제시하고 있는 성과지표의 목푯값을 달성했는가? | |
| | 성과관리 | 성과지표 외에 연구 영역의 성과를 관리 · 점검하고 있는가? | |
| | 보상 | 추진과제에 대한 목표 달성 정도에 따라 주관 및 협력 부서에 적절한 보상이 이루어졌는가? | |
| | 환류 | 연구 영역의 추진 점검을 하고, 점검 결과를 반영하여 차년도의 세부계획을 수립하였는가? | |

제**8**장

# 산학협력 영역 발전계획

Effective Strategic Planning in Higher Education

이 장에서는 대학의 중장기 발전계획에서 '산학협력 영역'에 대한 중요성과 산학협력 영역에서 일반적으로 다루고 있는 내용들이 무엇인지 살펴보았다. 또한 산학협력 영역 발전계획 수립 시 고려해야 할 사항이 무엇인지 제시하였고, 일반적으로 대학에서 산학협력 영역의 주요 세부 영역, 전략과제, 실행과제들을 어떻게 수립하였는지 구체적으로 살펴보았다.

아울러 이 장에서는 산학협력 영역의 정부재정지원사업(LINC3.0 사업 등)을 수행하고 있는 대학들을 포함하여 41개의 4년제 대학을 선정하여 이들 대학의 산학협력 영역에 대한 목표, 세부 영역, 전략과제, 실행과제 및 주요 특징이 무엇인지 분석하였다. 그리고 분석 대학들을 중심으로 설립주체, 대학규모를 기준으로 공통점과 차이점을 파악하였다.

마지막으로 산학협력 영역 발전계획 수립을 위한 제언에서는 대학의 성공적인 산학협력 활동을 위한 성공요인을 제시한 후 각 단계별 체크리스트를 제시하였다. 이를 통해 추후 각 대학에서는 산학협력 영역 발전계획을 수립, 운영, 평가하는 기준으로 활용할 수 있을 것이다.

# 1. 산학협력 영역 발전계획의 개요

## 1) 산학협력 영역 발전계획의 중요성

그동안 대학은 교육, 연구, 사회봉사라는 본연의 역할과 더불어 '산학협력'이라는 새로운 역할을 통해 산업과 과학기술 선순환의 한 축으로서의 역할을 수행해 왔다. 이에 따라 대학 발전계획의 산학협력 영역은 대학에 따라서 다양한 형태로 분류되고 있다. 많은 대학이 별도의 산학협력 영역으로 분류하기보다는 연구와 연계된 영역으로 제시하고 있고, 일부 대학들은 지역사회 연계와 함께 제시하고 있다. 또한 많은 대학에서는 별도의 산학협력 발전계획을 수립하여 대학의 중장기적인 산학협력 활동에 활용하고 있다.

대학의 산학협력 활동에 대한 사항들은 한국연구재단이 매년 413개 대학(「고등교육법」 제2조에 따라 설치된 각급 학교 및 그 밖의 다른 법률에 따라 설치된 각급학교 중 대학정보공시 의무를 가지는 전국 413개 대학)의 산학협력활동을 조사하여 발표한 '대학 산학협력활동 조사보고서'에서 조사・분석・제공되고 있다. 여기에는 전체 대학의 87.3%에 이르는 359개 대학이 산학협력단을 운영하고 있을 정도로 대학에서 산학협력은 중요한 역할로 자리 잡고 있음을 알 수 있다. 이와 같은 양적인 규모뿐만 아니라 전체 대학의 산학협력단 운영수익은 2022년 기준으로 약 10.1조 원으로 2018년 보다 2조 7,785억 원 증가하였으며, 전년 대비 830억 원이 증가하였다. 2022년 대학의 산학협력 활동의 주요 수익원 중에서 지원금 수익이 6조 7,733억 원(66.7%)으로 가장 높은 비중을 차지하고 있고, 산학협력 교육 및 연구비 수익은 7조 8,588억 원으로 2018년 대비 32.9% 증가하였다 (한국연구재단, 2022).

이처럼 대학의 산학협력 활동은 양적・질적으로 크게 성장하고 있고 디지털 전환시대(Digital Transformation: DX)를 맞아 혁신적인 변화와 쇄신을 요구받고 있다. 디지털 전환시대의 새로운 산학협력활동은 산업체, 대학, 연구소, 중앙정부, 지방자치단체 등의 지역혁신주체 모두를 위한 맞춤형・상호보완형 산학협력을 지향함으로써 공동체 전반의 상생을 도모하는 선순환 생태계 구축을 목표로 하고 있다. 이러한 선순환 산학협력 생태계 구축을 위해 대학에서는 대학 및 지역의 특성을 고려한 산학협력 정책이 필요하다. 특히 다양한 수요가 발생하고 있는 시대의 흐름에 맞춰 대학의 규모, 지역 여건, 참여 주체의 역량에 맞는 정책 마련이 필요하다. 예를 들어, 서울에 위치하고 있는 상위권 대학의 산학협력 정책, 지역거점대학의 산학협력 정책, 지역에 기반을 두고 있는 중소형 대학의 산학협력 정책은 구분되어 수립되어야 할 것이다.

특히 지역혁신주체(지역 산업체, 지자체, 연구소 등)가 지역대학과 연계·협력하는 지산학 산학협력 정책을 수립할 필요가 있다. 2025년부터 중앙정부에서 주도하던 대학지원방식을 지역주도로 전환하는 RISE(지자체-대학교육혁신체제) 체계의 도입이 확정되면서 지자체와 대학이 연계·협력하는 제도적, 재정적 지원과 정책마련이 필요하다.

## 2) 산학협력 영역의 세부 영역

산학협력 영역의 세부 영역을 살펴보면, 대표적으로 산학협력 교육, 지식재산권 및 기술사업화, 창업생태계 조성, 산학협력 인프라 등과 같은 범주로 구분하고 있고, 일부 대형 대학이나 연구중심대학 등에서는 연구 영역과 함께 기술하는 경우도 있다. 또한 최근 지역대학들을 중심으로 가족회사 지원, 창업지원, 공용장비 활용 등의 과제들이 지역사회기여 영역에서 다루어지는 경우도 있다. 이 장에서는 대학 발전계획의 산학협력 영역을 산학협력 교육, 지식재산권 및 기술사업화, 창업생태계 조성, 산학협력 인프라 등의 세부 영역으로 구분한 후 여러 대학의 발전계획에서 제시되고 있는 전략과제들을 분류하여 분석하였다.

### (1) 산학협력 교육

산학협력 교육에서는 이 책의 '제5장 교육 영역 발전계획'에서 다루고 있는 내용에 더불어 산업체와의 연계·협력을 토대로 운영되는 현장실습 프로그램의 확대, 캡스톤디자인, 계약학과, 산업체 주문식 교육과정, 학교기업 현장실습 등의 내용을 다룬다.

### (2) 지식재산권 및 기술사업화

지식재산권 및 기술사업화에서는 대학이 보유하고 있는 지식재산권 출원 및 등록, 기술이전을 통한 기술료 수입 증대 및 사업화 활성화, 대학의 기술투자(대학 기술지주회사) 운영 활성화 등을 다루고자 한다.

### (3) 창업생태계 조성

창업생태계 조성에서는 정규 교과목과 비교과 프로그램을 포함하는 학생 창업교육 지원제도 및 프로그램 확대, 창업휴학제 및 창업 대체학점 인정제와 같은 창업친화적 학사제도 구축, 학생창업 및 교원창업 확대를 위한 대학의 지원 강화, 실험실공장 설치 등을 통한 대학 기술기반 기술창업 활성화를 위한 전략을 제시하고 있다. 이 외 일부 대학에서는 유학생 대상 창업교육과 글로벌 창업인턴십 프로그램 운영 등의 세부전략과제를 운영하고 있다.

### (4) 산학협력 인프라

산학협력 인프라에서는 교원의 산학협력 실적을 재임용 · 승진 평가 시 활용하는 제도인 '산학협력 친화형 교원 인사 제도'와 대외 개방 및 공동연구 등의 목적으로 공용장비 집적센터 등에 구축되어 타 연구자 및 기관에게 활용이 허용된 '공동활용 연구장비'의 활용 확대, 그리고 대학과 연계하여 현장실습, 학생취업연계, 연구장비 공동활용, 재직자교육참여, 공동연구개발 등의 산학협력활동에 참여하는 산업체인 '가족회사 제도'의 운영 확대, 산학협력 공유 · 협업체계 구축 등이 있다.

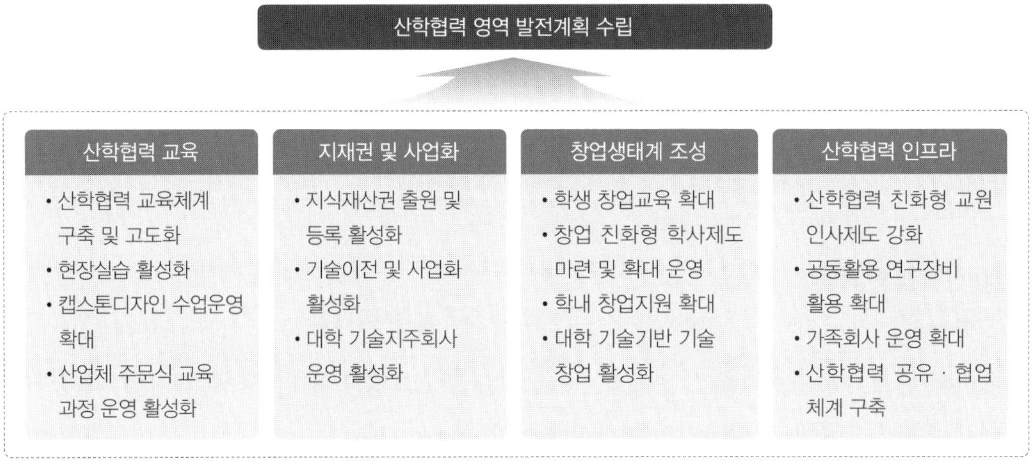

**산학협력 영역 발전계획 수립**

| 산학협력 교육 | 지재권 및 사업화 | 창업생태계 조성 | 산학협력 인프라 |
|---|---|---|---|
| • 산학협력 교육체계 구축 및 고도화<br>• 현장실습 활성화<br>• 캡스톤디자인 수업운영 확대<br>• 산업체 주문식 교육 과정 운영 활성화 | • 지식재산권 출원 및 등록 활성화<br>• 기술이전 및 사업화 활성화<br>• 대학 기술지주회사 운영 활성화 | • 학생 창업교육 확대<br>• 창업 친화형 학사제도 마련 및 확대 운영<br>• 학내 창업지원 확대<br>• 대학 기술기반 기술 창업 활성화 | • 산학협력 친화형 교원 인사제도 강화<br>• 공동활용 연구장비 활용 확대<br>• 가족회사 운영 확대<br>• 산학협력 공유 · 협업 체계 구축 |

[그림 8-1] 산학협력 영역 발전계획 수립 개요

---

**Work Point**

- 산학협력 영역의 세부 영역은 대학의 규모, 설립유형, 소재지역 등 대학을 둘러싸고 있는 여러 환경을 고려하여 분류할 수 있다.
- 산학협력 교육 세부 영역의 전략과제 중 일부는 제5장 교육 영역에서 제시하고 있는 전략과제와 중복될 수 있다. 이런 경우에는 대학의 특성(비전, 교육목표 등)을 기반으로 적절한 영역을 선정하여 작성할 수 있다.

## 2. 산학협력 영역의 주요 전략과제 및 실행과제

### 1) 산학협력 영역의 구분 및 사례 대학 선정

산학협력 영역의 범위(구분)를 살펴보기 위해 각 대학이 공시하고 있는 학교 발전계획 및 특성화계획 항목을 살펴보았다. 대학알리미에서 발전계획 자료를 상세하게 제공하고 있는 4년제 대학의 산학협력 영역별 사례 대학 41개교를 추출하였다. 이들 대학의 설립유형을 '국·공립'과 '사립' 대학으로 구분하고, 국·공립대학의 경우에는 국립, 공립, 국립대법인을 포함하였다. 설립유형과 대학 규모에 따라 분류하면 〈표 8-1〉과 같다.

**표 8-1** 사례 대학 분류 기준

| 구분 | | 대학 규모 | | |
|---|---|---|---|---|
| | | 대규모<br>(21개교) | 중규모<br>(15개교) | 소규모<br>(5개교) |
| 설립<br>유형 | 국·공립대학 | 강원대, 경북대, 경상국립대, 서울과기대, 전남대, 전북대, 충남대, 충북대 | 국립강릉원주대, 국립목포대, 국립한밭대, 서울시립대, 제주대 | 국립금오공대, 국립목포해양대 |
| | 사립대학 | 경희대, 가천대, 경남대, 단국대, 동국대, 동아대, 숙명여대, 순천향대, 숭실대, 영남대, 중앙대, 한양대, 호서대 | 가톨릭대, 남서울대, 동서대, 동의대, 명지대, 서울여대, 선문대, 한국공학대, 한림대, 호남대 | 루터대, 추계예대, 한세대 |

※ 주: 대규모(재학생 1만 명 이상), 중규모(재학생 5천 명 이상 1만 명 미만), 소규모(재학생 5천 명 미만), 대학명 가나다순

대학알리미를 통해 공시한 대학 발전계획 중 산학협력 영역에 해당하는 전략과제를 설립유형과 대학 규모에 따라 전략과제와 실행과제의 예시로 제시해 보고자 한다. 여기서 제시하는 전략과제와 실행과제는 대학의 특성과 유형 및 규모 등에 따라서 매우 달라질 수 있고, 해당 대학이 처한 대학의 현실과 밀접하게 연관되어 있다.

〈표 8-2〉에서는 산학협력 세부 영역별로 사례 대학을 분류한 결과를 보이고 있다. 앞서 1-2)절에서 정의했던 4개의 세부 영역별로 구분하여 사례 대학을 제시하였다.

표 8-2 │ **산학협력 세부 영역별 사례 대학**

| 세부 영역 | 사례 대학 |
|---|---|
| 산학협력 교육 | 가천대, 가톨릭대, 강원대, 경희대, 국립금오공대, 국립목포대, 국립목포해양대, 국립한밭대, 동국대, 동서대, 동아대, 동의대, 명지대, 선문대, 숙명여대, 순천향대, 영남대, 전남대, 전북대, 제주대, 중앙대, 충북대, 한국공학대, 한세대, 호서대(국·공립 9개교, 사립 16개교, 총 25개교) |
| 지재권 및 사업화 | 가톨릭대, 경북대, 경상국립대, 경남대, 경희대, 국립강릉원주대, 국립목포해양대, 국립한밭대, 동국대, 동서대, 루터대, 명지대, 서울과기대, 숙명여대, 순천향대, 숭실대, 서울시립대, 전남대, 전북대, 제주대, 중앙대, 충북대, 한세대, 한국공학대, 한림대, 호서대(국·공립 10개교, 사립 16개교, 총 26개교) |
| 창업생태계 조성 | 가천대, 강원대, 경북대, 경희대, 국립목포대, 국립목포해양대, 국립한밭대, 동국대, 동서대, 동아대, 선문대, 숙명여대, 순천향대, 숭실대, 영남대, 전남대, 전북대, 제주대, 중앙대, 충북대, 한림대, 호서대(국·공립 9개교, 사립 13개교, 총 22개교) |
| 산학협력 인프라 | 가천대, 강원대, 경남대, 경희대, 국립강릉원주대, 국립강릉원주대, 국립목포대, 국립목포해양대, 국립한밭대, 단국대, 동국대, 동서대, 동아대, 루터대, 서울과기대, 서울시립대, 선문대, 숙명여대, 순천향대, 숭실대, 전남대, 전북대, 제주대, 중앙대, 충북대, 한국공학대, 한림대, 한세대, 호남대(국·공립 11개교, 사립 17개교, 총 28개교) |

※ 주: 대학명 가나다순

**Work Point**

- LINC3.0 사업을 수행하고 있는 전국 76개 대학(기술혁신선도형 13개교, 수요맞춤성장형 53개교, 협력기반구축형 10개교)의 사업계획서 및 대학 중장기 발전계획 요약서는 LINC3.0 사업 홈페이지(https://lincthree.nrf.re.kr/#/univ)에서 확인할 수 있다.
- 대학 발전계획의 개략적인 내용은 사립대학의 경우 대학혁신지원사업 총괄협의회 홈페이지(https://uispc.org), 국립대학의 경우 국립대학육성사업발전협의회 홈페이지(https://knu39.org)에 탑재된 사업계획서를 통해 확인할 수 있다.

## 2) 전략과제

대학 발전계획의 산학협력 영역은 〈표 8-3〉과 같이 네 가지 세부 영역으로 분류한 후 전략과제들을 재구조화할 수 있다. 〈표 8-3〉에서 보이고 있는 세부 영역과 전략과제는 LINC3.0 사업을 수행하고 있는 4년제 대학들을 대상으로 대학 발전계획의 산학협력 영역에서 다루고 있는 세부 영역과 전략과제를 조사한 후 재구조화를 실시한 결과이다. 대학 발전계획의 자세한 내용은 한국연구재단에서 운영 중인 LINC3.0 홈페이지의 '사업단 소개'에 탑재된 대학별 사업계획서 혹은 대학알리미 사이트의 '11-가-1.학교발전계획 및 특성화계획'에서 확인할 수 있다.

### (1) 산학협력 교육

산학협력 교육에서는 대학에서 운영하고 있는 여러 사업을 중심으로 산업체 요구를 반영한 교육체계의 구축과 운영 고도화에 관한 사항, 최근 도입된 표준현장실습학기제와 자율현장실습학기제 운영을 위한 제도 마련 및 활성화에 관한 사항, 다양한 형태(일반형, 기업공동형, 국제형 등)의 캡스톤디자인 교과목의 운영 활성화에 관한 사항, 국가·지방자치단체·산업체 등과의 협약에 의해 개설 및 운영되는 주문식 교육과정의 개설 및 활성화에 관한 사항 등을 다루고 있다.

### (2) 지식재산권 및 기술사업화

지식재산권 및 기술사업화에서는 국내·외 특허, 실용신안, 디자인, 상표권, 소프트웨어 등의 지식재산권 출원 및 등록 활성화를 위한 지원에 관한 사항, 대학이 보유하고 있는 지적재산권의 기술이전 및 사업화에 관한 사항, 대학 기술지주회사의 설립 및 운영 활성화를 통한 기술투자 확대에 관한 사항 등을 다루고 있다.

### (3) 창업생태계 조성

창업생태계 조성은 대학 내 창업문화 활성화를 위한 창업 친화형 학사제도 구축 및 확대운영에 관한 사항, 교과 교육과정과 비교과 교육과정을 모두 포함하는 학생 창업교육 지원 확대에 관한 사항, 학생 및 교원창업 지원을 위한 인적·물적 지원의 확대에 관한 사항, 대학의 지식재산권을 기반으로 창업하는 기술기반 기술창업의 활성화에 관한 사항 등을 다루고 있다.

### (4) 산학협력 인프라

산학협력 인프라는 대학 산학협력 활동의 주체가 되는 교원의 산학협력 활동을 촉진하기 위한 교내 인사제도의 수립 및 개선에 관한 사항, 대학이 보유하고 있는 연구장비들의 대외 개방 및 공동연구 등의 목적으로 대학 내에 공동활용을 위한 조직을 마련하여 타 연구자 및 기관에게 활용을 허용하는 사항, 대학의 산학협력활동에 참여하는 가족회사 제도의 마련 및 운영 활성화에 관한 사항, 산업체와의 정보 공유 및 협업 체계 구축 등을 다루고 있다.

〈표 8-3〉은 산학협력 영역에서 설정하고 있는 전략과제의 주요 내용이다.

**표 8-3**    **산학협력 영역에서 설정하고 있는 전략과제의 내용**

| 세부 영역 | 전략과제 | 전략과제 내용 |
|---|---|---|
| 산학협력 교육 | 산학협력 교육체계 구축 및 고도화 | 미래산업분야 인재양성을 위한 전공 교육체계 구축 및 운영 활성화 |
| | 현장실습 활성화 | 교육부의 '대학생 현장실습학기제 운영규정(21년 6월)'에 따라 운영되는 표준 현장실습학기제와 자율 현장실습학기제의 운영 활성화 |
| | 캡스톤디자인 수업 운영 확대 | 1, 2학년 동안 배운 전공교과목 및 이론 등을 바탕으로, 산업체가 필요로 하는 과제를 대상으로 학생들이 스스로 기획과 종합적인 문제해결을 통해 창의성과 실무능력, 팀워크, 리더십 등을 배양하도록 지원하는 정규교과목 운영 확대 |
| | 산업체 주문식 교육과정 운영 활성화 | 학칙의 범위 내에서 국가 및 지방자체단체 또는 산업체 등과의 협약에 의해 정원 내로 개설·운영할 수 있는 교육과정의 확대 운영 |
| 지식재산권 및 기술사업화 | 지식재산권 출원 및 등록 활성화 | 지식재산권(특허, 실용신안, 디자인, 상표, 소프트웨어, 저작권 등)의 출원 및 등록 활성화를 위한 대학의 지원 강화 |
| | 기술이전 및 사업화 활성화 | 대학이 보유하고 있는 기술을 양도(매매), 실시권 허락, 기술지도, 기술제휴, 합작투자 또는 인수·합병 등의 방법으로 일정 수준의 비용을 받고 이전하여 대학의 수익을 창출 |
| | 대학 기술지주회사 운영 활성화 | 대학이 보유한 특허 등의 기술을 출자하여 독자적인 신규 회사의 설립, 외부기업과의 합작(조인트 벤처) 설립, 기존 기업의 지분인수 등의 형태로 자회사를 설립하여 사업화하기 위한 전문조직의 설치 및 운영 활성화 |
| 창업 생태계 조성 | 학생 창업교육(교과 및 비교과) 지원 확대 | 창업 관련 정규교과목과 비교과 프로그램(동아리, 경진대회, 캠프 등) 운영 확대 |
| | 창업 친화형 학사제도 구축 및 확대 | 창업 휴학제, 창업 대체학점 인정제, 창업장학금제, 창업특기생제, 창업강좌 학점 교류제, 창업관련 학과 및 전공운영 등을 통한 학생창업 활성화 |
| | 교원 창업 지원 확대 | 창업 연구년제, 승진 및 업적평가 제도에 창업실적 포함 등 교원 창업 활성화를 위한 지원 강화 |
| | 대학 기술기반 기술창업 활성화 | 대학의 연구시설에 생산시설을 갖춘 사업장을 설치·운영하여 수익을 창출하는 실험실공장 등 대학의 기술기반 기술창업 활성화를 위한 지원 강화 |

| | | |
|---|---|---|
| 산학협력 인프라 | 산학협력 친화형 교원 인사제도 구축 | 대학이 운영 중인 교원인사제도와 관련하여 산학협력 실적을 신규임용·재임용·승진 평가 시 활용하는 제도 |
| | 공동활용 연구장비 활용 (공용장비센터 기반) 확대 | 대학이 보유하고 있는 장비를 대외에 개방하거나 공동연구 등의 목적으로 타 연구자 및 기관에게 활용을 허용하여 수익을 창출 |
| | 가족회사 운영 확대 | 대학의 산학협력활동에 현장실습, 취업연계, 연구장비공동활용, 재직자교육참여, 공동연구개발 등의 형태로 연계협력하는 산업체 확대 |
| | 산학협력 공유협업 체계 구축 | 지역 산업체와의 상호 협력을 위한 정보 공유 및 협업체계 구축 |

※ 주: 대학 산학협력활동 조사보고서(2021)의 내용을 재편집하였음.


산학협력 영역 발전계획을 별도의 영역으로 분리하여 수립한 대학들과 다른 영역과 연계하여 수립한 대학들의 전략과제는 〈표 8-4〉와 같다.


**표 8-4** **산학협력 영역 전략과제의 대학 사례**

| 대학명 | | 세부 영역 | 주요 전략과제 | |
|---|---|---|---|---|
| 국·공립 | 국립 강릉원주대 | 연구·산학협력 역량 강화 | • 연구·산학협력 역량 강화 | • 지역발전 선도형 산학협력 체계 강화 |
| | 강원대 | 지속가능한 산학 협력 생태계 조성 | • 산학협력 생태계 조성<br>• 산학협력 기능 혁신 | • 창업 생태계 조성 |
| | 서울과기대 | 글로컬 산학협력 | • 글로벌 플랫폼 구축을 통한 국제화 브랜드 제고 | • 산학연계를 통한 공유·협업 강화 |
| | 전북대 | 산학협력 및 지역발전 | • 기술사업 활성화 및 미래 신산업 기술개발<br>• 산학협력 교육 활성화<br>• 지역혁신협력기반 상생형 산학협력 강화 | • 산학협력 친화형 체계 구축 및 제도 고도화<br>• 산학연 연계교육과정 혁신<br>• 취창업 원스톱 지원을 통한 실전형 인재양성 |
| | 충남대 | 산학협력 생태계 구축 | • 창의적 자산 기반 미래 혁신가치 창출<br>• 산업체 친화형 교육 고도화 | • 산학협력 인프라 고도화<br>• 지역특화산업 연계 특성화<br>• 혁신기술기반 창업생태계 조성 |

| 국·공립 | 국립<br>한국교통대 | 산학협력<br>융합 추진 | • 산학일체형 플랫폼 구축<br>• 산업 밀착형 인재양성 | • 기술지식 자산가치 극대화<br>• 산학융합 인프라 고도화 |
|---|---|---|---|---|
| | 국립<br>목포해양대 | 해양특성화<br>실용연구 | • 미래해양산업 실용연구<br>  혁신 및 취창업 강화 | • 글로컬 해양분야 지산학<br>  공유협업 네트워크 강화 |
| 사립 | 가톨릭대 | 산학협력 선도 | • 사회혁신 주도<br>• 미래기술 육성 | • 지역연계 강화<br>• 글로벌 협업 확대 |
| | 경남대 | 연구 및 산학협력 | • 산학협력 생태계 조성<br>• 산학협력 지원체제 고도화 | • 산학협력 연구 활성화 및<br>  성과 고도화 |
| | 남서울대 | 산학연계 강화 | • 지속가능한 산학협력 생태<br>  계 구축 | • 지역기반의 평생학습 도시<br>  구축 |
| | 동국대 | 창의혁신<br>플랫폼 대학 | • 특화 분야 산학연협력 교<br>  육 체계 고도화<br>• R&BD 기반 개방형 혁신체계 강화 | • 지역사회 연계 창업 플랫폼<br>  구축 |
| | 선문대 | 산학협력/<br>지역협력 | • 산학협력 플랫폼 구축 | • 산학연구 인프라 개선 |
| | 숙명여대 | 산학협력 혁신 | • 산학연계형 교육기반 확립<br>• 지속도전 가능형 창업토대<br>  구축 | • 공동가치 창출형 연구환경<br>  조성 |
| | 중앙대 | 연구·산학협력<br>생태계 강화 | • 지·산·학·연·관 협력<br>  클러스터 구축 | • 연구·산학협력 성과 공유·<br>  확산 |
| | 숭실대 | 연구·산학협력<br>혁신 | • 산학협력 공생체계 구축<br>  혁신 | • 기술창업 및 기술이전 지원<br>  체계 혁신 |
| | 루터대 | 지역 중심대학 | • 지역사회 대외협력 | |
| | 추계예대 | 글로벌 지역협력<br>체계 강화 | • 국제화 및 산학협력 강화 | • 취창업지원 및 상담체계 고<br>  도화 |
| | 한양대 | 지속가능한 산학<br>융합 생태계 조성 | • 기술사업화 혁신 모델 창출<br>• 혁신적 산학융합클러스터<br>  조성 | • 대학-사회 산학융합 모델<br>  창출 |

## 3) 실행과제

앞서 제시한 전략과제 중 대표적인 전략과제를 달성하기 위해 수립한 실행과제와 그에 따른 세부과제를 예시로 제시하면 〈표 8-5〉와 같다. 여기에서는 1개의 전략과제별 2개의 실행과제와 실행과제별 2개의 세부과제를 제시해 보고자 한다.

**표 8-5** 산학협력 영역의 주요 실행과제(예시)

| 전략과제 | 실행과제 | 세부과제 |
|---|---|---|
| 산학협력 교육체계 구축 및 고도화 | 산학밀착형 인력양성을 위한 교육과정 고도화 | 고용연계형 계약학과 설치 및 기업맞춤형 트랙 확산 |
| | | 표준현장실습학기제 및 기업연계 캡스톤 디자인 확산 |
| | 미래 수요 맞춤형 교육과정 강화 및 교육체계 구축 | 산업수요 맞춤형 교육과정 효과성 분석 체계 마련 |
| | | 산학연계 교과, 비교과 프로그램 운영 |
| 기술이전 및 사업화 활성화 | 선도기술 지식 재산권 확보 | 지식재산권 아이디어 발굴 지원 |
| | | 기술이전 인센티브 제도 강화 |
| | 기술·지식 등 사업화 추진 | 지식재산권 사업화 평가시스템 구축 및 운영 |
| | | 기술이전 및 사업화 원스톱 지원 체계 구축 및 운영 |
| 학생 및 교원 창업지원 확대 | 기술창업 통합지원체계 구축 | 학내 창업관련 부서 간 협업 시스템 구축 및 운영 |
| | | 창업지원 공간 구축 및 운영 |
| | 창업지원제도 및 프로그램 운영 강화 | 교원창업 연구년제 신설 및 운영 |
| | | 창업교과목, 기술창업 융합과정, 창업동아리 등 운영 활성화 |
| 산학협력 활성화를 위한 제도 마련 및 운영 | 산학협력 친화형 제도 개선 | 교원업적평가 시 산학협력 실적 반영비율 확대 |
| | | 학부(과) 평가 시 산학협력 실적반영 비율 확대 |
| | 산학협력 전문인력 확충 | 산학협력 중점교원 채용 확대 |
| | | 산학협력 지원인력의 전문성 강화 |

대학에서 실제로 수립하여 운영하고 있는 산학협력 영역의 전략과제와 주요 실행과제는 〈표 8-6〉과 같다.

**표 8-6** 산학협력 영역 실행과제의 대학 사례

| 대학명 | | 전략과제 | 주요 실행과제 |
|---|---|---|---|
| 국·공립 | 국립 강릉원주대 | 연구·산학협력 역량 강화 | • 산학협력 친화형 제도혁신<br>• 개방공유형 선순환적 산학협력 생태계 구축    • 기술이전 및 사업화 체계 강화 |
| | 강원대 | 산학협력 생태계 조성 | • 캠퍼스 산학협력단지 기반 구축    • 산학협력친화형 교원인사 제도 운영 |
| | 제주대 | 지역산업 연계 산학협력체계 강화 | • 산학연 네트워크 내실화<br>• 첨단 공동연구장비 확보 및 활용<br>• 기술이전 및 기술사업화 활성화    • 수익창출형 산학협력체계 강화<br>• 산학연 연계 플랫폼 구축 |
| | 국립 목포해양대 | 미래해양산업 산학협력 고도화 | • 미래해양산업 실용기술개발 활성화<br>• 지역산업 산학연구 협력 활성화<br>• 해양산업 창업 및 기업지원 생태계 조성 |
| | 전북대 | 산학협력 친화형 체계 구축 및 제도 고도화 | • 산학협력 친화형 조직 구성 및 성과체계 고도화<br>• 산학협력 관련조직의 전문성 및 효율성 강화    • 산학협력 관련조직의 유기적 협력 및 체계적 지원 |
| | 충남대 | 산학협력 인프라 고도화 | • 기업협업 특화지원센터 육성<br>• 지속가능한 산학협력 체제 강화    • 기업친화형 산학협력 고도화 |
| 사립 | 가톨릭대 | 미래기술 육성 | • 선도기술 지식 재산권 확보    • 기술·지식 사업화 |
| | 경남대 | 산학협력 생태계 조성 | • 지역산업 협력 체계 구축<br>• 원스톱 지역 산업체 지원 플랫폼 구축    • 가족회사 운영 및 맞춤형 지원 강화 |
| | 경희대 | 산학협력 R&D 역량강화 | • 산학연계 인프라 강화    • 산학연계 플랫폼 구축 |
| | 남서울대 | 지속가능한 산학 생태계 구축 | • 산학협력 중장기 발전계획 고도화<br>• 산학협력 인프라 고도화<br>• 산학협력 지원체계 활성화    • 퇴직자, 미취업자 대상 교육 프로그램 운영 활성화<br>• 산학 연계 인력양성과정 강화 |

| | | | | |
|---|---|---|---|---|
| 사립 | 동국대 | 지역사회 연계 창업 플랫폼 구축 | • 전주기적 창업 교육 확대 | • 창업 기획 기능 강화 |
| | 동서대 | 산학협력 성과 제고 | • 기술경영센터 기술사업화 역량강화 | • 창업교육 강화 및 창업 지원 생태계 구축 |
| | 선문대 | 산학협력 인프라 개선 | • 산학협력 수익 창출 다변화<br>• 창업 선순환 체계 확립 | • 특화 분야 연구 지원 확대 |
| | 숙명여대 | 지속도전 가능형 창업토대 구축 | • 창업 경험의 자산화가 가능한 재정/인프라 구축 | • 전주기적 창업 교육 확대<br>• 창업 동기의 실전 창업화 지원 강화 |
| | 숭실대 | 산학협력 공동체계 구축 혁신 | • 산학협력 마일리지 제도 활성화 | • 기업－지역－대학 간 산학협력 네트워크 활성화 |
| | 중앙대 | 연구·산학협력 성과 공유·확산 | • 전략적 기술개발 및 기술이전 추진<br>• 기술기반 창업 육성 및 사업화 지원 | • 특화 분야 기반 산학협력 체계 구축 |
| | 루터대 | 지역사회 대외협력 | • 지역사회 네트워크 구축<br>• 지역사회 연계사업 발굴 운영<br>• 지역사회와 연계한 연구·산학협력 강화 | |
| | 추계예대 | 국제화 및 산학협력 강화 | • 산관학 협력 네트워크 구축 | • 해외 교류 네트워크를 통한 글로벌 예술인 양성 |
| | 한양대 | 기술사업화 혁신모델 창출 | • 글로벌 제품 IR 플랫폼 확대<br>• 기술이전 수익화 전략 수립 및 성공모델 창출 | • 4D 프로세스를 통한 기술사업화 추진<br>• 교내 실험실 창업 활성화 |

## 4) 산학협력 영역의 시사점

앞서 살펴본 대학별 발전계획 중 산학협력 영역에 해당하는 전략과제 및 실행과제를 토대로 발전계획을 수립하는 데 대학 규모에 따라 대규모 대학과 중소규모 대학으로, 설립유형에 따라 국·공립대학과 사립대학으로 구분하여 고려해야 할 사항에 대해 제시하고자 한다. 〈표 8-3〉 부터 〈표 8-6〉까지 제시된 전략과제와 실행과제 및 세부과제는 대학의 특성과 유형 및 규모 등에 따라 달라질 수 있고, 해당 대학이 처한 대학의 현실(지리적 위치, 주변 환경 등)과 밀접하게 연관되어 있다.

41개 대학 발전계획의 산학협력 영역을 분석하면서 정리한 대학 발전계획 수립의 시사점은 다음과 같다.

### (1) 국ㆍ공립대학의 산학협력 영역 특성

국ㆍ공립대학을 세부 영역별로 살펴보면 산학협력 인프라를 가장 많은 대학이 포함하고 있고, 그다음으로 지재권 및 사업화, 산학협력 교육, 창업지원 순으로 많은 대학이 포함하고 있다. 하지만 일부 대학들이 산학협력 교육을 교육 영역에 포함시키는 경우가 있어 실제로 가장 높은 빈도수를 보이는 세부 영역은 '산학협력 교육'이라고 볼 수 있다. 전략과제별로 살펴보면 산학협력 교육과 창업생태계 조성 영역이 가장 많은 전략과제를 포함하고 있고, 그다음으로 지식재산권 및 기술사업화, 산학협력 인프라 순으로 많이 포함하고 있다. 일부 국ㆍ공립대의 전략과제에서는 지역사회 공헌 및 기여와 연계하여 산학협력 영역의 전략과제를 제시하는 사례도 있다.

### (2) 사립대학의 산학협력 영역 특성

사립대학 역시 산학협력 인프라 세부 영역을 가장 많은 대학이 포함하고 있고, 그다음으로 지재권 및 사업화, 산학협력 교육, 창업지원의 순이어서 국ㆍ공립대학과 유사한 특성을 보였다. 전략과제 역시 국ㆍ공립대학과 유사한 특성을 보이고 있으나, 기술지주회사 통한 사업화 지원 및 수익 창출 등의 전략과제와 세부 실행과제를 제시하는 사례가 많은 것으로 분석되었다.

### (3) 대규모 대학의 산학협력 영역 특성

대규모 대학을 세부 영역별로 살펴보면 창업지원을 가장 많은 대학이 포함하고 있고, 그다음으로 산학협력 인프라, 지재권 및 사업화, 산학협력 교육 순이다. 전략과제별로 살펴보면 창업지원과 산학협력 교육이 가장 많은 전략과제를 포함하고 있고, 그다음으로 지식재산권 및 기술사업화, 산학협력 인프라가 비슷한 수준으로 포함하고 있다.

### (4) 중소규모 및 특성화 대학의 산학협력 영역 특성

중소규모 대학을 세부 영역별로 살펴보면 산학협력 교육을 가장 많은 대학이 포함하고 있고, 그다음으로 산학협력 인프라와 창업지원, 지식재산권 및 기술사업화 순이다. 소규모 특성화 대학의 경우에는 산학협력을 별도의 세부 영역으로 분리하지 않고 교육, 글로벌, 지역협력, 학생

지원 등의 영역에 포함하는 사례가 많다.

　이상에서 살펴본 설립유형별, 대학 규모별 전략과제 수립 시 특성을 종합해 보면, 국·공립대학의 경우에는 '산학협력 인프라'를 대학 규모와 관계 없이 가장 많은 대학이 포함하고 있고, 대규모 대학은 '산학협력 인프라'와 '지식재산권 및 기술사업화'를, 중소규모 대학은 '산학협력 교육'을 더 많은 대학이 포함하고 있다. 사립대학의 경우에는 '산학협력 인프라'와 '지식재산권 및 기술사업화'를 가장 많은 대학이 세부 영역으로 포함하고 있고, 중소규모 대학은 '산학협력 교육'과 '산학협력 인프라' 순으로 많은 대학이 세부 영역으로 포함하고 있는 반면, 대규모 대학은 '지식재산권 및 기술사업화', '창업지원'의 순으로 많이 포함하고 있다.

**표 8-7** **설립유형별 대학규모별 전략과제 수립의 특성**

| 구분 | 국·공립대학 | 사립대학 |
|---|---|---|
| 대규모 대학 | • '산학협력 인프라'와 '지식재산권 및 기술사업화'를 모두 포함함<br>• 그다음으로 '산학협력 교육', '창업지원' 영역 순으로 많이 포함 | • '지식재산권 및 기술사업화', '창업지원'을 모두 포함함<br>• 그다음으로 '산학협력 인프라', '산학협력 교육' 영역 순으로 많이 포함 |
| 중소규모 대학 | • '산학협력 교육'과 '산학협력 인프라'를 모두 포함함<br>• 그다음으로 '창업지원', '지식재산권 및 기술사업화' 영역 순으로 많이 포함 | • '산학협력 교육'과 '산학협력 인프라'를 모두 포함함<br>• 그다음으로 '창업지원', '지식재산권 및 기술사업화' 영역 순으로 많이 포함 |

# 3. 산학협력 영역의 과제정의서 작성

## 1) 과제정의서의 주관부서 및 성과지표 설정

　이 절에서는 과제정의서를 상단 부분, 중간 부분, 하단 부분 등 크게 세 부분으로 나눠서 살펴보고자 한다. 상단 부분에서는 전략과제명, 전략과제의 전반적인 설명인 개요와 전략과제를 통해서 도달하고 추구하는 목표, 전략과제를 책임지고 수행하는 전략과제 책임자(champion), 실행과제와 세부과제를 주관해서 실행하는 주관부서와 실행과제와 세부과제를 추진하는 데 주관부서를 지원해 주는 협조부서, 전략과제를 달성하기 위해 수립된 실행과제와 세부과제를 추

표 8-8 산학협력 영역 과제정의서의 주관부서 및 성과지표 설정 부분

| 전략과제 | A-1 | 산학협력 활성화를 위한 제도 마련 및 전문성 강화 | champion | 산학협력단장 |
| --- | --- | --- | --- | --- |
| | | | 주관부서 | 교무처, 산학협력단, LINC3.0사업단 |
| 개요 | 대학 내 기관이나 부서 간 장벽을 뛰어넘는 산학협력 관련 제도 정비 및 전문인력 확충을 통해 대학 내 산학협력 문화 안착 | | 협조부서 | 기획처, 사무국 |
| 목표 | 인재양성, 기술이전, 사업화, 창업 등 각 분야의 산학협력 정책을 통합적으로 추진해서 정책효과를 확대하고, 시너지를 제고하기 위한 선순환적 산학협력 제도 개선 및 전문인력 확충 | | 소요 예산 (백만 원) | 1,060 |
| 성과지표 | 산학협력 활성화율(%) | | 산출식 | 산학협력 관련 제도 개선율×40%+산학협력 전문인력(교직원) 채용비율×60% |

| | | 목푯값 | Y년 | Y+1년 | Y+2년 | Y+3년 | Y+5년 | Y+9년 |
| --- | --- | --- | --- | --- | --- | --- | --- | --- |
| | | | 10% | 11% | 12% | 13% | 15% | 20% |

진하는 데 필요한 소요 예산, 전략과제에 부합한 성과지표의 명칭과 산출근거를 제시하는 산출식, 그리고 향후 10년간의 목푯값을 제시할 수 있다.

이 과제정의서에서는 세부과제에서 제시하고 있는 관리지표를 지수화하여 제시하는 방식인 복합지표 방식을 사용하였다. 구체적으로, '산학협력 활성화율(%)'과 같이 제시하고, 각 관리지표별로 세부 가중치를 부여한 후 그 합이 100%가 되도록 구성하는 것이다. 〈표 8-8〉의 산출식에는 가중치를 생략하여 제시하고 있다. 만약 가중치를 넣어 산출식을 작성할 경우에는, 산학협력 활성화율=(산학협력 관련 제도 개선율×40%)+(산학협력 전담교원 채용비율×40%)+(산학협력 전담직원 채용비율×20%)와 같이 관리지표 중에 유사한 단위로 측정이 가능한 지표를 중심으로 설정하는 방법이 있고, 다른 하나는 2개의 관리지표를 하나의 세부 지수로 만들어서 2개 이상의 세부 지수를 묶어서 복합 지수화하여 성과지표를 설정하는 방법이 있다.

앞서 설명한 것처럼 복합지표로 설정할 경우에는 복합지표 내의 세부지표들 중 어느 하나의 지표에서 월등한 성과가 발생하여 합산된 전체 성과지표가 초과 달성되는 상황이 벌어질 수 있다. 이때, 전체적인 성과지표의 값이 목표치를 초과 달성하여 세부지표 중에서 부족한 부분이 크게 드러나지 않기도 한다. 이런 문제를 해결하기 위해서는 발전계획의 성과지표를 점검하는 과정에서 세부 지푯값까지 점검하는 과정을 체크리스트에 포함시키는 것과 같은 방안을 마련

해 볼 수 있다. 이 장의 마지막 부분에 제시된 〈표 8-14〉 체크리스트의 평가부분에서 세부지표의 달성값을 체크할 수 있도록 하였다.

## 2) 과제정의서의 세부과제 설정

〈표 8-9〉에서는 과제정의서의 중간 부분에 해당하는 실행과제, 세부과제, 예산 규모에 대해 제시하고 있다. 실행과제에서는 전략과제에 부합한 실행력을 갖춘 과제들로 구성한다. 이 과제 정의서에서는 〈표 8-9〉의 상단에서 보이는 것과 같이 두 개의 실행과제를 제시하였다. 첫 번째 실행과제는 '산학협력 친화형 제도 개선'으로 대학 내에서 이루어지는 산학협력 관련 제도 및 규정의 신설 및 개선 등에 관한 것이다. 예를 들어, 교원의 성과급적 연봉제와 관련된 규정에서 지식재산권 출원 및 등록 등과 같은 특정한 산학협력 실적의 배점을 상향하거나, 교육(30%), 연구(40%), 봉사(20%), 산학협력(10%)과 같은 평가영역별 가중치를 변경하여 산학협력 영역의 가중치를 10%에서 20%로 상향하는 경우 등을 생각해 볼 수 있다. 두 번째 실행과제는 '산학협 력 전문인력 확충'으로 신임교원 채용 시 산학협력 중점교원을 채용하는 비율과 신규직원 채용 시 산학협력 전문성을 갖춘 전담인력의 채용 비율을 높이는 것이다. 다음은 실행과제별로 세부 과제를 2~3개 정도 추가하여 실행과제에 부합하는 세부과제의 추진 활동을 통해 전략과제의 목표를 달성해 나갈 수 있다. 세부과제는 향후 예산 투입을 고려하여 선택과 집중의 전략을 통 해 '세부과제가 얼마나 중요한가'와 '어느 정도 시급하게 추진되어야 하는가'의 관점에서 우선순 위를 상, 중, 하의 3단계로 구분하여 설정하는 것이 필요하다. 또한 세부과제별로 관리해야 하 는 지표와 연차별 목푯값도 설정하여 추진 성과에 대한 점검을 하는 것이 필요하다.

이와 같이 수립된 세부과제를 추진하는 데 필요한 예산 규모를 산출하는 것이 요구된다. 이를 〈표 8-9〉의 하단 부분에서 보이고 있다. 예산 규모는 세부과제를 달성하기 위한 활동들을 고려하여 실제로 사업을 추진하는 입장에서 산출하면 된다. 예를 들어, a-1과 a-2 세부과제 (제도개선)를 추진하기 위해서는 먼저 제도개선 업무를 담당할 TFT를 구성(Y년)하여 운영하는 비용이 필요하고, 그다음 연도(Y+1)부터는 개선된 제도를 운영하는 데 필요한 예산을 산출하 면 된다. 여기서 산출된 예산 규모의 총액은 상단 부분의 소요 예산과 일치해야 한다.

**표 8-9** 산학협력 영역 과제정의서의 실행과제 및 세부과제 부분

| 실행과제 | | 실행과제명 | | 개요 | |
|---|---|---|---|---|---|
| 실행과제 | a | 산학협력 친화형 제도 개선 | | 대학 내 산학협력 관련 규정 및 제도 개선 | |
| | b | 산학협력 전문인력 확충 | | 산업체 경력 교원 채용 및 산학협력 전문성을 갖춘 직원 채용 확대 | |
| | c | ⋮ | | ⋮ | |

| 세부과제 | | 주요 내용 | 관리지표 | 실행시기 [목푯값] | | | | 우선순위 | |
|---|---|---|---|---|---|---|---|---|---|
| | | | | Y년 | Y+1년 | … | Y+9년 | 중요성 | 시급성 |
| 세부과제 | a-1 | 교원업적평가 시 산학협력 실적 반영비율 확대 | 교원 승진·승급·재임용 시 산학협력 활동 항목 비율(%) | → [5%] | → [6%] | … | → [10%] | 상 | 상 |
| | a-2 | 학부(과) 평가 시 산학협력 실적반영 비율 확대 | 학부(과) 평가 시 산학협력 활동 항목 비율(%) | → [10%] | → [11%] | … | → [20%] | 상 | 중 |
| | b-1 | 산학협력 중점교원 채용 확대 | 산학협력 중점 교원 채용 비율(%) | → [10%] | → [11%] | … | → [20%] | 상 | 상 |
| | b-2 | 산학협력 전문성을 갖춘 지원인력 채용 확대 | 직원 채용 시 산학협력 경력 인정 비율(%) | → [5%] | → [5%] | … | → [10%] | 상 | 상 |
| | c-1 | ⋮ | ⋮ | ⋮ | ⋮ | … | ⋮ | ⋮ | ⋮ |
| | c-2 | ⋮ | ⋮ | ⋮ | ⋮ | … | ⋮ | ⋮ | ⋮ |

| 예산 규모 (백만 원) | | 산출근거 | Y년 | Y+1년 | … | Y+9년 | 계 |
|---|---|---|---|---|---|---|---|
| 예산 규모 (백만 원) | a | • 제도개선 TFT 구성 및 운영: 5백만 원×1=5백만 원<br>• 학부(과) 인센티브(2차년도~): 50백만 원 | 5 | 50 | … | 50 | 455 |
| | b | • 산학협력 중점교원 인건비: 50백만 원×1년=50백만 원<br>• 신규채용 교원 공간구축비: 5백만 원×1개실=5백만 원 | 55 | 55 | … | 110 | 605 |
| | c | ⋮ | ⋮ | ⋮ | … | ⋮ | ⋮ |
| | 계 | | 60 | 105 | … | 160 | 1,060 |

## 3) 과제정의서의 인프라 설정

과제정의서의 하단 부분에는 앞서 〈표 8-9〉에서 산출한 예산을 어떻게 확보할 것인가에 대한 예산 조달 계획, 해당 전략과제를 추진하는 데 필요한 인력 및 공간 확보계획, 그리고 해당 전략과제를 추진하는 데 있어 고려해야 할 사항에 대해 작성한다.

먼저, 예산 조달 계획은 대학 발전계획을 추진하는 데 있어 필요한 예산의 확보방안에 해당한다. 교비회계(국립대의 경우에는 대학회계), 정부 및 지방자치단체(이하 '지자체'라 한다)의 국고보조금, 산학협력단회계, 기타로 구분할 수 있다. 국립대의 경우에는 발전기금회계를 포함하여 작성할 필요가 있다. 연차별로 적법한 예산 집행이 가능한 범위 내에서 확보계획을 수립하고 이에 대한 추진이 적절하게 이루어지고 있는지 점검하는 것이 요구된다. 각 전략과제의 예산 조달 계획을 종합하면 대학의 중장기 재정 확보계획을 수립할 수 있다.

다음에 작성할 내용은 전략과제를 추진하는 데 필요로 하는 인력 및 공간 확보계획이다. 〈표 8-10〉에서는 제도개선 TFT의 간사업무를 담당할 지원인력 1명과 매년 신규 채용할 교원의 연구실 및 실험실 등의 공간확보 계획을 기술하고 있다.

마지막으로 고려사항은 해당 전략과제를 추진하는 데 필요한 사항들을 작성하게 된다. 〈표 8-10〉의 하단 부분에서 제시하고 있는 내용과 같이 전략과제 추진에 있어 필요한 구성원과의

**표 8-10** 산학협력 영역 과제정의서의 하단 부분

| | 실행시기 | 교비회계 | 정부(재정지원사업비) | 지자체 | 산학협력단회계 | 기타 | 계 |
|---|---|---|---|---|---|---|---|
| 예산 조달 계획 (백만 원) | Y년 | 55 | 5 | – | – | – | 60 |
| | Y+1년 | 55 | 50 | – | – | – | 105 |
| | ⋮ | ⋮ | ⋮ | ⋮ | ⋮ | ⋮ | ⋮ |
| | Y+9년 | 110 | 50 | – | – | – | 160 |
| | 계 | 605 | 455 | – | – | – | 1,060 |
| 인력/공간 확보계획 | • 제도개선 TFT 지원인력 1인 충원(교무처 직원 겸직)<br>• 교원 연구실 및 실험실 확보(매년 신규채용 교원 수) | | | | | | |
| 고려사항 | • 대학 구성원(교직원)과의 지속적인 소통 강화<br>• 학부(과) 평가 시 산학협력 반영이 어려운 학문분야에 대한 예외조치사항 마련 필요<br>• 산학협력 중점교원 채용확대를 위한 학부(과)와의 합의 필요<br>• 직원채용 규정 개정을 위해 직원협의회와의 합의 필요 | | | | | | |

의사소통 및 예외 조치사항 등의 내용을 작성하면 된다.

## 4) 산학협력 영역 과제정의서(종합)

앞서 살펴본 산학협력 영역의 전략과제와 실행과제를 중심으로 세 부분으로 구분하여 설명하였던 과제정의서를 종합하여 작성하면 〈표 8-11〉과 같다.

**표 8-11** 산학협력 영역의 전략과제 정의서

| 전략과제 | A-1 | 산학협력 활성화를 위한 제도 마련 및 전문성 강화 | | | champion | 산학협력단장 | | |
|---|---|---|---|---|---|---|---|---|
| | | | | | 주관부서 | 교무처, 산학협력단, LINC3.0 사업단 | | |
| 개요 | 대학 내 기관이나 부서 간 장벽을 뛰어넘는 산학협력 관련 제도 정비 및 전문인력 확충을 통한 산학협력 문화 안착 | | | | 협조부서 | 기획처, 사무국 | | |
| 목표 | 인재양성, 기술이전, 사업화, 창업 등 각 분야의 산학협력 정책을 통합적으로 추진해서 정책효과를 확대하고, 시너지를 제고하기 위한 선순환적 산학협력 제도 개선 및 전문인력 확충 | | | | 소요 예산 (백만 원) | 1,060 | | |
| 성과지표 | 산학협력 활성화율(%) | | | 산출식 | 산학협력 관련 제도 개선율×40%+산학협력 전문인력(교원/직원) 채용비율×60% | | | |
| | | | | 목푯값 | Y년 | Y+1년 | Y+2년 | Y+3년 | Y+5년 | Y+9년 |
| | | | | | 10% | 11% | 12% | 13% | 15% | 20% |
| 실행과제 | | 실행과제명 | | | 개요 | | | |
| | a | 산학협력 친화형 제도 개선 | | | 대학 내 산학협력 관련 규정 및 제도 개선 | | | |
| | b | 산학협력 전문인력 확충 | | | 산업체 경력 교원 채용 및 산학협력 전문성을 갖춘 직원 채용 확대 | | | |
| | c | ⋮ | | | ⋮ | | | |

| | | 주요 내용 | 관리지표 | 실행시기 [목푯값] | | | | 우선순위 | |
|---|---|---|---|---|---|---|---|---|---|
| | | | | Y년 | Y+1년 | … | Y+9년 | 중요성 | 시급성 |
| 세부과제 | a-1 | 교원업적평가 시 산학협력 실적 반영비율 확대 | 교원 승진·승급·재임용 시 산학협력 활동 항목 비율(%) | → [5%] | → [6%] | … | → [10%] | 상 | 상 |
| | a-2 | 학부(과) 평가시 산학협력 실적반영 비율 확대 | 학부(과) 평가 시 산학협력 활동 항목 비율(%) | → [10%] | → [11%] | … | → [20%] | 상 | 중 |
| | b-1 | 산학협력 중점교원 채용 확대 | 산학협력 중점 교원 채용 비율(%) | → [10%] | → [11%] | … | → [20%] | 상 | 상 |
| | b-2 | 산학협력 전문성을 갖춘 지원인력 채용 확대 | 직원 채용 시 산학협력 경력 인정 비율(%) | → [5%] | → [5%] | … | → [10%] | 상 | 상 |
| | c-1 | ⋮ | ⋮ | ⋮ | ⋮ | ⋮ | ⋮ | ⋮ | ⋮ |
| | c-2 | ⋮ | ⋮ | ⋮ | ⋮ | ⋮ | ⋮ | ⋮ | ⋮ |

| | | 산출근거 | Y년 | Y+1년 | … | Y+9년 | 계 |
|---|---|---|---|---|---|---|---|
| 예산 규모 (백만 원) | a | • 제도개선 TFT 구성 및 운영: 5백만 원×1년=5백만 원 <br> • 학부(과) 인센티브(2차년도~): 50백만 원 | 5 | 50 | … | 50 | 455 |
| | b | • 산학협력 중점교원 인건비: 50백만 원×1년=50백만 원 <br> • 신규채용 교원 공간구축비: 5백만 원×1개실=5백만 원 | 55 | 55 | … | 110 | 605 |
| | c | ⋮ | ⋮ | ⋮ | ⋮ | ⋮ | ⋮ |
| | | 계 | 60 | 105 | … | 160 | 1,060 |

| | 실행시기 | 교비회계 | 정부(재정지원사업비) | 지자체 | 산학협력단회계 | 기타 | 계 |
|---|---|---|---|---|---|---|---|
| 예산 조달 계획 (백만 원) | Y년 | 55 | 5 | – | – | – | 60 |
| | Y+1년 | 55 | 50 | – | – | – | 105 |
| | ⋮ | ⋮ | ⋮ | ⋮ | ⋮ | ⋮ | ⋮ |
| | Y+9년 | 110 | 50 | – | – | – | 160 |
| | 계 | 605 | 455 | – | – | – | 1,060 |

| 인력/공간 확보계획 | • 제도개선 TFT 지원인력 1인 충원(교무처 직원 겸직) <br> • 교원 연구실 및 실험실 확보(매년 신규채용 교원 수) |
|---|---|

| 고려사항 | • 대학 구성원(교직원)과의 지속적인 소통 강화 |
| --- | --- |
| | • 학부(과) 평가 시 산학협력 반영이 어려운 학문분야에 대한 예외 조치사항 마련 필요 |
| | • 산학협력 중점교원 채용확대를 위한 학부(과)와의 합의 필요 |
| | • 직원채용 규정 개정을 위해 직원협의회와의 합의 필요 |

# 4. 산학협력 영역 발전계획을 위한 제언

## 1) 산학협력 영역 발전계획 수립 시 고려사항

최근 대학은 학령인구 감소가 이어지면서 대내외적으로 어려운 상황에 처해 있다. 앞으로는 대학의 특수성을 기반으로 지속가능성을 확보할 수 있는 대학만이 생존할 수 있는 상황이다. 이러한 상황에 대응하기 위해서는 대학에서 운영 중이거나 향후 수주할 예정인 산학협력 관련 재정지원사업과 연계하여 산학협력 특성화를 이루고 좋은 모델을 만들어 경쟁력을 강화해 나가야 한다. 특히 최근 RISE 체계의 도입과 맞물려 지역사회와의 연계·협력이 중요해지고 있다.

이 장에서는 41개 대학 발전계획서의 산학협력 영역을 분석하여 앞으로 대학 발전계획을 재수립하거나 수정·보완하는 대학 관계자들에게 산학협력 영역에서 다루어야 할 전략과제와 수행과제들을 제시하고자 하였다. 여러 대학 발전계획의 산학협력 영역을 조사·분석하면서 얻은 대학의 산학협력 활성화 방안은 다음과 같다.

### (1) 다양한 수익창출 모색 및 산학협력 문화 확산

대학은 교원들이 수주해 오는 연구개발과제나 재정지원사업비 관리를 넘어 다양한 수익창출이 가능한 산학협력 체계로 전환하여 지속가능성을 확보하여야 한다. 또한 대학의 산학협력 체계 전환 및 대학 전반에 산학협력 친화적 문화를 확산하기 위해서는 산학협력단과 LINC3.0 사업단 등과 같은 대학 내 산학협력 전담기관에서 지속적인 노력을 기울여야 한다.

### (2) 산학협력 인력의 전문성 강화

대학의 산학협력 활동 전반을 지원 및 관리하는 산학협력단과 향후 RISE 체계에서 대학의 산학협력 재정지원사업 전반을 관리하게 될 대학 내 RISE사업단(가칭)의 인력과 조직을 강화하여 산학협력 전담인력들이 산학협력 활동 전반에 관한 기획부터 사업화까지를 담당하여 산학협력의 성과가 제고될 수 있도록 해야 한다. 산학협력 전담인력의 전문성 강화는 대학 내 산학협력 업무를 담당하고 있는 인력들에 대한 행ㆍ재정적 지원 확대(성과평가제도 개선, 교육지원 강화, 인센티브 제도 확대 등)와 함께 LINC 사업을 통해 성공적으로 자리를 잡아 가고 있는 산학협력중점교수 제도를 확대하여 운영하는 방안을 생각해 볼 수 있다.

### (3) 대학 내 관련 조직 연계 강화 및 지원 확대

대학의 산학협력단, 창업지원단, LINC3.0 사업단 등의 조직들이 연계ㆍ협력하여 기술이전, 교원창업, 실험실공장, 학교기업 등 수익을 창출할 수 있는 사업들에 대한 적극적인 지원을 통해 재원을 확충할 수 있는 방향으로 나아가야 한다. 이와 같이 산학협력 일선에서 뛰고 있는 조직뿐만 아니라 규정의 제개정을 담당하고 있는 교무처, 대학 발전계획 및 대외협력, 일반재정지원사업 등을 담당하고 있는 기획처, 대외협력처, 학생처 등 본부 조직의 적극적인 지원이 필요하다.

### (4) 산학협력 촉진 및 장애요인의 분석

대학마다 학내에서 산학협력 활동을 수행하는 데 있어 장애요인과 촉진요인을 가지고 있을 것이다. 산학협력 영역 발전계획을 수립하기에 앞서 대학을 둘러싸고 있는 장애요인과 촉진요인을 명확하게 파악할 필요가 있다. 〈표 8-12〉는 Ankrah & AL-Tabbaa이 제시한 산학협력 활동의 장애 및 촉진요인(대학의 역량, 산학협력 관련 법적 이슈, 경영 및 조직 이슈, 기술, 정치, 사회)을 우리나라 대학들의 실정에 맞춰 역량 및 자원, 제도 및 규정, 경영 및 조직, 기타 등으로 재범주화하여 정리한 것이다(정혜진, 2021). '역량 및 자원'에서는 대학이 보유하고 있는 산학협력 지원조직 및 인력의 역량과 예산 등을 대학 산학협력 활동의 촉진요인과 장애요인으로 구분하여 제시하였다. '제도 및 규정'은 대학 내 산학협력 활동의 활성화를 위한 규정과 제도를 촉진요인으로 보았고, 인센티브 제도의 부재와 경직된 행정처리를 장애요인으로 제시하였다. '경영 및 조직'에서는 대학 내 산학협력 문화가 정착하는 데 있어 가장 큰 영향을 미치는 대학본부의 의지와 조직문화 등을 촉진요인과 장애요인으로 구분하여 제시하였다. 마지막으로 '기타'에서는 정부의 산학협력 관련 지원정책 강화와 대학과 산업체 간 지리적 근접성, 연구분야의 유사성 등이 촉진요인으로 작용하고, 산업체의 대학 연구역량에 대한 낮은 인식과 산업체와 대학 간의 원활한 협력활동을 위한 중간자의 역할 부재 등을 장애요인으로 제시하였다. 〈표 8-12〉의 대학 산학협력 활동의 촉진요인에서 기술한 내용들이 미흡하거나 갖춰지지 않은 경우에는 장애요인으로도 작용할 수 있다.

표 8-12  대학 산학협력 활동의 촉진 및 장애 요인들

| 구분 | 촉진요인 | 장애요인 |
|---|---|---|
| 역량 및 자원 | • 산학협력 관련 정부재정지원사업<br>• 산학협력 전담교원 보유<br>• 산학협력 지원조직 및 인력 보유 | • 산학협력 조직 및 인력 부족<br>• 산학협력 부서 직원의 역량 부족<br>• 산학협력에 대한 교원의 인식 부족 |
| 제도 및 규정 | • 산학협력 친화형 인사제도<br>• 산학협력활동 원스톱 지원 제도 | • 산학협력 활동 인센티브 제도 부재<br>• 산학협력 활동에서의 경직된 행정 |
| 경영 및 조직 | • 대학본부의 의지와 지원<br>• 조직 내 소통창구 활성화 | • 경직된 조직문화<br>• 대학과 기업의 조직구조 차이 |
| 기타 | • 산학협력과 관련된 지원(정책마련, 규제<br>완화, 재정지원 등) 강화<br>• 대학-산업체 간 지리적 근접성<br>• 중점연구 분야의 유사성 | • 대학 연구역량에 대한 낮은 인식<br>• 대학과 산업체 간 협력을 활성화할 수 있<br>는 중간자 역할 부재 |

대학은 대학 발전계획의 산학협력 영역 설정 시 실행가능하고 지속가능한 목표를 정확히 설정하고, 차별화된 산학협력 전략수립을 통하여 대학이 추구하는 특성화(특수성)를 기반으로 차별화된 산학협력 활동을 통하여 대학의 수익을 창출할 수 있는 방향성을 제시하여야 한다. 이러한 노력을 통하여 대학은 교육목표를 산업체 요구에 부합하는 인재양성으로 변화시켜야 하고, 전반적인 대학운영에 있어 학내에 산학협력 친화형 문화를 조성한다면 학령인구 감소로 인해 어려움을 겪고 있는 국내 대학, 특히 지방대학의 자립기반을 확보하는 데 상당한 도움이 될 것이다.

**Work Point**

● 타 대학의 산학협력활동 성과는 다음과 같은 여러 기관에서 제공하는 보고서 및 대학알리미를 통해 확인할 수 있다.

표 8-13  산학협력 활동 관련 조사 현황

| 부처 | 조사명 | 비고 |
|---|---|---|
| 교육부<br>(한국연구재단) | 대학 산학협력활동 실태조사 분석보고서 | 대학 산학협력활동 실태조사 시스템(https://www.uicc.re.kr) |
| | 대학 연구활동 실태조사 분석보고서 | 한국연구재단＞보고서 도서관 |
| 산업통상자원부 | 공공기술이전사업화 실태조사보고서 | 공공데이터포털(https://www.data.go.kr) |

| 과학기술정보통신부 | 연구개발활동조사보고서 | 한국과학기술기획평가원>주요사업>연구보고서>조사·평가 |
| | 국가연구개발 연구성과관리·활용 실태 조사보고서 | 한국과학기술기획평가원>주요사업>연구보고서>성과확산 |
| | 지역 R&D 실태 조사 | 한국과학기술기획평가원>주요사업>연구보고서>조사·평가 |
| 특허청 | 지식재산활동 실태조사 | 공공데이터포털(https://www.data.go.kr) |
| 국회예산정책처 | 국가 R&D사업 연구성과 활용 체계 분석 | 국회예산정책처>보고서 |
| 중소벤처기업부 | 대학 창업인프라 실태조사 | 중소벤처기업부>주요정책>경제동향·통계 |

※ 주: 정혜진(2021). 「대학 산학협력활동 실태조사 실효성 제고 방안 연구」에서 제시된 표를 수정·보완하였음.

## 2) 산학협력 영역 발전계획 수립을 위한 체크리스트

산학협력 영역 발전계획을 수립하는 데 있어 점검해야 할 항목을 준비-실행(운영)-평가 단계로 구분하여 수행 여부를 확인할 수 있도록 체크리스트를 제시하면 다음과 같다.

**표 8-14** 산학협력 영역 발전계획 수립을 위한 체크리스트

| 단계 | 점검사항 | 점검내용 | 수행 여부 (Y/N) |
|---|---|---|---|
| 준비 | 영역 구분 | 대학 발전계획에서 '산학협력' 영역이 필요한가? | |
| | 범주 구분 | '산학협력' 영역에서 세부 범주는 구분했는가? | |
| | 전략과제 설정 | 산학협력 영역에 부합한 전략과제인가? | |
| | 장애요인 | 산학협력 영역에서 고려해야 할 장애요인을 확인했는가? | |
| | 촉진요인 | 산학협력 영역에서 고려해야 할 촉진요인을 확인했는가? | |
| | 사례 대학 선정 | 산학협력 영역에서 참고할 사례 대학을 선정했는가? | |
| 실행 (운영) | 과제정의서 | 과제정의서 양식은 정했는가? | |
| | 주관부서 | 전략과제별 과제책임자, 주관부서, 협조부서는 설정하고 있는가? | |
| | 성과지표 | 전략과제별 성과지표와 산출식, 목푯값은 설정하고 있는가? | |
| | 실행과제 | 산학협력 영역의 전략과제에 부합하는 실행과제를 제시하고 있는가? | |

| | | | |
|---|---|---|---|
| 실행<br>(운영) | 세부과제 | 산학협력 영역의 실행과제에 부합하는 세부과제를 제시하고<br>있는가? | |
| | 추진과정 | 세부과제별 실행시기와 우선순위 등을 제시하고 있는가? | |
| | 인력/공간 | 전략과제의 목표를 달성하기 위해 필요한 인력 및 공간<br>확보계획을 수립하였는가? | |
| | 소요 예산 | 전략과제를 추진하는 데 필요한 소요 예산을 산출하고<br>적정하게 편성하였는가? | |
| 평가 | 중간 점검 | 산학협력 영역 전략과제의 중간 점검 및 그 점검 결과에 따른<br>후속 조치가 이루어지고 있는가? | |
| | 성과지표 | 산학협력 영역의 과제정의서에서 제시하고 있는 성과지표의<br>목푯값을 달성하였는가? | |
| | | 산학협력 영역의 과제정의서에서 제시하고 있는 성과지표의<br>세부지표 달성값이 적절한가? | |
| | 보상 | 추진과제에 대한 목표 달성 정도에 따라 주관 및 협조 부서에<br>적절한 보상이 이루어졌는가? | |
| | 환류 | 산학협력 영역의 추진 실적에 대한 이행점검을 하고, 차년도<br>의 세부계획 수립 시 반영하고 있는가? | |

제**9**장

# 국제화 영역 발전계획

이 장에서는 대학 발전계획에서 '국제화 영역'에 대한 중요성과 대학의 글로벌화를 위해 일반적으로 다루고 있는 내용들이 무엇인지 살펴보았다. 또한 중장기 발전계획에서 국제화 영역 수립 시 고려해야 할 사항이 무엇인지 제시하였고, 일반적으로 대학에서 국제화 영역으로 수립하고 있는 주요 전략과제 및 실행과제가 어떻게 구성되어 있는지 구체적으로 살펴보았다.

이 장에서는 대학알리미에 공시되는 대학 발전계획 및 특성화계획 전체 대학 자료 중 대학의 설립유형, 대학 규모 등을 고려하여 발전계획에 국제화 영역의 내용을 충실하게 담고 있는 32개의 국·공립대학 및 사립대학을 대상으로 분석하였고, 이 대학들의 국제화 영역에 해당하는 세부 영역, 전략과제, 실행과제, 세부과제가 무엇인지 분석하였다. 그리고 분석 대학을 중심으로 설립유형, 대학 규모 등의 기준을 고려하여 향후 국제화 영역의 추진과제와 실행과제 및 세부과제를 수립하는 데 도움을 주고자 하였다.

마지막으로, 대학 발전계획의 국제화 영역을 수립하기 위한 제언과 단계별 체크리스트를 제시하여 향후 대학에서 발전계획의 국제화 영역을 수립하기 위한 준비, 실행(운영), 평가하는 기준으로 점검·활용할 수 있을 것이다.

## 1. 국제화 영역 발전계획의 개요

### 1) 국제화 영역 발전계획의 중요성

최근 통계청(2024) 발표에 따르면, 합계출산율은 2022년 0.78명보다 0.06명 감소하여 2023년 에는 0.72명으로 줄어들었고, 출생아 수는 2022년 25만 명, 2023년 23만 명에서 2025년 22만 명 수준으로 감소할 것으로 예상되며, 2072년에는 더욱 감소하여 16만 명으로 줄어들 것으로 예측되어 학령인구 급감의 인구절벽 시대가 도래하고 있다(통계청, 2023). 이런 상황에서 대학 은 생존을 위해 국제화(internationalization) 또는 세계화(globalization) 전략으로 그 돌파구를 찾 으려고 노력하고 있다. 교육부(2023)는 '글로벌 교육선도국가 실현을 위한 「유학생 교육경쟁력 제고 방안: Study Korea 300K Project」'를 발표함으로써 2027년까지 30만 명의 유학생을 국내 대학에 유치하여 세계 10대 유학 강국으로 도약하는 것을 목표로 삼고 있다.

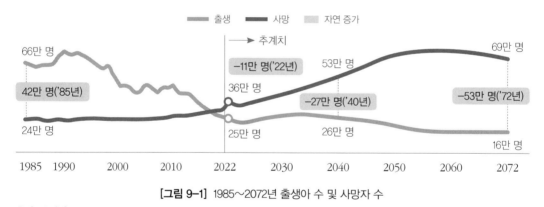

**[그림 9-1]** 1985~2072년 출생아 수 및 사망자 수

출처: 통계청(2023. 12. 14.).

지금의 외국인 유학생 유치 정책은 2001년 '외국인 유학생 유치 확대 종합 방안'을 발표하면 서부터 유학수지 적자 개선을 목적으로 시작되어 2010년까지 5만 명 수준으로 확대하겠다는 목표를 제시하였다. 그 이후 2004년부터 'Study Korea Project'를 시작으로 더욱 적극적인 외국 인 유학생 유치 환경 조성과 대학의 영어강의 지원 정책을 실시하였다. 2012년부터는 외국인 유학생 유치 정책(Study Korea 2020 Project)을 확대하여 2020년까지 외국인 유학생 20만 명을 유 치하겠다는 계획을 발표하였다.

국내 대학으로 유입된 외국인 유학생은 2012년 86,878명에서 2022년 약 2배에 달하는 166,892명으로 크게 확대되었지만(교육부, 2023. 8.), 유학생 출신 국가의 다양성이 부족하고, 경영학이나 신문방송학 등과 같은 전공으로 편중되는 현상과 수도권 대학으로 쏠림 현상이 지속적으로 나타나 왔다. 특히 대학은 그동안 외국인 유학생을 유치하고 교육을 시킨 뒤에 국내에 취업하여 정주해 나갈 수 있도록 그 환경을 만들어 준 것이 아니었기 때문에, 다시 본국으로 귀국하거나 국내 대학원에 진학하는 사례가 대다수였다. 국내 기업이나 연구소, 대학에 취업하여 정주할 수 있는 여건이 조성되지 않았을 뿐만 아니라, 국내에 취업하여 정주하는 데 실질적인 유인책이 없었던 것이 사실이다. 또한 졸업 후에 취업을 희망해도 외국인 유학생을 위한 취업 정보가 부족하고, 유학생 비자 활동 제한으로 현장실습이나 인턴십 등 진로 탐색조차 어려운 실정이다.

첨단 및 디지털 분야의 미래 성장동력을 견인할 신산업 분야의 우수 인재가 2027년까지 34만 5천 명이나 부족할 것으로 전망되고 있고, 지방은 석·박사급 이공계 인재 수급 상황이 더욱 열악할 것으로 예측되고 있다. 이와 같은 이공계 인재 수급 부족에도 불구하고, 외국인 유학생의 유치 결과를 살펴보면, 전체의 66.7%가 인문사회계열의 전공 분야에 편중되는 경향이 심화되고 있음을 알 수 있다(교육부, 2023. 8.).

전(全) 세계적으로 유학생을 유치하기 위한 경쟁은 날이 갈수록 치열해지고 있는데, 한국도 우수 인재를 선제적으로 확보해서 글로벌 선도국가 대열에 합류한다는 국가적인 접근과 더불어, 지역소멸 위기에 대비하기 위해 지역대학들의 입학자원을 확보한다는 대학 차원의 접근에서도 외국인 유학생을 유치하는 전략을 구사하고 있다.

그동안 지역대학에서 외국인 유학생을 유치하는 데 있어 열악한 재정 여건으로 조직과 인력이 부족하여 해외 정보와 채널을 확보하는 데 어려움을 겪었고, 지역 기업이나 지방자치단체와 연계되지 않고 개별대학 중심으로 유치가 이루어지고 있었다. 그러나 최근에는 '지역혁신중심 대학혁신체계(Regional Innovation System Education: RISE)', '글로컬대학30' 사업과 연계하여 지방자치단체와 협력해서 외국인 유학생을 유치하는 사례가 늘어나고 있다. 2023년 글로컬대학으로 예비 선정된 15개교 중 외국인 유학생 유치계획을 제출한 곳이 12개교로 전체의 80%에 달할 정도로 많았다(교육부, 2023. 8.).

한국 대학에서 발전계획에 국제화, 글로벌화, 세계화라는 용어가 자주 등장하고 있고 대학 발전계획에 발전영역이나 전략사업 및 전략과제로 포함하는 또 다른 이유는 미국의 U.S. News & World Report, 영국의 QS(Quacquarelli Symonds)나 THE(Times Higher Education), 중국의 상해교통대 세계대학평가뿐만 아니라, 국내 언론사 대학평가에서도 외국인 교수 비율, 외국인 학생 비율, 국제공동연구 비율 등과 같은 정량지표가 활용되고 있기 때문이다.

한편, 국내 대학의 국제교류부서를 중심으로 해외 대학이나 기관과의 교육 및 연구 협력을 위한 네트워크 구축을 지속적으로 확대하고 있고, 국내 학생의 외국어 교육을 확대해 나가고 있으며, 국내외 학생 간 교류 및 소통의 기회 확대를 위한 대학 내 공간 조성 및 문화 간 이해나 글로벌화에 대한 이해의 폭을 넓히기 위한 장을 마련하는 등 국내 학생의 글로벌 역량을 제고시켜 나가는 것이 필요하기 때문이다.

## 2) 국제화 영역의 세부 영역

외국인 유학생 유치, 외국인 교원 확충, 그리고 국제교류 협력을 위한 네트워크 구축 등을 통한 국제화와 국내 학생의 글로벌화를 위해 대학 발전계획에서 국제화 영역은 다음과 같이 크게 네 개의 세부 영역으로 구분해 볼 수 있다.

### (1) 외국인 학생 유치

외국인 학생과 교환학생 유치(inbound) 범주에는 국제화 영역에 우수 외국인 학생의 유치 및 지원체계를 강화하고, 외국인 학생의 질 관리를 강화해 나가며, 외국인 학생의 유치－교육－취업－정착으로 이루어지는 지원체계를 강화해 나가는 것을 포함하고 있다. 또한 해외 대학과의 교류 협정 체결 확대 및 공동(복수)학위 제도 운영을 통해 수용 교환학생(inbound exchange student) 유치를 확대해 나가고, 이를 위한 지원체계도 강화해 나가는 것이 국제화 영역에 해당한다고 할 수 있다.

### (2) 내국인 학생 파견

내국인 학생의 국제화 및 교환학생 파견(outbound) 범주에는 국내 학생의 외국어 교육 확대 등 글로벌 교육역량을 강화하는 것뿐만 아니라, 교직원의 글로벌 역량을 강화시키는 것도 포함할 수 있다. 또한 파견 교환학생(outbound exchange student)을 위한 지원체계도 강화해 나가고, 글로벌 인턴십과 현장실습, 취업 및 창업의 기회도 확대될 수 있도록 취ㆍ창업 지원 부서의 정보 제공 지원 확대도 해당한다고 할 수 있다.

### (3) 교류 협력

해외 대학 및 기관과의 교류 협력(network) 범주에는 앞서 언급한 수용 교환학생 유치와 파견 교환학생 확대를 위해 해외 대학과의 글로벌 교류 협정 체결을 통한 글로벌 네트워크를 구축하여 국제교류 프로그램을 확대하는 것이 해당한다. 세계대학평가 순위 제고를 통한 글로벌 평판 및 위상을 제고해 나가고, 이를 위해 글로벌 교류 협력을 다각화하고 활성화해 나가는 것이 포함된다.

### (4) 캠퍼스 및 인프라 확충

글로벌 캠퍼스 및 인프라(campus & infra) 범주에는 해외 대학과 교류 확대를 위한 글로벌 교육·연구 공유 플랫폼을 구축하고, 글로벌 캠퍼스나 해외 캠퍼스를 구축하는 것을 포함한다. 대학 내부적으로 시설물에 이중 언어를 표기하거나 행정적인 공문서에 다양한 국적의 언어를 병기하는 등 캠퍼스 국제화를 추진하고, 국내외 학생이 한곳에 모여 소통할 수 있거나 체험활동이 가능한 글로벌 라운지(global lounge)나 외국인 학생을 지원하는 인터내셔널센터(international center) 등 글로벌 인프라를 확충해 나가며, 캠퍼스에 글로벌 문화가 조성될 수 있는 환경을 만들어 가는 것이 해당된다.

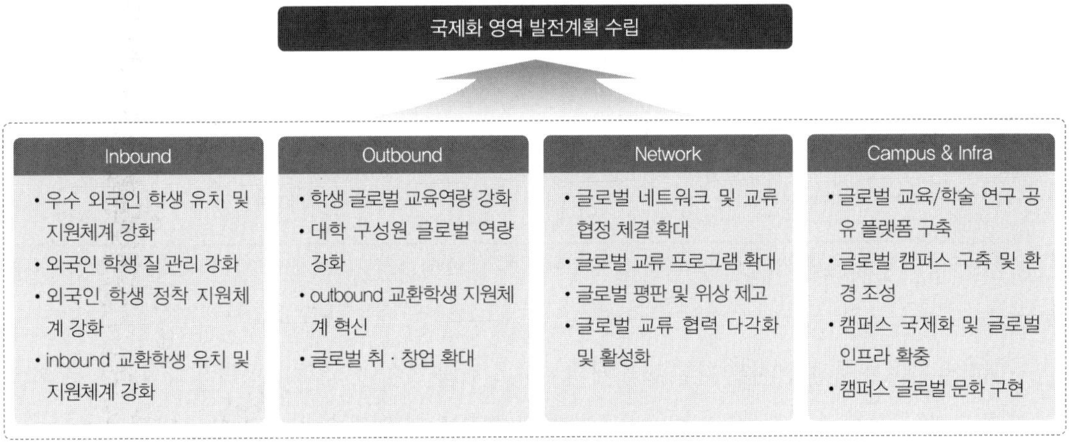

[그림 9-2] 국제화 영역 발전계획의 개요

## 2. 국제화 영역의 주요 전략과제 및 실행과제

### 1) 국제화 영역의 구분 및 사례 대학 선정

국제화 영역의 범위(구분)를 살펴보기 위해 각 대학이 공시하고 있는 학교 발전계획 및 특성화계획 항목을 살펴보았다. 대학알리미에서 발전계획 자료를 상세하게 제공하고 있는 4년제 대학의 국제화 영역별 사례 대학 32개교를 추출하였다. 이들 대학을 설립유형으로 '국·공립'과 '사립' 대학으로 구분하고, 국·공립대학의 경우에는 국립, 공립, 국립대법인을 포함하였다. 설립유형과 대학 규모에 따라 분류하면 〈표 9-1〉과 같다.

**표 9-1** 사례 대학 분류 기준

| 구분 | | 대학 규모 | | |
| --- | --- | --- | --- | --- |
| | | 대규모 (18개교) | 중규모 (9개교) | 소규모 (5개교) |
| 설립 유형 | 국·공립대학 (16개교) | 강원대, 경북대, 경상국립대, 부산대, 서울과기대, 서울대, 인천대, 충남대, 충북대 | 국립강릉원주대, 국립목포대, 국립순천대, 국립한밭대, 한경국립대 | 국립목포해양대, 한국교원대 |
| | 사립대학 (16개교) | 가천대, 경기대, 경희대, 고려대, 상명대, 성균관대, 숭실대, 영남대, 중앙대 | 건양대, 삼육대, 청운대, 한림대 | 루터대, 추계예대, 포항공대 |

※ 주: 대규모(재학생 1만 명 이상), 중규모(재학생 5천 명 이상 1만 명 미만), 소규모(재학생 5천 명 미만), 대학명 가나다순

대학알리미를 통해 공시한 학교 발전계획에서 수립하고 있는 국제화 영역은 대표적으로 외국인 학생 및 교환학생 유치(inbound), 내국인 학생 글로벌 역량 강화 및 교환학생 파견(outbound), 교육 및 연구 교류협력 체결을 위한 네트워크 구축(network), 글로벌 캠퍼스 및 인프라 확충(campus & infra) 등 네 개 세부 영역을 제시하고 있는 대학을 살펴보면 다음과 같다.

세부 영역별로 살펴보면, 외국인 학생 및 교환학생 유치에 대한 추진과제를 수립하고 있는 대학은 총 21개교(66%), 내국인 학생 글로벌 역량 강화 및 교환학생 파견과 관련된 추진과제를 수립하고 있는 대학은 총 21개교(66%), 교육 및 연구 교류협력 체결을 위한 네트워크 구축과 관련된 추진과제를 수립하고 있는 대학은 총 29개교(91%), 글로벌 캠퍼스 및 인프라 확충과 관련된 추진과제를 수립하고 있는 대학은 총 17개교(53%)이다.

| 표 9-2 | 국제화 세부 영역별 사례 대학 |
| --- | --- |
| 세부 영역 | 사례 대학 |
| 외국인 학생 유치 | 가천대, 건양대, 경기대, 경북대, 경상국립대, 경희대, 고려대, 국립강릉원주대, 국립목포대, 국립순천대, 루터대, 부산대, 숭실대, 영남대, 인천대, 중앙대, 추계예대, 충북대, 포항공대, 한경국립대, 한림대(총 21개교) |
| 내국인 학생 파견 | 가천대, 경기대, 경북대, 경상국립대, 경희대, 고려대, 국립목포대, 국립목포해양대, 국립순천대, 국립한밭대, 루터대, 서울대, 인천대, 청운대, 추계예대, 충남대, 충북대, 포항공대, 한경국립대, 한국교원대, 한림대(총 21개교) |
| 교류 협력 | 가천대, 강원대, 건양대, 경기대, 경북대, 경희대, 고려대, 국립강릉원주대, 국립목포대, 국립목포해양대, 국립순천대, 루터대, 부산대, 삼육대, 서울과기대, 서울대, 성균관대, 영남대, 인천대, 중앙대, 청운대, 추계예대, 충남대, 충북대, 포항공대, 한경국립대, 한국교원대, 한림대(총 29개교) |
| 캠퍼스 및 인프라 확충 | 가천대, 강원대, 건양대, 경기대, 경상국립대, 경희대, 고려대, 국립목포대, 국립목포해양대, 국립순천대, 삼육대, 서울과기대, 성균관대, 숭실대, 인천대, 중앙대, 충남대(총 17개교) |

※ 주: 대학명 가나다순으로 작성

세부 영역 범주 중 네 개 모두 포함하고 있는 대학은 전체 분석 대상 32개교 중 7개교(가천대, 경기대, 경희대, 고려대, 국립목포대, 국립순천대, 인천대)로 전체의 22%를 차지하고 있으며, 세부 영역 중 3개 이상을 포함하고 있는 대학까지 포함한다면 19개교로 약 60%를 차지하고 있어 대학 발전계획에서 국제화 영역을 미래 사회에 대응해 나가기 위한 하나의 주요 발전 영역으로 설정하고 있음을 알 수 있다.

## 2) 전략과제

국제화 영역에서 앞서 분류한 외국인 학생 유치, 내국인 학생 파견, 교류 협력, 캠퍼스 및 인프라 확충 등 4대 세부 영역에 해당하는 전략과제와 주요 내용을 제시하면 다음과 같다.

### (1) 외국인 학생 유치

외국인 학생 유치 세부 영역에는 우수 외국인 학생 유치 및 지원체계, 외국인 학생의 질 관리 강화, 외국인 학생 정착 지원체계 강화, 수용 교환학생 유치 및 지원체계 강화 등에 해당하는 내용을 담고 있다. 외국인 학생을 확보하여 맞춤형으로 교육하고, 대학에서 안정적인 생활 및 학습 지원, 진로 및 심리 상담 등을 통해 대학의 적응을 위한 질 관리가 요구되고 있으며, 정규 교과과정 이외에도 동·하계방학에 운영되는 초청 프로그램을 확대하여 우수 외국인 유학생을 유치하기 위한 추가적인 활동 등을 포함한다.

### (2) 내국인 학생 파견

내국인 학생 파견 세부 영역에는 학생 글로벌 교육역량 강화, 대학 구성원 글로벌 역량 강화, 파견 교환학생 지원체계 혁신, 글로벌 취·창업 확대 등에 해당하는 내용을 담고 있다. 내국인 학생 파견은 교류 협력(network)과 연계하여 추진되는 경우가 많은데, 해외 대학 간, 기관 간 교류 협정체결에 따라 교육과 연구 교류를 위한 다양한 활동, 더 나아가 산학협력 차원에서 현장실습, 인턴십 프로그램, 그리고 취·창업까지 이어질 수 있는 내용을 담고 있고, 외국인 학생지원을 위한 교직원의 글로벌 역량 강화, 내국인 학생의 외국어 역량 향상을 위한 프로그램 지원 등을 통해 협정체결 대학으로 파견을 보내 해외 대학에서 수학하는 데 어려움이 없도록 지원하는 활동 등을 포함한다.

### (3) 교류 협력

교류 협력 세부 영역에는 글로벌 네트워크 및 교류 협정 체결 확대, 글로벌 교류 프로그램 확대, 글로벌 평판 및 위상 제고, 글로벌 교류 협력 다각화 및 활성화 등에 해당하는 내용을 담고 있다. 교류 협력에는 내국인 학생 파견을 위한 활동과 연계되지만, 내가 속한 대학의 글로벌 평판 및 위상을 제고하기 위해 각종 전략적 동맹(strategic alliance)을 통한 국제연합체 가입 및 교류 활동 등을 포함한다.

### (4) 캠퍼스 및 인프라 확충

캠퍼스 및 인프라 확충 세부 영역에는 글로벌 교육 및 학술연구 플랫폼 구축, 글로벌 캠퍼스 구축 및 환경 조성, 캠퍼스 국제화 및 글로벌 인프라 확충, 캠퍼스 글로벌 문화 구현 등에 해당하는 내용을 담고 있다. 국내를 넘어서 세계로 진출하기 위한 해외 캠퍼스 구축을 통해 우수 외국인 학생을 확보하기 위한 교두보로 활용하고 공동학위, 복수학위 등을 수월하게 할 수 있도록 지원함과 더불어, 내가 속한 대학의 행정적·공간적으로 글로벌 인프라를 확충하여 우수 외국인 유학생을 유치하고 지원하기 위한 각종 활동 등을 포함한다.

2. 국제화 영역의 주요 전략과제 및 실행과제

**표 9-3** 국제화 영역의 주요 전략과제(예시)

| 세부 영역 | 전략과제 | 전략과제 내용 |
|---|---|---|
| 외국인 학생 유치 | • 우수 외국인 학생 유치 및 지원체계 강화<br>• 외국인 학생 질 관리 강화<br>• 외국인 학생 정착 지원체계 강화<br>• 수용 교환학생 유치 및 지원체계 강화 | • 외국인 학생을 유치하고, 맞춤형 교육 및 교육의 질 관리를 체계적으로 지원<br>• 외국인 학생의 지원조직을 통해 학습, 생활, 진로 및 심리 상담 등 정착 지원<br>• 수용 교환학생 유치를 확대하고, 교육의 질 관리를 체계적으로 지원<br>• summer/winter program 참여 확대를 통한 우수 유학생 유치 노력 |
| 내국인 학생 파견 | • 학생 글로벌 교육역량 강화<br>• 대학 구성원 글로벌 역량 강화<br>• 파견 교환학생 지원체계 혁신<br>• 글로벌 취·창업 확대 | • 해외 대학과의 교류 협정체결에 따른 내국인 학생의 파견 지원 및 확대<br>• 교환학생으로 파견하기 위한 기초 역량 개발 지원 및 해외 기관, 국제기구 등의 해외 인턴십과 현장실습 및 취·창업 역량 개발 지원<br>• 해외 대학 파견을 위한 외국어 역량 강화 및 외국인 학생지원을 위한 글로벌 역량 강화 |
| 교류 협력 | • 글로벌 네트워크 및 교류 협정 체결 확대<br>• 글로벌 교류 프로그램 확대<br>• 글로벌 평판 및 위상 제고<br>• 글로벌 교류 협력 다각화 및 활성화 | • 공동(복수)학위, 학생교류, 학술교류 등 글로벌 네트워크 구축 및 교류 협정 체결<br>• 국제기구, 국제교류 협력대학 등과의 네트워크 구축에 따른 교류 활성화<br>• 특성화 학문 분야의 평판도 제고를 통해 대학의 위상 제고 노력 |
| 캠퍼스 및 인프라 확충 | • 글로벌 교육·연구 공유 플랫폼 구축<br>• 글로벌 캠퍼스 구축 및 환경 조성<br>• 캠퍼스 국제화 및 글로벌 인프라 확충<br>• 캠퍼스 글로벌 문화 구현 | • 외국인 학생의 상담, 건강관리, 전용시설 등 상시 지원할 수 있는 시스템 구축 및 운영<br>• 글로벌 캠퍼스와 해외 캠퍼스 설립 및 인프라 확충<br>• 외국인 전용 기숙사 조성 및 생활 적응 지원 |

국제화 영역 발전계획에서 수립한 대학의 전략과제는 〈표 9-4〉와 같으며, 개별 단위의 영역으로 구분하여 전략과제를 수립하는 경우와 교육, 연구, 산학협력 영역 등에 포함해서 수립하는 경우가 있다.

표 9-4  국제화 영역 전략과제 사례

| 대학명 | 세부 영역 | 전략과제 |
|---|---|---|
| 가천대 | 국제화 혁신 | Inbound Acceleration 활성화 |
| | | Outbound Acceleration 강화 |
| | | 국제화 업무의 질적 수준 제고 |
| 강원대 | 교육 | 평생교육 및 국제화 역량 강화 |
| 건양대 | 상생연계 교류협력 전략 | KY글로벌 휴먼 가치 확산 |
| | | 글로벌 협력 및 교류 강화 |
| 경기대 | 글로벌 역량 강화 | 국제화 교육역량 강화 |
| | | 글로벌 인재양성 및 유지 |
| | | 글로벌 클린 캠퍼스 환경 구축 |
| | | 글로벌 협력체계 강화 |
| 경북대 | 글로벌 인재 양성 | 국제협동연구센터를 통한 글로벌 교류 확대 |
| | | 아웃바운드 글로벌 교류 내실화 |
| | | 외국인 유학생 유치 확대 및 지원 강화 |
| 경상국립대 | (글로컬 전략) 캠퍼스 글로컬화 강화 | 구성원 글로벌 역량 강화 |
| | | 글로벌 GNU 국외거점 구축 |
| | | 글로벌 우수 유학생 확보 및 지원체계 강화 |
| 경희대 | 글로벌 공동체에 경희정신 교류/확산 | global engagement 활성화 |
| | | 세계적 국제교육 프로그램 운영 |
| | | 외국인 학생 질 관리 강화 |
| | | 캠퍼스 글로벌 문화 구현 |
| 고려대 | 글로벌 | 글로벌 인재양성을 위한 교육/학술 연구 공유 플랫폼 구축 |
| | | 세계 속의 KU 위상 정립 |
| 국립강릉원주대 | 글로컬 허브 기능 강화 | 국경 없는 캠퍼스 조성 |
| 국립목포대 | 동아시아권 중심 국제화 | 글로벌 역량 강화 |
| | | 동아시아 중심 국제화 인프라 조성 |
| | | 동아시아 중심 우수 유학생 유치 |
| 국립목포해양대 | 글로벌 교류협력 강화 | 글로벌 네트워크 활성화 |
| 국립순천대 | 글로벌 역량 강화 | 국제교류 전문화 & 활성화 |
| | | 우수 유학생 유치 및 교육 지원 강화 |
| | | 학생 글로벌 역량 강화 |

| 국립한밭대 | 글로컬 상생 협력 | 국제화 역량 강화 및 해외진출 활성화 |
|---|---|---|
| 루터대 | 글로벌 역량 제고 | 글로벌 교육 플랫폼 구축 |
| | | 해외교류 프로그램 활성화 |
| | | 해외교류 협정 체결 확대 |
| 부산대 | 지역 및 국제사회 협력 기반 공유가치 창출 | 국제사회 기여 공유가치 창출 |
| | | 국제화 교육 기반 강화 |
| 삼육대 | 고등교육 선도모델의 글로벌 스탠다드화 | SU−edx 교육 프랜차이즈 브랜드 구현 |
| | | 글로벌 네트워크 체계화 |
| 상명대 | 연결/나눔을 통한 소셜 임팩트 추구 | 글로벌 교류 확대 |
| 서울과기대 | 사회적 가치를 실현하는 글로컬 산학협력 | 글로벌 플랫폼 구축을 통한 국제화 브랜드 제고 |
| 서울대 | 질적 국제화와 지식기반형 사회공헌 | 국제화와 글로벌 사회공헌 연계형 프로그램 개발 |
| | | 지역별, 대상별 전략적 국제화의 추구 |
| | | 질적 국제화를 위한 체질 개선 및 시스템 구축 |
| 성균관대 | 산학/지역/동문/국제협력 실질화 | 글로벌 기업 전략적 Cluster 구축 |
| | | 실질적 국제협력 네트워크: Global Alliance 10 |
| 숭실대 | 국제화 혁신 | 글로벌 인프라 및 역량 강화 |
| | | 우수 유학생 유치 지원체계 혁신 |
| | | 유학생 정착 지원체계 혁신 |
| 영남대 | (글로벌화) 초국가적 지식 생태계 구축을 통한 글로벌 인재 양성 | SDGs 국제개발협력 플랫폼 구축 |
| | | YU형 글로벌화 추진 고도화 |
| | | 국제화 선도대학 위상 확보 |
| 인천대 | 국제화 | 외국인 유학생 유치 확대 및 맞춤형 프로그램 운영 |
| | | 전략적 글로벌 네트워크 구축 및 국제교류 활성화 |
| | | 지속적인 국제경쟁력 강화를 위한 글로벌 플랫폼 구축 |
| 중앙대 | 글로벌/사회협력 가치 실현 | 글로벌 캠퍼스 환경 조성 |
| | | 파트너십 기반 교류 활성화 |
| 청운대 | 글로벌 교육역량 강화 | 재학생 글로벌 역량 강화 |
| 추계예대 | 글로벌/지역협력 체계 강화 | 해외 교류 프로그램 확대를 통한 글로벌 예술인 양성 |

| | | |
|---|---|---|
| 충남대 | 국제화 | K-edu 선도형 글로벌 캠퍼스 구축 |
| | | SDGs 기반 국제적 기회 균등 강화 및 포용문화 확립 |
| | | 국제교류 다각화 및 국제개발 협력 선도 |
| | | 국제화 지원 고도화 |
| 충북대 | 국제화 | 캠퍼스 국제화 |
| 포항공대 | 국제화 혁신 | Global Bridge, POSTECH |
| | | 세계시민 POSTECHIAN(out-bound) |
| | | 외국인도 행복한 POSTECH(in-bound) |
| 한경국립대 | 국제화 선도 | 국제화 선도를 위한 인프라 구축 |
| 한국교원대 | 지역공헌/국제화 분야 | 국제교류/협력 활성화 |
| | | 글로벌 인재 양성 체계 확립 |
| 한림대 | 글로벌 진출:<br>세계로 뻗어나가는 인재 양성 | 글로벌 교류 기관 확대 |
| | | 글로벌 봉사 확대 |
| | | 글로벌 취업 및 창업 확대 |
| | | 외국인 학생 유치 다양화 |

출처: 대학알리미(2023); 서울대학교(2022. 7.).

## 3) 실행과제

앞서 제시한 국제화 영역의 전략과제 중 대표적인 전략과제를 달성하기 위해 수립한 실행과제
와 그에 따른 세부과제의 예는 다음과 같다. 여기에서는 전략과제별 2개의 실행과제와 실행과제
별 2개의 세부과제를 예로 제시해 본다.

**표 9-5 국제화 영역의 전략과제별 실행과제 및 세부과제(예시)**

| 전략과제 | 실행과제 | 세부과제 |
|---|---|---|
| 우수 외국인 학생<br>유치 및 지원체계<br>혁신 | 외국인 학생 맞춤형 교육체계 강화 | • 외국인 학생 전용 강의 개설 확대 |
| | | • 외국인 학생 전주기적 One-Stop 행정서비스 지원 강화 |
| | 외국인 학생 질 관리체계 강화 | • 외국인 학생 입학시스템 혁신 |
| | | • 외국인 학생의 생활, 학습 지원 등 정착 지원체계 강화 |

| 파견 교환학생 지원체계 혁신 | 해외연수 촉진 및 교환학생 파견 확대를 위한 학사제도 혁신 | • 해외대학과의 공동(복수)학위 프로그램 개발 및 운영 |
|---|---|---|
| | | • 해외연수 확대를 위한 해외학기제 도입 및 시행 |
| | 파견 교환학생 역량 강화 | • 파견 교환학생 출국 전 학습 특화 프로그램 의무 이수 |
| | | • 해외 대학과 생활정보 DB 구축 및 활용 |
| 글로벌 네트워크 및 교류 협정 체결 확대 | 국제교류 협력대학과 교류 활성화 | • 국제교류 협정 체결기관과의 교류·협력 실천방안 수립 및 실행 |
| | | • 해외 유수 대학과 협력체계 구축 및 교육·연구 교류 확대 |
| | 국제기관과 네트워크 강화 | • 각종 국제행사 개최 및 콘퍼런스 참여 확대 |
| | | • 글로벌 기업과 국제기구와의 인턴십 및 교류 활성화 |
| 글로벌 캠퍼스 구축 및 환경 조성 | 글로벌 특성화 학문단위 육성 | • 우수 외국인 교원 채용 확대 |
| | | • 글로벌 혁신 학문단위 신설 |
| | 온·오프라인 글로벌 환경 구축 | • 파견 교환학생 및 내국인 학생 연수 프로그램을 위한 해외교육센터 설립·운영 |
| | | • 온·오프라인 교육·연구 플랫폼 구축 및 운영 |

국제화 영역 발전계획에서 수립한 전략과제의 목표를 달성하기 위해 국·공립대학이 추진하고자 설정한 전략과제별 실행과제는 〈표 9-6〉과 같다.

**표 9-6  국제화 영역 전략과제별 실행과제 사례(국·공립대학)**

| 대학명 | 전략과제 | 실행과제 |
|---|---|---|
| 강원대 | 평생교육 및 국제화 역량 강화 | 국제화 관련 프로그램 내실화 |
| | | 국제화 지원시스템 내실화 |
| 경북대 | 국제협동연구센터를 통한 글로벌 교류 확대 | 대학원 국제학술교류 활성화 |
| | | 세계 대학 간 교류 증대 |
| | | 우수 대학원생 유치 확대 |

| | | |
|---|---|---|
| 경북대 | 아웃바운드 글로벌 교류 내실화 | 아웃바운드 학생 역량 강화 및 현지 안착 지원 |
| | | 해외 우수 대학 비교과 프로그램 교류 확대 |
| | | 해외 우수 대학 학점 교류 확대 |
| | 외국인 유학생 유치 확대 및 지원 강화 | 우수 외국인 학생 유치 확대 |
| | | 유학생 관리 및 지원 강화 |
| | | 유학생 교육/연구 역량 강화 |
| 국립 강릉원주대 | 국경 없는 캠퍼스 조성 | 국외 우수인재 유치 확대 |
| | | 국외 유학생 특화프로그램 운영 |
| | | 글로벌 교육 플랫폼 구축 |
| 국립목포대 | 글로벌 역량 강화 | 국제 학술교류 활성화 |
| | | 우수학생 글로벌 교육지원 |
| | 동아시아 중심 국제화 인프라 조성 | 글로벌학부 신설 |
| | | 외국인 전용 기숙사 조성 및 생활 적응 지원 |
| | | 해외 거점 조성 운영 |
| | 동아시아 중심 우수 유학생 유치 | 동아시아 중심 공동학위제 확대 |
| 국립 목포해양대 | 글로벌 네트워크 활성화 | 국제교류 협력대학과 교류 활성화 |
| | | 국제협력 전담부서 역량 강화 |
| | | 글로벌 캠퍼스 추진 |
| 국립순천대 | 국제교류 전문화&활성화 | 국제교류 프로그램 다양화 |
| | | 전담조직 기능 중심 재편 및 업무 효율화 |
| | 우수 유학생 유치 및 교육 지원 강화 | 우수 외국인 유학생 유치 |
| | | 유학생 적응 지원 강화 |
| | | 유학생 학업 지원 강화 |
| | 학생 글로벌 역량 강화 | 글로벌 mind-set 및 캠퍼스 환경 조성 |
| | | 수요자 맞춤 글로벌 교육 강화 및 관리체계 마련 |
| 국립한밭대 | 국제화 역량 강화 및 해외진출 활성화 | 글로벌 산학연계 및 해외 취업역량 강화 |
| | | 대학원 글로벌 역량 강화 |
| | | 외국인 유학생 질적/양적 안정화 |
| | | 캠퍼스 국제화 및 국제교류 지원 강화 |

| 부산대 | 국제사회 기여 공유가치 창출 | 교육/연구/봉사로의 교류 확대 |
| | | 국제사회 네트워크 구축 |
| | 국제화 교육 기반 강화 | 외국인 지원 시스템 확충 |
| | | 우수 외국인 교원 유치 확대 |
| 서울과기대 | 글로벌 플랫폼 구축을 통한 국제화 브랜드 제고 | 글로벌 네트워크 구축 및 인프라 고도화 |
| | | 글로벌 리더 양성을 위한 프로그램 확대 |
| 서울대 | 국제화와 글로벌 사회공헌 연계형 프로그램 개발 | 개도국 전략적 제휴 대학과 연계한 교육/사회공헌 프로그램 |
| | | 국제기금 및 공적 자본을 활용한 사회공헌 프로젝트 |
| | | 선진국 전략적 제휴 대학과 연계한 교육/연구/사회공헌 프로그램 |
| | 지역별, 대상별 전략적 국제화의 추구 | 인바운드-아웃바운드의 균형 잡힌 프로그램 개발 |
| | | 한국형 미네소타 프로젝트 추진 |
| | 질적 국제화를 위한 체질 개선 및 시스템 구축 | 국제 여름학기와 해외학습 의무화 등 국제화 선도 교육 플랫폼 구축 |
| | | 국제화를 위한 캠퍼스의 효과적인 활용 |
| | | 대학 체질 및 운영 시스템의 국제화 |
| 인천대 | 외국인 유학생 유치 확대 및 맞춤형 프로그램 운영 | 외국인 유학생 맞춤형 교육체계 강화 |
| | | 외국인 유학생 맞춤형 지원체계 구축 |
| | 전략적 글로벌 네트워크 구축 및 국제교류 활성화 | 교환학생 유치/파견 확대 및 지원 체계 고도화 |
| | | 외국인 유학생 대상 예비대학 운영 |
| | | 전략적 글로벌 네트워크 구축 |
| | 지속적인 국제경쟁력 강화를 위한 글로벌 플랫폼 구축 | 국제종합연구클러스터 구축을 통한 Dynamic Ecosystem 실현 |
| | | 글로벌 캠퍼스 체제 정착 |
| | | 세계대학평가 순위 제고를 위한 평가관리 체계 구축 |
| 충남대 | K-edu 선도형 글로벌 캠퍼스 구축 | 글로벌 캠퍼스로서 국제학부 위상 강화 |
| | | 온·오프라인 교육플랫폼 기술 혁신 |
| | SDGs 기반 국제적 기회 균등 강화 및 포용문화 확립 | 글로벌 교육을 위한 환경 및 포용문화 확립 |
| | | 기회균등 국제교류 기반 마련 |
| | | 지속가능한 국제교류 선순환 체계 확립 |
| | 국제교류 다각화 및 국제개발 협력 선도 | 국제개발협력 선도 |
| | | 국제교류시스템의 다각화 |
| | 국제화 지원 고도화 | 국제교류본부 역할 강화 |
| | | 국제화 역량 강화 지원 |

| 충북대 | 캠퍼스 국제화 | 내국인 학생 글로벌 역량 강화 |
| | | 실질적 학생교류 중심의 협정 체결을 통한 글로벌 인재화 구현 |
| | | 외국인 학생 유치 및 지원 강화 |
| 한경국립대 | 국제화 선도를 위한<br>인프라 구축 | 국제화 선도를 위한 글로벌 역량 지원 활동 강화 |
| | | 외국인 유학생 지원 고도화 |
| | | 해외대학과의 교육중심 교류 활성화 |
| 한국교원대 | 국제교류/협력 활성화 | 국제교류/협력 모델 다각화 |
| | | 국제교류/협력 지원체제 강화 |
| | 글로벌 인재 양성<br>체계 확립 | 구성원의 글로벌 다문화 역량 강화(글로벌 리더 양성) |
| | | 글로벌 인재 양성 지원 체계 구축 |

출처: 대학알리미(2023); 서울대학교(2022. 7.).


국제화 영역 발전계획에서 수립한 전략과제의 목표를 달성하기 위해 사립대학이 추진하고자 설정한 전략과제별 실행과제는 〈표 9-7〉과 같다.


표 9-7  **국제화 영역 전략과제별 실행과제 사례(사립대학)**

| 대학명 | 전략과제 | 실행과제 |
|---|---|---|
| 가천대 | Inbound Acceleration<br>활성화 | 국제학부(대학) 설립 추진 |
| | | 외국어(영어, 중국어) 강의 확대 |
| | Outbound Acceleration<br>강화 | 해외연수 촉진을 위한 학사제도 혁신 |
| | | 해외연수 프로그램의 체계화, 다양화 |
| | 국제화 업무의<br>질적 수준 제고 | International Office 설립 및 국제업무의 전문화 추진 |
| | | 국제화 프로그램의 다양화 및 국제교류 수준 제고 |
| 건양대 | KY 글로벌 휴먼<br>가치 확산 | 다문화 중심 교육 및 지원체계 구축 |
| | | 유학생 국적별 다변화 |
| | | 유학생 해외동문 네트워크 활성화 |
| | 글로벌<br>협력 및 교류 강화 | 글로벌 교수연구 지원 강화 |
| | | 유학생 상시 지원시스템 구축 및 운영 |
| | | 해외 거점대학 연계 활성화 및 한국어 교육 역량 강화 |

| | | |
|---|---|---|
| 경기대 | 국제화 교육역량 강화 | 국제문화 교육 강화 |
| | | 국제화 교육 인증제 |
| | | 외국어 교육 확대 |
| | 글로벌 인재양성 및 유지 | 글로벌 인재 양성 |
| | | 외국인 유학생 유치 강화 |
| | | 해외 인턴십 강화 |
| | 글로벌 클린 캠퍼스 환경 구축 | 국제화 비대면 교육역량 강화 |
| | | 외국대학 공유형 오픈 플랫폼 도입 |
| | 글로벌 협력체계 강화 | 국제교류 프로그램 개발 및 운영 |
| | | 글로벌 네트워크 강화 |
| | | 글로벌 특성화 분야 육성 |
| 경희대 | Global Engagement 활성화 | 국제기관과 네트워크 강화 |
| | | 학문분야별 유수 교육기관과의 교류 활성화 |
| | 세계적 국제교육 프로그램 운영 | 국내 학생의 글로벌 역량 강화 |
| | | 선진 교육콘텐츠 구축을 통한 국제교류 프로그램 운영 |
| | | 외국인을 위한 international program 기획 및 운영 |
| | 외국인 학생 질 관리 강화 | 외국인 입학 시스템 혁신 |
| | | 외국인 지원 시스템 개선 |
| | | 우수 외국인 학생 유치 및 지원 체계화 |
| | 캠퍼스 글로벌 문화 구현 | 글로벌 경희 공동체 구현 |
| | | 글로벌 교육 인프라 구축 |
| 고려대 | 글로벌 인재양성을 위한 교육/ 학술 연구 공유 플랫폼 구축 | 교육/연구 협력 강화를 위한 인프라 고도화 |
| | | 글로벌 리더 양성을 위한 교육 프로그램 확대 및 내실화 |
| | | 양방향 소통을 통한 국제교류 활성화 및 협력 증대 |
| | | 파견, 교환, 외국인 정규과정 학생 맞춤형 교육 및 행정지원 체계 내실화 |
| | 세계 속의 KU 위상 정립 | 교육 경쟁력 강화를 통한 KU 브랜드 가치 극대화 |
| | | 국제사회 공헌을 통한 사회적 책임성 강화 |
| | | 전략적 홍보 및 제도 개선을 통한 글로벌 우수 인재 유치 확대 |

| | | |
|---|---|---|
| 루터대 | 글로벌 교육 플랫폼 구축 | 마이크로 학위과정 추진 |
| | 해외교류 프로그램 활성화 | 외국어 교육 확대 |
| | | 재학생 해외 교류 프로그램 활성화 |
| | 해외교류 협정 체결 확대 | 세계 루터교 네트워크 등 해외 네트워크 정비 및 강화 |
| | | 해외 교류 활성화 추진 체계 정립 |
| 삼육대 | SU-edx 교육 프랜차이즈 브랜드 구현 | SU-edx 교육 프랜차이즈 운영 플랫폼 구축 |
| | | SU-edx 교육 프로그램의 글로벌 MOOC 플랫폼 진출 |
| | | 공간제약 해소 기술 기반 SU-edx 교육 프랜차이즈 고도화 |
| | 글로벌 네트워크 체계화 | 국제교류 전문성 강화 |
| | | 국제교류 협력 프로그램 다양화 및 자생적 교류 생태계 조성 |
| | | 글로벌 네트워크 유형 분류 및 맞춤형 교류전략 추진 |
| 상명대 | 글로벌 교류 확대 | 글로벌 교류 프로그램 운영의 내실화 |
| 숭실대 | 글로벌 인프라 및 역량 강화 | 글로벌 교육 인프라 구축 |
| | | 글로벌 연구 인프라 구축 |
| | | 재학생 글로벌 역량 강화 |
| | 우수 유학생 유치 지원체계 혁신 | 우수 유학생 유치 확대 |
| | 유학생 정착 지원체계 혁신 | 어학연수생 지원/관리 체계 고도화 |
| | | 유학생 맞춤형 교육과정 운영 |
| | | 유학생 지원/관리 체계 고도화 |
| 영남대 | SDGs 국제개발협력 플랫폼 구축 | 다자 간 국제협력을 통한 국제화 사업 활성화 |
| | | 한국형 개발경험 공유 허브 구축 |
| | YU형 글로벌화 추진 고도화 | 글로벌 네트워크 기반 교육 수출 및 교류협력 다변화 |
| | | 유학생 유치 확대 및 지원체계 선진화 |
| | 국제화 선도대학 위상 확보 | 글로벌 원격교육 플랫폼 구축 |
| | | 글로벌인재대학 설립 및 특성화 |
| 중앙대 | 글로벌 캠퍼스 환경 조성 | 글로벌 교류 체계 고도화 |
| | | 글로벌 특성화 학문단위 육성 |
| | | 외국인 학생 친화형 캠퍼스 환경 구축 |
| | 파트너십 기반 교류 활성화 | 글로벌 교류 시스템 고도화 |
| | | 글로벌 파트너십 강화 |
| | | 해외 캠퍼스 설립/운영 |

| 청운대 | 재학생 글로벌 역량 강화 | 대학 차원의 지속적인 국제협력 다변화를 통한 해외 네트워크 구축 강화 |
|---|---|---|
| | | 체계적 관리 및 지원을 통한 재학생 토익 점수 향상 및 글로벌 역량 강화 |
| | | 해외 취업을 목표로 하는 글로벌 인재양성 프로그램 구축 및 운영 |
| | | 해외교류프로그램 확대/운영을 통한 해외 취업률 향상 |
| 추계예대 | 해외 교류 프로그램 확대를 통한 글로벌 예술인 양성 | 문화예술 교류 확대 |
| | | 재학생 해외 교류 |
| | | 해외 유학생 유치 |
| 포항공대 | Global Bridge, POSTECH | POSTECH PRISM(해외 R&D 거점센터 구축) |
| | | Research World Wide(국제공동연구 확대) |
| | | 해외석학 유치 및 연구 활성화 |
| | 세계시민 POSTECHIAN (out-bound) | Post-doc Dual(digital+physical) Campus |
| | | 외국 대학과 공동학위제 및 컨소시엄 프로그램 확대 |
| | | 해외대학 협력센터 설립 |
| | | 해외학술 프로그램 참여 지원 및 운영 |
| | 외국인도 행복한POSTECH (in-bound) | Post-doc Fellowship 프로그램 운영 |
| | | Post-doc Town 조성 |
| | | 행정시스템의 글로벌화 |
| 한림대 | 글로벌 교류 기관 확대 | 본교 우수 프로그램 교류대학 신규 발굴 |
| | | 해외 프로그램 신규 발굴 |
| | 글로벌 봉사 확대 | KOICA 등 외부 사회봉사협의체 주관 사업 참여 지원 |
| | | 재학생 해외봉사 참여 확대 |
| | 글로벌 취업 및 창업 확대 | 글로벌 프로그램 로드맵 제공 |
| | | 재학생 글로벌 역량 강화 교과목 운영 |
| | | 해외 대학과의 인턴십 협력 및 학점교류 시행 |
| | 외국인 학생 유치 다양화 | GKS 단기과정 수학대학 운영을 통한 유학생 확대 |
| | | 외국인 동문과의 관계 강화를 통한 유학생 유치 기반 구축 |

출처: 대학알리미(2023).

## 4) 국제화 영역의 시사점

성공적인 국제화 영역 발전계획 수립을 위해서 그 무엇보다 고려해야 할 사항은 '국제화 영역 발전계획이 우리 대학에 꼭 필요하고 적합한가?'에 대한 질문에 답을 찾을 수 있어야 하고, 필요 하다면 '이 발전계획에 수립된 국제화 영역의 전략과제가 얼마나 중요하고 시급한가?'를 고려 해야 한다.

특히 대규모의 재원 투입이 필요한 경우에는 더욱 그러하다. 한 대학이 해외 캠퍼스를 구축 한다는 계획을 수립한다면, 사전에 어느 나라에 캠퍼스를 설립할 것인지 사전 분석과 캠퍼스를 설립할 국가를 선정해야 할 것이고, 캠퍼스 부지에 대한 타당성 검토 및 캠퍼스 부지 매입, 신축 건물 및 인프라 구축 등 상당한 예산과 시간이 소요된다는 점에서 이 추진과제가 대학 발전계 획 수립에서 꼭 필요하고 우리 대학에 시기적으로도 적절한가를 반드시 살펴봐야 한다. 그 이 전에 다른 방안은 없는지, 해외 캠퍼스를 설립하기 전 단계로 추진해야 할 과제는 없는지 등 우 리 대학이 발전해 나가는 데 선행적으로 추진해야 할 과제를 우선적으로 실행하는 것도 검토해 야 한다.

국제화 영역은 대학의 학문단위 구성원에 대한 의견수렴 절차를 거쳐 학문단위와 소통하면서 추진하는 것이 매우 중요하다. 해외 대학(기관)과의 '교류 협력(network)'을 통해 '내국인 학생 파 견(outbound)'이 후속적으로 연계 추진되고, '외국인 학생 유치(inbound)'에 따라 학문단위에 배 치되는 등 많은 활동이 학문단위에서 수용하지 않으면 실행할 수 없는 사례가 비일비재하다.

따라서 대학 자체평가 시 학문단위(학과) 평가를 실시하는 대학이라면, 대학 관리 차원에서 국제화 영역의 성과지표로 설정하는 것을 고려할 수 있다. 대학본부와 학문단위 간 자율적으로 실질적인 협조가 이루어지는 것이 바람직하나, 현실은 다른 경우가 많아 제도적인 방법을 활용 하여 국제화 영역 발전계획 추진의 수월성을 확보하는 것도 대안으로 고려하는 것이 가능하다.

국제화 영역에 대한 발전계획을 수립할 때 추가적으로 고려해야 할 사항으로 교육, 연구, 산 학협력 등 다른 영역과의 협력적인 관계에서 추진하는 것이다. 교육, 연구, 산학협력과 관련된 국제화 추진과제에 대해 살펴보면 다음과 같다.

교육 영역과 관련된 국제화 추진과제는 내국인 학생 파견을 위한 글로벌 교육역량과 글로벌 문화 습득 등과 연관되어 있고, 외국인 학생 및 교환학생 유치를 위한 한국어교육 프로그램이 나 학습지원을 위한 멘토링 프로그램 운영 등이 연관성을 갖고 있는 추진과제 수립 시에 반영 될 수 있다. 또한 외국대학과의 공동 교육을 위해 COIL/VE[1] 프로그램을 추진하는 것도 좋은 사 례가 될 것이다.

연구 영역과 관련된 국제화의 가장 대표적인 추진과제는 '국제공동연구 활성화(확대)'이다. 이를 위해서 국제공동연구가 수월하게 추진될 수 있도록 하는 대학 내부의 융합적인 문화를 조성해야 한다. 또한 해외 연구 주체와 협력이 수월하게 진행될 수 있도록 학술정보원이나 연구처 등에서 교수 개인별 연구 동향 분석을 통해 연구 네트워크 정보를 제공해 줄 수 있도록 관련 추진과제를 수립할 수 있다.

산학협력 영역과 관련된 국제화 추진과제는 해외 기관과의 네트워크 구축을 통해 해외 현장실습이나 인턴십을 할 수 있도록 관련 정보를 내국인 학생 파견을 위해 제공하는 것이 필요하다. 이는 취·창업 지원 부서와 국제교류부서가 협력하여 추진하고, 후속적으로 이어질 수 있는 취업 및 창업 등에 대한 정보도 제공해 줄 수 있도록 관련 추진과제를 수립할 수 있다.

**Work Point**

● 국제화 영역 발전계획 수립 시 고려 사항은 대학의 비전과 목표 달성을 위해 꼭 필요한 영역인지 확인하고, 시간적·공간적 제약사항은 없는지 적절한 타이밍에 추진하는 것인지를 검토해야 하며, 교육·연구·산학협력 영역과의 협력적인 관계에서 추진 방안을 모색하여 시너지를 극대화해 나가도록 설정해 보자.

앞서 살펴본 대학별 중장기 발전계획 중 국제화 영역에 해당하는 추진과제를 토대로 발전계획을 수립하는 데 학부 재학생 규모에 따라 대규모 대학과 중소규모 대학으로, 설립유형에 따라 국·공립대학과 사립대학으로 구분하여 고려해야 할 사항에 대해 제시해 보고자 한다. 전략과제와 실행과제 및 세부과제는 대학의 특성과 유형 및 규모 등에 따라 달라질 수 있고, 해당 대학이 처한 대학의 현실과 밀접하게 연관되어 있다.

첫째, 국·공립대학을 세부 영역별로 살펴보면, 교류 협력 영역을 가장 많은 대학이 포함하고 있고, 그다음으로 내국인 학생 파견, 외국인 학생 유치, 캠퍼스 및 인프라 확충 영역 순으로 많은 대학이 포함하고 있다. 전략과제별로 살펴보면, 교류 협력 영역이 가장 많은 전략과제를 포함하고 있고, 그다음으로 내국인 학생 파견, 캠퍼스 및 인프라 확충, 외국인 학생 유치 영역 순으로 많이 포함하고 있다.

---

1) COIL: Collaborative Online International Learning의 약자, VE: Virtual Exchange의 약자로, https://coilconnect.org, https://www.aacu.org/initiatives/virtual-exchange-collaborative-online-international-learning

둘째, 사립대학을 세부 영역별로 살펴보면, 교류 협력 영역을 가장 많은 대학이 포함하고 있고, 그다음으로 외국인 학생 유치, 내국인 학생 파견, 캠퍼스 및 인프라 확충 영역 순으로 많은 대학이 포함하고 있다. 전략과제별로 살펴보면, 외국인 학생 유치 영역을 가장 많은 전략과제로 포함하고 있고, 그다음으로 교류 협력, 캠퍼스 및 인프라 확충, 내국인 학생 파견 영역 순이다.

셋째, 대규모 대학을 세부 영역별로 살펴보면, 교류 협력 영역을 가장 많은 대학이 포함하고 있고, 그다음으로 외국인 학생 유치, 캠퍼스 및 인프라 확충, 내국인 학생 파견 영역 순으로 많은 대학이 포함하고 있다. 전략과제별로 살펴보면, 외국인 학생 유치 영역이 가장 많은 전략과제를 포함하고 있고, 그다음으로 교류 협력, 캠퍼스 및 인프라 확충, 내국인 학생 파견 영역 순이다.

넷째, 중소규모 대학을 세부 영역별로 살펴보면, 교류 협력 영역을 가장 많은 대학이 포함하고 있고, 그다음으로 내국인 학생 파견, 외국인 학생 유치, 캠퍼스 및 인프라 확충 영역 순으로 많은 대학이 포함하고 있다. 전략과제별로 살펴보면, 교류 협력 영역이 가장 많은 전략과제를 포함하고 있고, 그다음으로 내국인 학생 파견, 캠퍼스 및 인프라 확충, 외국인 학생 유치 영역 순이다.

이상의 결과를 종합해 보면, 설립유형별, 대학규모별 모두 '교류 협력' 영역을 가장 많은 대학이 포함하고 있다. 그다음으로는 국 · 공립대학은 '내국인 학생 파견' 영역을, 사립대학은 '외국인 학생 유치' 영역을, 대규모 대학은 '외국인 학생 유치'와 '캠퍼스 및 인프라 확충' 영역을, 중소규모 대학은 '내국인 학생 파견' 영역을 많이 포함하고 있다.

설립유형별, 대학규모별 전략과제 수립 시 특성을 살펴보면, 국 · 공립과 사립의 대규모 대학

**표 9-8  세부 영역별 전략과제 수립의 특성**

| 세부 영역 | 국 · 공립대학 | | 사립대학 | | 대규모 대학 | | 중소규모 대학 | |
|---|---|---|---|---|---|---|---|---|
| | 대학 수 (교) | 비율(%) | 대학 수 (교) | 비율(%) | 대학 수 (교) | 비율(%) | 대학 수 (교) | 비율(%) |
| 외국인 학생 유치 | 9 | 56.3 | 12 | 75.0 | 12 | 66.7 | 9 | 64.3 |
| 내국인 학생 파견 | 12 | 75.0 | 9 | 56.3 | 10 | 55.6 | 11 | 78.6 |
| **교류 협력** | 14 | **87.5** | 15 | **93.8** | 16 | **88.9** | 13 | **92.9** |
| 캠퍼스 및 인프라 확충 | 8 | 50.0 | 9 | 56.3 | 12 | 66.7 | 5 | 35.7 |
| 총 대학 수(교) | 16 | | 16 | | 18 | | 14 | |

은 모두 '교류 협력' 영역을 가장 많은 대학이 포함하고 있다. 중소규모 국·공립대학은 '교류 협력'과 '내국인 학생 파견'을 가장 많은 대학이 포함하고 있고, 중소규모 사립대학은 '교류 협력' 영역을 가장 많은 대학이 포함하고 있다. 해외 대학(기관)과의 교류 협정을 체결하는 것부터 국제교류 활동이 시작되기 때문에, '교류 협력' 영역을 나머지 세 영역 추진에 가장 기본적인 역할을 수행하는 영역으로 인식하고 있음을 알 수 있다.

반면, 대규모 국·공립대학은 '외국인 학생 유치'와 '캠퍼스 및 인프라 확충' 영역을 가장 적게 포함하고 있고, 중소규모 국·공립대학은 '내국인 학생 파견' 영역을 가장 적게 포함하고 있다. 대규모 사립대학은 '내국인 학생 파견' 영역을 가장 적게 포함하고 있고, 중소규모 사립대학은 '캠퍼스 및 인프라 확충' 영역을 가장 적게 포함하고 있다. 설립유형과 관계없이 중소규모 대학의 경우에는 대학의 재정 여건과 직결되어 있는 '캠퍼스 및 인프라 확충' 영역이 가장 적게 포함되어 있다. 대규모 사립대학도 대학의 재정적 지원이 늘어나는 '내국인 학생 파견' 영역보다는 대학 재정에 도움을 줄 수 있는 '외국인 학생 유치' 영역을 더 많이 포함하고 있다.

이상에서 살펴본 바와 같이, 국제화 영역에서 국제교류 협력 체결 확대, 우수 외국인 학생 유치 등과 같은 전략과제를 많이 설정하고 있는 이유는 학령인구 감소에 따른 국내 학생의 충원이 지속적으로 감소하고 있는 상황에서 학생 충원율 제고를 통해 대학의 안정적인 운영을 위한, 그리고 각종 평가 및 인증 수검에 대응하기 위한 주요 대안이기 때문으로 볼 수 있다.

표 9-9 | **설립유형별 대학규모별 전략과제 수립의 특성**

| 구분 | 세부 영역 | 국·공립대학 | | 사립대학 | |
|---|---|---|---|---|---|
| | | 대학 수(교) | 비율(%) | 대학 수(교) | 비율(%) |
| 대규모 대학 | 외국인 학생 유치 | 5 | 55.6 | 7 | 77.8 |
| | 내국인 학생 파견 | 6 | 66.7 | 4 | 44.4 |
| | 교류 협력 | 8 | 88.9 | 8 | 88.9 |
| | 캠퍼스 및 인프라 확충 | 5 | 55.6 | 7 | 77.8 |
| | 총 대학 수(교) | 9 | | 9 | |
| 중소규모 대학 | 외국인 학생 유치 | 4 | 57.1 | 5 | 71.4 |
| | 내국인 학생 파견 | 6 | 85.7 | 5 | 71.4 |
| | 교류 협력 | 6 | 85.7 | 7 | 100.0 |
| | 캠퍼스 및 인프라 확충 | 3 | 42.9 | 2 | 28.6 |
| | 총 대학 수(교) | 7 | | 7 | |

## 3. 국제화 영역의 과제정의서 작성

### 1) 과제정의서의 주관부서 및 성과지표 설정

과제정의서는 상단 부분(주관부서 및 성과지표 설정), 중간 부분(세부과제 설정), 하단 부분(인프라 설정) 등 크게 세 부분으로 구분할 수 있다. 상단 부분에는 전략과제명, 전략과제에 대한 전반적인 설명인 개요와 전략과제를 통해서 도달하고 추구하는 목표, 전략과제를 책임지고 수행하는 과제책임자(champion), 실행과제와 세부과제를 주관해서 실행하는 주관부서, 실행과제와 세부과제를 추진하는 데 주관부서를 지원해 주는 협조부서, 전략과제를 달성하기 위해 수립된 실행과제와 세부과제를 추진하는 데 필요한 소요 예산, 전략과제에 부합한 성과지표와 산출근거를 제시하는 산출식, 그리고 향후 10년간 달성해야 할 목푯값 등을 제시한다.

국제화 영역의 과제책임자는 주로 국제처장, 국제교류처장, 대외협력본부장, 국제교류본부장 등이다. 대다수 대학은 국제협력과 관련된 업무를 위한 전담부서를 설치하여 영어, 일본어, 중국어 등 외국어에 전문성을 갖춘 직원을 확보하여 운영 중이다. 또한 전략과제나 실행과제를 추진하는 데 주관부서는 국제(교류)처, 국제교류본부, 대외협력본부 등이고, 협조부서는 기획처, 교무처, 교육혁신원(처, 본부), 생활관(기숙사), 각 단과대학 행정실(교학지원팀) 등이다.

성과지표는 크게 두 가지 형태로 제시할 수 있는데, 하나는 단일지표로 관리하는 방법으로, 전략과제가 도달해야 하는 정도를 대표적으로 측정하기 위해서 설정할 수 있다. 다른 하나는 복합지표로 관리하는 방안으로 세부과제에서 제시하고 있는 관리지표를 지수화하여 제시하는 방안이 있다. 관리지표별로 세부 가중치를 부여하고 그 합이 100%가 되도록 구성하는 것이다. 단일지표이든 복합지표이든 해당 성과지표를 통해 전략과제에 대한 이행 점검하는 수단으로 활용한다.

전략과제의 성과지표를 설정하는 방법으로 하나는 관리지표 중에 유사한 단위로 측정이 가능한 지표를 중심으로 설정하는 방법이 있고, 다른 하나는 두 개 이상의 관리지표를 하나의 세부 지수로 만들어서 두 개 이상의 세부 지수를 묶어서 복합 지수화하여 성과지표를 설정하는 방법이 있다. 다만, 성과지표를 복합지표로 설정할 경우 내부적으로 관리 시 유의해야 할 사항은 복합지표 내에 세부지표 중 어느 하나의 지표에서 월등하게 높은 성과를 나타내는 경우 다른 세부지표가 다소 부족하더라도 그 결과가 희석되어 부족한 부분이 크게 드러나지 않다는 점이 있다. 성과지표 및 목푯값 설정에 대한 상세한 내용은 제13장 대학 발전계획의 성과관리를

| 표 9-10 | 국제화 영역 과제정의서의 주관부서 및 성과지표 설정(예시) |

| 전략과제 | D-1 | 글로벌 캠퍼스 구축 및 환경 조성 | champion | 국제처장 |
|---|---|---|---|---|
| | | | 주관부서 | 기획처, 교무처, 교육혁신원, 생활관 |
| 개요 | 대학의 강점 분야를 중심으로 글로벌 학문단위를 신설·육성하고, 해외 진출의 교두보 역할을 할 수 있는 온·오프라인 플랫폼 구축 | | 협조부서 | 학문단위 |
| 목표 | 글로벌 특성화 학문단위를 중심으로 우수 외국인 교원과 학생을 유치하고, 온·오프라인 교육지원시스템을 통한 글로벌 경쟁력 제고 | | 소요 예산 (백만 원) | 709.6 |

| 성과지표 | 글로벌 캠퍼스 환경지수(%) | 산출식 | 글로벌 캠퍼스 환경지수(C) |
|---|---|---|---|

$$= (글로벌\ 학문단위\ 육성지수(A) \times 0.5)$$
$$+ (온 \cdot 오프라인\ 글로벌\ 지수(B) \times 0.5)$$

-글로벌 학문단위 육성지수(A)=Σ{(외국인 교원 비율×0.5)+(외국인 학생 비율×0.5)}
-온·오프라인 글로벌 지수(B)=Σ{(파견 교환학생 비율×0.5)+(온·오프라인 교육프로그램 이수학생 비율×0.5)}

| 목푯값 | 기준값 | Y년 | Y+1년 | Y+2년 | Y+3년 | Y+5년 | Y+9년 |
|---|---|---|---|---|---|---|---|
| 글로벌 캠퍼스 환경지수(C) | 14.0 | 17.9 | 21.7 | 25.6 | 29.4 | 37.1 | 52.5 |
| 글로벌 학문단위 육성지수(A) | 13.0 | 15.7 | 18.4 | 21.1 | 23.8 | 29.2 | 40.0 |
| 온·오프라인 글로벌 지수(B) | 15.0 | 20.0 | 25.0 | 30.0 | 35.0 | 45.0 | 65.0 |

참고해서 작성하기 바란다.

국제화 영역에서 설정한 성과지표를 예로 들어 보자. 〈표 9-10〉에서 설정한 성과지표는 이중 복합지표로 설정하고 있다. 글로벌 캠퍼스 환경지수를 산출하기 위해 글로벌 학문단위 육성지수(A)와 온·오프라인 글로벌 지수(B)를 50%씩 반영하도록 설정한다. 글로벌 학문단위 육성지수(A)는 외국인 교원 비율(A1)과 외국인 학생 비율(A2)을 50%씩 반영한 합으로 구성하고 있고, 온·오프라인 글로벌 지수(B)는 파견 교환학생 비율(B1)과 온·오프라인 교육프로그램 이수학생 비율(B2)을 50%씩 반영한 합으로 구성한다.

**Work Point**

● 복합지표로 성과지표를 관리하는 경우에는 세부 관리지표별로 목푯값을 설정하고 관리하는 것이 좋다.

## 2) 과제정의서의 세부과제 설정

과제정의서의 중간 부분에 해당하는 실행과제, 세부과제, 예산 규모에 대해 살펴보도록 하자. 먼저, 실행과제에서는 전략과제에 부합한 실행력을 갖춘 과제들로 구성한다. 실행과제는 전략과제가 추구하는 목표를 달성하기 위해 실제 이루어지는 과제들로, 전략과제와 함께 지속해서 발전계획의 종료 시점까지 추진해야 하는 경우도 있지만, 발전계획 추진 중간에 실행과제가 완성되거나 성과가 도달되어 그 성과가 지속될 수 있어 더 이상 필요하지 않은 경우가 있다. 이런 경우에는 발전계획의 추진 일정 중 1/3 또는 1/2 시점에 점검하여 새로운 실행과제를 발굴ㆍ추가해서 발전계획 종료기한까지 지속적으로 추진해야 한다. 추가된 실행과제는 반드시 전략과제의 목표와 연계성을 고려해야 한다. 실행과제를 추진하는 데 다양한 주관부서가 있을 테니 필요하다면 이를 추가해도 좋다.

다음은 실행과제별로 세부과제를 2~3개 정도 추가하여 실행과제에 부합하는 세부과제의 추진 활동을 통해 전략과제의 목표를 달성해 나갈 수 있다. 세부과제는 향후 예산 투입을 고려하여 선택과 집중의 전략을 통해 '세부과제가 얼마나 중요한가?'와 '세부과제를 어느 정도 시급하게 추진해야 하는가?'라는 관점에서 우선순위를 상, 중, 하의 3단계로 구분하여 설정한다. 또한 세부과제별로 관리해야 하는 지표와 연차별 목푯값도 설정하여 그 결과에 따라 추진 성과를 점검하는 것도 필요하다.

**Work Point**

● 한정된 자원을 효율적으로 배분하기 위해서는 '선택과 집중' 전략에 따라 전략과제 및 실행과제의 '중요성'과 '시급성'에 기반하여 우선순위를 설정하여 추진하자.

　　수립된 세부과제를 추진하는 데 필요한 예산 규모를 산출하는 것이 요구된다. 세부과제를 달성하기 위한 활동들을 고려하여 사업화한다고 생각하고 산출해 보자. 세부과제로 수립한 관리지표를 달성하는 데 절대적으로 기여할 수 있도록 주요 활동들을 구성하고, 이를 통해 실행과제 단위로 종합하거나 세부과제 단위로 단가, 개수, 횟수, 인원 등에 따라 산출한 근거를 토대로 예산 계획을 수립하면 된다. 여기서 산출된 예산 규모의 총액은 상단 부분의 소요 예산과 일치해야 한다.

**표 9-11** 국제화 영역 과제정의서의 실행과제별 세부과제 설정 및 예산 규모 산출(예시)

| | | 실행과제명 | | 개요 | | | | | |
|---|---|---|---|---|---|---|---|---|---|
| **실행과제** | a | 글로벌 특성화 학문단위 육성 | | 우리 대학의 강점을 살릴 수 있는 외국인 학생 중심의 글로벌 학문단위 신설 및 육성 | | | | | |
| | b | 온·오프라인 글로벌 환경 구축 | | 내국인 학생의 파견 또는 연수를 지원하기 위한 해외교육센터 설립과 외국인 학생 유치를 위한 온·오프라인 교육·연구 플랫폼 구축을 통한 글로벌 교육 환경 조성 | | | | | |
| | | 주요 내용 | 관리지표 | 실행시기 [목푯값] | | | | 우선순위 | |
| | | | | Y년 | Y+1년 | … | Y+9년 | 중요성 | 시급성 |
| **세부과제** | a-1 | 우수 외국인 교원 채용 확대 | 외국인 교원 비율 (%) | → [3.7] | → [4.4] | … | → [10.0] | 상 | 중 |
| | a-2 | 글로벌 혁신 학문단위 신설 | 외국인 학생 비율 (%) | → [12.0] | → [14.0] | … | → [30.0] | 상 | 상 |
| | b-1 | 파견 교환학생 및 내국인 학생 연수 프로그램을 위한 해외교육센터 설립 및 운영 | 파견 교환학생 비율(%) | → [6.0] | → [7.0] | … | → [15.0] | 상 | 중 |
| | b-2 | 온·오프라인 교육·연구 플랫폼 구축 및 운영 | 온·오프라인 교육프로그램 이수학생 비율(%) | → [14.0] | → [18.0] | … | → [50.0] | 중 | 상 |
| | c-1 | ⋮ | ⋮ | ⋮ | ⋮ | ⋮ | ⋮ | ⋮ | ⋮ |
| | c-2 | ⋮ | ⋮ | ⋮ | ⋮ | ⋮ | ⋮ | ⋮ | ⋮ |

| | | 산출근거 | Y년 | Y+1년 | ⋯ | Y+9년 | 계 |
|---|---|---|---|---|---|---|---|
| 예산 규모<br>(억 원) | a | • 외국인 교원 신규 충원 인건비: 80,000천 원×<br> 1인×10년(누적)=57,712,000천 원<br> ※ 외국인 교원 평균 임금 인상률 미적용<br> • 우수 외국인 학생 장학금: 1,500천 원×100인×<br> 2학기=300,000천 원/년<br> • 글로벌 기숙사 신축: 5,000,000천 원(Y+4년) | 1.7 | 2.8 | ⋯ | 147.2 | 633.1 |
| | b | • 파견 교환학생 장학금: 1,500천 원×40인×2학<br> 기=120,000천 원/년<br> • 파견 연수학생 장학금: 1,000천 원×10인×2학<br> 기=20,000천 원/년<br> • 해외교육센터 설립비: 3,000,000천 원(Y+2)<br> • 해외교육센터 유지보수비: 500,000천 원×7년<br> (Y+3~Y+10)=3,500,000천 원<br> • 온·오프라인 교육·연구플랫폼 구축비:<br> 500,000천 원×2년(Y+2~Y+3)=1,000,000천 원<br> • 온·오프라인 교육프로그램 개발비: 10,000천<br> 원×2강좌=20,000천 원<br> • 온·오프라인 교육프로그램별 튜터비: 1,500천<br> 원×2인(연 누적)×2학기=165,000천 원 | 0.5 | 5.6 | ⋯ | 5.8 | 76.5 |
| | c | ⋮ | ⋮ | ⋮ | ⋮ | ⋮ | ⋮ |
| | 계 | | 2.2 | 8.4 | ⋯ | 153.0 | 709.6 |

## 3) 과제정의서의 인프라 설정

과제정의서의 하단 부분(인프라 설정)에는 앞서 중간 부분(세부과제 설정)에서 산출한 예산을 어떻게 확보할 것인가에 대한 예산 조달 계획, 해당 전략과제를 추진하는 데 필요한 인력 및 공간 확보계획, 그리고 해당 전략과제를 추진하는 데 있어 고려해야 할 사항에 대해 작성한다.

먼저, 예산 조달 계획은 대학 발전계획을 추진하는 데 있어 필요한 예산의 확보 방안에 해당한다. 교비회계, 정부 및 지방자치단체의 국고보조금, 산학협력단회계, 기타로 구분할 수 있다. 연차별로 적법한 예산 집행이 가능한 범위 내에서 확보계획을 수립하고, 이에 대한 추진이 적절하게 이루어지고 있는지를 점검하는 것이 요구된다. 각 전략과제의 예산 조달 계획을 종합하면 대학의 중장기 재정 확보계획을 수립하는 데 도움이 된다.

　　다음에 작성할 내용은 추진과제를 실행하는 데 필요로 하는 인력 및 공간 확보계획이다. 이는 실행과제 및 세부과제를 실행하는 데 있어 해당 주관부서에서 추가로 필요한 인력과 공간을 의미한다. 기존 인력과 공간으로 추진이 가능하다면 별도로 작성할 필요는 없다.

**Work Point**

- 국제화 영역 발전계획 수립 시 전략과제 및 실행과제를 추진하기 위해서 필요한 Resource Plan에 대해 주관부서 및 협조부서로부터 반드시 의견을 청취하자.
- 기획부서는 충분한 인력과 공간, 예산이 확보될 수 있도록 인사부서, 시설부서, 예산부서와 적극적인 의사소통을 통해 협력 방안을 모색해야 한다.

　　마지막으로, 해당 전략과제를 추진하는 데 주관부서와 협조부서뿐만 아니라, 대학 발전계획을 전담하는 기획부서에서 함께 고려해야 하는 사항을 작성한다.

**표 9-12** **국제화 영역 과제정의서의 연차별 예산 조달 계획 및 인프라 설정(예시)**

| | 실행시기 | 교비회계 | 정부 (대학혁신 지원사업비) | 지자체 | 산학협력단 회계 | 기타 | 계 |
|---|---|---|---|---|---|---|---|
| 예산 조달 계획 (억 원) | Y년 | 1.1 | 1.1 | – | – | – | 2.2 |
| | Y+1년 | 2.2 | 6.2 | – | – | – | 8.4 |
| | ⋮ | ⋮ | ⋮ | ⋮ | ⋮ | ⋮ | ⋮ |
| | Y+9년 | 151.6 | 1.4 | | | | 153.0 |
| | 계 | 687.1 | 22.5 | – | – | – | 709.6 |
| 인력/공간 확보계획 | • 외국인 교원 지원 조교 인력 10인 확보 필요 <br>• One-Stop으로 관리할 수 있는 외국인학생관리센터 공간 확충 및 지원 인력 정규직원 추가 2인(5년 단위로 1인씩 추가) 확보 <br>• 해외교육센터 파견 정규직원 3인 확보 필요 <br>• 온·오프라인 교육·연구 플랫폼 운영 인력 정규직원 2인 확보 및 강좌당 튜터 1인씩 확보 필요 | | | | | | |
| 고려사항 | • 글로벌 학문단위 선호도를 고려하고, 국내외 우수사례에 대한 벤치마킹을 통해 최적의 글로벌 학문단위 신설 및 적정 규모의 외국인 교원 확충 <br>• 외국인 학생 충원 규모에 따른 시뮬레이션 결과에 기반한 글로벌 기숙사 신축 <br>• 해외교육센터 설치 국가 및 장소에 대한 면밀한 사전 검토 <br>• 온라인 학위과정까지 확대할 수 있도록 하여 대학의 재정적 기여로 이어질 수 있도록 온·오프라인 교육·연구 플랫폼 구축 | | | | | | |

## 4) 국제화 영역 과제정의서(종합)

앞서 설명한 세 부분의 내용을 종합해서 국제화 영역의 추진과제와 실행과제 및 세부과제를 중심으로 작성한 과제정의서를 예시로 제시하면 다음과 같다.

표 9-13 국제화 영역의 과제정의서(예시)

| 전략과제 | D-1 | 글로벌 캠퍼스 구축 및 환경 조성 | champion | 국제처장 |
|---|---|---|---|---|
| | | | 주관부서 | 기획처, 교무처, 교육혁신원, 생활관 |
| 개요 | 대학의 강점 분야를 중심으로 글로벌 학문단위를 신설·육성하고 해외 진출의 교두보 역할을 할 수 있는 온·오프라인 플랫폼 구축 | | 협조부서 | 학문단위 |
| 목표 | 글로벌 특성화 학문단위를 중심으로 우수 외국인 교원과 학생을 유치하고, 온·오프라인 교육지원시스템을 통한 글로벌 경쟁력 제고 | | 소요 예산 (백만 원) | 709.6 |

| 성과지표 | 글로벌 캠퍼스 환경지수(%) | 산출식 | **글로벌 캠퍼스 환경지수(C)** **= (글로벌 학문단위 육성지수(A)×0.5)** **+(온·오프라인 글로벌 지수(B)×0.5)** −글로벌 학문단위 육성지수(A)=∑{(외국인 교원 비율×0.5)+(외국인 학생 비율×0.5)} −온·오프라인 글로벌 지수(B)=∑{(파견 교환학생 비율×0.5)+(온·오프라인 교육프로그램 이수학생 비율×0.5)} | | | | | |

| 목푯값 | 기준값 | Y년 | Y+1년 | Y+2년 | Y+3년 | Y+5년 | Y+9년 |
|---|---|---|---|---|---|---|---|
| 글로벌 캠퍼스 환경지수(C) | 14.0 | 17.9 | 21.7 | 25.6 | 29.4 | 37.1 | 52.5 |
| 글로벌 학문단위 육성 지수(A) | 13.0 | 15.7 | 18.4 | 21.1 | 23.8 | 29.2 | 40.0 |
| 온·오프라인 글로벌 지수(B) | 15.0 | 20.0 | 25.0 | 30.0 | 35.0 | 45.0 | 65.0 |

| | | 실행과제명 | | 개요 | | | | | |
|---|---|---|---|---|---|---|---|---|---|
| 실행과제 | a | 글로벌 특성화 학문단위 육성 | | 우리 대학의 강점을 살릴 수 있는 외국인 학생 중심의 글로벌 학문단위 신설 및 육성 | | | | | |
| | b | 온·오프라인 글로벌 환경 구축 | | 내국인 학생의 파견 또는 연수를 지원하기 위한 해외교육센터 설립과 외국인 학생 유치를 위한 온·오프라인 교육·연구 플랫폼 구축을 통한 글로벌 교육 환경 조성 | | | | | |

| | | 주요 내용 | 관리지표 | 실행시기 [목푯값] | | | | 우선순위 | |
|---|---|---|---|---|---|---|---|---|---|
| | | | | Y년 | Y+1년 | … | Y+9년 | 중요성 | 시급성 |
| 세부과제 | a-1 | 우수 외국인 교원 채용 확대 | 외국인 교원 비율 (%) | → [3.7] | → [4.4] | … | → [10.0] | 상 | 중 |
| | a-2 | 글로벌 혁신 학문단위 신설 | 외국인 학생 비율 (%) | → [12.0] | → [14.0] | … | → [30.0] | 상 | 상 |
| | b-1 | 파견 교환학생 및 내국인 학생 연수 프로그램을 위한 해외교육센터 설립 및 운영 | 파견 교환학생 비율(%) | → [6.0] | → [7.0] | … | → [15.0] | 상 | 중 |
| | b-2 | 온·오프라인 교육·연구 플랫폼 구축 및 운영 | 온·오프라인 교육프로그램 이수학생 비율(%) | → [14.0] | → [18.0] | … | → [50.0] | 중 | 상 |
| | c-1 | ⋮ | ⋮ | ⋮ | ⋮ | ⋮ | ⋮ | ⋮ | ⋮ |
| | c-2 | ⋮ | ⋮ | ⋮ | ⋮ | ⋮ | ⋮ | ⋮ | ⋮ |

| | | 산출근거 | | Y년 | Y+1년 | … | Y+9년 | 계 |
|---|---|---|---|---|---|---|---|---|
| 예산 규모 (억 원) | a | • 외국인 교원 신규 충원 인건비: 80,000천 원× 1인×10년(누적)=57,712,000천 원<br>※ 외국인 교원 평균 임금 인상률 미적용<br>• 우수 외국인 학생 장학금: 1,500천 원×100인× 2학기=300,000천 원/년<br>• 글로벌 기숙사 신축: 5,000,000천 원(Y+4년) | | 1.7 | 2.8 | … | 147.2 | 633.1 |

| | | | | | | | | |
|---|---|---|---|---|---|---|---|---|
| 예산 규모<br>(억 원) | b | • 파견 교환학생 장학금: 1,500천 원×40인×2학기=120,000천 원/년<br>• 파견 연수학생 장학금: 1,000천 원×10인×2학기=20,000천 원/년<br>• 해외교육센터 설립비: 3,000,000천 원(Y+2)<br>• 해외교육센터 유지보수비: 500,000천 원×7년(Y+3~Y+10)=3,500,000천 원<br>• 온·오프라인 교육·연구플랫폼 구축비: 500,000천 원×2년(Y+2~Y+3)=1,000,000천 원<br>• 온·오프라인 교육프로그램 개발비: 10,000천 원×2강좌=20,000천 원<br>• 온·오프라인 교육프로그램별 튜터비: 1,500천 원×2인(연 누적)×2학기=165,000천 원 | 0.5 | 5.6 | ⋯ | 5.8 | 76.5 |
| | c | ⋮ | ⋮ | ⋮ | ⋯ | ⋮ | ⋮ |
| | | 계 | 2.2 | 8.4 | ⋯ | 153.0 | 709.6 |

| | 실행시기 | 교비회계 | 정부<br>(대학혁신<br>지원사업비) | 지자체 | 산학협력단<br>회계 | 기타 | 계 |
|---|---|---|---|---|---|---|---|
| 예산 조달<br>계획<br>(억 원) | Y년 | 1.1 | 1.1 | – | – | – | 2.2 |
| | Y+1년 | 2.2 | 6.2 | – | – | – | 8.4 |
| | ⋮ | ⋮ | ⋮ | ⋮ | ⋮ | ⋮ | ⋮ |
| | Y+9년 | 151.6 | 1.4 | – | – | – | 153.0 |
| | 계 | 687.1 | 22.5 | – | – | – | 709.6 |

| 인력/공간<br>확보계획 | • 외국인 교원 지원 조교 인력 10인 확보 필요<br>• One-Stop으로 관리할 수 있는 외국인학생관리센터 공간 확충 및 지원 인력 정규직원 추가 2인(5년 단위로 1인씩 추가) 확보<br>• 해외교육센터 파견 정규직원 3인 확보 필요<br>• 온·오프라인 교육·연구 플랫폼 운영 인력 정규직원 2인 확보 및 강좌당 튜터 1인씩 확보 필요 |
|---|---|
| 고려사항 | • 글로벌 학문단위 선호도를 고려하고, 국내외 우수사례에 대한 벤치마킹을 통해 최적의 글로벌 학문단위 신설 및 적정 규모의 외국인 교원 확충<br>• 외국인 학생 충원 규모에 따른 시뮬레이션 결과에 기반한 글로벌 기숙사 신축<br>• 해외교육센터 설치 국가 및 장소에 대한 면밀한 사전 검토<br>• 온라인 학위과정까지 확대할 수 있도록 하여 대학의 재정적 기여로 이어질 수 있도록 온·오프라인 교육·연구 플랫폼 구축 |

# 4. 국제화 영역 발전계획을 위한 제언

## 1) 국제화 영역 발전계획 수립 시 고려사항

4차 산업혁명 시대에 고등교육기관으로서 대학은 살아 숨 쉬는 융합 생태계에서 미래 사회 트렌드를 받아들이고 대학의 변화된 모습을 반영하기 위해 대학운영의 시각을 전환하는 것이 요구되고 있다.

최근 대학에서는 교육의 질 관리에 대한 필요성이 확대되고 있고, 새로운 학위 및 인증 제도가 지속적으로 등장하고 있어 글로벌 스탠더드(global standard) 수준의 교육과 연구 역량을 확보하여 미래 고등교육을 선도해 나가는 것이 필요하다. 대학은 전(全) 지구적 이슈(global issue)에 적극적으로 대응하고, 글로벌 캠퍼스로의 확장을 통해 우수 인재를 확보하며, 지식의 허브로서 교육과 연구로 글로벌 사회를 선도하는 역할을 수행해 나가야 하는 것에 대해 요구받고 있다.

또한 외국인 학부생과 석 · 박사 학위과정생 유치 및 우수 외국인 교원 확보를 위한 경쟁이 갈수록 치열해지고 있다. 인류사회가 당면한 문제를 해결하기 위해 국제적인 시각에서 공동 대응하여 그 대안을 모색하기 위한 노력이 요구되고 있는 상황에 국제공동연구를 위한 장기적인 파트너십을 구축하고 추진하는 것이 필요한 상황이다.

COVID-19 이후 대학 간 교육과 연구의 온 · 오프라인 네트워킹이 더욱 활발하게 확대되고 있고, 대학 연합체가 결성(strategic alliance)되고 있는 상황에서 글로벌 대학 컨소시엄 등 세계적인 고등교육기관의 국제교류 및 협력체계를 강화해 나가는 것이 매우 중요한 이슈로 대두되고 있다. 또한 edX, Coursera 등 MOOC(Mass Open Online Course) 플랫폼을 통해 제공되는 교육서비스와 더불어, 2012년에 설립된 미국의 미네르바대학교(Minerva University)나 2023년 8월 말에 설립된 한국의 태재대학교(Taejae University)와 같은 온라인 기반의 대학 등 새로운 형태의 고등교육기관과의 무한경쟁이 더욱 가속화되고 있는 실정이다.

국내 대학들도 글로벌 경쟁력을 제고하기 위해 국제화와 관련된 지속적인 혁신과제를 발굴하여 추진해 나가고 있으며, 대학의 발전계획에서 핵심적인 어젠다(agenda)로 설정하여 실행하고 있다. 따라서 대학 발전계획에서 국제화 영역(분야)은 이미 세계 고등교육 시장에서 살아남기 위한 국내 대학들의 현안 이슈인 동시에, 미래 대학 경쟁력을 지속적으로 확보하기 위한 필수 성장동력이다.

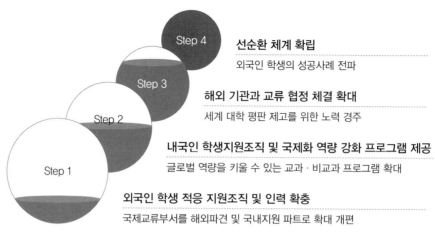

Step 4    **선순환 체계 확립**
외국인 학생의 성공사례 전파

Step 3    **해외 기관과 교류 협정 체결 확대**
세계 대학 평판 제고를 위한 노력 경주

Step 2    **내국인 학생지원조직 및 국제화 역량 강화 프로그램 제공**
글로벌 역량을 키울 수 있는 교과 · 비교과 프로그램 확대

Step 1    **외국인 학생 적응 지원조직 및 인력 확충**
국제교류부서를 해외파견 및 국내지원 파트로 확대 개편

**[그림 9-3]** 국제화 영역 발전계획 수립 시 고려 사항

이와 같은 고등교육기관으로서 글로벌 경쟁력을 제고해야 하는 당위성에 기반하여 대학에서 국제화 영역 발전계획을 수립할 때 다음과 같이 네 가지 사항에 대해 고려하는 것이 필요하다.

### (1) 외국인 학생 적응 지원조직 및 인력 확충

외국인 학생이나 수용 교환학생의 적응을 지원하기 위한 조직(관리부서) 및 인력을 충분하게 확보하는 것이 필요하다. 외국인 학생이 국내에서 체류하는 데 도움을 받을 수 있도록 비자 발급 및 생활 지원과 외국인 학생을 대상으로 하는 학습지원을 위한 멘토링 프로그램, 비교과 프로그램 등을 대학 차원에서 기획하여 운영할 수 있도록 하기 위해 대학 조직의 팀(과)을 이원화하여 운영하는 것을 고려해야 한다. 국가별 언어에 적합한 인력도 충분히 확보하고 있어야 행정적 지원 서비스가 가능하다.

### (2) 내국인 학생지원조직 및 국제화 역량 강화 프로그램 제공

내국인 학생의 글로벌 역량을 향상시킬 수 있는 조직(지원부서)과 다양한 국제화 역량 강화 프로그램을 제공하는 것이 필요하다. 내국인 학생을 해외 대학이나 글로벌 기관에 파견하기 위해서 글로벌 역량이 강화될 수 있도록 언어적 측면이나 문화적 측면에서 다양한 지원이 이루어질 수 있도록 프로그램을 운영해야 한다.

## (3) 해외 기관과 교류 협정 체결 확대

해외 대학이나 글로벌 기관과의 교류 협력을 위한 네트워크를 확대해 나가기 위한 기반이 필요하다. 대학 간 교류 협정을 체결하는 데 있어 앞서 언급했던 세계대학평가나 아시아대학평가 순위도 크게 도움이 되는 것이 현실이다. 대학의 순위가 공개되고 있는 상황에서 순위권에 진입하지 못한 경우에는 해외 대학에서 교류 협정 체결을 꺼리는 경우도 다수 있기에, 대학은 세계대학 평판 제고를 위한 노력을 경주해야 한다.

## (4) 선순환 체계 확립

해외 캠퍼스나 글로벌 플랫폼 구축을 통해 교육과 연구를 확장시켜 나가 외국인 학생과 교환학생 유치가 자연스럽게 이루어지는 선순환 체계를 확립해 나가는 것이 필요하다. 외국인 학생이 졸업해서 본국으로 돌아가거나 국내에서 취·창업을 할 수 있도록 지원해 주는 등 국내 대학에서 학업을 마친 외국인 학생의 성공 사례가 확산되는 구조를 만들어 가야 지속적인 외국인 학생 유치가 수월해질 수 있다.

**표 9-14** 국제화 영역 발전계획 수립 시 장애 및 촉진 요인

| 범주 | 장애요인 | 촉진요인 |
|---|---|---|
| 외국인 학생 유치 | • 외국인 학생 및 수용 교환학생 유치 확대를 위한 대학의 현 위치 및 평판 중요<br>• 외국인 학생의 학습, 생활, 비자 발급 등 정착을 지원할 수 있는 인력 확보 필요 | • 한국으로 유학 오는 것을 희망하고 있는 중국, 베트남 등 아시아 국가의 외국인 유학생 유치를 위한 네트워크 구축<br>• 온라인 학위과정 설치를 통한 외국인 학생 유치 확대 가능 |
| 내국인 학생 파견 | • 학생이 선호하는 국가의 대학과의 네트워킹을 통한 교류협정 체결이 선결 요건<br>• 재학생의 외국어 역량과 파견 국가에 대한 문화 이해 역량 강화를 위한 내부 지원체계 구축 및 교육프로그램 확대 필요<br>• 글로벌 취·창업 확대를 위한 해외 인턴십, 현장실습 기관/기업 확보 필요 | • 학생이 선호하는 국가의 우수 대학에 대한 수요조사를 통해 교류 협정 체결 지속적 확대 노력<br>• 파견 교환학생 선발 요건으로 자교 학생의 외국어 성적 요건 및 외국어 역량 향상 프로그램 이수 필요 요건 제시<br>• 학문 분야별 해외 취·창업 가능 기관/기업에 대한 홍보활동 강화 |

| | | |
|---|---|---|
| 교류 협력 | • 세계 및 아시아 대학 순위에서 높은 순위 확보 필요<br>• 대학 간 교류 확장성을 갖고 있는 자교의 학문 분야 다수 확보 필요<br>• COIL/VE와 같이, 해외 대학과의 학문적 교류가 가능할 수 있는 채널 확보 필요<br>• 해외 대학 간 연합기관에 회원 가입 등을 통한 네트워크 확장 필요 | • 세계 및 아시아 대학 순위 제고 시 교류 협력 수월<br>• 해외에서 유학하고 온 자교 전임교원을 대상으로 해외 대학과의 교육 · 연구 협력체계 구축<br>• NAFSA, EAIE[2] 등 대학 간 국제연합 협의체에서 개최하는 박람회, 전시회 등의 참가를 통해 해외 대학과의 네트워크 기회 확대 및 교류 협정 체결 확대 |
| 캠퍼스 및 인프라 확충 | • 외국인 학생과 내국인 학생이 교류할 수 있는 공간 마련 필요<br>• 외국인 학생지원을 전담 기구 설치 및 인력 확보 필요<br>• 해외 캠퍼스 설립 시에는 부지 확보와 재원 확충 필요 | • 글로벌 라운지와 같은 국내외 학생이 함께 어울릴 수 있는 공간 구축<br>• 국제처, 국제교류본부 등과 같이 외국인 학생과 수용/파견 교환학생 관리 및 지원을 위한 전담 조직 설치 및 인력 확보<br>• 학령인구 감소에 대비하기 위한 외국인 학생 유치를 위한 해외 센터 설치 |

## 2) 국제화 영역 발전계획 수립을 위한 체크리스트

국제화 영역 발전계획을 수립하는 데 있어 점검해야 할 항목을 준비-실행(운영)-평가 단계로 구분하여 수행 여부를 확인할 수 있도록 체크리스트를 제시하면 다음과 같다.

준비 단계에서는 주로 계획에 해당하는 내용이 적절한지, 예산의 산출 규모와 인력 및 공간 확보계획 등이 적절하게 수립되었는지를 제시하고 수행 여부를 점검한다.

실행(운영) 단계에서는 과제정의서에서 제시하고 있는 우선순위에 따라 연차별로 수립된 계획이 실행되고 있는지와 예산 집행 계획에 따라 예산이 적절하게 집행되고 있는지를 점검한다.

평가 단계에서는 전략과제의 종합적인 성과지표와 실행과제 및 세부과제에서 제시하고 있는 관리지표가 달성되고 있는지와 실행과제 및 세부과제의 실행에 대한 이행점검과 그 결과를 차년도 계획에 반영하고 있는지, 그리고 성과목표의 달성에 따른 적절한 보상이 이루어지고 있는지를 점검한다.

---

2) NAFSA: 국제교육자협의회로 the National Association of Foreign Student Advisers의 약자. https://www.nsfsa.org
　　 EAIE: 유럽국제교육자협의회로 European Association for International Education의 약자. https://www.eaie.org

**표 9-15** 국제화 영역 발전계획 수립을 위한 체크리스트

| 단계 | 점검사항 | 점검내용 | 수행 여부 (Y/N) |
|---|---|---|---|
| 준비 | 영역 구분 | 대학 발전계획에서 '국제화' 영역이 필요한가? | |
| | 범주 구분 | '국제화' 영역에서 세부 범주는 구분했는가? | |
| | 전략과제 설정 | 국제화 영역에 부합한 전략과제인가? | |
| | 장애요인 | 국제화 영역에서 고려해야 할 장애요인을 확인했는가? | |
| | 촉진요인 | 국제화 영역에서 고려해야 할 촉진요인을 확인했는가? | |
| | 사례 대학 선정 | 국제화 영역에서 참고할 사례 대학을 선정했는가? | |
| 실행 (운영) | 과제정의서 | 과제정의서 양식은 정했는가? | |
| | 주관부서 | 전략과제별 과제책임자, 주관부서, 협조부서는 설정하고 있는가? | |
| | 성과지표 | 전략과제별 성과지표와 산출식, 목푯값은 설정하고 있는가? | |
| | 실행과제 | 국제화 영역의 전략과제에 부합하는 실행과제를 제시하고 있는가? | |
| | 세부과제 | 국제화 영역의 실행과제에 부합하는 세부과제를 제시하고 있는가? | |
| | 추진과정 | 세부과제별 실행시기와 우선순위 등을 제시하고 있는가? | |
| | 인력/공간 | 전략과제의 목표를 달성하기 위해 필요한 인력 및 공간 확보계획을 수립하였는가? | |
| | 소요 예산 | 전략과제를 추진하는 데 필요한 소요 예산을 산출하고 적정하게 편성하였는가? | |
| 평가 | 중간 점검 | 국제화 영역 전략과제의 중간 점검 및 그 점검 결과에 따른 후속 조치가 이루어지고 있는가? | |
| | 성과지표 | 국제화 영역의 과제정의서에서 제시하고 있는 성과지표의 목푯값을 달성하였는가? | |
| | 보상 | 추진과제에 대한 목표 달성 정도에 따라 주관 및 협조 부서에 적절한 보상이 이루어졌는가? | |
| | 환류 | 국제화 영역의 추진 실적에 대한 이행점검을 하고, 차년도의 세부계획 수립 시 반영하고 있는가? | |

제**10**장

# 사회공헌 영역 발전계획

Effective Strategic Planning in Higher Education

이 장에서는 대학의 중장기 발전계획의 한 축인 '사회공헌 영역'에 대한 의의와 필요성, 그리고 사회공헌 영역에서 일반적으로 다루고 있는 내용을 살펴보았다. 또한 중장기 발전계획에서 사회공헌 영역 수립 시 고려해야 할 사항이 무엇인지 제시하고, 일반적으로 대학에서 사회공헌 영역의 주요 전략과제와 세부과제들이 어떻게 수립되었는지 구체적으로 살펴보았다.

아울러 이 장에서는 대학의 설립유형과 지역, 대학의 규모를 고려하여 33개의 분석대학을 선정하였고, 이들 대학의 사회공헌 영역에 대한 목표, 전략과제, 세부과제 및 주요 특징이 무엇인지 분석하였다. 그리고 대학의 특성을 고려하여 분석 대학의 사회공헌 영역 과제들의 공통점과 차이점을 분석함으로써 대학의 특성별 사회공헌 영역의 전략을 도출하였다.

마지막으로 사회공헌 영역 발전계획 수립을 위한 제언에서는 사회공헌 영역 발전계획 수립 시 고려해야 할 가치와 핵심성공요인, 그리고 단계별 체크리스트를 제시하였다. 이를 활용하여 향후 각 대학에서는 중장기 발전계획 수립 시 사회공헌 영역을 수립, 운영, 평가하는 기준으로 활용할 수 있을 것이다.

# 1. 사회공헌 영역 발전계획의 개요

## 1) 사회공헌 영역 발전계획의 중요성

일반적으로 고등교육기관의 기본적인 사명은 교육, 연구, 사회봉사로 분류된다. 이 중 사회봉사 이념은 미국 대학의 발달 과정에서 고등교육의 기본적인 사명 중 하나로 자리 잡았다. 고등교육기관의 역사를 살펴보면, 11세기 후반에서 12세기 무렵 중세 유럽에서 당시 사회의 엘리트들을 교육하기 위해 처음으로 '대학'이 만들어졌다. 이후 19세기 독일의 홈볼트대학교(Humboldt-Universitat zu Berlin)가 설립되면서 '연구하는 대학'이 처음 생겨났고, 이후 Johns Hopkins University를 필두로 다수의 미국 대학이 연구중심대학 모델에 기반하여 발전하면서 연구가 대학의 두 번째 사명으로 자리 잡았다.

대학의 세 번째 사명인 사회공헌 또는 사회참여 역할은 미국에서 토지공여대학이 설립되면서 시작되었다고 볼 수 있다. 초창기 미국의 대학들은 대부분 인문학이나 자연과학 분야의 학부교육을 중시하는 Liberal Arts College였는데, 1800년대 후반에는 이러한 인문학 교육보다 국가의 경제발전을 위해 농업과 기계 분야의 교육이 필요한 상황이었다. 이를 위해 미국에서는 Land Grant University법으로 알려진 Moril Acts를 제정하고, 주 정부에서 대학에 토나 토지를 매각한 재원을 주며, 농업과 기계 분야에 특화된 대학을 설립하도록 하면서 토지공여대학들이 설립되었다. 토지공여대학은 주 정부로부터 지원을 받아 설립된 대학인 만큼, 대학의 자원(교육역량, 연구역량, 각종 유무형 자원)을 대학의 경계 밖으로 확장하여 사회의 수요나 공공의 문제를 해결하는 데에 도움이 되는 역할을 하는 것이 중요했다. 미국에서 토지공여대학이 등장하면서 대학의 사회공헌 역할이 생겼고, 이로써 오늘날 고등교육의 사명 세 가지가 교육, 연구, 봉사로 자리 잡게 되었다(Perkins, 1972).

이처럼 대학은 사회에 요구에 의해 형성되었고, 대학을 설립한 사회에 대해서 일정 부분 책임을 지고 있다. 사회봉사는 대학의 세 번째 사명이기는 하나, 대학의 교육과 연구는 모두 사회기여를 목적으로 발전되어 왔다고 볼 수도 있다(Bok, 1982). 대학과 사회 사이에는 일종의 계약이 있어서 사회는 대학의 재정을 지원하고, 대학의 독립성과 학문의 자유를 인정하고 있다. 이에 대해 대학은 전문가적 양심을 가져야 하며 학생을 교육하여 국가에 이바지할 인력을 양성할 의무를 갖는다. 즉, 대학은 독립성과 자율성을 갖기 위해 사회책임과 공공에 대한 의무를 다해야 하는 관계에 있다(Duderstadt, 2000).

최근에는 국제화의 흐름과 더불어 지식경제사회가 되면서 사회적으로 대학이 국가의 경제발전에 기여하고, 사회적 책임을 수행할 것에 대한 요구가 증가하고 있다(변기용, 2014). 대학은 사회에서 가장 대표적인 지식 전달과 생산 기관이기 때문에, 지식과 정보가 중요한 사회에서 대학의 역할과 책무도 더불어 무거워지는 것이다(박영식, 1992). 과거에는 대학의 사회봉사 역할이 사회봉사 프로그램(봉사활동 프로그램)을 운영하는 수준이었다면, 최근에는 대학의 일차적인 역할이라고 볼 수 있는 교육과 연구의 경계도 사회로 확장되고 있다. 해외에서도 대학의 사회적 책임이 '세 번째 사명(the third mission)'으로 불리며, 대학의 지식과 자원이 사회로 확장되는 것이 중요해지고 있다. 해외 대학들도 사회적 역할을 수행하기 위해 사회의 수요에 맞는 인력을 양성하고 기술을 개발하며, 다양한 유형의 복지를 제공하는 등의 활동을 활발하게 하고 있다(Brennan, 2008).

이처럼 대학의 세 번째 사명인 사회봉사는 대학의 유무형 자원을 활용하여 사회와 경제 발전에 기여하는 활동을 통칭하는 포괄적 용어로 자리 잡았다(Jongbloed et al., 2008). 우리나라에서도 최근 20여년 간 대학의 사회적 책임이 크게 확대되어 왔으며, 그중 제8장에 소개한 것과 같이 대학과 산업이 연계되는 활동들은 '산학협력'이라고 명명되며 특히 중요하게 강조되고 있다. 또한 대학의 자원을 활용하여 다양한 사회적 문제를 해결하기 위해 정책적으로 대학을 지역 문제 해결의 핵심 주체로 간주하고 주요한 역할을 부여하는 사례를 국내외에서 찾아볼 수 있다(OECD, 2007).

국내에서는 지역 소멸 위기와 맞물려 지역 문제 해결을 위한 대학의 역할이 중요해지고 있다. 2025년부터 본격적으로 도입되는 RISE(Regional Innovation System & Education) 체계에서는 특히나 대학이 지역발전의 핵심주체로서 지역에 기여하는 것이 더욱 강조될 예정이다(교육부, 2023. 9.). 이에 따라 대학과 지역의 산업체가 다양한 방식의 산학협력을 추진하는 것 외에도 대학이 지역의 핵심 기관으로서 지역의 문제를 해결하기 위해 장단기성 프로젝트를 진행하거나, 지역 주민의 수요를 반영한 교육을 제공하는 등 대학의 인적 자원을 활용하여 지역사회에 기여하는 과제가 증가할 전망이다. 또한 대학의 공간을 지역사회에 개방하는 등 물리적으로도 대학의 경계가 지역사회로 확장되고 있는 추세이다. 이처럼 지역사회에 대한 사회공헌은 대학이 지역 발전을 주도하는 역할이 점차 강조되고 있는 만큼 앞으로도 지속될 것으로 예상된다. 이 장에서는 대학의 사회봉사 역할 중 산학협력을 제외한 대학의 사회공헌에 초점을 두고 사회공헌 영역의 발전계획 수립방법을 정리하고자 한다.

## 2) 사회공헌 영역의 세부 영역

대학의 발전계획에서 사회공헌 영역에 해당하는 세부 영역은 대학의 내외부 환경과 대학의 특징에 따라 다양하게 정의될 수 있다. 일반적으로 사회공헌 영역에 해당하는 내용들은 가장 기본적이며 일반적이라고 볼 수 있는 사회봉사 프로그램 운영에서부터 대학의 자원을 활용하여 국가와 지역을 위한 기여 프로그램을 기획하고 운영하는 것이 포함될 수 있다. 넓은 의미에서 사회공헌을 정의하자면 대학의 국제화 역량을 활용하여 글로벌 사회공헌 프로젝트를 기획 · 운영하는 것, 그리고 사회적 가치를 실현하기 위해 대학의 경영 방식을 혁신하는 것 등 다양한 내용이 포함될 수 있다.

사회공헌을 좁은 의미로 정의할 수도 있고, 넓은 의미로 정의할 수도 있기 때문에 사회공헌 성격을 가진 전략과제들이 다양한 영역에서 다뤄지기도 한다. 대학에 따라 '사회공헌' 혹은 '사회봉사' 영역을 별도로 설정하는 경우도 있으나 '교육' 영역에서 사회봉사 교육을 다루기도 하고, '지역 연계' 영역에서 지역의 산업체와 산학협력을 하며 기여하는 내용이나 지역 사회공헌을 다루는 경우도 있다. 한편, ESG 경영의 경우 대학 경영 방식과 관련된 측면이라는 점에서 '기반 및 인프라' 영역에 포함되는 경우도 있다. 발전계획의 영역은 대학의 특성에 따라, 그리고 대학에서 강조하고자 하는 영역에 따라 제4장 대학 발전계획의 체계도 작성을 참고하여 설정할 수 있다.

이와 같이 영역은 다양하게 설정될 수 있으나, 일반적으로 대학별 발전계획에서 사회공헌 목표 달성을 위해 수립된 전략을 크게 사회봉사 및 사회적 책무 수행, 지역 연계 사회공헌, 글로벌 사회공헌, 사회적 가치 실현 등 네 가지 세부 영역으로 구분할 수 있다.

### (1) 사회봉사 및 사회적 책무 수행

사회봉사 및 사회적 책무 수행은 대학에서 운영되는 다양한 사회봉사 프로그램 혹은 사회봉사 교육들을 의미한다. 사회봉사는 대학의 자원을 활용하여 사회에 기여할 수 있을 뿐만 아니라, 그 자체로 재학생의 인성이나 시민성 함양에 도움이 된다는 점에서 1990년대 후반부터 대부분의 대학에서 운영되고 있다(권현수, 2022). 사회봉사활동 및 사회공헌 프로그램 영역에는 대학의 건학이념이나 비전에 부합하는 봉사활동과 더불어, 다양한 사회봉사 프로그램 운영을 지원할 수 있는 봉사 지원 조직(예: 사회봉사단)을 운영하거나 외부 기관과의 협력을 추진하는 등의 전략도 포함된다.

## (2) 지역 연계 사회공헌

지역 연계 사회공헌은 사회공헌의 초점을 대학이 위치한 지역에 집중시키는 것을 의미한다. 일부 대학은 대학의 강점 분야에 따라 사회공헌의 범위를 전체 국가 차원으로 설정하는 경우도 있다. 그러나 지역에 위치한 대부분의 대학은 사회공헌의 초점을 대학이 위치한 지역에 두는 경우가 많다. 따라서 지역 연계 사회공헌 범주에는 지역과 연계한 평생교육을 제공하거나 지역 수요에 기반한 교육 프로그램을 운영하는 것, 지역의 사회문제를 해결하는 것, 지역의 문화 예술 진흥에 기여하는 것 등이 포함된다. 여기에 더해 지역사회와의 연계가 원활하도록 지역 연계를 강화할 수 있는 인프라를 확충하는 전략들도 포함된다.

## (3) 글로벌 사회공헌

글로벌 사회공헌은 사회공헌의 초점을 대학이 위치한 지역이나 국내로 두는 것이 아니라 해외로 둔다는 특징이 있다. 이 범주에는 대학의 국제화와 연계하여 해외 사회봉사 프로그램을 운영하거나, 해외 국가의 사회문제를 해결하는 프로젝트 운영 등이 포함된다. 여기에 더해 해외 대학과의 MOU 체결, 글로벌 기관과의 파트너십 구축 등 글로벌 사회공헌을 가능하게 하는 인프라 마련이 포함되는 범주이다.

## (4) 사회적 가치 실현

사회적 가치 실현은 세계가 공통적으로 마주한 위기를 해결하고 인류에게 필요한 가치를 지키기 위해 대학에서도 지속가능발전목표(Sustainable Development Goals: SDGs)를 달성하고 ESG(Environment, Social, Governance)나 탄소중립을 위해 노력하는 것을 의미한다. 고등교육기관의 운영을 위해 정부의 지원 등 공적 재원이 투입되기 때문에, 대학이 지닌 역량이 인류의 지속을 위해 활용되어야 한다는 요구에 따라 최근 들어 강조되고 있는 부분이기도 하다. Times Higher Education의 Impact Rankings나 QS의 Sustainability Rankings는 대학이 환경의 지속가능성이나 사회적 평등, 건강과 보건 등에 얼마나 기여하는지에 따라 대학 순위를 발표하고 있다. 이러한 사회의 요구를 반영하여 국내의 대학들도 자체적으로 사회공헌 기구를 대학 내에 설치하고 사회책임 프로그램을 운영하거나 다양성 혹은 평등 정책을 마련하는 등의 발전전략을 수립하고 있다. 앞으로는 4주기 대학기관평가인증에서도 SDGs나 ESG, 탄소중립 등의 가치 실천이 평가 기준에 추가됨에 따라 사회적 가치실현 영역의 중요성이 더욱 높아질 것으로 예상된다.

사회공헌 영역 발전계획 수립

| 사회봉사 및 사회적 책무 수행 | 지역 연계 사회공헌 | 글로벌 사회공헌 | 사회적 가치 실현 |
|---|---|---|---|
| • 교직원 및 학생 봉사활동<br>• 봉사활동 인프라 및 지원체계 마련 | • 지역 기관과의 연계 강화<br>• 지역 수요 기반 평생교육 프로그램 운영<br>• 지역 대상 캠퍼스 개방 | • 해외 봉사 프로그램 운영<br>• 해외 대학 연계 교육연구 활용 사회공헌 프로그램<br>• 해외 사회공헌 프로젝트 | • 사회혁신프로젝트<br>• 지속가능발전목표 실천<br>• ESG 경영 |

[그림 10-1] 사회공헌 영역 발전계획의 개요

**Work Point**

● 대학에 따라 '사회공헌' 혹은 '사회봉사' 영역을 별도로 설정하는 경우도 있으나, '지역 연계'와 같은 영역에서 지역 산학협력과 지역 사회공헌을 함께 다루는 경우도 있다. 한편, ESG 경영의 경우 대학 경영방식과 관련된 측면이라는 점에서 '기반 및 인프라' 영역에 포함되는 경우도 있다. 발전계획의 영역은 대학의 특성에 따라 제4장 대학 발전계획 체계도 작성을 참고하여 설정할 수 있다.

## 2. 사회공헌 영역의 주요 전략과제 및 실행과제

### 1) 사회공헌 영역의 구분 및 사례 대학 선정

대학별 발전계획을 살펴보면 사회공헌에 해당하는 영역을 설정한 대학도 있고, 그렇지 않은 대학도 있다. 이 장에서는 사회공헌 영역의 주요 전략과제 및 실행과제를 분석하기 위해 사례 대학을 다음과 같은 기준으로 선정하였다. 먼저, 대학알리미에서 2023년 8월 8일에 추출한 「11-가. 학교 발전계획 및 특성화계획」 항목의 자료 중 전략과제와 실행과제를 비교적 상세하게 제공하고 있는 4년제 대학을 선정하였다. 다음으로 발전계획 영역으로 사회공헌 혹은 지역사회 관련 영역을 설정한 대학의 발전계획을 우선적으로 선정하였다. 최종적으로 사회공헌 영역 전략과제 및 실행과제 선정을 위해 33개교를 추출하였다. 분석 대상으로 선정된 대학을 설립유형에 따라 '국·공립'과 '사립' 대학으로 구분하고, 재학생 수에 따라 대학 규모를 구분하여

표 10-1 사회공헌 영역 발전계획 사례 대학 분류 기준

| 구분 | | 대학 규모 | | |
|---|---|---|---|---|
| | | 대규모<br>(17개교) | 중규모<br>(7개교) | 소규모<br>(9개교) |
| 설립<br>유형 | 국·공립대학<br>(13개교) | 강원대, 경북대, 경상국립대,<br>국립공주대, 서울대, 전남대 | 국립강릉원주대,<br>국립목포대, 국립순천대<br>국립안동대 | 국립목포해양대,<br>춘천교대,<br>한경국립대 |
| | 사립대학<br>(20개교) | 경기대, 경희대, 고려대, 국민대,<br>단국대, 대구대, 대구가톨릭대,<br>순천향대, 숭실대, 연세대, 이화여대 | 고려대(세종)<br>성결대, 인제대 | 루터대, 중원대,<br>총신대, 추계예대,<br>한라대, 한세대 |

※ 주: 대규모(재학생 1만 명 이상), 중규모(재학생 5천 명 이상 1만 명 미만), 소규모(재학생 5천 명 미만), 대학명 가나다순

대학별 특성에 따라 사회공헌 영역의 전략과제를 어떻게 설정하고 있는지 분석하였다. 설립유형과 대학 규모에 따라 분류하면 〈표 10-1〉과 같다.

사례 대학의 발전계획을 분석한 결과, 사회공헌 영역의 명칭은 매우 다양하게 나타났다. 사회공헌의 성격이 잘 드러나도록 '봉사', '사회공헌', '공존과 헌신', '사회공헌 혁신'과 같은 영역을 설정하여 사회공헌에 대한 중요도를 높게 설정한 경우도 있었다. 한편, 최근에는 지역에 대한 대학의 기여도가 중요해짐에 따라 '지역연계', '지역사회 책무성 제고', '지역공헌', '지역혁신', '지역·학생 상생 발전', '협력'과 같은 영역을 설정하고 해당 영역에서 지역사회에 대한 봉사와 공헌, 그리고 지역 내 기관과의 공유·협력을 전략과제로 다루는 경우도 있었다. 일부 대학은 '지역연계'와 같은 영역 안에서 산학협력과 사회공헌의 비중을 비슷하게 다루는 경우도 있었다. 다소 적은 경우이긴 하나, '국제화와 사회공헌' 또는 '글로컬' 영역에서 해외 사회공헌과 국제화를 함께 다루는 경우도 있었다. 마지막으로 사회공헌이나 지역연계와 같은 영역을 별도로 설정하지 않고 '교육' 영역에서 사회봉사 교육과 같은 내용이 다뤄지는 경우도 있었다.

발전계획에 사회공헌 영역을 수립한 사례 대학의 전략과제를 분석한 결과, 총 4개의 영역이 도출되었다. 분석을 통해 도출된 세부 영역은 〈표 10-2〉와 같다.

사회공헌 영역에서 사회공헌이라는 목표 달성을 위해 사례 대학에서 수립한 전략과제들을 '사회봉사 및 사회적 책무', '지역 연계 사회공헌', '글로벌 사회공헌', '사회적 가치 실현'으로 구분할 수 있었다. 첫 번째 사회봉사 및 사회적 책무 영역에 해당하는 전략과제는 사례 대학 33개교 중 17개 대학에서 수립하고 있었다. 두 번째 지역 연계 사회공헌에 해당하는 전략과제는 사회공헌의 범위를 지역사회로 설정한 과제들을 의미한다. 이와 관련된 영역과 전략과제를

표 10-2  사회공헌 세부 영역별 사례 대학

| 세부 영역 | 사례 대학 |
| --- | --- |
| 사회봉사 및 사회적 책무 | 경기대, 경상국립대, 경희대, 고려대, 고려대(세종), 국립강릉원주대, 국립공주대, 국립목포대, 국립목포해양대, 국민대, 서울대, 성결대, 숭실대, 연세대, 총신대, 추계예대, 춘천교대(총 17개교) |
| 지역 연계 사회공헌 | 강원대, 경기대, 경북대, 경상국립대, 고려대, 고려대(세종), 국립강릉원주대, 국립공주대, 국립목포대, 국립목포해양대, 국립순천대, 국립안동대, 국민대, 단국대, 대구가톨릭대, 대구대, 루터대, 성결대, 순천향대, 인제대, 전남대, 중원대, 총신대, 추계예대, 춘천교대, 한경국립 대, 한라대, 한세대(총 28개교) |
| 글로벌 사회공헌 | 경희대, 단국대, 서울대, 이화여대, 인제대, 전남대(총 6개교) |
| 사회적 가치 실현 | 단국대, 대구가톨릭대, 루터대, 순천향대, 연세대, 이화여대(총 6개교) |

수립한 대학은 사례 대학 33개교 중 28개교였다. 대학의 규모와 설립유형(국·공립, 사립)에 관계없이 대부분의 사례 대학이 지역연계 사회공헌과 관련된 전략과제를 설정하고 있었다.

세 번째 글로벌 사회공헌에 해당하는 전략과제들은 사회공헌의 범위를 국내가 아닌 해외 또는 전 세계로 설정한 경우에 해당한다. 사례 대학 33개교 중 6개 대학이 이와 관련된 과제를 설정하고 있었으며, 6개 대학 모두 대규모 대학이었다. 네 번째 사회적 가치 실현 영역의 전략과제는 사회의 지속가능발전 또는 ESG 실천과 관련된 과제들이다. 이와 관련된 전략과제를 수립한 대학은 총 6개 대학이었다.

## 2) 전략과제

대학별로 과제의 위계를 지칭하는 명칭은 다양하나, 여기서는 영역(LV1)−전략과제(LV2)−실행과제(LV3)−세부과제(LV4)로 발전계획 과제의 위계를 명명하였다. 전략과제는 발전계획 영역의 목표와 일차적으로 연계되는 가장 높은 차원의 과제이며, 전략과제를 실행하기 위해 설정한 과제를 실행과제로, 실행과제에 대한 보다 구체적인 계획은 세부과제로 명명하였다. 사회공헌의 세부 영역인 사회봉사 및 사회적 책무, 지역 연계 사회공헌, 글로벌 사회공헌, 사회적 가치 실현의 영역별로 사례 대학의 발전계획에 나타난 전략과제와 주요 내용을 예로 제시하면 〈표 10-3〉과 같다.

**표 10-3** 사회공헌 영역의 주요 전략과제

| 세부 영역 | 전략과제 | 전략과제 내용 |
|---|---|---|
| 사회봉사 및 사회적 책무 | • 사회책임수행형 교과 및 비교과 프로그램 강화<br>• 지역사회 연계 봉사 강화<br>• 사회봉사활동 기획 및 관리 담당 조직 마련 | • 사회공헌/사회책임 교과 및 비교과 프로그램 개발과 운영<br>• 사회봉사활동 및 지역사회 특성을 반영한 봉사활동 확대<br>• 지역 특성을 반영한 사회봉사활동 확대 |
| 지역 연계 사회공헌 | • 지역사회 문제해결 역량 및 지역문제 해결형 교육 강화<br>• 지역 문화예술 및 복지 증진<br>• 지역사회 수요 기반 교육프로그램 및 평생교육 제공<br>• 지역 공헌 강화를 위한 네트워크 확대 | • 대학의 교육 및 연구 역량을 활용한 지역의 사회문제 해결<br>• 지역사회 연계 문화예술행사 확대<br>• 지역 내 초중등교육기관 연계 교육 프로그램 운영과 지역사회의 수요를 반영한 평생교육 프로그램 운영<br>• 지역대학과의 공유·협력체계 구축<br>• 지자체 및 지역 내 연구소 등 지역 내 유관기관과의 네트워크 강화 |
| 글로벌 사회공헌 | • 해외 사회봉사 프로그램 강화<br>• 국제개발협력 분야 선정 및 실천<br>• 공적개발원조(ODA) 추진<br>• 국제기구 및 국제협력 공공기관과의 네트워크 강화 | • 개발도상국을 대상으로 해외 봉사활동 프로그램 확대<br>• 대학의 역량을 활용하여 개발도상국 대상 국제개발협력 및 공적개발원조(ODA) 추진<br>• 해외 자매대학 또는 국내 국제기구와의 협력을 통한 글로벌 사회공헌 인프라 마련 |
| 사회적 가치 실현 | • 고등교육의 사회기여 모델 마련<br>• 그린 캠퍼스 또는 친환경 캠퍼스 환경 구축<br>• 사회적 포용과 지속가능한 사회 지향<br>• 대학의 ESG 경영과 지속가능발전목표 실천 | • 포용성과 다양성과 같은 사회적 가치와 지속가능발전(SDGs)을 위한 활동<br>• 환경 친화형 대학 인프라 마련<br>• 대학의 ESG 활동을 관리할 수 있는 조직 마련 및 ESG 관련 교육 실시 |

## (1) 사회봉사 및 사회적 책무

사회봉사 및 사회적 책무 영역에는 사회봉사 프로그램이나 지역 연계 봉사 활동 등 전통적이며 일반적인 대내외 사회봉사가 포함된다. 여기에는 학생들이 참여할 수 있는 사회봉사 교과 및 비교과 프로그램도 포함되며, 지역연계 봉사 프로그램을 확대할 수 있도록 프로그램 기획과 관리를 담당하는 조직을 마련하는 내용이 포함된다.

### (2) 지역 연계 사회공헌

지역 연계 사회공헌 영역에는 사회공헌형 프로그램 중 지역사회의 특성을 반영하여 대학이 위치한 지역을 대상으로 제공되는 프로그램들이 포함된다. 사회봉사의 성격을 갖고 운영되는 지역사회 문제해결형 프로그램 운영에서부터 지역의 문화예술과 복지 증진, 지역 수요 기반 평생교육 제공 등이 포함된다. 마지막으로, 지역사회 연계를 강화할 수 있도록 지역 내 네트워크를 강화하고 관련 조직을 운영하는 것이 포함된다.

### (3) 글로벌 사회공헌

글로벌 사회공헌 영역에는 전 세계 또는 해외의 특정 국가를 대상으로 하는 사회공헌 내용이 포함된다. 해외 국가를 대상으로 수행되는 봉사 프로그램부터 개발도상국을 대상으로 대학의 인적·물적 자원을 활용하여 국제개발협력 분야를 선정하고 추진하거나, 공적개발원조(ODA) 기금을 마련하는 내용이 포함된다. 대학의 국제화 수준이 높거나 국제 네트워크가 잘 구축되어 있는 경우 이를 활용할 수 있고, 직접 구축한 네트워크가 없는 경우 새롭게 발굴하거나 연계 기관을 활용하는 내용이 담겨 있다.

### (4) 사회적 가치 실현

사회적 가치 실현 영역에는 대학이 빈곤, 기후변화, 사회적 불평등과 같이 거시적인 차원에서 해결해야 하는 사회적 문제 해결을 위해 추진하는 전략과제들이 포함된다. 구체적으로 대학에서 기후변화와 환경오염에 대응하기 위해 친환경 캠퍼스를 구축하거나, 개별 대학에서 자체적으로 사회적 기여 모델을 개발하는 내용이 담긴다. 더불어 지속가능발전목표와 ESG 경영을 대학에서 실천하는 내용을 포함시킬 수 있다.

발전계획에 사회공헌 영역 전략과제를 수립한 대학들의 구체적인 전략과제는 〈표 10-4〉와 같다. 제시된 전략과제를 살펴보면, 대학별로 사회공헌 영역에서 많은 수의 과제를 다루는 경우도 있고, 지역사회에 대한 기여만 다루는 경우도 있다. 이를 통해 대학의 특성과 발전계획에서 중점 영역이 무엇인지에 따라 사회공헌 영역 내 전략과제의 수와 종류를 구성 가능하다는 점을 알 수 있다.

표 10-4 **사회공헌 영역 전략과제 사례**

| 대학명 | 세부 영역 | 전략과제 |
|---|---|---|
| 강원대 | 지역연계 | • 지역균형발전 및 도시재생<br>• 통일 한국의 중심대학 |
| 경상국립대 | 사회공헌 | • 지역 경제적·사회적 상생 생태계 구축<br>• 공유·나눔의 사회공헌 지원체계 강화 |
| 고려대 | 사회공헌 | • 사회공헌 조직의 전문화 및 체계화<br>• 가치인재 육성을 위한 사회 선도형 교육모델 구축<br>• 지역 및 기업협력 확대를 통한 공유가치 창출<br>• 사회공헌 확대를 통한 대학의 위상 재정립 |
| 국립강릉원주대 | 봉사 | • 지역중심 국립대학 가치 제고<br>• 지속가능한 지역사회 네트워크 조성 |
| 국립목포대 | 지역혁신 | • 지역혁신 프로젝트<br>• 공익적 지역 사업 |
| 국립순천대 | 지역협력·글로벌 | • 지역혁신 및 협력 지원체계 활성화<br>• 지역혁신·협력 분야 발굴 및 지원<br>• 지역특화 문화생태계 조성 지원<br>• 지역 상생형 오픈 캠퍼스 구축 운영 |
| 국립안동대 | 지역·학생 상생 발전 | • 사회적 가치 기여 프로그램 활성화<br>• 지역 맞춤형 평생학습 지원 |
| 단국대 | 봉사·협력 | • 지역사회 친화형 명문 사학<br>• 인류사회에 공헌하는 글로벌 대학<br>• 인공지능기반 스마트 캠퍼스, 웰빙-그린 캠퍼스 구축 |
| 대구가톨릭대 | 사회적 책무 | • 사회적 책무를 다하는 개방협력공유대학 실천 |
|  | 환경 | • 탄소중립교육을 선도하는 친환경 캠퍼스 구축 |
| 대구대 | 봉사 | • 지역사회 동반성장 체계 마련<br>• 지역사회 평생교육 마련 |
| 루터대 | 지역중심 대학 | • [ESG] 지역사회 유대 강화<br>• 지역 대외협력 강화 |
| 서울대 | 질적 국제화와 지식<br>기반형 사회공헌 | • 국제화와 글로벌 사회공헌 연계형 프로그램 개발<br>• 실천형 지식기반의 글로벌 사회공헌 수행 |
| 순천향대 | 미래지향적<br>EGS 경영 실현 | • 지역사회 맞춤 교육 지원 강화<br>• 환경 친화형 대학 인프라 강화<br>• 대학의 사회적 책임 강화 |
| 숭실대 | 인재발굴·양성 혁신 | • 창의적 사회공헌 및 봉사 참여 활성화 |

| 연세대 | 공존과 헌신 | • 사회문제 해결을 위한 현장중심 교육과 연구 강화<br>• 고등교육의 공공성 회복을 위한 사학의 사회기여 선도모델 제시 |
|---|---|---|
| 인제대 | 지역 | • 상생적 공유협력 생태계 강화<br>• 지역연계 산학평생교육 활성화<br>• 지역문제 해결 및 지역 콘텐츠 개발<br>• 국제개발협력 선도 및 글로컬 역량 강화 |
| 전남대 | 지역협력 | • 지역 청소년 교육지원 강화<br>• 지역민 평생학습 지원 강화<br>• 지역 공동체 활성화 프로그램 운영<br>• 글로컬 협력 공동체 구축<br>• 지역현안 해결 공동체 구축<br>• 대학 간 협력 체제 강화<br>• 지역민 수요맞춤형 대학 자원 공유<br>• 지역사회 공헌 확대 |
| 추계예대 | 글로벌지역협력체계<br>강화 | • 산 · 관 · 학 협력 네트워크 구축<br>• 지역사회 문화예술 공헌활동 확대 |
| 한라대 | 공유 · 협력 | • 지역사회와의 공유 · 협력 네트워크 구축 |

출처: 대학알리미(2023); 서울대학교(2022. 7.).

## 3) 실행과제

전략과제를 실행하기 위해서는 이를 위한 세부적인 과제 설정이 필요하다. 앞서 제시한 사회
공헌 영역의 전략과제 중 대표적인 전략과제를 달성하기 위한 실행과제와 세부과제의 예시를
제시하면 〈표 10-5〉와 같다. 이 부분에서는 대학별 발전계획서에 나타난 실행과제와 세부과
제를 일반적인 용어로 수정하여 제시하였다. 전략과제별로 2개의 실행과제와 세부과제를 예시
로 제시하여 과제 간 위계와 내용을 이해하는 데 참고할 수 있도록 하였다.

표 10-5 | 사회공헌 영역의 전략과제별 실행과제 및 세부과제 예시

| 전략과제 | 실행과제 | 세부과제 |
|---|---|---|
| 대학의 사회공헌역량 확대 | 사회공헌형 교육 확대 | • 사회공헌 교과목의 신규 개발 및 운영 |
| | | • 전공 연계 사회봉사활동 확대 |
| | 대학 사회공헌 네트워크 구축 | • 사회공헌 전담 조직 구축 및 역할 강화 |
| | | • 사회공헌 우수사례 구축 및 확산을 통한 네트워크 확장 |
| 지역사회 연계 및 기여 확대 | 지자체 연계 지역혁신 · 협력 분야 발굴 및 지원 | • 지자체 전략과제 · 정책 발굴 및 지원 |
| | | • 지역문제해결 교육과정 개발 및 운영 |
| | 지역사회 평생교육 강화 | • 지역사회 수요 기반 평생교육 프로그램 개발 및 운영 |
| | | • 지역 기관과 공동 평생교육 프로그램 운영 |
| 글로벌 사회공헌 확대 | 개발도상국 자매대학과 연계한 사회공헌 프로그램 운영 | • 개발도상국 자매대학에 대한 교육 · 문화 봉사 활동 |
| | | • 개발도상국 우수 장학생 · 연구자 유치 및 지원 |
| | 국제개발협력과 공적개발원조 추진 | • 개발도상국 국제개발협력 분야 선정 및 추진 |
| | | • 국제기금 및 공적 자본 활용 글로벌 사회공헌 프로젝트 참여 |
| 대학의 ESG 경영과 지속가능발전목표 실천 | 친환경 가치를 선도하는 그린 캠퍼스 구축 | • 탄소중립 친환경 캠퍼스 환경 구축 |
| | | • 지역사회 협력을 통한 도시재생사업 지원 및 친환경 교육 프로그램 시행 |
| | ESG 경영을 위한 거버넌스 마련 | • ESG 실천방안 수립 및 구성원 참여 독려 |
| | | • ESG 활동 관리를 위한 위원회 신설 및 규정 제정 |

제시된 것과 같이 전략과제가 영역의 목표에 일차적으로 연계되는 것이라면, 실행과제는 전략과제를 보다 구체화하여 전략과제 실행을 위해 필요한 내용을 정한 것이다. 예시에 나타난 것과 같이 '대학의 사회공헌역량 확대'라는 전략을 실천하기 위해서 대학에서 '사회공헌형 교육을 확대'하고 '대학의 사회공헌 네트워크 구축'을 실행하는 것이 필요한 경우 이러한 구조로 과제가 도출된다는 것을 알 수 있다.

세부과제는 실행과제를 추진하기 위해 실제로 수행하는 업무와 연결되는 내용이다. 예시에 나타난 '사회공헌형 교육 확대'를 위해서는 실제로 사회공헌형 교육에 해당하는 프로그램을 운영·확대할 수 있는 업무가 수행되어야 할 것이다. 따라서 '사회공헌 교과목의 신규 개발 및 운영'과 '전공 연계 사회봉사활동 확대'가 세부과제로 설정되었다. 사례 대학 중 국·공립대학의 사회공헌 영역 발전계획에서 나타난 실행과제의 예를 다음 〈표 10-6〉에 제시하였다.

표 10-6  사회공헌 영역 전략과제별 실행과제 사례(국·공립대학)

| 대학명 | 전략과제 | 실행과제 |
|---|---|---|
| 강원대 | 지역균형발전 및 도시재생 | 캠퍼스 타운 선도모델 구축 |
| | | 대학문화의 도시 확산: 지역사회 연계 교육 문화벨트 구축 |
| | 통일 한국의 중심대학 | 통일연구 인프라 선점 |
| | | 동질성 회복체계 구축 |
| | | 접경지역 환경보존 |
| | | 군 취·창업 지원 및 클러스터 조성 |
| 경북대 | 학생주도 지역사회기여 프로그램 운영 | 사회문제 챌린지 프로그램 운영 |
| | | 사회공헌 마일리지 프로그램 운영 |
| 경상국립대 | 지역 경제적·사회적 상생 생태계 구축 | 쿼드 러플(산·학·관·지 네트워크 기반) 지역 현안 선도 대응형 상생체계 구축 |
| | | 지역재생과 발전을 위한 문제해결형 커넥티드 콘텐츠 개발 확산 |
| | 공유·나눔의 사회공헌 지원체계 강화 | 지역 동반 성장을 위한 GNU 거버넌스 체계 구축 |
| | | 지역사회 네트워크 활성화 |
| | | 지역대학 간 네트워크 구축 및 강화 |
| | | 지역협력형 사회 봉사활동 활성화 |
| | | 지역사회 요구에 기반한 평생학습교육 강화 |
| | | 개방과 나눔을 통한 지역교육공동체 구현 |
| 국립 강릉원주대 | 지역중심 국립대학 가치 제고 | 지역 학술·문화의 허브 기능 강화 |
| | | 지역특화형 평생교육 프로그램 운영 |
| | | 지역문화 이해의 체계 정립 |
| | | 지역과 대학의 동반성장 협력 강화 |
| | 지속가능한 지역사회 네트워크 조성 | 지역사회 봉사활동 강화 |

| | | |
|---|---|---|
| 국립목포대 | 공익적 지역 사업 | 전남 서남권 보건의료 인프라 확충 |
| | | 지역 주민을 위한 평생교육 확대 |
| | | 지역 청소년을 위한 우수 교육 프로그램 제공 |
| | | 사회적 배려자 및 소수자를 위한 자원봉사 |
| | 지역사회 공감체계 구축 | 다문화 사회에 대한 공헌 |
| | | 교육 취약 계층 보상 |
| | | 이주 노동자를 위한 교육 지원 |
| | | 지역 기관과의 교육협력체계 구축 |
| 국립 목포해양대 | 공익적 역량 강화 | 해양리더십 교육 강화 |
| | | 서비스러닝 기반 봉사활동 지원 강화 |
| 국립순천대 | 지역혁신 및 협력 지원체계 활성화 | 지역혁신 및 협력 지원체계 구축 및 운영 |
| | | 지역문제해결 지원 및 교육과정 개발 · 운영 |
| | | 지역-대학 간 다양한 협업사업 운영 |
| | | 의과대학 설립 · 유치 추진 |
| | 지역혁신 · 협력 분야 발굴 및 지원 | 지자체 전략과제 · 정책 발굴 및 지원 |
| | | 지역 재생 · 개발사업 발굴 및 지원 |
| | 지역 상생형 오픈 캠퍼스 구축 운영 | 지역상생 '평생학습 클러스터' 구축 |
| | | 지역 리빙랩 기반 캠퍼스 커뮤니티 활성화 |
| | 지역 상생형 평생학습 프로그램 활성화 | 지역특화 교육프로그램 개발 · 운영 |
| 국립안동대 | 지역상생 인재양성 및 일자리 창출 | 지역인재 양성을 위한 고교연계 지원 |
| | | 지역인재 유치 활성화 방안 마련 |
| | | 지역인재 양성지원 및 지역산업 연계 활성화 |
| | | 안동형 일자리사업의 성공적 운영 |
| | 사회적 가치 기여 프로그램 활성화 | 지역청년 진로 · 취업 지원 서비스 제공 |
| | | 재능기부를 통한 지역사회 기여 확대 |
| | | 지역과 함께하는 봉사 및 문화행사 |
| | | 대학자원 개방 확대 |
| | 지역 맞춤형 평생학습 지원 | 지역맞춤형 평생학습(성인학습자과정) 도입 |
| | | 평생학습 지원 제도 마련 |
| | | 평생학습 교육시스템 구축 |
| | | 평생학습 지원을 위한 공동 노력 |

| | | |
|---|---|---|
| 서울대 | 국제화와 글로벌 사회공헌 연계형 프로그램 개발 | 개도국 전략적 제휴 대학과 연계한 교육 사회공헌 프로그램 |
| | | 선진국 전략적 제휴 대학과 연계한 교육 · 연구 · 사회공헌 프로그램 |
| | | 국제기금 및 공적 자본을 활용하는 사회공헌 프로젝트 |
| | 실천형 지식기반의 글로벌 사회공헌 수행 | 사회공헌교과목의 개발과 확장 |
| | | 대학 사회공헌 네트워크 구축 |
| | | 사회봉사 교과목의 필수화, 기관연계 및 파견형 봉사 활동의 확대 |
| 한경국립대 | 지역공감대 향상을 위한 협력활동 강화 | 나눔 · 실천 지역사회 봉사활동 확대 |
| | | 지역사회 지원 및 기부 프로그램 활성화 |
| | 지역 친화적 평생교육 강화 | 수요기반 평생교육 운영체계 구축 |
| | | 지역사회 맞춤형 평생교육 프로그램 운영 |

출처: 대학알리미(2023); 서울대학교(2022. 7.).

다음으로 사례 대학 중 사립대학의 사회공헌 영역 발전계획에 나타난 실행과제의 예를 다음 〈표 10-7〉에 제시하였다.

표 10-7  사회공헌 영역 전략과제별 실행과제 사례(사립대학)

| 대학명 | 전략과제 | 실행과제 |
|---|---|---|
| 경희대 | 세계시민의식 함양 | 지역사회 공생 네트워크 구축 |
| | | 글로벌 파트너십 강화 |
| | 사회공헌 프로그램 활성화 | 전지구적 시민의식 함양 활동 및 지속가능한 실천 활동 시행 |
| | | 지구시민의식 함양 행사 및 활동 |
| 고려대 | 사회공헌 조직의 전문화 및 체계화 | 사회공헌 기획 및 관리제도 체계화 |
| | | 교내 사회공헌 기관들의 유기적 연계 강화 시스템 구축 |
| | 가치인재 육성을 위한 사회 선도형 교육모델 구축 | 사회공헌 활동에 대한 교양교육 및 실천교육 강화 |
| | | 동반성장 체계 육성을 통한 실천적 지성인 양성 |
| | 지역 및 기업협력 확대를 통한 공유가치 창출 | 캠퍼스타운 체계화 및 활성화 |
| | | 지방자치단체 및 국내기관 사회공헌 협력시스템 구축 |
| | 사회공헌 확대를 통한 대학의 위상 재정립 | 대상(generation)의 확대를 통한 위상 재정립 |
| | | 범위(scope)의 확대를 통한 위상 재정립 |

| | | |
|---|---|---|
| 고려대(세종) | 지역사회 연계활동 확대 | 지역사회 봉사 프로그램 내실화 |
| | | 지역 공유 캠퍼스 구축 |
| | 지역사회 지식나눔 확대 | 시민 대상 평생교육 확대 |
| | | 지역 학생 대상 교육프로그램 운영 |
| | | 지역 맞춤형 교육훈련 제공 |
| | 지역 일체형 교육프로그램 강화 | 지역사회 문제 해결형 융복합 프로그램 운영 |
| | | 지역 밀착 산학교육인증 프로그램 운영 |
| | 대학·지자체 공유 플랫폼 기반 지역사회혁신 | 공유대학 및 지역혁신 기업과의 산학협력 인프라 확대 |
| | | 공유대학 융합전공 참여 확대 |
| | | ICT 기반 공유캠퍼스 인프라 구축 및 운영 |
| 단국대 | 지역사회 친화형 명문 사학 | 봉사와 협력을 위한 인프라 구축 |
| | | 봉사와 협력을 위한 프로그램 개발·시행 |
| | | 지역사회 친화적 봉사·협력 프로그램 개발 및 운영 |
| | 인류사회에 공헌하는 글로벌 대학 | DKU Globalization System 구축, 업무 전문성 강화 |
| | | DKU Globalization Fund 조성 |
| | | 해외 단국거점센터 확충 및 운영 활성 |
| | | 해외봉사를 통한 인류애 실천과 대학의 국제적 위상 강화 |
| 대구 가톨릭대 | 사회적 책무를 다하는 개방협력 공유대학 실천 | 산학협력시스템 혁신을 통한 지역산업과의 연계성 강화 |
| | | 지역사회에 기여할 수 있는 대학정책 추진 |
| | | 지방자치단체와의 긴밀한 협력 강화 |
| | | 글로벌 인재 양성을 통한 지역의 경쟁력 강화 |
| | 탄소중립교육을 선도하는 친환경 캠퍼스 구축 | 친환경 캠퍼스 구축 |
| | | 탄소중립 교육체제 구축 |
| | | 지역사회와 협력하는 친환경 프로그램 시행 |
| | | 친환경·신재생 에너지 산학협력 활성 |
| 대구대 | 지역사회 동반성장 체계 마련 | 사회적기업 육성 및 지원 |
| | | 지역특화 기술창업 네트워크 구축 |
| | | 지역사회 가치공유사업 운영 |
| | | 사회적 기업지원센터 운영 |
| | 지역사회 평생교육 마련 | 평생교육 시스템 구축 |
| | | 평생교육 경쟁력 강화 |
| | | 지역친화형 평생교육 확대 |
| | 온라인 평생학습시스템 구축 | 온라인 평생학습 모델 구축 |
| | | 평생학습자를 위한 온라인 콘텐츠 개발 |

| 루터대 | [ESG] 지역사회 유대 강화 | 지역사회 평생교육체계 구축 |
| | | 평생교육 프로그램 개발 운영 |
| | | 지역사회 공헌 프로그램 개발 운영 |
| | 지역 대외협력 강화 | 지역사회 네트워크 체계 구축 |
| | | 지역사회 연계사업 발굴 운영 |
| 성결대 | 지역사회 상생<br>네트워크 운영 | 지역사회 거버넌스 구축 |
| | | 봉사활동 기반의 선교 Hub 대학 체계 구축 |
| | | 지역사회 평생교육 거점화 |
| | | 지역사회 인문 · 문화 예술 교육 HUB 운영 |
| 연세대 | 사회문제 해결을 위한<br>현장중심 교육과 연구 강화 | 사회문제해결형 교육 및 연구 활성화 |
| | | 기독교 정신 함양과 연세 학풍 정립 |
| | 고등교육의 공공성 회복을<br>위한 사학의 사회기여<br>선도모델 제시 | 혁신적 사회책임 거버넌스 구축 |
| 이화여대 | 지역기반의 이화 가치<br>나눔 및 사회공헌 실천 | 이화 가치를 공유하는 지역사회 대상 나눔 프로그램 확산 |
| | | 교육혁신 플랫폼 기반의 지역사회 온오프라인 학습/<br>프로그램 운영 |
| | | 글로벌 해외봉사 및 사회공헌 실천 프로그램 확대 |
| 인제대 | 상생적 공유협력<br>생태계 강화 | 지역문제 해결 플랫폼 구축 강화 |
| | | 지역 전략산업 특성화 선도 |
| | | 사회기여 프로그램 확대 |
| | 지역연계 산학평생교육<br>활성화 | 지역연계형 교육프로그램 활성화 |
| | | 지역 밀착형 과제 개발 및 교육 |
| | | Keystone 교육과정 운영 |
| | 지역문제 해결 및 지역<br>콘텐츠 개발 | 가야 문화 콘텐츠 발굴 및 보급 |
| | | 지역 문화 예술활동 지원 및 강화 |
| | | 지역 문화 축제 공동 개최 |
| | 국제개발협력<br>선도 및 글로컬 역량 강화 | 구성원의 국제개발 협력의 이해 향상 |
| | | 보건의료 분야 국제개발 협력 |
| | | 국제안전도시 지원 |

| | | |
|---|---|---|
| 총신대 | 지역사회 파트너십 강화 | 지역사회 연계 평생학습 서비스 확대 및 활성화 |
| | | 지역사회 공공위탁시설 위탁 운영 내실화 |
| | 사회 봉사 활성화 | 이웃사랑 실천을 위한 봉사역량 강화 |
| | | 캠퍼스 나눔 봉사 |
| | | 사회적 봉사역량 강화 |
| 한세대 | 지역 상생방안 마련 | 지역사회 봉사활동 강화 |
| | | 지역사회 종교활동 강화 |
| | | 지역사회 교육활동 강화 |
| | | 지자체 협력, 지원 강화 |

출처: 대학알리미(2023).

## 4) 사회공헌 영역의 시사점

사회공헌 영역 발전계획 수립을 위해서는 사회에서 요구하는 대학의 역할은 무엇이며 그중 우리 대학의 강점 분야와 잘 맞는 역할은 무엇인가를 고려해야 한다. 많은 재정지원사업에서 발전계획과 재정지원사업 간의 정합성을 평가하기 때문에 대학의 현재 강점보다는 재정지원 사업을 통해 앞으로 강점 분야가 될 곳에 초점을 두고 단기적인 목표 중심으로 전략과제와 실행과제가 설정되어 있는 경우도 많다. 그러나 사회공헌 영역은 대학의 자원을 활용하여 대학의 발전보다는 사회에 기여하는 부분이므로, 대학이 궁극적으로 나아가고자 하는 방향과 관계없는 과제를 설정하는 것은 자원의 불필요한 소모가 된다. 따라서 발전계획을 수립하는 단계에서 대학의 비전과 대학의 강점 분야를 분석하고 장기적인 관점에서 이와 부합하는 과제를 설정할 필요가 있다.

한편, 사회공헌 영역은 대학의 특성에 따라 별도로 설정되어 있지 않은 경우도 많다. 교육 영역 안에서 사회봉사활동 교과 및 비교과 프로그램을 다루는 경우도 있고, 국제화 영역 안에서 글로벌 사회공헌 내용이 포함되기도 하며, 인프라 및 기반 영역에 사회공헌 전략과제가 일부 포함되는 경우도 있다. 대학에서 사회공헌과 관련된 내용을 별도로 설정하고 관리할 만한 필요성이나 역량이 충분하지 않은 경우에는 사회공헌 영역을 발전계획에 포함시키지 않을 수도 있다. 그러나 대학의 사회적 책무와 더불어 대학이 주도적으로 사회적 가치를 실현하고 확산시키는 것이 점차 중요해지는 만큼, 대학 발전계획 수립 시 그 중요성이 확대되는 영역이라고 볼 수 있다.

사례 대학의 사회공헌 영역 발전계획에 나타난 전략과제를 통해 다음과 같은 시사점을 도출할 수 있다. 첫째, 사회봉사 및 사회적 책무 영역으로 구분되는 과제들은 주로 전통적인 대학의 사회봉사와 관련된 내용이 많다. 재학생이 참여하는 다양한 봉사활동 프로그램을 확대하는 것부터 전공 연계 봉사활동 기획, 대학의 특성을 반영한 봉사 프로그램 내실화, 사회공헌 관련 교과 및 비교과 확대와 같은 과제들이 포함된다. 나아가 최근에는 대학과 지역사회의 협력이 강조되면서 특히 지역사회의 특성을 반영한 봉사활동 프로그램을 확대하는 사례도 있다.

둘째, 지역 연계 사회공헌은 사회공헌의 범위를 대학이 위치한 지역으로 설정하고, 해당 지역의 특성을 반영한 전략과제를 수립한 경우에 해당한다. 구체적으로 대학의 인적자원이나 연구역량을 활용하여 지역사회의 문제를 해결하거나 지역사회문제 해결형 교육을 실시하는 과제들이 포함된다. 또한 지역의 문화예술과 복지를 증진하는 과제를 설정한 경우도 있다. 한편, 다수의 대학이 지역사회와의 연계를 위해 지역친화형 평생교육 운영, 지역사회 수요 기반 평생교육 운영 등의 과제를 설정하고 있다. 마지막으로, 지역사회 공헌을 위해 지역 내 타 대학과의 공유 · 협력 체계를 마련하거나 지역 내 유관기관과 네트워크를 강화하는 과제들이 있었다.

셋째, 글로벌 사회공헌 영역에 해당되는 전략과제를 설정한 대학은 많지 않았으나, 이 영역에는 해외 사회봉사 활동과 더불어 대학의 역량을 활용하여 국제개발협력 또는 공적개발원조(ODA)를 추진하는 전략이 포함된다. 또한 글로벌 사회공헌이 가능하도록 해외 대학 혹은 해외기관과의 네트워크를 강화하거나 국내에 위치한 국제기구와의 협력 관계를 마련하는 전략도 포함된다.

마지막으로, 사회적 가치 실현 영역에 해당하는 과제들은 최근 강조되고 있는 지속가능발전목표(SDGs)나 ESG 경영과 관련된다. 구체적으로 전략과제에 포용성, 다양성과 같은 사회적 가치를 지향하는 내용이 드러나거나 지속가능발전을 위한 활동을 추진하는 경우에 해당한다. 또한 ESG 실천의 일환으로 친환경 · 그린캠퍼스를 구축하는 것과 대학의 ESG 활동을 관리할 수 있도록 이를 관리하는 조직이나 인프라를 대학 내에 마련하는 과제도 있다.

---

**Work Point**

- 대학에서 사회공헌과 관련된 내용을 별도로 설정하고 관리할 만한 필요성이나 역량이 충분하지 않은 경우에는 사회공헌 영역을 발전계획에 포함시키지 않을 수도 있다. 그러나 대학의 사회적 책무와 더불어 대학이 주도적으로 사회적 가치를 실현하고 확산시키는 것이 점차 중요해지는 만큼, 사회공헌과 관련된 전략과제는 수립하는 것을 고려할 필요가 있다.

　이처럼 사회공헌 영역은 교육이나 연구, 인프라 영역에 비해 대학의 특성에 따라 다양한 형태로 나타나는 유형이다. 앞서 제시한 사례 대학의 사회공헌 영역 발전계획의 전략과제과 실행과제, 세부과제의 내용을 분석한 결과를 종합하여 대학의 특성별로 제시하면 다음과 같다(〈표 10-8〉 참조).

　사회공헌 영역은 대학의 소재지에 따라 전략과제의 내용에 차이가 있다. 수도권에 위치한 대규모 대학에서는 거시적인 관점에서 사회공헌의 범위를 국가 전체 또는 글로벌로 설정하고, 사회 선도, 인류사회에 대한 공헌, 고등교육의 공공성 회복 등을 강조하는 전략과제를 설정한 경우가 많다. 전략과제의 영역도 사회봉사 및 사회적 책무, 지역 연계 사회공헌, 글로벌 사회공헌, 사회적 가치 실현 등 네 가지 영역의 전략과제가 골고루 나타났다.

　반면, 수도권 지역의 소규모 대학이나 비수도권 지역에 위치한 대학의 사회공헌 영역에서는 지역사회 연계 사회공헌에 해당하는 전략과제의 비율이 다른 과제의 비율보다 훨씬 높다. 비수도권 지역의 사례 대학은 모두 지역사회 연계형 사회공헌 전략을 하나 이상 수립하고 있다. 비수도권 지역 대학 중에서도 대규모 대학은 국제개발협력과 같은 글로벌 사회공헌이나 ESG 경영 체제 구축과 같이 사회적 가치 실현에 해당하는 과제를 수립한 경우도 일부 있다.

　한편, 대학의 설립 유형에 따른 차이도 있다. 비수도권 지역에 위치한 국립대학은 대부분 지역사회 연계 사회공헌을 전략과제로 수립하고 있고, 사립대학에 비해 구체적으로 지역의 특징을 언급한 실행과제와 세부과제를 수립한 경우가 많다. 예를 들어, 도서지역 청소년의 기초학습 능력 지원이나 지역의 다문화 가정 지원 한국어 교육 등 구체적인 지역의 문제와 관련된 과제를 수립하고 있다.

　사립대학에서도 지역의 특정 문제와 관련된 사회공헌 전략을 수립하는 경우가 많다. 그러나 국·공립대학에 비해서는 사회공헌 활동이 재학생의 시민의식 함양 또는 대학의 브랜드 가치 제고 등 구체적인 목표와 관련된 경우도 많고, 지역 기관과의 연계를 강화하거나 지역 내 타 대학과 공유대학 체제를 만드는 것, 그리고 평생교육을 확대하는 과제의 비중이 높다.

　이와 같은 내용을 종합하여 대학의 특성과 사명, 대학의 소재지에 부합하는 사회공헌 전략을 채택하는 것이 중요하다.

**표 10-8** 설립유형별 대학규모별 사회공헌 영역 특성화 방향의 특징

| 구분 | 국·공립대학 | 사립대학 |
|---|---|---|
| 대규모 대학 | • 국가 차원의 사회적 가치 실현에 초점<br>• 지역의 문화 및 복지에 기여 | • 글로벌 사회공헌 등 거시적인 차원의 사회공헌<br>• ESG 경영전략 수립<br>• 글로벌 사회 기여를 통한 대학의 국제적 명성 및 브랜드 가치 제고 강조 |
| 중소규모 대학 | • 사회책임 교육 또는 사회공헌 교육을 통한 사회책임 리더 양성<br>• 지역문제해결 및 지역 평생교육 활성화 등 지역사회 연계형 사회공헌 | |
| | • 국·공립대학으로서 지역사회 연계형 사회공헌 강조<br>• 지역 사회봉사와 지역 유관 기관과의 네트워크 형성에 초점<br>• 지역문제해결 및 지역 평생교육 활성화 등 지역 수요 기반 사회공헌 | • 중소규모 국·공립대학과 마찬가지로 지역사회 연계형 사회공헌 강조<br>• 지역 평생교육 제공에 초점<br>• 일부 중규모 사립대학은 해외 봉사 및 글로벌 사회공헌 추진<br>• 법인이 종교계 재단인 경우, 재단의 성격에 초점을 둔 봉사와 사회기여 프로그램 운영 |

## 3. 사회공헌 영역의 과제정의서 작성

### 1) 과제정의서의 주관부서 및 성과지표 설정

다음에서는 사회공헌 영역의 과제정의서를 예로 제시하였다. 다수의 대학에서 채택하고 있는 전략과제이자 향후 중요성이 높아질 전략과제인 '지역사회 연계 및 기여 확대'를 예로 들었다.

과제정의서에 포함되어야 하는 내용은 크게 세 부분으로 구분하여 살펴볼 수 있다. 먼저, 과제정의서의 상단 부분에는 해당 과제가 포함되는 상위 영역, 전략과제명, 전략과제의 전반적인 설명(개요)과 전략과제를 통해서 도달하고 추구하는 목표가 포함되는 것이 바람직하다. 일반적으로 전략과제명은 간략하게 기술하기 때문에 설명(개요)과 목표를 통해 해당 전략과제의 의미와 내용을 명확하게 제시할 필요가 있다.

예를 들어, 〈표 10-9〉에 제시된 것처럼, 전략과제의 명칭이 '지역사회 연계 및 기여 확대'인 경우 '개요'의 내용을 통해 해당 전략과제의 내용이 지역 내 유관기관과의 협력체계를 만들고 함께 지역 현안을 발굴하여 이를 해결하는 프로젝트를 수행하는 것이라는 점을 알 수 있다. 보

다 구체적으로 작성한다면 해당 전략과제에서 의미하는 '지역'의 범위까지 명시하여 해당 과제가 중점을 두고자 하는 내용을 보다 명확히 제시할 수도 있다.

　전략과제의 실행과제와 세부과제를 설정한 경우, 각 과제를 담당할 부서를 과제정의서 작성 단계에서 결정할 필요가 있다. 일반적으로 하나의 전략과제에 포함되는 실행과제와 세부과제를 여러 부서가 담당하는 경우가 많다. 특히 사회공헌 영역에서는 비슷한 유형의 사회봉사활동을 여러 부서에서 추진하는 경우가 많다. 이러한 경우 전략과제의 효과적인 이행을 위해 실행과제 또는 세부과제를 담당하는 주관부서와 해당 과제 내용 추진을 지원하는 협조부서를 명시할 필요가 있다. 하나의 전략과제에 여러 주관부서와 협조부서가 있는 경우, 과제책임자를 설정하여 전략과제의 이행과 점검을 책임지도록 하는 방법도 있다.

　전략과제의 성과지표는 전략과제와 연결되는 세부과제나 실행과제의 성과지표들이 단순 합산되거나 가중치에 따라 합산되는 방식으로 설정할 수 있다. 예를 들어, 〈표 10-9〉에서 제시된 '성과지표 1: 지역사회 문제해결 역량 지수'는 단순 합산지표이다. 전략과제의 첫 번째 실행과

**표 10-9  사회공헌 영역 과제정의서의 상단 부분**

| 전략과제 | 3.1. 지역사회 연계 및 기여 확대 | | champion | 대외협력처장 |
| --- | --- | --- | --- | --- |
| | | | 주관부서 | 지역협업센터, 기획처, 교무처, 개별 학과 |
| 개요 | 지역혁신 및 협력체계 구축을 통한 지역혁신 및 협력 분야 발굴, 지역문제 해결 프로그램 운영 | | 협조부서 | 대학혁신지원사업단, LINC 사업단 |
| 목표 | 지역혁신과 성장에 대한 기여를 통해 대학과 지역의 협력관계 고도화와 대학과 지역의 상생 | | 소요 예산 (백만 원) | 1,506 |
| 성과지표 1 | 지역사회 문제해결 역량 지수 | 산출식 | 지역사회 문제해결형 교과목 수강생 수+지자체 연계 지역문제해결 프로젝트 운영 건수 | |
| | | 목푯값 | Y년 / Y+1년 / Y+2년 / Y+3년 / Y+5년 / Y+9년 | |
| | | | 103 / 205 / 305 / 405 / 605 / 1,005 | |
| 성과지표 2 | 지역혁신 및 협력체계 구축 지수 | 산출식 | (지역협력센터 구축 추진율×0.2)+(지역혁신 포럼 참여자 수×0.4)+(지자체 연계 위원회 개최 건수×0.4) | |
| | | 목푯값 | Y년 / Y+1년 / Y+2년 / Y+3년 / Y+5년 / Y+9년 | |
| | | | 40.8 / 81.6 / 102.4 / 123.2 / 164.8 / 248 | |
| 성과지표 3 | ⋮ | | ⋮ | |

제인 '지역사회 문제해결 지원'을 이행하기 위해 설정된 두 가지 세부과제('지역문제해결형 교육과정 개발 및 운영'과 '지자체 연계 지역문제해결 과제 발굴 및 프로젝트 공동 추진')의 성과지표들이 합산되는 방식으로 설정되어 있다. '지역사회 문제해결형 교과목 수강생 수'와 같은 지표를 설정할 때에는 '지역사회 문제해결형 교과목'의 정의와 대상을 명확히 하여 추후 지표관리 시 혼란이 없도록 할 필요도 있다.

다른 하나는 복합지표로 관리하는 방안으로 세부과제에서 제시하고 있는 관리지표를 지수화하여 제시하는 방안이 있다. 앞의 과제정의서에서 설정한 지표를 예로 들어 보면, '지역혁신 및 협력체계 구축 지수'의 세부 산출식인 '지역협력센터 구축 추진율'에 0.2의 가중치를 주고, '지역혁신 포럼 참여자 수'에 0.4의 가중치를, '지자체 연계 위원회 개최 건수'에 0.4의 가중치를 주었다. 이처럼 세부지표에 부여하는 가중치의 합이 1(100%)이 되도록 하여 복합지수를 설정하고 관리하는 방법이 있다.

다만, 성과지표를 설정할 때 합산지표 또는 복합지표를 설정할 경우 조심해야 할 부분이 있는데, 이는 복합지표 내에 세부지표들 중 어느 하나의 지표가 월등하게 성과를 나타내 초과 달성하는 경우에 다른 세부지표가 다소 부족하더라도 그 결과가 묻히게 되어 부족한 부분이 크게 드러나지 않는 경향이 있다. 앞의 과제정의서에 제시된 지표를 예로 들어 보면, 다른 세부지표에 비해 '지역혁신 포럼 참여자 수'는 달성률이 높게 나타나기 쉬운 지표이다. 참여자 수와 같은 성격의 세부지표의 초과 달성으로 인해 다른 지표를 관리하지 않아도 되는 상황이 나타나지 않도록 해야 한다. 따라서 복합지표를 설정하였더라도 성과지표를 관리하는 관점에서는 하나의 복합지표를 구성하는 세부지표들의 기준값과 세부지표의 연도별 목푯값, 목푯값을 설정할 때 참고한 기준을 명확히 알고 있어야 한다. 상세한 내용은 제13장 대학 발전계획의 성과관리를 참고해서 작성한다.

## 2) 과제정의서의 세부과제 설정

과제정의서의 중간 부분에 해당하는 실행과제, 세부과제, 예산 규모에 대해 살펴보도록 하자. '지역사회 연계 및 기여 확대'라는 과제정의서의 중간 부분은 〈표 10-10〉과 같다.

표 10-10 　**사회공헌 영역 과제정의서의 중간 부분**

| | | 실행과제명 | | 개요 | | | | | |
|---|---|---|---|---|---|---|---|---|---|
| **실행과제** | 3.1.1. | (프로그램) 지역사회 문제해결 지원 | | 지역-대학 협업을 통해 지역사회문제 해결을 지원하는 프로젝트를 추진하며, 이를 교육과정과 연계하여 운영함 | | | | | |
| | 3.1.2. | (제도 및 인프라) 지역혁신 및 협력 지원체계 활성화 | | 지역혁신 및 협력을 위한 전담 조직을 대학 내에 마련하고, 대학-지역 간 협력을 위한 위원회 운영 | | | | | |
| | 3.1.3. | ⋮ | | ⋮ | | | | | |
| | | 주요 내용 | 관리지표 | 실행시기 [목푯값] | | | | 우선순위 | |
| | | | | Y년 | Y+1년 | … | Y+9년 | 중요성 | 시급성 |
| **세부과제** | 3.1.1. -1 | 지역문제해결형 교육과정 개발 및 운영 | 지역문제해결형 학생 참여 교과목 수강생 수 | ➡ [100] | ➡ [200] | … | ➡ [1,000] | 상 | 중 |
| | 3.1.1. -2 | 지자체 연계 지역문제해결 과제 발굴 및 프로젝트 공동 추진 | 지자체 연계 지역문제해결 프로젝트 운영 건수 | ➡ [3] | ➡ [5] | … | ➡ [5] | 상 | 상 |
| | 3.1.2. -1 | 지역혁신 및 협력 전담조직 신설 및 운영 | 지역협력센터 구축 및 관련 규정 정비 추진율 | ➡ [50%] | ➡ [100%] | … | ➡ [100%] | 상 | 상 |
| | 3.1.2. -2 | 대학-지역협력을 위한 위원회 구성 및 운영 정례화 | 지역 연계 위원회 개최 건수 | ➡ [2] | ➡ [4] | … | ➡ [20] | 상 | 상 |
| | 3.1.2. -3 | 정기적 대학-지자체 협력 지역혁신 포럼 운영 | 지역협력 전담조직-지자체 공동 주관 지역혁신 발전 및 성과 확산 포럼 참여자 수 | ➡ [100] | ➡ [200] | … | ➡ [1,000] | 상 | 중 |
| | ⋮ | ⋮ | ⋮ | ⋮ | ⋮ | … | ⋮ | ⋮ | ⋮ |

| | 산출근거 | Y년 | Y+1년 | ⋯ | Y+9년 | 계 |
|---|---|---|---|---|---|---|
| 예산 규모 (백만 원) | 1 ・지역문제해결형 교과목 개발비: 2백만 원×5과목=10백만 원<br>・지역문제해결 과제 발굴 TFT 운영비: 5백만 원 (1년)<br>・지역문제해결 프로젝트 지원비: 5백만 원×2건 +10백만 원×건=40백만 원 | 24 | 55 | ⋯ | 55 | 519 |
| | 2 ・대학−지자체 공동주관 지역혁신 및 성과확산 포럼: 1회당 30백만 원×개최 횟수<br>・지역 협력 전담조직−지역 유관기관 소위원회 회의비: 1회당 10만 원×개최 횟수<br>・지역 연계 위원회 회의비: 1회당 30만 원×개최 횟수 | 31 | 62 | ⋯ | 153 | 987 |
| | 3 ⋮ | ⋮ | ⋮ | ⋮ | ⋮ | ⋮ |
| 계 | | 55 | 117 | ⋯ | 208 | 1,506 |

  먼저, 실행과제에서는 전략과제에 부합한 실행력을 갖춘 과제들로 구성한다. 실행과제는 전략과제가 추구하는 목표를 달성하기 위해 실제 이루어지는 과제들을 의미한다. 사례 대학 중한 곳은 모든 전략과제의 실행과제를 '제도', '프로그램', '지원 및 성과관리'로 구분하기도 하였다. 모든 전략과제의 실행과제를 이렇게 구분하는 것이 불가능한 경우도 있겠으나, 이러한 방법이 전략과제 달성을 위해 실행과제를 체계적으로 작성하는 데 도움이 될 수 있다. 앞의 과제정의서 예시에서는 '지역사회 연계 및 기여 확대'라는 전략과제를 달성하기 위한 핵심 프로그램으로 '지역사회 문제해결 지원'을 첫 번째 실행과제로 설정하였다. 다음으로 해당 전략과제를달성하는 데 필요한 제도 및 인프라 성격의 실행과제로 '지역혁신 및 협력 지원체계 활성화'를설정하였다.

**Work Point**

● 실행과제 수립 시 전략과제의 목표를 달성하기 위해 필요한 과제들을 '제도 마련', '프로그램 운영', '성과관리'로 구분하여 도출하면 보다 체계적으로 목표 달성 계획을 마련할 수 있다.

실행과제는 전략과제와 함께 지속해서 발전계획의 종료 시점까지 추진해야 하는 경우도 있지만, 발전계획 추진 중간에 실행과제가 완성되거나 성과가 도달되어 그 성과가 계속 지속될 수 있어 더 이상 필요하지 않은 경우가 있다. 이런 경우에는 발전계획의 추진 일정 중 1/2 또는 1/3 시점에 점검하여 새로운 실행과제를 발굴·추가해서 발전계획 종료기한까지 지속해서 추진하면 된다. 추가된 실행과제는 전략과제의 목표와 연계성을 고려해야 한다. 실행과제를 추진하는 데 주관부서를 추가하거나 변경할 필요가 있는 경우 이를 반영할 필요도 있다.

예를 들어, 이 장에서 제시한 과제정의서에서 실행과제 3.1.2를 '지역혁신 및 협력 지원 체계 구축'으로 설정했다면 대학 내에 지역협력 전담 조직을 마련하고 관련 위원회를 만드는 것으로 해당 실행과제가 완성되었다고 볼 수 있다. 이러한 경우 해당 지원 체계를 활용하여 새로운 프로그램을 기획하고 운영하는 실행과제를 추가하여 추진하는 것이 발전계획 추진의 연속성 측면에서 바람직하다고 볼 수 있다.

다음은 실행과제별로 세부과제를 2~3개 정도 추가하여 실행과제에 부합하는 세부과제의 추진 활동을 통해 전략과제의 목표를 달성해 나갈 수 있다. 세부과제는 향후 예산 투입을 고려하여 선택과 집중의 전략을 통해 '세부과제가 얼마나 중요한가'와 '어느 정도 시급하게 추진되어야 하는가'의 관점에서 우선순위를 상, 중, 하의 3단계로 구분하여 설정하는 것이 필요하다. 또한 세부과제별로 관리해야 하는 지표와 연차별 목푯값도 설정하여 추진 성과에 대한 점검을 하는 것이 필요하다.

다음 절에 제시된 과제정의서에서는 '지역문제해결형 교육과정 개발 및 운영'의 중요성은 '상'으로, 시급성은 '중'으로 표기되었다. 해당 과제의 경우 지역문제해결형 교육을 통해 지역사회에 기여하고 학생들에게는 시민의식을 길러 주는 과제라는 점에서 중요성은 '상'으로 평가되었다. 다만, 새로 시작해야 하는 과제가 아니라 이미 실시되고 있는 교과목을 점차 확대해 나갈 필요가 있다는 점에서 시급성은 '중'으로 평가되었다. 반면, '지역혁신 및 협력 전담조직 신설 및 운영'의 경우 중요성과 시급성 모두 '상'으로 평가되었다. 지역과의 협력 체계를 마련하기 위해 필요한 인프라이면서 동시에 다른 세부과제를 추진하는 데에 영향을 미치는 과제라는 점에서 시급성도 '상'으로 평가되었다. 다른 세부과제의 우선순위를 결정할 때에도 이러한 기준을 적용할 수 있다.

다음으로 각 세부과제의 이행 실적을 체계적으로 관리하기 위해서는 세부과제별 관리지표를 설정할 필요가 있다. 과제의 위계가 전략과제-실행과제-세부과제 수준으로 설정되어 있다면, 관리지표는 가장 아래 수준인 세부과제 수준별로 설정하고, 세부과제 수준에서 설정된 지표들이 다양한 방식으로 합산되어 실행과제와 전략과제의 성과지표로 구성되는 것이 바람직하다.

만약 가장 아래 수준의 과제에 지표가 연결되어 있지 않다면 해당 과제의 이행 여부를 점검하기 어려울 가능성이 있다.

앞의 과제정의서에 제시된 예시에서 '지역문제해결형 교육과정 개발 및 운영'의 관리지표는 '지역문제해결형 학생 참여 교과목 수강생 수'가 설정되었다. 교육과정 개발 및 운영이기 때문에 교과목 수강생 수 대신 교과목 개편개발 실적을 활용할 수도 있다. 중요한 것은 어떠한 지표를 설정하든 해당 과제의 실적을 확인할 수 있어야 한다는 점이다. 또한 세부과제 관리지표의 목표치를 설정할 때에는 구체적인 기준을 바탕으로 설정할 필요가 있다. 앞의 예시에서 '지역문제해결형 학생 참여 교과목 수강생 수'는 기준연도인 Y년도에 5개의 지역문제해결형 교과목이 운영되었고, 총 100명의 학생이 수강했다는 가정하에 연도별 목표치가 설정되었다. 매년 지역문제해결형 교과목을 5개씩 신규로 개발하여 운영하면서 수강생 수는 기준연도 대비 매년 100%씩 증가하는 것을 목표로 하여 매년 100명씩 증가하는 것으로 설정하였다. 이처럼 목표치를 설정할 때에는 기준연도 대비 또는 전년도 대비 몇 퍼센트 증가를 목표로 하는지 기준을 세워 정할 필요가 있다.

**Work Point**

- 과제 간 위계에서 가장 아래 수준(세부과제)의 관리지표가 합산되어 실행과제와 전략과제의 성과지표가 산출되는 방식이 과제별 실적 점검에 효과적이다. 관리지표의 연도별 목표치를 설정할 때에는 기준연도 값에 대비하여 타당한 산출 기준을 두고 설정할 필요가 있다.

다음으로 수립된 세부과제를 추진하는 데 필요한 예산 규모를 산출해야 한다. 세부과제를 달성하기 위한 활동들을 고려하여 사업화한다고 생각하고 산출하면 된다. 세부과제로 수립한 관리지표 달성에 절대적으로 기여할 수 있도록 주요 활동을 구성하고, 이를 통해 실행과제 단위로 종합하여 또는 세부과제 단위로 하여 단가, 개수, 횟수, 인원 등에 따라 산출한 근거를 토대로 예산 계획을 수립하면 된다. 여기서 산출된 예산 규모의 총액은 상단 부분의 소요 예산과 일치해야 한다.

## 3) 과제정의서의 인프라 설정

과제정의서의 하단 부분에는 앞서 중간 부분에서 산출한 예산 규모를 어떻게 확보할 것인가

표 10-11 | 사회공헌 영역 과제정의서의 하단 부분

| | 실행시기 | 교비회계 | 정부<br>(재정지원<br>사업비) | 지자체 | 산학협력단<br>회계 | 기타 | 계 |
|---|---|---|---|---|---|---|---|
| 예산 조달<br>계획<br>(백만 원) | Y년 | − | 55 | − | − | − | 55 |
| | Y+1년 | − | 115 | 2 | − | − | 117 |
| | ⋮ | ⋮ | ⋮ | ⋮ | ⋮ | ⋮ | ⋮ |
| | Y+9년 | − | 206 | 2 | − | − | 208 |
| | 계 | − | 1,488 | 18 | − | − | 1,506 |
| 인력/공간<br>확보계획 | • 지역협력센터 신설 및 부서장 1명과 직원 2명 확보 필요, 공간 1실 필요<br>• 지역문제해결과제 발굴 TFT 운영 지원 인력(TFT 간사) 1명 필요 | | | | | | |
| 고려사항 | • 지역문제해결형 교과목 개발과 운영을 위해 학과 및 담당 교수의 협조 필요<br>• 추후 지역문제해결 프로젝트 참여 교원에 대한 인센티브 마련 고려 필요<br>• RISE 시행 시, 지자체 예산이 증가할 가능성이 있으며 이에 대한 투자 계획 수립 필요 | | | | | | |

에 대한 예산 조달 계획, 해당 전략과제를 추진하는 데 필요한 인력 및 공간 확보계획, 그리고 해당 전략과제를 추진하는 데 있어 고려해야 할 사항에 대한 작성한다. '지역사회 연계 및 기여 확대'라는 전략과제 정의서의 하단 부분은 〈표 10-11〉과 같다.

먼저, 예산 조달 계획은 대학에서 발전계획을 추진하는 데 있어 필요한 예산의 확보방안에 해당한다. 교비회계, 정부 및 지방자치단체의 국고보조금, 산학협력단회계, 기타로 구분할 수 있다. 사회공헌 영역의 경우 대학에서 일차적으로 수행해야 하는 교육이나 연구 영역에 비해 교비를 활용한 재정투자의 우선순위는 다소 약할 수 있다. 그러나 대학에서 수행하고 있는 각종 재정지원사업이나 지자체 연계 사업의 재원을 활용하는 방법이 효과적일 가능성이 있다.

다음에 작성할 내용은 추진과제를 추진하는 데 필요한 인력 및 공간 확보계획이다. 이는 실행과제 및 세부과제를 추진하는 데 있어 해당 주관부서에서 추가로 필요한 인력과 공간을 의미한다. 기존 인력과 공간으로 추진이 가능하다면 별도로 작성할 필요는 없다. 앞의 예시에서는 새로운 센터를 신설하는 것과 TFT를 운영하는 내용이 포함되었다. 조직 개편과 TFT 운영을 위해 필요한 인력과 공간을 명시하여 향후 추진 시에 참고할 수 있도록 하였다.

마지막으로, 고려사항은 해당 전략과제를 추진하는 데 주관부서와 협력부서뿐만 아니라, 중장기 발전계획을 전담하는 기획처에서 함께 고려해야 하는 사항을 작성한다. 이 과제정의서에는 해당 과제를 수행할 때 고려해야 할 사항과 더불어, 향후 외부 환경이 변화할 경우 고려해야

할 부분을 작성하였다.

## 4) 사회공헌 영역 과제정의서(종합)

앞서 설명한 세 부분의 내용을 종합해서 연구 영역의 추진과제와 실행과제 및 세부과제를 중심으로 작성한 선략과제 성의서를 예시로 제시하면 다음과 같다.

**표 10-12** 사회공헌 영역의 전략과제 정의서

| 전략과제 | 3.1. 지역사회 연계 및 기여 확대 | | champion | 대외협력처장 |
|---|---|---|---|---|
| | | | 주관부서 | 지역협업센터, 기획처, 교무처, 개별 학과 |
| 개요 | 지역혁신 및 협력체계 구축을 통한 지역혁신 및 협력 분야 발굴, 지역문제 해결 프로그램 운영 | | 협조부서 | 대학혁신지원사업단, LINC 사업단 |
| 목표 | 지역혁신과 성장에 대한 기여를 통해 대학과 지역의 협력관계 고도화와 대학과 지역의 상생 | | 소요 예산 (백만 원) | 1,506 |

| 성과지표 1 | 지역사회 문제해결 역량 지수 | 산출식 | 지역사회 문제해결형 교과목 수강생 수+지자체 연계 지역문제해결 프로젝트 운영 건수 | | | | | |
|---|---|---|---|---|---|---|---|---|
| | | 목푯값 | Y년 | Y+1년 | Y+2년 | Y+3년 | Y+5년 | Y+9년 |
| | | | 103 | 530 | 558 | 585 | 615 | 780 |
| 성과지표 2 | 지역혁신 및 협력체계 구축 지수 | 산출식 | (지역협력센터 구축 추진율×0.2)+(지역혁신 포럼 참여자 수×0.4)+(지자체 연계 위원회 개최 건수×0.4) | | | | | |
| | | 목푯값 | Y년 | Y+1년 | Y+2년 | Y+3년 | Y+5년 | Y+9년 |
| | | | 40.8 | 81.6 | 102.4 | 123.2 | 164.8 | 248 |
| 성과지표 3 | ⋮ | | ⋮ | | | | | |

| 실행과제 | | 실행과제명 | | 개요 | | | | | | |
|---|---|---|---|---|---|---|---|---|---|---|
| | 3.1.1. | (프로그램) 지역사회 문제해결 지원 | | 지역–대학 협업을 통해 지역사회문제 해결을 지원하는 프로젝트를 추진하며, 이를 교육과정과 연계하여 운영함 | | | | | | |
| | 3.1.2. | (제도 및 인프라) 지역혁신 및 협력 지원체계 활성화 | | 지역혁신 및 협력을 위한 전담 조직을 대학 내에 마련하고, 대학–지역 간 협력을 위한 위원회 운영 | | | | | | |
| | 3.1.3. | ⋮ | | ⋮ | | | | | | |

| 세부과제 | | 주요 내용 | 관리지표 | 실행시기 [목푯값] | | | | 우선순위 | |
|---|---|---|---|---|---|---|---|---|---|
| | | | | Y년 | Y+1년 | … | Y+9년 | 중요성 | 시급성 |
| | 3.1.1.-1 | 지역문제해결형 교육과정 개발 및 운영 | 지역문제해결형 학생 참여 교과목 수강생 수 | → [100] | → [525] | … | → [750] | 상 | 중 |
| | 3.1.1.-2 | 지자체 연계 지역문제해결 과제 발굴 및 프로젝트 추진 | 지자체 연계 지역문제해결 프로젝트 운영 건수 | → [3] | → [5] | … | → [30] | 상 | 상 |
| | 3.1.2.-1 | 지역혁신 및 협력 전담조직 신설 및 운영 | 지역협력센터 구축 및 관련 규정 정비 추진율 | → [50%] | → [100%] | … | → [100%] | 상 | 상 |
| | 3.1.2.-2 | 대학–지역협력을 위한 위원회 구성 및 운영 정례화 | 지역 연계 위원회 개최 건수 | → [2] | → [4] | … | → [20] | 상 | 상 |
| | 3.1.2.-3 | 정기적 대학–지자체 협력 지역혁신 포럼 운영 | 지역혁신 발전 및 성과 확산 포럼 참여자 수 | → [100] | → [200] | … | → [1,000] | 상 | 중 |
| | 3.1.3.-1 | ⋮ | ⋮ | ⋮ | ⋮ | … | ⋮ | ⋮ | ⋮ |

| 예산 규모 (백만 원) | | 산출근거 | Y년 | Y+1년 | … | Y+9년 | 계 |
|---|---|---|---|---|---|---|---|
| | 1 | • 지역문제해결형 교과목 개발비: 2백만 원×5과목=10백만 원<br>• 지역문제해결 과제 발굴 TFT 운영비: 5백만 원 (1년)<br>• 지역문제해결 프로젝트 지원비: 5백만 원×2건 +10백만 원×3건=40백만 원 | 24 | 55 | … | 55 | 519 |

| 예산 규모 (백만 원) | 2 | • 대학-지자체 공동주관 지역혁신 및 성과확산 포럼: 1회당 30백만 원×개최 횟수<br>• 지역협력 전담조직-지역 유관기관 소위원회 회의비: 1회당 10만 원×개최 횟수<br>• 지역 연계 위원회 회의비: 1회당 30만 원×개최 횟수 | 31 | 62 | ⋯ | 153 | 987 |
|---|---|---|---|---|---|---|---|
| | 3 | ⋮ | ⋮ | ⋮ | ⋮ | ⋮ | ⋮ |
| | 계 | | 55 | 117 | ⋯ | 208 | 1,506 |

| 예산 조달 계획 (백만 원) | 실행시기 | 교비회계 | 정부 | 지자체 | 산학협력단 회계 | 기타 | 계 |
|---|---|---|---|---|---|---|---|
| | Y년 | – | 55 | – | – | – | 55 |
| | Y+1년 | – | 115 | 2 | – | – | 117 |
| | ⋮ | ⋮ | ⋮ | ⋮ | ⋮ | ⋮ | ⋮ |
| | Y+9년 | – | 206 | 2 | – | – | 208 |
| | 계 | – | 1,488 | 18 | – | – | 1,506 |
| 인력/공간 확보계획 | • 지역협력센터 신설 및 부서장 1명과 직원 2명 확보 필요, 공간 1실 필요<br>• 지역문제해결과제 발굴 TFT 운영 지원 인력(TFT 간사) 1명 필요 | | | | | | |
| 고려사항 | • 지역문제해결형 교과목 개발과 운영을 위해 학과 및 담당 교수의 협조 필요<br>• 추후 지역문제해결 프로젝트 참여 교원에 대한 인센티브 마련 고려 필요<br>• RISE 체계 시행 시, 지자체 예산이 증가할 가능성이 있으며 이에 대한 투자 계획 수립 필요 | | | | | | |

# 4. 사회공헌 영역 발전계획을 위한 제언

## 1) 사회공헌 영역 발전계획 수립 시 고려사항

사회공헌은 대학의 주요 사명 중 하나이지만, 그럼에도 대학이 어느 정도 사회공헌 역할을 수행하는 것이 적절한지에 대한 관점은 이해관계자에 따라 다르다. 대학 내부에서는 교육과 연구를 충실하게 하는 것만으로도 충분하다고 생각할 수 있으나, 사회에서는 대학이 더 큰 역할을 해 주길 바라는 간극이 있다. 그렇다고 해서 대학의 발전계획을 수립할 때, 여론을 의식하여 사회공헌 영역을 두고 경쟁을 하듯 발전계획을 수립하는 것도 대학 경영의 관점에서는 소모적이다(Duderstadt, 2005). 따라서 발전계획 수립 시 사회공헌 영역을 다룰 때에는 대학의 핵심 기능(교육과 연구)에 영향을 주지 않는 선에서 사회의 요구를 수용하는 것이 중요하다. 사회공헌 영역의 발전계획을 수립할 때 가장 중점적으로 고려해야 할 사항은 대학에서 제공가능한 동시에, 사회에서 요구하는 사회공헌 전략이 무엇인지 파악하는 것과 더불어, 어떤 전략은 언제 중단하거나 분리해야 하는지도 파악하는 것이라고 볼 수 있다. 이에 더해 사회공헌 영역 발전계획을 수립할 때에는 다음의 사항들을 고려할 필요가 있다.

### (1) 사회공헌 과제의 필요성에 대한 구성원의 공감대 형성

대학의 건학이념에 부합하는 사회공헌 과제에 대한 구성원의 공감대가 필요하며, 이를 실천하기 위한 리더십이 필요하다. 사회공헌은 대학의 주요한 역할 중 하나인 것이 사실이다. 그러나 실질적으로 대학의 구성원인 교수와 직원의 역할과 업무를 고려했을 때, 대학의 사회봉사는 대학 구성원들의 최우선 과제는 아닌 경우가 많다(Bok, 1982). 또한 전통적인 사회공헌 역할 외에, 세계 기후 위기와 포용적인 사회를 만드는 것에 대한 대학의 책무는 비교적 최근에 형성된 부분이라는 점에서 대학의 구성원들이 이에 대한 필요성을 느끼지 못할 가능성도 있다. 그렇기 때문에 발전계획 수립 시 대학의 이념과 부합하는 사회공헌 과제들을 선정한 후, 이를 달성하는 것이 중요하다는 점을 구성원이 인식할 수 있도록 해야 한다.

### (2) 사회공헌 영역 과제 추진의 주체 정립

발전계획을 수립하는 단계에서 사회공헌 영역의 각 전략들과 세부과제를 수행하는 주체가 누구인지, 어느 부서인지를 명확하게 하는 것이 필요하다. 다른 영역에도 해당되는 내용이지만, 특히나 사회공헌 영역은 주관부서를 정하기 어려운 경우가 많다. 사회봉사 교과목의 경우 각 단과대학 및 학과와 교무처, 지역사회 협력에 중점을 두는 과제인 경우 산학협력단과 기획처 사이에서 누가 주관이 되어서 해당 과제를 이끌 것인지가 명확하지 않다. 주관부서가 명확하지 않은 과제는 계획만 존재하고 추진되지 않는 과제라고 볼 수 있기 때문에, 발전계획 수립 단계에서부터 성과관리를 염두에 두고 주관부서를 정확하게 정할 필요가 있다.

### (3) 대학 내 사회공헌 활동의 종합적 관리

대학 내의 여러 부서에서 다양한 규모로 이루어지는 사회공헌 활동을 종합적으로 파악하고 관리할 필요가 있다. 실제로 사회봉사 프로그램은 학교 내에서 아주 다양한 형태로 운영되고 있다. 개별 학과에서 사회봉사 프로그램을 운영하기도 하고, 사회봉사 교과목이 운영되기도 하며, 학생처에서 사회봉사 프로그램을 운영하거나 국제처에서 해외봉사를 운영하는 등 사회봉사 기능이 여러 부서에 분산되어 있는 경우가 많다. 연구를 활용한 봉사의 경우에도 교수 개인이 외부 기관과 연계하여 사회공헌에 해당하는 연구 프로젝트를 수행하는 등 대학 본부의 행정부서가 아닌 곳에서 이루어지는 사회공헌 역할은 상당히 다양할 가능성이 높다.

이러한 현황을 종합적으로 파악하지 않는다면 대학에서 사회공헌과 관련된 역할을 어느 정도로 수행하고 있는지 대학의 리더조차도 파악하기 어렵게 된다. 따라서 발전계획을 수립하는 단계에서 대학의 사회공헌 역량을 정확히 파악하려면 대학 내의 학과 및 부서에서 개별적으로 이루어지는 활동들을 파악하고, 이를 발전시켜 나가며 사회공헌 영역의 발전전략과 세부과제를 수립하는 것이 필요하다.

추가적으로 사회공헌 영역의 각 범주별로 과제 수립과 시행의 장애요인과 촉진요인을 〈표 10-13〉에 제시하였다.

표 10-13  **사회공헌 영역의 장애 및 촉진요인**

| 세부 영역 | 장애요인 | 촉진요인 |
|---|---|---|
| 사회봉사 및 사회적 책무 수행 | • 사회봉사 프로그램의 산발적 운영으로 인한 미래 전략 수립의 어려움<br>• 불명확한 사회봉사 프로그램 운영계획 | • 사회봉사 프로그램 운영 현황에 대한 종합적 관리<br>• 사회봉사 및 사회공헌 역할 담당 조직 운영 |
| 지역 연계 사회공헌 | • 지역 내 기관과의 연계 부족<br>• 지역사회의 수요 파악 어려움<br>• 개별 구성원의 인적 네트워크에 의존하는 지역사회 공헌 활동으로 지속성 부족 | • 지역사회 유관기관 대상 설문조사 및 면담을 통한 수요 분석<br>• 지역사회 유관기관과의 소통창구 마련 |
| 글로벌 사회공헌 | • 해외 기관과의 물리적 거리로 인한 협력 및 프로그램 운영 어려움<br>• 글로벌 사회공헌을 위한 인적 · 물적 자원 부족 | • 국내 국제협력 기관 연계 글로벌 사회공헌 추진<br>• 국제화 추진 전략과 연계한 해외 사회봉사 추진 |
| 사회적 가치 실현 | • 사회적 가치에 대한 구성원의 이해와 공감대 부족<br>• ESG 경영 실천 시 비영리기관으로서 보편적인 평가 기준 적용 불가 | • 사회적 가치에 대한 공통의 이해와 리더십<br>• 자체적인 대학 ESG 경영 실천 모델 구축 |

## 2) 사회공헌 영역 발전계획 수립을 위한 체크리스트

사회공헌 영역 발전계획을 수립하고 이행하는 과정에서 점검해야 할 항목을 준비-실행(운영)-평가 단계로 구분하여 수행 여부를 확인할 수 있도록 체크리스트를 제시하면 〈표 10-14〉와 같다. 이러한 체크리스트를 기준으로 발전계획을 수립하고 운영하는 과정에서 확인해야 할 점들을 참고할 수 있다.

표 10-14 **사회공헌 영역 발전계획 수립을 위한 체크리스트**

| 단계 | 점검사항 | 점검내용 | 수행 여부 (Y/N) |
|---|---|---|---|
| 준비 | 영역 구분 | 대학 발전계획에서 '사회공헌' 영역이 필요한가? 사회공헌 발전 전략을 다른 영역에서 다루는 것이 더 효과적이지 않은가? | |
| | 전략과제 설정 | 사회공헌 영역에서 다루어야 하는 전략과제인가? | |
| | 장애요인 | 사회공헌 영역에서 고려해야 할 장애요인을 확인했는가? | |
| | 촉진요인 | 사회공헌 영역에서 고려해야 할 촉진요인을 확인했는가? | |
| | 사례 대학 선정 | 사회공헌 영역에서 참고할 사례 대학을 선정했는가? | |
| 실행 (운영) | 과제정의서 | 과제정의서 양식은 정했는가? | |
| | 주관부서 | 전략과제별 과제책임자, 주관부서, 협조부서는 정하고 있는가? | |
| | 성과지표 | 전략과제별 성과지표와 산출식, 목푯값은 설정하고 있는가? | |
| | 실행과제 | 사회공헌 영역의 전략과제에 부합하는 실행과제를 제시하고 있는가? | |
| | 세부과제 | 사회공헌 영역의 실행과제에 부합하는 세부과제들을 제시하고 있는가? | |
| | 추진 과정 | 세부과제별로 실행시기와 우선순위 등을 제시하고 있는가? | |
| | 인력/공간 | 전략과제의 목표를 달성하기 위해 필요한 인력/공간 확보계획을 수립하였는가? | |
| | 소요 예산 | 전략과제를 추진하는 데 필요한 소요 예산을 산출하고 편성하였는가? | |

| | | | |
|---|---|---|---|
| 평가 | 중간 점검 | 사회공헌 영역의 전략과제의 중간점검 및 그 점검 결과에 따른 후속 조치가 이루어지고 있는가? | |
| | 성과지표 | 사회공헌 영역의 과제정의서에서 제시하고 있는 성과지표의 목푯값을 달성했는가? | |
| | 보상 | 추진과제에 대한 목표 달성 정도에 따라 주관 및 협력 부서에 적절한 보상이 이루어졌는가? | |
| | 환류 | 사회공헌 영역의 추진 점검을 하고, 점검 결과를 반영하여 차년도의 세부계획 수립하였는가? | |

제**11**장

# 기반 및 인프라 영역
# 발전계획

Effective Strategic Planning in Higher Education

이 장에서는 대학 발전계획에서 모든 전략 분야의 기초가 되는 '기반 및 인프라 영역'에 대한 목표와 필요성, 기반 및 인프라 영역에서 일반적으로 다루고 있는 내용들이 무엇인지 살펴보았다. 또한 대학 발전계획에서 기반 및 인프라 영역 수립 시 고려해야 할 사항이 무엇인지 제시하였고, 일반적으로 대학에서 기반 및 인프라 영역으로 수립하고 있는 주요 전략과제와 실행과제가 어떻게 수립되었는지 구체적으로 살펴보았다.

이 장에서는 대학알리미에 공시되는 대학 발전계획 및 특성화계획 전체 대학 자료 중 대학의 설립유형, 대학 규모 등을 고려하여 37개의 국·공립대학 및 사립대학을 대상으로 분석하였고, 이 대학들의 기반 및 인프라 영역에 해당하는 목표 및 필요성, 전략과제 및 실행과제가 무엇인지 분석하였다. 그리고 분석 대학을 중심으로 설립유형, 대학 규모 등의 기준을 고려하여 향후 기반 및 인프라 영역의 추진과제와 실행과제를 수립하는 데 도움을 주고자 하였다.

끝으로 대학 발전계획의 기반 및 인프라 영역을 수립하기 위한 제언에서는 수립 단계, 실행 단계, 환류 단계별로 논리모델에 근거한 핵심 성공요인과 단계별 체크리스트를 제시하여 향후 대학에서 발전계획의 기반 및 인프라 영역을 수립, 운영, 평가하는 기준으로 활용할 수 있을 것이다.

## 1. 기반 및 인프라 영역 발전계획의 개요

### 1) 기반 및 인프라 영역의 중요성

모든 발전계획을 수립할 때 중요한 점은 바로 발전계획을 추진할 수 있는 적징한 인프라 구축이 어느 정도 이루어졌느냐를 고려하는 것이다. 예를 들어, 우리나라가 경제적으로 성공한 국가로 인정받고 있는 데는 고속도로, 철도, 인터넷 등과 같은 경제 기반의 인프라 여건이 갖추어졌기 때문이다. 기반(groundwork) 및 인프라(infrastructure) 영역은 대학 발전계획 중에 가장 기본이자 기초가 되는 영역이다. 대학에서 수립한 비전과 목표를 달성하기 위해 추진하는 전략사업, 전략과제, 실행과제를 수행하는 데 있어 기반 및 인프라 여건을 고려하지 않으면 추진하기 어렵다. 대학 발전계획에서 기반 및 인프라 영역은 크게 공간·시설 구축, 시스템 구축, 재정, 행정 등이 해당한다. 구체적으로 스마트 캠퍼스 구축 등은 공간·시설 인프라, 전입금 및 기부금 등은 재정 인프라, 조직체계 개편, 행정·조직문화, 행정서비스 등은 행정 인프라에 포함된다.

일부 대학에서는 기반 및 인프라 영역을 대학 발전계획에서 별도로 제시하지 않고, 전략사업이나 전략과제, 실행과제에 포함해서 제시하는 경우도 다수 있다. 이는 기반 및 인프라 영역에 해당하는 행정 프로세스 개선, 재정혁신, 시스템 구축 등의 추진과제도 교육, 연구, 산학협력, 국제화, 사회공헌 등과 동등한 영역의 전략과제로 판단하여 추진하고 있다는 의미로 볼 수 있다. 기반 및 인프라 영역을 주요 발전 영역의 전략과제로 포함하는 경우에는 교육·연구 환경 개선 등과 같이 활용하고 있다. 또한 일반재정지원의 충족 요건이 되는 (전문)대학기관평가인증이나 (전문)대학혁신지원사업, 글로컬대학30 등과 같은 재정지원사업에서 추구하는 목표를 달성하기 위해 기반 및 인프라 영역의 전략과제나 실행과제를 추진할 수 있다.

### 2) 기반 및 인프라 영역의 세부 영역

기반 및 인프라 영역의 세부 영역을 살펴보면, 대표적으로 시설·공간 확충, 인프라, 재정, 대학경영, 경영혁신, 재정혁신, 지속가능경영, 행정·제도 혁신, 조직문화 등과 같은 범주로 구분하고 있고, 이는 대학의 주요 전략사업이나 전략과제를 뒷받침하고 기초가 되는 세부 사업이나 실행과제로 구성하고 있다.

가장 많은 기반 및 인프라 영역의 전략과제로는 재정 확충, 재정 건전성 확보 등과 같이 대학 등록금 동결 이후 대학의 열악한 재정을 타개하기 위해 그 대안을 모색하기 위한 노력이 담겨 있다. 또한 교원의 교수역량 강화를 위한 관련 교수법 프로그램 확대, 직원의 행정역량 강화 및 관련 교육프로그램 추진 등과 같은 대학 구성원의 역량 강화를 위한 실행과제를 포함하고 있다. 대학 발전계획에서 기반 및 인프라 영역은 다음과 같이 크게 다섯 가지 세부 영역으로 구분할 수 있다.

### (1) 대학 브랜드

대학 브랜드 범주에는 기반 및 인프라 영역에 대학 평판도 및 이미지 제고를 통해 대학의 브랜드 가치를 높이기 위한 내용을 포함하고 있다. 대학 평판뿐만 아니라, 입시 평판에 대한 쇄신 노력도 포괄적으로 내포하고 있다. 미래에 대학의 가치를 향상시키기 위한 브랜드, 곧 대학의 높은 명성과 이어질 수 있도록 하는 브랜드 가치 창출은 중요한 기반 영역에 해당한다.

### (2) 대학경영 및 지속가능경영

대학경영 및 지속가능경영 범주에는 코로나19(COVID-19), 에듀테크(Edu-Tech) 등의 영향으로 온라인 교육 환경 조성을 위한 메타버스 캠퍼스, 스마트 캠퍼스 등과 같이 대학의 캠퍼스가 지향하는 방향과 관련된 내용을 담고 있다. 특히 포스트 코로나(Post-Corona) 시대에 대학혁신 운영 방안과 마이크로 디그리(소단위 전공과정) 신설·운영 및 온라인 학위과정을 신설할 수 있도록 교육부 훈령을 개정함으로써 대학 내 온라인 첨단 교육환경의 구축을 점차 가속화시켜 나가고 있는 실정이다.

### (3) 대학 시스템/인프라/캠퍼스 구축

대학 시스템과 인프라 및 캠퍼스 구축 범주에는 대학 내에서 기본 시설이나 교육·연구 환경 개선을 위해 필요로 하는 인프라 구축과 관련된 내용을 담고 있다. 대학이 지난 2~30여 년 동안 구축해서 활용하고 있는 종합정보시스템이 그 대표적인 예이다. 정보통신기술(ICT)의 발달과 인공지능(AI)의 진화로 행정의 효율성과 자료의 정확성을 도모하기 위해 대학에서 대규모의 예산 투입이 필요하여 장기적인 계획에 따라 추진하는 차세대 통합정보시스템 구축이 대표적인 인프라 영역에 해당한다.

### (4) 대학 재정혁신

대학 재정혁신 범주에는 대학의 수익구조 창출과 재정 건전성 확보 등 대학의 지속가능경영을 위해 필요한 재정 확충과 관련된 내용을 담고 있다. 대외 연구비의 수주 확대, 대학 발전기금 모금의 확대, 학교법인, 산학협력단과 사회교육처 및 부속병원 등으로부터 들어오는 전입금 규모의 확대, 수익사업 다변화 등 대학의 재정 구조를 선순환시키고, 지속적인 확대 방안을 제시하는 내용 등을 포함한다.

### (5) 대학의 행정혁신 및 조직문화 개선

대학의 행정혁신 및 조직문화 개선 범주에는 행정조직 개편이나 대학 구성원, 특히 교원의 교수역량 향상, 직원의 역량 개발 및 인사제도 개선, 조직문화 개선 등에 대한 전반적인 추진 내용을 담고 있다. 기 수립한 대학 발전계획의 실행을 위해 그에 맞춰 행정조직을 개편하거나 교육수요자 중심의 행정업무가 효율적으로 운영될 수 있도록 하기 위한 대학 조직으로 개편하는 내용이 이에 해당한다. 행정의 효율화 및 전문성 제고를 위해 직원 교육훈련 프로그램을 확대 운영하거나 우수 직원의 사내 강사 양성, 직원의 채용제도, 공정한 평가제도 운영 등과 같은 내용을 담고 있다.

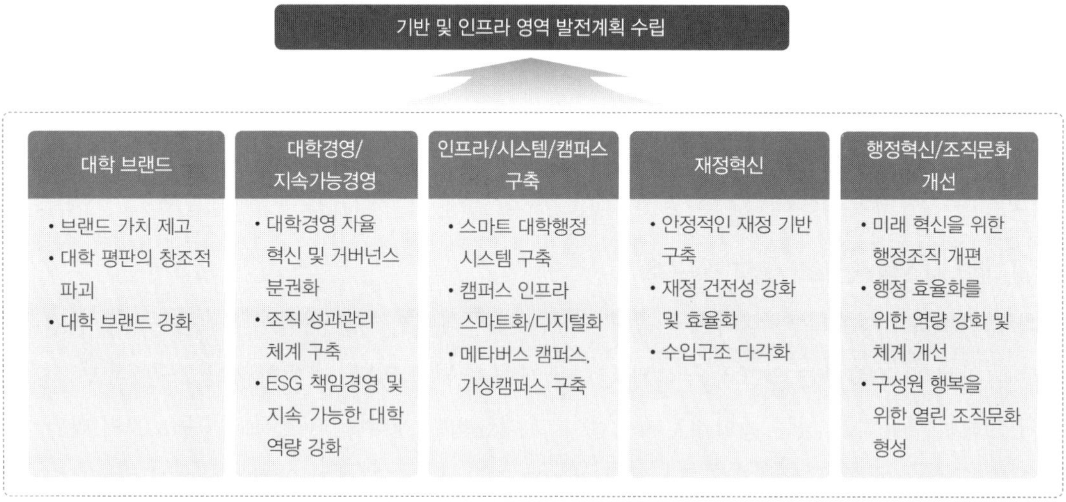

[그림 11-1] 기반 및 인프라 영역 발전계획의 개요

## 2. 기반 및 인프라 영역의 주요 전략과제 및 실행과제

### 1) 기반 및 인프라 영역의 구분 및 사례 대학 선정

기반 및 인프라 영역은 대학 발전계획에서 모든 전략사업과 전략과제 및 실행과제를 추진함에 있어 가장 기본이자 밑바탕이 되는 영역에 해당한다. 전략과제나 실행과제에도 상당 부분 기반 및 인프라 영역에 해당하는 내용을 포함하고 있다.

대학 발전계획에서 수립하고 있는 기반 및 인프라 영역에 해당하는 전략과제나 실행과제는 대학에서 기초적으로 필요한 시설 및 인프라, 재정, 행정을 담당하는 직원 등과 밀접하게 연관되어 있다. 기반 및 인프라 영역은 정부가 추진하고 있는 각종 재정지원사업이나 (전문)대학기관평가인증에서 지향하고 있는 목표를 달성하는 데도 밀접한 관련이 있다.

기반 및 인프라 영역의 범위(구분)를 살펴보기 위해 각 대학이 공시하고 있는 학교 발전계획 및 특성화계획 항목을 살펴보았다. 대학알리미에서 발전계획 자료를 상세하게 제공하고 있는 4년제 대학의 기반 및 인프라 영역별 사례 대학 37개교를 추출하였다. 이들 대학을 설립유형에 따라 '국·공립'과 '사립' 대학으로 구분하고, 국·공립대학의 경우에는 국립, 공립, 국립대법인을 포함하였다. 설립유형과 대학 규모에 따라 분류하면 다음과 같다.

**표 11-1** 사례 대학 분류 기준

| 구분 | | 대학 규모 | | |
|---|---|---|---|---|
| | | 대규모<br>(20개교) | 중규모<br>(12개교) | 소규모<br>(5개교) |
| 설립<br>유형 | 국·공립대학<br>(17개교) | 강원대, 경북대, 부산대,<br>서울과기대, 서울대, 전남대,<br>전북대, 충북대 | 국립강릉원주대,<br>국립목포대, 국립순천대,<br>국립한국교통대, 서울시립대,<br>제주대, 한경국립대 | 국립목포해양대,<br>국립안동대 |
| | 사립대학<br>(20개교) | 가천대, 경희대, 고려대,<br>상명대, 성균관대, 숙명여대,<br>숭실대, 연세대, 영남대,<br>이화여대, 중앙대, 한국외대 | 건양대, 남서울대, 신라대,<br>연세대(미래), 한국공학대 | 루터대,<br>포항공대,<br>한라대 |

※ 주: 대규모(재학생 1만 명 이상), 중규모(재학생 5천 명 이상 1만 명 미만), 소규모(재학생 5천 명 미만), 대학명 가나다순

대학알리미를 통해 공시한 학교 발전계획에서 수립하고 있는 기반 및 인프라 영역은 대학 브랜드, 대학경영 및 지속가능경영, 시스템/인프라/캠퍼스 구축, 재정혁신, 행정혁신 및 조직문화 개선 등 5개 세부 영역이다. 이에 해당하는 영역을 제시하고 있는 대학을 살펴보면 다음과 같다.

세부 영역별로 살펴보면, 대학 브랜드에 대한 추진과제를 수립하고 있는 대학은 남서울대 외 10개교, 대학경영 및 지속가능경영과 관련된 추진과제를 수립하고 있는 대학은 국립강릉원주대 외 19개교, 시스템/인프라/캠퍼스 구축과 관련된 추진과제를 수립하고 있는 대학은 가천대 외 21개교, 재정혁신과 관련된 추진과제를 수립하고 있는 대학은 건양대 외 28개교, 행정혁신 및 조직문화 개선과 관련된 추진과제를 수립하고 있는 대학은 강원대 외 31개교이다.

표 11-2  기반 및 인프라 세부 영역별 사례 대학

| 세부 영역 | 사례 대학 |
|---|---|
| 대학 브랜드 | 국립목포해양대, 국립한국교통대, 남서울대, 상명대, 성균관대, 연세대(미래), 이화여대, 전남대, 충북대, 포항공대, 한경국립대(총 11개교) |
| 대학경영 및 지속가능경영 | 강원대, 건양대, 고려대, 국립강릉원주대, 국립목포해양대, 국립순천대, 남서울대, 부산대, 성균관대, 신라대, 연세대(미래), 영남대, 이화여대, 전남대, 제주대, 중앙대, 충북대, 포항공대, 한경국립대, 한국공학대(총 20개교) |
| 시스템/인프라/캠퍼스 구축 | 가천대, 강원대, 경북대, 경희대, 고려대, 국립순천대, 국립한국교통대, 루터대, 부산대, 상명대, 서울과기대, 서울대, 서울시립대, 숙명여대, 신라대, 연세대, 이화여대, 전남대, 중앙대, 포항공대, 한국공학대, 한국외대(총 22개교) |
| 재정혁신 | 가천대, 강원대, 건양대, 경북대, 경희대, 고려대, 국립강릉원주대, 국립목포해양대, 국립순천대, 국립안동대, 국립한국교통대, 남서울대, 루터대, 부산대, 서울대, 서울시립대, 성균관대, 숙명여대, 숭실대, 신라대, 연세대, 영남대, 이화여대, 전북대, 중앙대, 충북대, 한국공학대, 한국외대, 한라대(총 29개교) |
| 행정혁신 및 조직문화 개선 | 가천대, 강원대, 건양대, 경북대, 경희대, 고려대, 국립강릉원주대, 국립목포대, 국립목포해양대, 국립안동대, 국립한국교통대, 남서울대, 루터대, 부산대, 상명대, 서울과기대, 서울대, 서울시립대, 성균관대, 숙명여대, 숭실대, 신라대, 연세대, 이화여대, 전남대, 전북대, 제주대, 중앙대, 충북대, 한국공학대, 한국외대, 한라대(총 32개교) |

※ 주: 대학명 가나다순으로 작성

## 2) 전략과제

기반 및 인프라 영역에서 앞서 분류한 대학 브랜드, 대학경영 및 지속가능경영, 시스템/인프라/캠퍼스 구축, 재정혁신, 행정혁신 및 조직문화 개선 등 5대 세부 영역에 해당하는 전략과제와 그에 대한 주요 내용을 예시로 제시하면 다음과 같다.

### (1) 대학 브랜드

대학 브랜드 세부 영역에는 브랜드 가치 제고 및 강화, 대학 평판의 창조적 파괴 등과 같은 전략과제를 포함하고 있다. 이는 대학 평판도/이미지 향상과 입시 브랜드 쇄신 및 대학 인지도 개선에 해당하는 내용 등을 담고 있다.

### (2) 대학경영 및 지속가능경영

대학경영 및 지속가능경영 세부 영역에는 대학 미래 성장동력 강화, 대학경영 자율 혁신 및 거버넌스 분권화, 조직 성과관리 체계 구축, ESG 책임경영 및 지속가능한 대학역량 강화, 학문 분야별 자율 혁신 지원 등과 같은 전략과제를 포함하고 있다. 이는 대학경영의 내실화를 도모하기 위해 전략적 기획 기능을 강화시켜 나가고, 전문적인 대학경영 체계를 구축하여 목표지향적인 성과관리 및 환류 체계를 갖춰 나가겠다는 내용 등을 담고 있다.

### (3) 시스템/인프라/캠퍼스 구축

시스템/인프라/캠퍼스 구축 세부 영역에는 스마트 대학행정시스템, 차세대 통합정보시스템 구축, 미래형 인프라 스마트화 및 디지털화, 캠퍼스 마스터플랜 수립, 메타버스/가상 캠퍼스 구축, 스마트 멀티캠퍼스 구축 등과 같은 전략과제를 포함하고 있다. 이는 4차 산업혁명과 인공지능 시대 및 포스트 코로나 시대를 대비한 대학정보시스템 및 캠퍼스를 구축하고, 캠퍼스 내 첨단 인프라 구축을 통해 대학 시설 및 공간의 디지털화를 구현해 내고자 하는 내용 등을 담고 있다.

### (4) 재정혁신

재정혁신 세부 영역에는 안정적인 재정 기반 구축, 재정 건전성 강화 및 효율화, 건실한 재정 운영을 위한 수입구조 다각화 등과 같은 전략과제를 포함하고 있다. 이는 장기간 대학 등록금의 동결로 인해 열악한 대학 재정의 안정화와 수입구조 다변화를 통한 대학 재정의 확충 및 건전성을 강화해 나가고자 하는 내용 등을 담고 있다.

### (5) 행정혁신 및 조직문화 개선

행정혁신 및 조직문화 개선 세부 영역에는 대학조직 역량 강화 및 대학운영 효율화, 데이터 기반 의사결정 체제 확립, 행정조직 개편, 행정 효율화를 위한 역량 강화 및 체계 개선, 직원 역량 강화 프로그램 개발·운영, 혁신적인 조직문화 조성 및 창출 등과 같은 전략과제를 포함하고 있다. 이는 효율적인 행정 체계 구축을 위해 직원의 역량을 강화시켜 행정의 전문화가 추구될 수 있도록 하는 내용과 고과평가 및 인사제도 개선을 통한 행정의 생산성을 높이는 데 중점을 두고 있으며, 수요자 중심의 조직 개편을 통해 행정서비스의 질을 높이고 차별 없는 조직문화를 형성해 나가는 내용 등을 담고 있다.

**표 11-3** 기반 및 인프라 영역의 주요 전략과제(예시)

| 세부 영역 | 전략과제 | 전략과제 내용 |
|---|---|---|
| 대학 브랜드 | • 브랜드 가치 제고<br>• 대학 평판의 창조적 파괴<br>• 대학 브랜드 강화 | • 대학 평판도 향상을 통해 대학의 브랜드 가치 및 이미지 향상<br>• 입시 브랜드 쇄신과 대학의 인지도 개선 |
| 대학경영 및 지속가능경영 | • 대학 미래 성장동력 강화<br>• 대학경영 자율 혁신 및 거버넌스 분권화<br>• 조직 성과관리 체계 구축<br>• ESG 책임경영 및 지속가능한 대학 역량 강화<br>• 학문 분야별 자율 혁신 지원 | • 전문적인 대학경영 체계 구축과 대학의 목표지향적 성과관리 및 환류 개선 체계 고도화<br>• 미래 성장동력 강화를 통한 대학경영 시스템 혁신 도모<br>• 전략적 기획 기능 강화를 통한 대학경영의 내실화 추구<br>• 지속가능발전목표(SDGs), ESG 경영을 통한 미래 대학의 지향점 제시 |
| 시스템/인프라/ 캠퍼스 구축 | • 스마트한 대학행정시스템 구축<br>• 차세대 통합정보시스템 구축<br>• 미래형 인프라 확충<br>• 캠퍼스 마스터 플랜 구축<br>• 캠퍼스 인프라 스마트화/디지털화<br>• 메타버스 캠퍼스, 가상캠퍼스 구축<br>• 미래 성장 주도형 스마트 멀티캠퍼스 조성 | • 4차 산업혁명 및 인공지능 시대에 부합한 대학정보시스템 구축<br>• 수요자 중심의 행정 구현을 통해 데이터 기반의 학생성공 시스템 지향<br>• COVID-19의 영향으로 비대면 온라인 가상화 캠퍼스를 구축하는 방향 제시<br>• 캠퍼스 내 첨단 인프라 구축을 통해 대학 시설 및 공간의 스마트화, 디지털화 구현 |

| 재정혁신 | • 안정적인 재정 기반 구축<br>• 재정 건전성 강화 및 효율화<br>• 건실한 재정 운영을 위한 수입구조 다각화 실현 | • 대학 발전계획 실현을 위한 중장기 재정계획을 수립하고 안정적이고 효율적인 재정 선순환 구조 확립<br>• 수입구조 다변화를 통한 대학의 재정 확충 및 건전성 강화 |
|---|---|---|
| 행정혁신 및<br>조직문화 개선 | • 대학조직 역량 강화 및 대학운영 효율화<br>• 데이터 기반 의사결정 체제 확립<br>• 미래혁신을 위한 행정조직 개편<br>• 행정 효율화를 위한 역량 강화 및 체계 개선<br>• 행정 전문성 제고를 위한 직원 역량 강화 프로그램 개발 및 운영<br>• 혁신적 조직문화 조성 및 창출<br>• 구성원의 행복을 위한 열린 조직문화 형성 | • 직원의 역량 강화를 통해 효율적인 행정 체계 구축 및 행정의 전문화 추구<br>• 행정의 생산성 향상을 위한 고과평가 및 인사제도 개선<br>• 직접적으로 수요자가 체감할 수 있는 행정서비스 구현을 위한 조직 개편 및 고도화<br>• 조직 내 다양성, 형평성, 포용성 문화 등 차별 없는 조직문화 조성 |

## 3) 실행과제

기반 및 인프라 영역에서 앞서 제시한 전략과제 중 대표적인 전략과제를 달성하기 위해 수립한 실행과제와 그에 따른 세부과제의 예시는 다음과 같다. 여기에서는 전략과제별 2개의 실행과제와 실행과제별 2개의 세부과제를 예로 제시하고자 한다.

표 11-4 기반 및 인프라 영역의 전략과제별 실행과제 및 세부과제(예시)

| 전략과제 | 실행과제 | 세부과제 |
|---|---|---|
| 대학 브랜드<br>가치 제고 | 언론 및 온라인 홍보활동 강화 | • 언론기관 홍보 확대 |
| | | • SNS, 대학 홈페이지 등 온라인 홍보 활성화 |
| | 대학 평판지수 개발을 통한 대학 평판 및 이미지 향상 | • 대학 이미지 제고 정도를 측정할 수 있는 평판지수 개발 |
| | | • 자랑스러운 동문 및 직능별 동문 대상 홍보활동 확대 |
| 대학경영 자율혁신 및<br>거버넌스 분권화 | 공정한 인사제도 및 직원 역량 강화 | • 직급별 · 업무별 맞춤형 직무역량 교육 개발 · 운영 |
| | | • 성과 기반 평가와 직무난이도를 고려한 인센티브 정책 수립 · 실행 |

| 대학경영 자율혁신 및 거버넌스 분권화 | 대학경영 자율혁신 모니터링 고도화 | • 빅데이터 기반 맞춤형 교육행정 지원체계 구축을 통한 거버넌스 역할 확대 |
| | | • 교내 구성원 의견수렴 및 활용을 위한 관련 위원회 신설·운영 |
| 캠퍼스 인프라 스마트화/디지털화 | 교육·연구·산학협력 공간 구축 및 활용 극대화 | • 유휴 공간을 활용한 교육·연구공간 신·증축 |
| | | • 스마트 캠퍼스 공간 및 시설 DB 구축 및 실시간 활용률 통합 관리 |
| | 디지털 기반 교육환경 조성 | • 에듀테크 기반 첨단강의실 확충 |
| | | • 클라우드 기반 가상캠퍼스 구축 |
| 재정 건전성 확보 및 효율화 추진 | 재정 운용 체계 혁신 | • 자율 책임경영제 도입·운영 |
| | | • 통합재정관리시스템 구축·운영 |
| | 수입구조 다각화 추진 | • 발전기금 및 전입금 규모 확대 |
| | | • 교내 수익사업 활성화 |
| 대학조직 역량 강화 및 대학운영 효율화 | 교직원 역량 강화 프로그램 확대 | • 교원의 교수역량 강화 프로그램 확대 |
| | | • 직원의 행정역량 강화 프로그램 확대 |
| | 선진화된 대학운영시스템 구축을 통한 행정 효율화 | • 성과 기반의 대학운영 거버넌스 구축 |
| | | • 데이터 기반 행정 프로세스 슬림화 추진 |

　　기반 및 인프라 영역 발전계획으로 수립한 국·공립대학의 전략과제와 그 목표를 달성하기 위해 추진하는 실행과제는 〈표 11-5〉와 같다.

**표 11-5    기반 및 인프라 영역의 주요 전략과제 및 실행과제(국·공립대학)**

| 대학명 | 세부 영역 | | 전략과제 및 실행과제 |
|---|---|---|---|
| 강원대 | 대학경영 | 대학경영 혁신 | • 자율적 단과대학 성과관리 체계 구축<br>• 통합행정 K-Cloud 시스템 구축<br>• 직원 역량 강화 프로그램 개발 및 운영 |
| | | 대학재정 건전화 | • 안정적인 재정기반 구축<br>• 재정효율화 방안 마련<br>• 재정위원회 및 예산심의위원회 운영 활성화<br>• 중장기 대학 재정관리시스템 구축 |

| | | |
|---|---|---|
| 경북대 | 멀티캠퍼스 및 인프라 확충 | • 지역 캠퍼스 특성화<br>• 지역 연계를 통한 도심융합특구 활성화<br>• KNU-OCB(Open Culture Belt) 조성 |
| | 복지 확대 및 행정체계 선진화 | • 구성원 복지 확대<br>• 대학의 민주적 거버넌스 확립과 다양성 증진<br>• 대학 재정 규모 확대<br>• 직원 · 조교 직무능력 향상 및 인사제도 개선<br>• 안전 캠퍼스 조성 |
| 국립강릉원주대 | 행정 | • 민주적 · 효율적 대학운영 체계 확립<br> -능동적 융합행정조직 및 지원체계 개편<br> -열린 의사결정 모델 구축<br> -자율적 책임 행정체계 구축 및 강화<br> -성과평가시스템 운영 강화<br>• 행정 효율화를 위한 역량 강화 체계 개선<br> -행정 전문성 강화를 위한 교육훈련 강화<br> -공정한 성과평가와 보상체계의 합리성 제고<br> -행정서비스 개선 모니터링 체계 구축<br> -행정정보 · 통합학사시스템의 지속적 개선<br> -정보 인프라 환경 개선<br> -캠퍼스 공간 활용 극대화<br> -친환경 및 안전 캠퍼스 구축<br>• 지속성장 발전을 위한 재정 건전성 확보<br> -대학회계 건전성 · 투명성 강화<br> -효율적 예산 편성 및 집행<br> -대학 재정구조의 선순환 체계 확립<br> -대학 발전기금 모금 활성화 |
| 국립목포대 | 행정서비스 혁신 | • 교육행정 서비스 혁신<br>• 민원서비스 환류 시스템 운영<br>• 대학 홍보역량 강화 |

| 국립목포해양대 | 인프라 구축 | • 캠퍼스 혁신 및 브랜드 강화<br>　－친해양 캠퍼스 인프라 혁신<br>　－멀티캠퍼스 구축<br>　－해양특성화 이미지 제고<br>• 재정 건전성 확보<br>　－산학공유체제 활성화<br>　－재정지원사업 유치 확대<br>　－대학 발전기금 확충<br>• 온·오프라인 행정 선진화<br>　－인사제도 혁신 방안<br>• 성과관리 및 환류개선 체계 고도화<br>　－학생 중심 행정서비스 제공 |
|---|---|---|
| 국립순천대 | 수요자와 성과 중심 대학<br>행정 선진화 | • 우수 지역 인재 선발 및 지원 강화(인재 선발)<br>• 대학행정 효율화 및 재정 건전성 확보(효율화)<br>• 미래 스마트 캠퍼스 조성(선진화) |
| 국립안동대 | 학생 중심 대학경영 | • [특성화] 대학구조 개혁<br>　－대학 환경변화 대응 학사구조 개편<br>　－학생 중심 행정조직 개편<br>　－재정위기 극복을 위한 행정 효율화<br>　－성과중심 인사제도 개선<br>• [교육] 학생 중심 제도·관리 개선<br>　－학생역량 통합관리시스템 개선<br>　－학생 학습선택권 강화 제도 개선<br>　－학생 중심 평가제도 개선<br>• [경영] 재정·성과관리 효율화<br>　－국가와 지자체가 책임지는 국립대 추진<br>　－정부 및 지자체 재정지원 확보<br>　－발전기금 확대<br>　－중장기 발전계획에 따른 재정 운용<br>• [지역] 공공·연합·통합 대학 주도<br>　－지역 국립대 간 연합대학 모델 개발 및 추진<br>　－공유대학 체계 구축 및 활성화<br>　－지역 내 대학 간 통합모델 연구 및 추진<br>• [조직] 공공의대·도청캠퍼스 추진<br>　－공공의대 신설 추진을 위한 다각적 노력<br>　－공공의대 연계 지역사회 발전방안 개발<br>　－도청 캠퍼스 구축을 위한 지자체 연계 강화 및 재원 마련<br>　－장단기 캠퍼스 운영계획 수립 및 시행 |

| 국립<br>한국교통대 | 인프라 | • 대학조직 역량 강화 및 대학운영 효율화<br>• KNUT 미래 캠퍼스 구축<br>• 재정 확충 및 재정 건전성 강화<br>• KNUT 브랜드 구축 |
|---|---|---|
| 부산대 | 스마트 혁신지원<br>시스템 확충 | • 스마트 정보지원시스템 구축·운영<br>• 행정 효율성 극대화<br>• 재정 건전성 확보<br>• 조직 성과관리 체계 구축<br>• 조직문화 혁신 |
| | 친환경 첨단 특화 캠퍼스<br>구축 | • 안전하고 환경친화적인 캠퍼스 환경 조성<br>• 스마트 캠퍼스 환경 구현<br>• 특성화 멀티캠퍼스 구축<br>• 캠퍼스 공간 개방 및 효율성 극대화 |
| 서울과기대 | 인프라 | • 구성원의 행복을 위한 열린 조직문화 형성<br>• 대학 경쟁력 제고를 위한 체감형 행정 혁신<br>• 미래를 선도하는 차세대 인프라 구현 |
| 서울대 | 인프라 | • 대학혁신 시스템 구축 및 행정역량 강화<br>• 지속적인 대학 발전을 위한 재정 확충<br>• 미래 성장 주도형 스마트 멀티캠퍼스 조성 |
| 서울시립대 | 행·재정 인프라 | • 스마트한 대학행정시스템 구축<br>• 미래혁신을 위한 행정조직 개편<br>• 포용적인 행·재정 제도 개선<br>• 미래형 인프라 확충 |
| 전남대 | 대학운영 | • 소통 기반 행정 및 조직 문화 형성<br>• 학문분야별 자율 혁신 지원<br>• 교직원 복지 프로그램 강화<br>• 데이터 분석 기반 행정체계 구축<br>• 지역 기반 캠퍼스 균형 발전<br>• 학사구조 개편을 통한 적정 규모화<br>• CNU 캠퍼스 마스터플랜 추진<br>• 대학 재정 운용 혁신 및 브랜드 가치 향상 |
| 전북대 | 대학경영 | • 대학 구성원을 위한 제도 고도화<br>• 행정 효율성 강화<br>• 함께하는 복지의 내실화<br>• 안정적 재정기반 구축 |

| 제주대 | 지속가능한<br>경영체제 확립 | • 대학경영 내실화<br>• 지역 전략산업 연계 대학특성화 추진<br>• 행정조직 효율화<br>• 대학 행정 역량 강화 |
| --- | --- | --- |
| 충북대 | 대학경영 | • 대학경영 자율혁신 및 거버넌스 분권화<br>• 안정적인 재원 확보 및 교육환경 종합 운용<br>• ESG 책임경영 및 지속가능한 대학역량 강화<br>• 대학 인지도 및 브랜드 가치 향상<br>• 교직원 복지 향상 |
| 한경국립대 | 지속가능경영을 위한<br>대학 운영 혁신 | • 우수인재 모집을 위한 입학전형 고도화<br>• 빅데이터 기반 대학운영 고도화<br>• 전략적 성과관리 체계 구축<br>• 대학 브랜드 가치 제고를 위한 운영 혁신 |

출처: 대학알리미(2023); 서울대학교(2022. 7.).

기반 및 인프라 영역 발전계획으로 수립한 사립대학의 전략과제와 그 목표를 달성하기 위해 추진하는 실행과제는 〈표 11-6〉과 같다.

표 11-6   기반 및 인프라 영역의 주요 전략과제 및 실행과제(사립대학)

| 대학명 | 세부 영역 | 전략과제 및 실행과제 |
| --- | --- | --- |
| 가천대 | 행정혁신 | • 행정조직의 효율적 개편 및 업무체계 개선<br>　－행정조직 개편 및 정원의 효율적 운용<br>　－수요자 중심 행정업무 체계 개선<br>　－업무역량 및 사기진작을 위한 복지제도 도입<br>• 합리적인 인사관리 시스템 운영<br>　－직원 채용제도 및 절차의 합리적 운영<br>　－직원 평가제도 개선<br>　－고령화 시대 정년연장－임금피크제 도입 검토<br>• 행정전문성 제고를 위한 직원역량 강화<br>　－직원교육 역량 강화 프로그램 확대 운영<br>　－사내강사 양성 및 확대 운영<br>• 차세대 통합정보시스템 구축<br>　－통합정보시스템 구축을 위한 인프라 확충<br>　－차세대 통합정보시스템 구축<br>　－IT 기반 통합캠퍼스 운영 |

| 가천대 | 행정혁신 | • 수입구조 다각화를 통한 재정 건전화<br>　－산학협력 연구비 확충<br>　－정원외 학생 유치 확대<br>　－발전기금 모금 확대, 수익사업 다변화 추진<br>• 선진 재정 운영시스템 구축<br>　－사업예산 성과평가제도 도입 및 운영<br>　－단과대학 자율책임 예산제도 도입<br>　－예산 부서 분리 운영 |
|---|---|---|
| 건양대 | 대학경영 선진화 | • 수요자 중심 행정서비스 조직 고도화<br>• 업무 생산성 향상을 위한 인사제도 개선<br>• 재정 건전성 확보<br>• 핵심지표 및 성과관리 체계 강화<br>• 성과관리 역량 강화 |
| 경희대 | 행·재정 인프라 | • 지능형 캠퍼스 구현<br>　－Smart & Green 캠퍼스 구현<br>　－Space21 캠퍼스 종합개발 추진<br>　－공간 및 시설 운용 최적화<br>• 미래형 행정체계 구축<br>　－교육 및 학습시스템 고도화<br>　－전문적·체계적 인적자원 관리<br>　－미래형 행정체계 정립<br>　－자율과 책임의 운영체계 확립<br>• 지속가능한 재정 구조<br>　－선진 예산제도 구축<br>　－대학의 지속 성장을 위한 수입 확충<br>　－지출구조 최적화와 효율적 자금 운용 |
| 고려대 | 행정 | • 전략적 기획 기능 강화<br>• 실질적 분권 및 자율성 확대<br>• 수요자 맞춤형 통합서비스 확대<br>• 프로페셔널 양성 및 업무 프로세스 고도화<br>• 소통·참여 활성화 및 투명성 제고<br>• 지속가능한 재정 운용 시스템 구축 |
| | IT | • 최고 수준의 ICT 인프라 구축<br>• 대학혁신지원을 위한 정보시스템 고도화<br>• 정보통합 및 플랫폼 구축을 통한 혁신역량 강화 |
| | 캠퍼스 조성 | • 지능정보기술 기반 SMART 캠퍼스 구축<br>• 4차 산업혁명 선도형 캠퍼스 조성<br>• 혁신적인 미래형 캠퍼스 구축 |

| 남서울대 | 경영<br>인프라 혁신 | • 안정적 재정 확보 및 효율적 재정 운영<br>　−중장기 재정운영계획 수립<br>　−재정 수입의 다양화<br>• 대학 브랜드 강화<br>　−대학 이미지 제고를 위한 홍보방법의 다양화<br>　−지역 및 우수 인재 모집 확대를 위한 전형 개발 및 홍보 시행<br>　−지역 언론 및 지자체 관련 활동 강화<br>• 경쟁력 제고를 위한 대학 경영시스템 혁신<br>　−스마트 행정정보시스템 개발 및 운영<br>　−지속적 수요자 만족도 조사 및 환류<br>　−구성원 소통 인프라 구축 및 활성화<br>　−참여와 성과기반 인센티브 시스템 구축 및 운영<br>　−효율적 공간관리를 위한 시스템 구축 및 운영<br>• 가치 창출을 위한 직원 역량 강화<br>　−직무역량 기반 직원 채용 및 인사시스템 구축<br>　−직무역량 교육체계 구축 및 운영 |
|---|---|---|
| 루터대 | 체계화된<br>행정 | • 행정시스템 개선<br>　−차세대 대학행정시스템 구축<br>　−인력운영 효율화 방안 수립<br>　−성과관리(MBO) 체계 정립 · 운영<br>• 대학재정 안정화<br>　−수익구조 다변화 방안 수립<br>　−대학 발전기금 및 장학기금 조성<br>　−예산운용 및 재무회계 프로세스 개선<br>• 행정역량 강화<br>　−[ESG] 혁신적 거버넌스 체제 개편<br>　−직원 역량 향상 교육 및 연수 확대<br>　−업무 프로세스 분석 및 개선 |
| | 변화하는<br>대학 | • 대학 인프라 확충<br>　−캠퍼스 이용 효율 극대화 방안 수립 · 운영<br>　−[ESG] 미래형 강의 인프라 구축<br>　−국제협력 시설 및 학생 교류 인프라 구축<br>• 대학 내 소통 강화<br>　−대학 교육만족도 연계 환류체계 확립<br>　−대학구성원 요구조사 반영체계 구축<br>　−학내 소통 및 협력 플랫폼 구축 · 활성화 |

| 상명대 | 경영혁신 | • Hyper Connected Intelligence Campus 구축<br>　－대학교육 및 행·재정 기반 시스템 구축<br>　－대학 서비스 프로세스의 자동화 및 지능화<br>• 행정의 효율화와 성과관리 체계 구축<br>　－행정서비스 질적 제고 및 인력 운용 효율화 추진<br>　－성과와 연계한 조직/개인의 평가와 보상 체계 구축<br>• 브랜드 가치 제고 및 대학사업 확대로 재정 건전성 확보<br>　－브랜드 가치 제고<br>　－재정 확보 채널의 다양화로 재정수입 확대 |
|---|---|---|
| 숙명여대 | 재정혁신 | • 대학 발전계획 실현을 위한 중장기 재정계획 수립<br>• 건실한 재정 운영을 위한 수입구조 다각화 실현<br>• 재정 효율화 제고를 위한 집행의 자율성 및 투명성 강화 |
| | 경영혁신 | • 미래핵심 경쟁력 확보를 위한 행정 고도화 및 전문화 실현<br>• 숙명혁신을 위한 캠퍼스 마스터 플랜 추진<br>• 초연결시대 맞춤형 스마트 캠퍼스 구축<br>• 대내외 소통 강화 및 커뮤니케이션 체계 구축<br>• 구성원 복지지원시스템 강화 |
| 숭실대 | 행·재정 인프라 혁신 | • 직원 역량 강화 및 전문화 지원체계 혁신<br>• 수요자 중심 스마트 행정 혁신<br>• 대학 재정의 안정화 및 효율화 혁신 |
| 신라대 | 학생성공 데이터 기반 역량 강화 | • 데이터 기반 학생성공 디자인 플랫폼 구축<br>• 메타버스 신라 온라인 캠퍼스 라이프<br>• 신나는 신라스마트 캠퍼스 라이프 |
| | 학생성공 대학경영 역량 강화 | • 성과중심 대학구조 개편·운영<br>• 수익창출형 학교 사업 추진<br>• 대학 행·재정 구조 효율화<br>• 대학특성화 역량 강화 |
| 연세대 | 한국 사회와 교육을 견인하는 선구자적 역할 수행 | • 혁신적 사회책임 거버넌스 구축<br>• 교육 및 행정 시스템 선진화<br>• 대내외 소통 강화<br>• 재정 안정화 및 수익창출 다각화 |
| 연세대 (미래) | 브랜드 | • 대학의 글로컬 경쟁력 강화<br>• 브랜드 가치 극대화 |
| | 경영 | • 대학 미래 성장동력 강화<br>• 구성원 소통·참여형 대학 경영 선진화 |

| | | |
|---|---|---|
| 영남대 | 지속경영 | • 스마트 경영체계 구현<br>• 재정 건전성 확보<br>• 지속성장 기반 구축 |
| 이화여대 | 학생의 미래 설계 지원 강화와 캠퍼스 환경 개선 | • 우수인재 선발 시스템 구축 및 입학 홍보 강화<br>• AI 기반 학생 맞춤형 미래설계 지원 강화<br>• 재학생 만족도 제고를 위한 안전하고 따뜻한 캠퍼스 조성 |
| | 행정 효율화 및 재정건전성 강화 | • 조직단위 성과 제고를 위한 거버넌스 혁신<br>• 행정 효율화를 위한 ICT 기반의 스마트 캠퍼스 구축<br>• 지속가능한 대학 발전을 위한 재정기반 확충 |
| | 공감과 배려의 이화다움 문화 (E-Culture) 확산 | • 구성원의 소통 확대를 통한 이화 공동체 의식 강화<br>• 이화 네트워크 및 브랜드 가치 제고<br>• 지역 기반의 이화 가치 나눔 및 사회공헌 실천 |
| 중앙대 | 인프라 | • 교사 신·증축<br>• 메타버스 캠퍼스, 가상캠퍼스 구축 |
| | 재정 | • 자율 책임경영제 운영<br>• 전입금·기부금 규모 확대 |
| | 행정 프로세스 혁신 | • 대학운영시스템 선진화<br>• 혁신적 조직문화 조성·창출 |
| 포항공대 | 지속가능한 성장동력 확보 | • 재정 확대 및 경영 효율화<br>• 미래형 캠퍼스<br>• 포스텍 브랜드 가치 제고 |
| 한국공학대 | 대학경영 | • 행정역량 고도화<br>• 재정역량 다각화<br>• 대학 성과관리 체계화<br>• 대학 캠퍼스 스마트화 |
| 한국외대 | 인프라·재정 | • 빅데이터 구축 및 활용을 통한 대학 운영의 첨단화<br>• 수요자 중심의 행정시스템 구축<br>• 캠퍼스별 균형 발전 및 송도부지 개발<br>• 기업가형 대학 운영을 통한 지속가능한 재정 운영 기반 구축 |
| 한라대 | 지속가능경영 기반 구축 | • 전략적 재정 계획 수립 및 운영<br>• 데이터 기반 의사결정 체제 확립<br>• 구성원 소통 확대를 통한 투명성 제고 |

출처: 대학알리미(2023).

## 4) 기반 및 인프라 영역의 시사점

앞서 살펴본 대학별 중장기 발전계획 중 기반 및 인프라 영역에 해당하는 추진과제를 토대로 발전계획을 수립하는 데 학부 재학생 규모에 따라 대규모 대학과 중소규모 대학으로, 설립유형에 따라 국·공립대학과 사립대학으로 구분하여 고려해야 할 사항에 대해 제시하고자 한다. 전략과제와 실행과제 및 세부과제는 대학의 특성과 유형 및 규모 등에 따라 달라질 수 있고, 해당 대학이 처한 대학의 현실과 밀접하게 연관되어 있다.

첫째, 국·공립대학을 세부 영역별로 살펴보면 행정혁신 및 조직문화 개선을 가장 많은 대학이 포함하고 있고, 그다음으로 재정혁신, 시스템/인프라/캠퍼스 구축, 대학경영 및 지속가능경영, 대학 브랜드 순이다. 전략과제별로 살펴보면 행정혁신 및 조직문화 개선 영역이 가장 많은 전략과제를 포함하고 있고, 그다음으로 시스템/인프라/캠퍼스 구축, 재정혁신, 대학경영 및 지속가능경영, 대학 브랜드 영역 순이다.

둘째, 사립대학을 세부 영역별로 살펴보면 재정혁신, 행정혁신 및 조직문화 개선을 가장 많은 대학이 포함하고 있고, 그다음으로 시스템/인프라/캠퍼스 구축, 대학경영 및 지속가능경영, 대학 브랜드 순이다. 전략과제별로 살펴보면 행정혁신 및 조직문화 개선 영역이 가장 많은 전략과제를 포함하고 있고, 그다음으로 시스템/인프라/캠퍼스 구축, 재정혁신, 대학경영 및 지속가능경영, 대학 브랜드 영역 순이다.

셋째, 대규모 대학을 세부 영역별로 살펴보면 행정혁신 및 조직문화 개선을 가장 많은 대학이 포함하고 있고, 그다음으로 재정혁신, 시스템/인프라/캠퍼스 구축, 대학경영 및 지속가능경영, 대학 브랜드 순이다. 전략과제별로 살펴보면 행정혁신 및 조직문화 개선 영역이 가장 많은 전략과제를 포함하고 있고, 그다음으로 시스템/인프라/캠퍼스 구축, 재정혁신, 대학경영 및 지속가능경영, 대학 브랜드 영역 순이다.

넷째, 중소규모 대학을 세부 영역별로 살펴보면 행정혁신 및 조직문화 개선을 가장 많은 대학이 포함하고 있고, 그다음으로 재정혁신, 대학경영 및 지속가능경영, 시스템/인프라/캠퍼스 구축, 대학 브랜드 순이다. 전략과제별로 살펴보면 행정혁신 및 조직문화 개선 영역이 가장 많은 전략과제를 포함하고 있었고, 그다음으로 대학경영 및 지속가능경영, 재정혁신, 시스템/인프라/캠퍼스 구축, 대학 브랜드 영역 순이다.

**Work Point**

- 기반 및 인프라 영역의 전략과제는 비전과 목표를 달성하기 위해 추진하는 교육, 학생지원, 연구, 산학협력, 국제화, 사회공헌 등 기본적인 발전 영역을 수행하는 데 바탕이 되는 영역으로, 확보된 재원으로 대학 발전의 성장동력이 될 수 있는 전략과제를 우선적으로 수립하여 추진하자.

이상에서 살펴본 설립유형별, 대학 규모별 전략과제 수립 시 특성을 종합해 보면, 국·공립 대학의 경우에는 '행정혁신 및 조직문화 개선'을 대학 규모와 관계 없이 모두 가장 많은 대학이 포함하고 있고, 대규모 대학은 '시스템/인프라/캠퍼스 구축'을, 중소규모 대학은 '대학경영 및 지속가능경영'을 더 많이 포함하고 있다. 사립대학의 경우에는 '재정혁신'과 '행정혁신 및 조직 문화 개선'을 가장 많은 대학이 세부 영역으로 포함하고 있고, 중소규모 대학은 '대학경영 및 지 속가능경영'까지 가장 많은 대학이 세부 영역으로 포함하고 있는 반면, 대규모 대학은 '시스템/ 인프라/캠퍼스 구축'을 그다음으로 많이 포함하고 있다.

표 11-7 | 설립유형별 대학규모별 전략과제 수립의 특성

| 구분 | 국·공립대학 | 사립대학 |
|---|---|---|
| 대규모 대학 | • '행정혁신 및 조직문화 개선' 영역을 모두 포함함<br>• 그다음으로 '재정혁신'과 '시스템/인프라/캠퍼스 구축', '대학경영 및 지속가능경영', '대학 브랜드' 영역 순으로 많이 포함함 | • '재정혁신'과 '행정혁신 및 조직문화 개선' 영역을 가장 많이 포함함<br>• 그다음으로 '시스템/인프라/캠퍼스 구축', '대학경영 및 지속가능경영', '대학 브랜드' 영역 순으로 많이 포함함 |
| 중소규모 대학 | • '행정혁신 및 조직문화 개선' 영역을 가장 많이 포함함<br>• 그다음으로 '재정혁신', '대학경영 및 지속가능경영', '시스템/인프라/캠퍼스 구축', '대학 브랜드' 영역 순으로 많이 포함함 | • '재정혁신', '행정혁신 및 조직문화 개선', 대학경영 및 지속가능경영' 영역을 가장 많이 포함함<br>• 그다음으로 '시스템/인프라/캠퍼스 구축', '대학 브랜드' 영역 순으로 많이 포함함 |

## 3. 기반 및 인프라 영역의 과제정의서 작성

### 1) 과제정의서의 주관부서 및 성과지표 설정

과제정의서는 상단 부분(주관부서 및 성과지표 설정), 중간 부분(세부과제 설정), 하단 부분(인프라 설정) 등 크게 세 부분으로 구분해 볼 수 있다. 상단 부분에는 전략과제명, 전략과제에 대한 전반적인 설명인 개요와 전략과제를 통해서 도달하고 추구하는 목표, 이 전략과제를 책임지고 수행하는 과제책임자(champion), 실행과제와 세부과제를 주관해서 실행하는 주관부서, 실행과제와 세부과제를 추진하는 데 주관부서를 지원해 주는 협조부서, 전략과제를 달성하기 위해 수립된 실행과제와 세부과제를 추진하는 데 필요한 소요 예산, 전략과제에 부합한 성과지표와 산출근거를 제시하는 산출식, 그리고 향후 10년간 달성해야 할 목푯값 등을 제시한다.

**표 11-8** 기반 및 인프라 영역 과제정의서의 주관부서 및 성과지표 설정(예시)

| | | | champion | 기획처장 | | | | |
|---|---|---|---|---|---|---|---|---|
| 전략과제 | A-1 | 재정 건전성 확보 및 효율화 추진 | 주관부서 | 기획처, 총무처, 대외협력처, 사회교육처, 산학협력단 | | | | |
| 개요 | 안정적인 재정 운영 구조 확립과 수입구조 다변화를 통한 재정 선순환 체계 구축 | | 협조부서 | 대학(원) 행정실 | | | | |
| 목표 | 재정 기반 환류 체계 구축 및 안정적·효율적 재정 확보 | | 소요 예산 (억 원) | 77 | | | | |
| 성과지표 | 교육원가 수지 개선율(%) | | 산출식 | (당해연도 교육원가−전년도 교육원가)/전년도 교육원가×100 | | | | |
| | | | 목푯값 | Y년 | Y+1년 | Y+2년 | Y+3년 | Y+5년 | Y+9년 |
| | | | | 2.5% | 4.0% | 5.0% | 6.0% | 9.0% | 15.0% |

성과지표는 크게 두 가지 형태로 제시할 수 있다. 하나는 단일지표로 관리하는 방법으로, 전략과제가 도달해야 하는 정도를 대표적으로 측정하기 위해서 설정할 수 있다. 다른 하나는 복합지표로 관리하는 방안으로 세부과제에서 제시하고 있는 관리지표를 지수화하여 제시하는 것이다. 예를 들면, 재정 건전성 및 효율화 지수와 같이 제시하고, 관리지표별로 세부 가중치를 부

여하여 그 합이 100%가 되도록 구성하는 것이다. 단일지표이든 복합지표이든 해당 성과지표를 통해 전략과제에 대한 이행을 점검하는 수단으로 활용한다.

예를 들면, 하나는 재정 건전성 및 효율화 지수=(교육원가 절감액×0.4)+(대학 전입금 총액×0.3)+(교내 임대사업 수입액×0.3)과 같이 관리지표 중에 유사한 단위로 측정이 가능한 지표를 중심으로 설정하는 방법이고, 다른 하나는 2개 이상의 관리지표를 하나의 세부 지수로 만듦으로써 2개 이상의 세부 지수를 묶어서 복합 지수화하여 성과지표를 설정하는 방법이다.

다만, 성과지표를 복합지표로 설정할 경우에는 복합지표 내에 세부지표 중 어느 하나의 지표가 월등하게 높은 성과를 나타내는 경우, 다른 세부지표가 다소 부족하더라도 그 결과가 희석되어 부족한 부분이 크게 드러나지 않는 점에 유의해야 한다. 성과지표 및 목푯값 설정에 대한 상세한 내용은 제13장 대학 발전계획의 성과관리를 참고해서 작성하기를 바란다.

---

**Work Point**

- 과제책임자(champion)가 둘 이상이 되는 경우에는 차상급자로 과제책임자를 변경하도록 하자. 예를 들면, 기반 및 인프라 영역의 과제책임자가 기획처장과 총무처장이 동시에 되어야 하는 경우에는 부총장을 과제책임자로 설정하면 된다.

---

## 2) 과제정의서의 세부과제 설정

과제정의서의 중간 부분에 해당하는 실행과제, 세부과제, 예산 규모에 대해 살펴보도록 하자. 먼저, 실행과제에서는 전략과제에 부합한 실행력을 갖춘 과제들로 구성한다. 실행과제는 전략과제가 추구하는 목표를 달성하기 위해 실제 이루어지는 과제들로, 전략과제와 함께 지속해서 발전계획의 종료 시점까지 추진해야 하는 경우도 있지만, 발전계획 추진 중간에 실행과제가 완성되거나 성과가 도달되어 그 성과가 계속 지속될 수 있어 더 이상 필요하지 않은 경우가 있다. 이런 경우에는 발전계획의 추진 일정 중 1/3 또는 1/2 시점에 점검하여 새로운 실행과제를 발굴·추가해서 발전계획 종료 기한까지 지속적으로 추진해야 한다. 추가된 실행과제는 반드시 전략과제의 목표와 연계성을 고려해야 한다. 실행과제를 추진하는 데 다양한 주관부서가 있을 테니 필요하다면 이를 추가해도 좋다.

다음은 실행과제별로 세부과제를 2~3개 정도 추가하여 실행과제에 부합하는 세부과제의 추진 활동을 통해 전략과제의 목표를 달성해 나갈 수 있다. 세부과제는 향후 예산 투입을 고려하여 선택과 집중의 전략을 통해 '세부과제가 얼마나 중요한가?(중요성)'와 '세부과제가 어느 정도 시급한가?(시급성)'라는 관점에서 우선순위를 상, 중, 하의 3단계로 구분하여 설정한다. 또한 세부과제별로 관리해야 하는 지표와 연차별 목푯값도 설정하여 그 결과에 따라 추진 성과를 점검하는 것도 필요하다.

　수립된 세부과제를 추진하는 데 필요한 예산 규모를 산출하는 것이 요구된다. 세부과제를 달성하기 위한 활동들을 고려하여 사업화한다고 생각하고 산출해 보자. 세부과제로 수립한 관리지표를 달성하는 데 절대적으로 기여할 수 있도록 주요 활동들을 구성하고, 이를 통해 실행과제 단위로 종합하거나 세부과제 단위로 단가, 개수, 횟수, 인원 등에 따라 산출한 근거를 토대로 예산 계획을 수립하면 된다. 여기서 산출된 예산 규모의 총액은 상단 부분의 소요 예산과 일치해야 한다.

**표 11-9 기반 및 인프라 영역 과제정의서의 실행과제별 세부과제 설정 및 예산 규모 산출(예시)**

| 실행과제 | | 실행과제명 | 개요 |
|---|---|---|---|
| | a | 재정운영 체계 혁신 | 예산에 대한 책임과 자율 기반의 책임경영체계 고도화를 통한 효율적인 재정 운영 |
| | b | 수입구조 다각화 추진 | 등록금 외 운영 수입 확대 및 자체 수익 선순환 구조 확립을 통한 재정 안정화 |
| | c | ⋮ | ⋮ |

| 세부과제 | | 주요 내용 | 관리지표 | 실행시기 [목푯값] | | | | 우선순위 | |
|---|---|---|---|---|---|---|---|---|---|
| | | | | Y년 | Y+1년 | … | Y+9년 | 중요성 | 시급성 |
| | a-1 | 자율 책임경영제 도입·운영 | 교육원가 수지 절감액(억 원) | → [1] | → [1.5] | … | → [5] | 상 | 중 |
| | a-2 | 통합재정관리시스템 구축·운영 | 시스템 구축 및 활용률(%) | → [구축 50%] | → [구축 100%] | … | → [활용 100%] | 중 | 상 |
| | b-1 | 발전기금 및 전입금 규모 확대 | 전입금(억 원) | → [15] | → [18] | … | → [25] | 상 | 상 |
| | b-2 | 교내 수익사업 활성화 | 교내 임대사업 수입액(억 원) | → [2] | → [3] | … | → [10] | 중 | 하 |
| | c-1 | ⋮ | ⋮ | ⋮ | ⋮ | … | ⋮ | ⋮ | ⋮ |
| | c-2 | ⋮ | ⋮ | ⋮ | ⋮ | … | ⋮ | ⋮ | ⋮ |

| | | 산출근거 | Y년 | Y+1년 | ⋯ | Y+9년 | 계 |
|---|---|---|---|---|---|---|---|
| 예산 규모<br>(억 원) | a | • 통합재정관리시스템 구축: 5,000,000천 원 × 1년<br>　=5,000,000천 원<br>• 유지보수비(2차년도~): 50,000천 원 | 50 | 0.5 | ⋯ | 0.5 | 54.5 |
| | b | • 발전기금 모금 행사 개최 6회/년 × 30,000천 원<br>　=180,000천 원<br>• 고액 기부자 예우: 300명 × 100천 원=30,000천 원<br>• 평생교육원 첨단 교육 공간 구축: 3개실 × 50,000<br>　천 원=150,000천 원 | 3.6 | 2.1 | ⋯ | 2.1 | 22.5 |
| | c | ⋮ | ⋮ | ⋮ | ⋮ | ⋮ | ⋮ |
| | | 계 | 53.6 | 2.6 | ⋯ | 2.6 | 77.0 |

## 3) 과제정의서의 인프라 설정

과제정의서의 하단 부분(인프라 설정)에는 앞서 중간 부분(세부과제 설정)에서 산출한 예산을 어떻게 확보할 것인가에 대한 예산 조달 계획, 해당 전략과제를 추진하는 데 필요한 인력 및 공간 확보계획, 그리고 해당 전략과제를 추진하는 데 있어 고려해야 할 사항에 대해 작성한다.

먼저, 예산 조달 계획은 대학에서 발전계획을 추진하는 데 있어 필요한 예산의 확보방안에 해당한다. 교비회계, 정부 및 지방자치단체의 국고보조금, 산학협력단회계, 기타로 구분할 수 있다. 연차별로 적법한 예산 집행이 가능한 범위 내에서 확보계획을 수립하고, 이에 대한 추진이 적절하게 이루어지고 있는지를 점검하는 것이 요구된다. 각 전략과제의 예산 조달 계획을 종합하면 대학의 중장기 재정 확보계획을 수립하는 데 도움이 된다.

다음에 작성할 내용은 추진과제를 실행하는 데 필요로 하는 인력 및 공간 확보계획이다. 이는 실행과제 및 세부과제를 실행하는 데 있어 해당 주관부서에서 추가로 필요한 인력과 공간을 의미한다. 기존 인력과 공간으로 추진이 가능하다면 별도로 작성할 필요는 없다.

마지막으로, 해당 전략과제를 추진하는 데 주관부서와 협조부서뿐만 아니라, 대학 발전계획을 전담하는 기획처(실)에서 함께 고려해야 하는 사항을 작성한다.

**표 11-10** 기반 및 인프라 영역 과제정의서의 연차별 예산 조달 계획 및 인프라 설정(예시)

| | 실행시기 | 교비회계 | 정부<br>(대학혁신<br>지원사업비) | 지자체 | 산학협력단<br>회계 | 기타 | 계 |
|---|---|---|---|---|---|---|---|
| 예산 조달<br>계획<br>(억 원) | Y년 | 22.1 | 31.5 | – | – | – | 53.6 |
| | Y+1년 | – | 2.6 | – | – | – | 2.6 |
| | ⋮ | ⋮ | ⋮ | ⋮ | ⋮ | ⋮ | ⋮ |
| | Y+9년 | | 2.6 | – | – | – | 2.6 |
| | 계 | 22.1 | 54.9 | – | – | – | 77.0 |
| 인력/공간<br>확보계획 | • 통합재정관리시스템 구축에 따른 운영 인력 정규직원 1인 충원<br>• 평생교육원 교육 공간 3개실 확충 | | | | | | |
| 고려사항 | • 대학 구성원과의 지속적인 소통 강화<br>• 교육원가시스템 고도화 및 통합재정관리시스템 구축<br>• 발전기금 모금 출처 확대<br>• 사회교육처 및 산학협력단 전입규모 지속적 확대 | | | | | | |

## 4) 기반 및 인프라 영역의 과제정의서(종합)

앞서 설명한 세 부분의 내용을 종합해서 기반 및 인프라 영역의 추진과제와 실행과제 및 세부과제를 중심으로 작성한 과제정의서를 예시로 제시하면 다음과 같다.

**표 11-11** 기반 및 인프라 영역의 과제정의서(예시)

| | | | champion | 기획처장 | | | |
|---|---|---|---|---|---|---|---|
| 전략과제 | A-1 | 재정 건전성 확보 및 효율화 추진 | 주관부서 | 기획처, 총무처,<br>대외협력처,<br>사회교육처, 산학협력단 | | | |
| 개요 | 안정적인 재정 운영 구조 확립과 수입구조 다변화를<br>통한 재정 선순환 체계 구축 | | 협조부서 | 대학(원) 행정실 | | | |
| 목표 | 재정 기반 환류 체계 구축 및 안정적·효율적 재정 확보 | | 소요 예산<br>(억 원) | 77 | | | |
| 성과지표 | 교육원가 수지 개선율(%) | | 산출식 | (당해연도 교육원가−전년도 교육원가)/전년도<br>교육원가×100 | | | |
| | | | 목푯값 | Y년<br>2.5% | Y+1년<br>4.0% | Y+2년<br>5.0% | Y+3년<br>6.0% | Y+5년<br>9.0% | Y+9년<br>15.0% |

| 실행과제 | | 실행과제명 | 개요 | | | | | |
|---|---|---|---|---|---|---|---|---|
| | a | 재정운영 체계 혁신 | 예산에 대한 책임과 자율 기반의 책임경영체계 고도화를 통한 효율적인 재정 운영 | | | | | |
| | b | 수입구조 다각화 추진 | 등록금 외 운영 수입 확대 및 자체 수익 선순환 구조 확립을 통한 재정 안정화 | | | | | |
| | c | ⋮ | ⋮ | | | | | |

| 세부과제 | | 주요 내용 | 관리지표 | 실행시기 [목푯값] | | | | 우선순위 | |
|---|---|---|---|---|---|---|---|---|---|
| | | | | Y년 | Y+1년 | … | Y+9년 | 중요성 | 시급성 |
| | a-1 | 자율 책임경영제 도입·운영 | 교육원가 수지 절감액(억 원) | → [1] | → [1.5] | … | → [5] | 상 | 중 |
| | a-2 | 통합재정관리시스템 구축·운영 | 시스템 구축 및 활용률(%) | → [구축 50%] | → [구축 100%] | … | → [활용 100%] | 중 | 상 |
| | b-1 | 발전기금 및 전입금 규모 확대 | 전입금(억 원) | → [15] | → [18] | … | → [25] | 상 | 상 |
| | b-2 | 교내 수익사업 활성화 | 교내 임대사업 수입액(억 원) | → [2] | → [3] | … | → [10] | 중 | 하 |
| | c-1 | ⋮ | ⋮ | ⋮ | ⋮ | … | ⋮ | ⋮ | ⋮ |
| | c-2 | ⋮ | ⋮ | ⋮ | ⋮ | … | ⋮ | ⋮ | ⋮ |

| 예산 규모 (억 원) | | 산출근거 | Y년 | Y+1년 | … | Y+9년 | 계 |
|---|---|---|---|---|---|---|---|
| | a | • 통합재정관리시스템 구축: 5,000,000천 원×1년 =5,000,000천 원<br>• 유지보수비(2차년도~): 50,000천 원 | 50.0 | 0.5 | … | 50.0 | 54.5 |
| | b | • 발전기금 모금 행사 개최 6회/년×30,000천 원 =180,000천 원<br>• 고액 기부자 예우: 300명×100천 원=30,000천 원<br>• 평생교육원 첨단 교육 공간 구축: 3개실×50,000 천 원=150,000천 원 | 3.6 | 2.1 | … | 2.1 | 22.5 |
| | c | | ⋮ | ⋮ | … | ⋮ | ⋮ |
| | | 계 | 53.6 | 2.6 | … | 2.6 | 77.0 |

| | 실행시기 | 교비회계 | 정부<br>(대학혁신<br>지원사업비) | 지자체 | 산학협력단<br>회계 | 기타 | 계 |
|---|---|---|---|---|---|---|---|
| 예산 조달<br>계획<br>(억 원) | Y년 | 22.1 | 31.5 | – | – | – | 53.6 |
| | Y+1년 | – | 2.6 | – | – | – | 2.6 |
| | ⋮ | ⋮ | ⋮ | ⋮ | ⋮ | ⋮ | ⋮ |
| | Y+9년 | – | 2.6 | – | – | – | 2.6 |
| | 계 | 22.1 | 54.9 | – | – | – | 77.0 |
| 인력/공간<br>확보계획 | • 통합재정관리시스템 구축에 따른 운영 인력 정규직원 1인 충원<br>• 평생교육원 교육 공간 3개실 확충 | | | | | | |
| 고려사항 | • 대학 구성원과의 지속적인 소통 강화<br>• 교육원가시스템 고도화 및 통합재정관리시스템 구축<br>• 발전기금 모금 출처 확대<br>• 사회교육처 및 산학협력단 전입규모 지속적 확대 | | | | | | |

# 4. 기반 및 인프라 영역 발전계획을 위한 제언

## 1) 기반 및 인프라 영역 발전계획 수립 시 고려사항

과거에는 기반 및 인프라 영역이 선택과 집중에 따른 예산 지원의 원칙에 따라 후순위로 밀리게 되어 굳이 언급하지 않는 대학도 있었다. 언급을 한다 해도 발전계획에 형식을 맞추는 차원에서 제시하는 정도였다. 과다한 예산 투입이 필요하다 보니 실질적인 의사결정이 이루어지지 못하는 경우가 있었다. 다만, (전문)대학혁신지원사업과 같은 일반재정지원사업의 경우, 대학 발전계획과 연계하여 추진하도록 하여 국고보조금을 지원하고 있다. 대학혁신지원사업이나 국립대학 육성사업의 경우에도 대학 발전계획과 연계하여 대학의 교육, 연구, 국제화 등과 연계한 사업을 추진하는 데 사업비를 집행하도록 하고 있다. 이제 대학 발전계획 수립에서 기반 및 인프라 영역에 대한 근거를 명확하게 제시하여 발전계획의 한 영역으로 다루기 시작했다. 기반 및 인프라 영역 발전계획을 수립하고 추진할 때 다음과 같이 세 가지 사항을 고려하는 것이 필요하다.

### (1) 총장의 강력한 실행 의지

기반 및 인프라 영역은 특히 대학 구성원과 직접적으로 관련된 이슈들이 많다. 캠퍼스 이전 또는 신규 확보, 교육시설 신축이나 강의실 및 연구·실험실의 첨단화와 같은 경우 구축 비용뿐만 아니라, 내부 구성원의 공감대 형성이 그 무엇보다 중요하다. 따라서 총장의 강력한 추진 의지에 따라 기반 및 인프라 영역의 발전계획 실행이 탄력적으로 실행될 수 있다.

### (2) 대규모 재정 투입에 따른 계획적이고 안정적인 재원 조달

일례로 차세대 통합정보시스템을 새롭게 구축하기 위해서는 재원이 만만치 않게 요구된다. 대학에서는 이제 행정에 처리해야 할 일이 점점 늘어나고 있는 실정이기 때문에, 그에 해당하는 범주를 모두 시스템으로 구축해야 한다면 그 비용은 몇 백억 원에 달하는 구축비와 더불어, 매년 지불해야 하는 유지보수비 또한 상당한 규모가 될 것이다. 따라서 어느 범위까지 설정해서 자동화하고 데이터베이스를 구축해 나갈 것인지를 설정하는 것에 따라 투입해야 할 재원 규모가 확정될 수 있다. 그에 따라 대학의 예산부서에는 어느 정도 규모로 몇 년 동안 계획적으로 예산을 적립해 나가야 할지를 정할 수 있을 것이다.

### (3) 대학 구성원 간 지속적인 소통

주관부서와 협조부서 간에 원활한 소통을 통해 부서 상호 간에 이해의 폭을 넓혀 나가야 할 것이고, 대학 구성원 간에도 개개인의 이해득실보다는 대학의 거교적인 미래의 발전 모습을 위해 노력해야 한다.

대학들은 향후 10년의 발전적인 모습을 그리는 대학 발전계획을 세우는 경우가 대다수이지만, 총장의 임기인 4년 주기로 발전계획을 새롭게 수립하거나 갱신하는 경우도 많다. 발전계획은 앞서 살펴본 제2장 대학 대내외 환경분석, 제3장 대학 대내외 의견수렴 및 현행(기존) 발계계

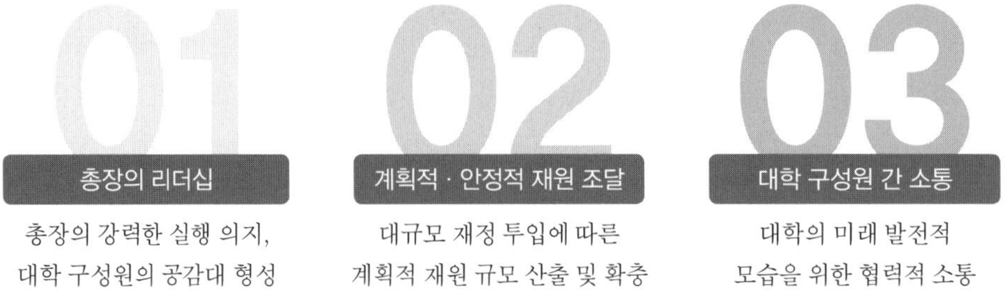

[그림 11-2] 기반 및 인프라 영역 발전계획 수립 시 고려할 점

획 자체 진단 등의 절차를 거쳐 새롭게 수립하거나 재수립하는 데에는 최소 6개월에서 1년 정도의 소요 기간이 걸린다는 점을 감안하여 충분한 시간을 확보하여 계획을 수립해야 한다.

---

**Work Point**

- 기반 및 인프라 영역 발전계획 추진을 위해서는 충분한 재원 확보와 더불어, 총장의 강력한 리더십에 따른 실행력이 담보되어야 한다.
- 총장의 대학 경영 방침과 발전상을 담아 미래의 목표를 달성할 수 있도록 연속성이 있는 추진과제를 실행해야 한다.

---

이 과정에서 성공적인 기반 및 인프라 영역 발전계획 수립을 위해서는 그 무엇보다 '기반 및 인프라 영역의 발전계획이 우리 대학에 꼭 필요하고 적합한가?'라는 질문에 대한 해답을 찾을 수 있어야 하고, 필요하다면 '이 발전계획에 수립된 과제가 얼마나 중요하고 시급한가?'를 고려해야 한다. 특히 대규모의 재원 투입이 필요한 경우에는 더욱 그러하다. 한 대학이 강의동을 신축한다는 계획을 수립한다면, 신축 규모에 따라 수백억 원에서 수천억 원이 소요된다는 점에서 이 추진과제가 대학 발전계획 수립에서 꼭 필요하고 우리 대학에 시기적으로도 적절한가를 반드시 살펴봐야 한다.

기반 및 인프라 영역이 갖고 있는 특성을 보면, 교육, 학생지원, 연구, 산학협력, 국제화, 사회공헌 등 각 영역에 대한 발전계획을 추진하는 데 있어 가장 근본이 된다. 이와 같은 특성으로 인해 각 영역과 밀접한 관련성을 가질 수밖에 없고, 각 영역과 동시다발적으로 추진해야 하는 경우도 다수 발생할 수 있으며, 이와 연계한 추진과제와 실행과제 및 세부과제를 수립해서 추진해야 한다.

특히 건물을 신축하거나 인프라를 구축하는 데 의사결정구조가 합리적이고 적절하게 이루어지고 있는지를 살펴보는 것이 필요하다. 이를 위해서는 대학 구성원의 의견수렴 절차를 거쳤는지, 그리고 총장의 결단력과 강력한 추진 의지가 있는지가 매우 중요하다.

또한 기반 및 인프라 영역에 대한 발전계획을 수립할 때 중요한 점은 발전계획을 수립하는 인적 구성과 발전시켜 나갈 조직에 대한 변화를 주도해 나가야 할 방향을 고려해야 한다는 점이다. 즉, 교원과 직원에 대한 역량을 강화시켜 나가 조직의 발전을 도모하고, 해당 대학의 조직문화를 어떤 방향으로 변화시켜 나갈지를 고려해야 한다는 점이다.

표 11-12 기반 및 인프라 영역 발전계획 수립 시 장애 및 촉진 요인

| 범주 | 장애요인 | 촉진요인 |
|---|---|---|
| 대학 브랜드 | • 대학 이미지 및 평판은 단기간에 향상 無<br>• 대학 이미지 제고 노력은 장기간 지속적인 추진 필요 | • 대학 순위 제고 노력을 통한 대학 평판 향상 노력<br>• 우수 학생의 사회 배출을 통한 대학 이미지 개선 |
| 대학경영 및 지속가능경영 | • 대학 발전계획과 성과관리의 연계성 부족<br>• 형식적인 성과관리로 인한 대학 성과관리 체계 미흡 | • 대학 발전계획과 이행점검을 위한 성과평가와의 연계 확장<br>• 성과관리 기반의 조직 개편 및 데이터 기반의 의사결정 체계 확립 |
| 시스템/인프라/ 캠퍼스 구축 | • 시설 및 공간 추가 확보 필요<br>• 신규 캠퍼스 부지 확보 필요<br>• 대규모 재정 확보 필요<br>• 재원의 구축 비용 및 구축 후 유지보수 비용 필요<br>• 시스템 구축 주기의 단축 필요 | • 교육 · 연구 시설 및 공간 확충에 따른 학생 만족도 증진<br>• 대학 구성원의 공감대 형성<br>• 정부 재정지원사업 수주 확대를 통한 국고보조금 재원 확보<br>• 대학 내 전산센터와 협력체계 구축<br>• 대학 내부 데이터에 대한 D/W(Data Warehouse) 구축 |
| 재정혁신 | • 학령인구 감소에 따른 학생 충원율 지속적 하락 예상<br>• 열악한 재정 여건의 지속적 악화 | • 수익구조 다변화를 위한 조직체계 정비 및 홍보활동 강화<br>• 대학 발전기금 모금 활동 다각화<br>• 재정지원사업 및 외부연구비 수주 확대 |
| 행정혁신 및 조직문화 개선 | • 총장의 선출방식 및 임기에 따른 단기적인 거버넌스 구조<br>• 등록금 동결에 따른 재원의 지속적 투자 감소 | • 총장의 강력한 의지<br>• 고과평가 등 직원 인사제도 혁신<br>• 교원의 교수역량 및 직원의 행정역량 향상 프로그램 확대 |

## 2) 기반 및 인프라 영역 발전계획 수립을 위한 체크리스트

기반 및 인프라 영역 발전계획을 수립하는 데 있어 점검해야 할 항목을 준비-실행(운영)-평가 단계로 구분하여 수행 여부를 확인할 수 있도록 체크리스트를 제시하면 〈표 11-13〉과 같다.

준비 단계에서는 주로 계획에 해당하는 내용이 적절한지, 예산의 산출 규모와 인력 및 공간 확보계획 등이 적절하게 수립되었는지를 제시하고 수행 여부를 점검한다.

실행(운영) 단계에서는 전략과제 정의서에서 제시하고 있는 우선순위에 따라 연차별로 수립된 계획이 실행되고 있는지와 예산 집행 계획에 따라 예산이 적절하게 집행되고 있는지를 점검한다.

---

**Work Point**

- 기반 및 인프라 영역도 타 영역과 마찬가지로, 발전계획 실행에 대한 이행점검과 성과관리 및 보상체계가 마련되어 있어야 한다.
- 추진과제가 제대로 실행되고 있는지 총장이 직접 챙겨서 추진하는 것이 필요하고, 그에 따라 나타난 성과에 대해 대학 구성원에게 적절한 보상과 포상이 이루어질 수 있도록 만들어 보자.

---

평가 단계에서는 전략과제의 종합적인 성과지표와 실행과제 및 세부과제에서 제시하고 있는 관리지표가 달성되고 있는지, 실행과제 및 세부과제의 실행에 대한 이행점검과 그 결과를 차년도 계획에 반영하고 있는지, 그리고 성과목표의 달성에 따른 적절한 보상이 이루어지고 있는지를 점검한다.

표 11-13 **기반 및 인프라 영역 발전계획 수립을 위한 체크리스트**

| 단계 | 점검사항 | 점검내용 | 수행 여부 (Y/N) |
|---|---|---|---|
| 준비 | 영역 구분 | 대학 발전계획에서 '기반 및 인프라' 영역이 필요한가? | |
| | 범주 구분 | '기반 및 인프라' 영역에서 세부 범주는 구분했는가? | |
| | 전략과제 설정 | 기반 및 인프라 영역에 부합한 전략과제인가? | |
| | 장애요인 | 기반 및 인프라 영역에서 고려해야 할 장애요인을 확인했는가? | |
| | 촉진요인 | 기반 및 인프라 영역에서 고려해야 할 촉진요인을 확인했는가? | |
| | 사례 대학 선정 | 기반 및 인프라 영역에서 참고할 사례 대학을 선정했는가? | |
| 실행 (운영) | 과제정의서 | 과제정의서 양식은 정했는가? | |
| | 주관부서 | 전략과제별 과제책임자, 주관부서, 협조부서는 설정하고 있는가? | |
| | 성과지표 | 전략과제별 성과지표와 산출식, 목푯값은 설정하고 있는가? | |
| | 실행과제 | 기반 및 인프라 영역의 전략과제에 부합하는 실행과제를 제시하고 있는가? | |
| | 세부과제 | 기반 및 인프라 영역의 실행과제에 부합하는 세부과제를 제시하고 있는가? | |

| | | | |
|---|---|---|---|
| | 추진과정 | 세부과제별 실행시기와 우선순위 등을 제시하고 있는가? | |
| | 인력/공간 | 전략과제의 목표를 달성하기 위해 필요한 인력 및 공간 확보계획을 수립하였는가? | |
| | 소요 예산 | 전략과제를 추진하는 데 필요한 소요 예산을 산출하고 적정하게 편성하였는가? | |
| 평가 | 중간 점검 | 기반 및 인프라 영역 전략과제의 중간점검 및 그 점검 결과에 따른 후속 조치가 이루어지고 있는가? | |
| | 성과지표 | 기반 및 인프라 영역의 과제정의서에서 제시하고 있는 성과지표의 목푯값을 달성하였는가? | |
| | 보상 | 추진과제에 대한 목표 달성 정도에 따라 주관 및 협조 부서에 적절한 보상이 이루어졌는가? | |
| | 환류 | 기반 및 인프라 영역의 추진 실적에 대한 이행점검을 하고, 차년도의 세부계획 수립 시 반영하고 있는가? | |

제 **3** 부

# 대학 발전계획의 성과관리

제**12**장

# 대학 발전계획의 예산 편성 및 관리

이 장에서는 대학 발전계획을 수립하는 과정에서 대학 발전계획의 예산 편성 및 관리를 다루었다. 수립된 발전계획을 어떻게 실천하고, 목표를 달성하기 위한 활동을 추진하는 과정에서 반드시 필요한 것은 이를 위한 '재정'이다.

우선 발전계획에 기반한 예산을 편성 및 관리 절차를 이해하고, 그에 따라 예산을 편성 및 집행하는 과정을 제시하였다. 다음은 이러한 절차에 따라 발전계획을 실천하고, 학년도별 또는 일정 기간별로 발전계획 기반 예산 투자 활동에 대한 성과분석을 한 다음 그에 따라 차년도 이후 예산을 조정하는 절차에 대해 고찰하였다.

이 장의 내용을 통해 대학 발전계획의 실제적 실천과 구현을 위해 필요한 발전계획의 예산 편성 및 관리의 전반적 절차를 이해하고, 발전계획 추진의 성과분석의 일환으로서 예산 성과관리에 대한 개념과 방법을 이해할 수 있을 것이다.

## 1. 대학 발전계획의 예산 편성 및 관리 개요

### 1) 발전계획 예산 관리의 중요성

한국 대학의 대부분은 현재 재정적으로 매우 어려운 상황에 있다. 2011년도부터 반값등록금의 정치적 이슈로 등록금 동결에 따른 재정적 어려움이 가장 크다. 또한 학령인구 감소로 인한 대입 정원 역전 현상 등으로 학생 수가 감소해서 신입생 충원율이 떨어지고 있다. 이러한 재정 압박은 대학들로 하여금 대학재정지원사업의 평가와 성과에 따른 사업비 차등 지원 등에 집중하지 않을 수 없게 만들었다. 결국 대학들은 그 어느 때보다 재정적인 압박을 심각한 수준으로 받고 있다(정재민, 2023). 이와 같이 대내외 환경의 급격한 변화 속에서 대학 발전계획을 실천하기 위해서는 가장 큰 걸림돌이 바로 필요한 재원을 확보하는 일이다. 대학 발전계획은 대학의 교육 · 연구 · 봉사라는 대학의 고유 서비스를 제공하기 위하여 수요자의 욕구를 만족하는 다양한 교육서비스를 제공하기 위한 다양한 전략과제를 설정하고 있다(김훈호 외, 2011). 이를 수행하기 위해서 대학 발전계획은 반드시 재정운용계획과 연계되어야만 그 실행가능성이 높아진다. 예컨대, 대학 발전계획에서 첨단산업 관련 학과를 신설하는 전략과제와 실행과제를 설정했다고 가정해 보자. 이 경우에 첨단산업 학과에 필요한 교수진, 공간, 실험 · 실습장비를 확보하기 위해 필요한 소요재원을 사전에 검토해야만 대학 발전계획의 전략과제를 실행하는 것이 가능하다. 결국 발전계획의 실행은 대학의 예산 운용 계획과 연계되어야 한다.

대학 발전계획을 합리적이고 체계적으로 실행하기 위해 재정운용계획과의 연계는 필수 불가결한 요소이며, 대학 발전계획의 추진과 관리에도 상당히 중요하다. 대학 발전계획이 담고 있는 전략과제를 실행하고 신속하게 피드백하여 원래 취지의 목표를 달성하기 위해서는 예산이 뒷받침되어야 가능하다. 여기서 가장 핵심적인 문제는 대학 발전계획을 위한 예산의 배분적 문제, 즉 자원 배정의 문제로 최근 요구되는 대학의 예산배분계획(budget allocation planning)이 타당하게 설정되어야 한다(국회예산정책처, 2011).

대학 발전계획과 연계한 중장기 재정운용계획 수립 시 중요하게 고려하여야 할 사항으로는 먼저 향후 재정수입 규모에 대한 계획을 수립하는 것이다. 학령인구 감소에 따른 등록금 수입 감소 전망, 정부재정지원사업의 신규 수주 · 지원 종료 등에 따른 국고보조금 수입 변화 등이 재정수입에서 가장 비중이 높은 항목일 것이다. 그 외에 학교법인의 재정기여 비중이 높은 대학의 경우에는 학교법인의 재정상태 및 재정수입 전망도 함께 고려하여야 한다(한국사학진흥재단, 2023a).

 다음으로는 대학 발전계획 과제에 따른 소요 재원 규모를 고려하여야 한다. 예컨대, 건물 신축 등 대규모 시설 투자, 교원수급 전망에 따른 교원 신규채용 증가, 특성화 전략 추진을 위한 실험 · 실습 기자재 투자 등 특정 기간에 대규모의 비경상적 재정투자가 이루어지는 사항들을 중장기 재정운용계획에 반영함으로써 향후 비용 지출 규모를 파악하는 것이 중요하다. 대학 발전계획과 연계하여 재정운용의 기본 방향과 목적, 중기 재정 전망, 사업별 재원배분계획 및 투자방향, 중기 재정운용계획과 단년도 예산의 연계 전략 등을 포함한 중기 재정 운영계획을 수립하여 재정 안정성 및 일관성을 유지해야 한다.

 재정수입 규모와 대학 발전계획 추진을 위해 필요한 소요 재원에 대한 규모를 고려하였다면 대학 재정운영 기본원칙을 설정하는 것이 필요하다. 재정운영 기본원칙은 구체적인 재정운영

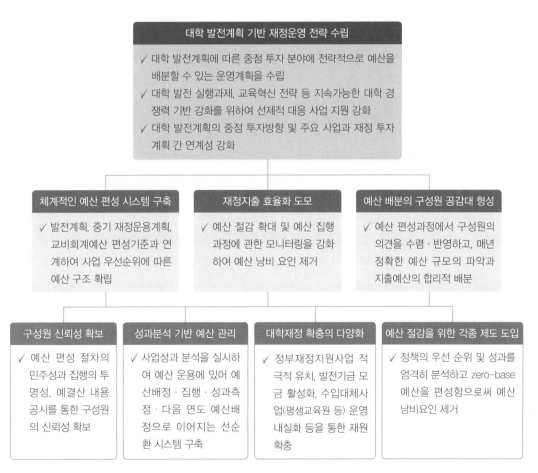

[그림 12-1] 대학 재정운영 기본 원칙 설정 예시

출처: 교육부, 한국교육개발원(2019).

계획을 수립하기에 앞서 대학 발전계획에 기반한 대학 재정운영을 어떠한 방향과 정책으로 가져갈 것인지를 담게 된다. 먼저, 예산 편성에 대한 구성원 신뢰 확보, 대학 발전계획 추진성과 분석에 기반한 예산 관리, 대학 재정수입 확충의 다양화 노력 등 제도적·조직문화적 여건 설정 방향을 설정한다. 다음으로는 체계적인 예산 편성 시스템의 구축, 낭비요소 제거 및 예산 절감 노력과 같은 재정지출 효율화 도모, 예산 배분에 대한 구성원 공감대 형성 등의 내용을 담은 재정운영의 실천 및 관리 과정에서 유념해야 할 기본 방향을 설정한다. 그리고 이러한 재정운영 방향을 바탕으로, 대학 발전계획의 추진이 중심이 된 재정운영 전략을 수립하여 발전계획에 따른 중점투자 분야에 예산을 배분할 수 있도록 하는 기본 방향을 설정한다(교육부, 한국교육개발원, 2019).

이와 같이 각 대학의 중장기적 재정운영 전략은 수립 단계부터 대학의 설립이념 및 대학 발전계획 발전목표가 고려되어야 하며, 재정지출의 효율화 도모와 예산 배분의 구성원 공감대 및 신뢰를 형성하고, 성과분석 기반 예산 관리 등 관리운영체계의 혁신을 도모하는 방향으로 수립되어야 한다. 또한 대학 발전계획의 목표 및 핵심과제 중심으로 자원을 투자하며, 정기적인 성과점검에 따라 투자 계획을 조정함으로써 예산 투자의 효율성·적절성을 제고함으로써 대학 발전계획의 실행가능성을 제고할 수 있다.

## 2) 대학 예산 관리 관련 법령

대학 예산 관리는 「고등교육법」, 「사립학교법」, 「사학기관 재무회계 특례규칙」(이하 특례규칙) 등 법령으로 정해진 사항을 준수해야 한다. 대학 발전계획과 연계한 예산배분계획도 법령에 맞춰서 진행되어야 한다. 따라서 대학 예산 관리와 관련된 법령의 주요 내용을 이해할 필요가 있다. 「고등교육법」에서는 학교의 예산 및 결산 공개 의무(제7조 교육재정), 등록금심의위원회의 운영(제11조 등록금 및 등록금심의위원회), 대학평의원회(제19조의2 대학평의원회 설치 등) 등에 관한 사항을 규정하고 있다.

「사립학교법」에서는 이사회의 예산 심의·의결 기능(제16조 이사회의 기능), 교비회계의 등록금회계·비등록금회계 구분(제29조 회계의 구분), 예산 편성 및 집행의 절차 및 주체에 관한 사항(제31조 예산 및 결산의 제출) 등에 관한 사항을 규정하고 있다. 아울러 「사립학교법 시행령」에서는 회계연도 개시 전 예산 확정 및 예산서의 공개(제14조 예산과 결산의 보고 및 공시)에 대하여 규정하고 있다. 「사립학교법」 제16조 및 제29조에 의거하여 대학 발전계획에 기반한 예산 편성 결과는 대학평의원회의 자문[1] 및 등록금심의위원회의 심사·의결을 거쳐 이사회의 심의·의결을 최종적으로 거쳐야 한다. 이러한 맥락에서 대부분 대학에서는 대학 발전계획이 수립되면 대학평의원회와 등록금심의위원회에 보고하는 절차를 거치고, 그 후 대학 발전계획이 최종 확정·선포되기 전에 학교법인 이사회에 발전계획 수립 결과를 보고하여 심의·의결받는 절차를 거치고 있다(주영달, 2020).

한편, 특례규칙에서는 예산 편성 요령(제4조), 예산 총계주의(제5조), 예산의 확정 및 제출(제6조), 준예산(제7조), 추가경정예산(제8조), 예산의 부속서류(제9조), 예산집행의 내부통제(제11조), 예산의 목적외 사용 금지(제12조), 예산 편성의 예외(제14조) 등에 관한 사항을 규정하고 있다. 특례규칙 제4조에 의거하여 예산안 편성 전까지 각 대학에서는 법인회계 및 학교회계의 예산 편성요령을 정하도록 하고 있으며, 전년도 추정 결산 등 합리적 자료에 기초하여 예산을 편성하도록 하고 있다. 이러한 맥락에서 각 대학에서는 학년도별 예산 편성 지침을 수립할 때 대학 발전계획의 과제 추진을 고려한 예산 편성 원칙, 발전계획에 대한 성과분석 결과를 바탕으로 한 차년도 예산

**표 12-1** 대학 예산 관리 관련 법령 주요 내용

| 법령 | 주요 내용 |
|---|---|
| 고등교육법 | • 학교의 예산 및 결산 공개 의무(제7조 교육재정)<br>• 등록금심의위원회의 운영(제11조 등록금 및 등록금심의위원회)<br>• 대학평의원회(제19조의2 대학평의원회 설치 등) |
| 사립학교법 | • 이사회의 예산 심의·의결 기능(제16조 이사회의 기능)<br>• 교비회계의 등록금회계·비등록금회계 구분(제29조 회계의 구분 등)<br>• 예산 편성 및 집행의 절차 및 주체에 관한 사항(제31조 예산 및 결산의 제출) |
| 사립학교법 시행령 | • 회계연도 개시 전 예산 확정 및 예산서의 공개(제14조 예산과 결산의 보고 및 공시) |
| 사학기관 재무·회계 규칙에 대한 특례규칙 | • 예산 편성 요령(제4조)<br>• 예산총계주의(제5조)<br>• 예산의 확정 및 제출 등(제6조)<br>• 준예산(제7조)<br>• 추가경정예산(제8조)<br>• 예산의 부속서류(제9조)<br>• 예산집행의 내부통제(제11조)<br>• 예산의 목적외 사용 금지(제12조)<br>• 예산 편성의 예외(제14조) |

---

1) 「고등교육법」 제19조의2(대학평의원회의 설치 등)에서는 대학 발전계획에 관한 사항을 대학평의원회의 자문사항으로 규정하고 있다.

의 조정 등에 관한 사항을 각 대학의 예산 편성 지침에 반영하고 있다(한국사학진흥재단, 2020).

## 3) 대학 예산 관리 관련 대학 내부 규정 및 지침

예산의 편성은 통상적으로 기획처 내 예산팀을 통해 이루어지며, 예산의 집행 관리는 총무처 내 재무팀을 통해 이루어지고, 예산 집행 결과에 대한 성과분석은 기획처 내 예산팀 또는 별도의 성과관리 조직을 통해 이루어진다. 최근에는 데이터 기반 성과분석 등 대학 내 성과관리체계 운영의 중요성이 강조되면서 별도의 성과관리 관련 조직을 마련하거나 대학 내 IR 센터를 조직하여 예산에 대한 전문적 성과관리를 추진하는 사례가 늘어나고 있다(배상훈, 윤수경, 2016).

「재무회계규정」,「대학 예산결산 규정」 등을 통해 대학의 전체적인 예산 편성, 예산 집행, 결산, 회계에 관한 사항을 규정하는 것이 일반적이다.「예산업무 시행세칙(내규)」 등 지침·내규를 마련하여 예산 배정과 관련한 사항, 예산사업의 실적평가에 관한 사항, 예산 승인에 관한 사항, 예산 절감 시 인센티브 및 예산 부적정 운영 시 제재에 관한 사항, 추경 및 이월에 관한 사항

표 12-2 │ 예산 편성지침 주요내용 구성 예시

| | |
|---|---|
| 예산 편성 기본 방향 | • 대학 발전계획 및 특성화 전략 추진을 위한 예산을 우선 배정<br>  ─특히 ○○○ 과제와 관련한 예산을 중점적으로 편성<br>• 신입생 유치와 관련한 사업·프로그램에 중점 편성<br>• 세입예산은 입학정원 감축 및 신입생 충원 결과를 감안하여 편성<br>• 세출예산은 교비회계의 경상적, 고정적 지출을 제외한 부분은 대학 발전계획 및 특성화 전략 추진과 관련된 예산에 우선적으로 편성 |
| 예산 편성 주요 원칙 | • 대학 발전계획 및 중기 재정운용계획에 따라, 사업의 중요도, 기대효과 등을 고려하여 세부사업별로 예산 편성<br>• 대학 발전계획의 성과 달성에 큰 영향을 미치는 대학본부 차원의 대학(원) 특이사업은 관련 위원회 심의를 거쳐 추가 배정 가능<br>• 각 부서에서 공통적으로 이루어지는 유사 사업은 주관부서에서 통합하여 편성<br>• 수입대체경비 사업의 예산은 관련 사업이 대학에 미치는 영향, 성과, 공공요금 부담률 등을 종합적으로 고려하여 편성 |
| 예산 편성 관련 유의사항 | • 예산총계주의에 따라 수입예산 및 지출예산은 모두 예산에 포함시켜야 하며, 수입예산과 지출예산을 상계하거나 그 일부를 예산에서 제외하여서는 안 됨<br>• 불요불급한 예산 절감을 통한 운영성 경비를 최소화하고, 절감재원은 학생복지·교육/연구 여건 개선 및 자산적 경비에 투자 확대 |

등을 규정할 수 있다. 대학 발전계획과 관련해서는「발전계획 수립 및 운영 규정」등의 발전계획 관리규정에서 대학 발전계획 추진을 위한 예산 편성 관리에 대하여 규정하고, 예산 관리 관련 규정에서 대학 발전계획을 예산 편성 시 반영하도록 규정하고 있는 것이 통상적이다. 학년도별 예산 편성에 대한 기본 방향, 예산 편성 절차 및 일정, 예산 편성 시 주요 고려사항 등을 담은 예산 편성 지침을 수립하여 예산 요구 조사 전까지 대학본부 각 부서에 배포한다.

## 4) 대학 발전계획의 예산 편성 및 관리의 개요

대학 발전계획의 예산 편성 및 관리는 일정한 절차에 따라 이루어진다. 우선, 예산 편성 및 관리절차에 대한 제도적 체계 정립이 필요하다. 다음으로 대학 발전계획의 예산 편성에서는 제도 및 체계를 운영하기 위한 관리 거버넌스 구축과 대학 발전계획의 예산 편성, 집행 및 결산 등이 이루어진다. 그리고 연간 예산 관리 결과에 대한 평가 및 환류를 거쳐 예산 편성 및 관리 체계 전반을 점검하는 등의 사항을 다룬다. 대학 발전계획 기반 예산 편성 및 관리의 주요 내용은 [그림 12-2]와 같다.

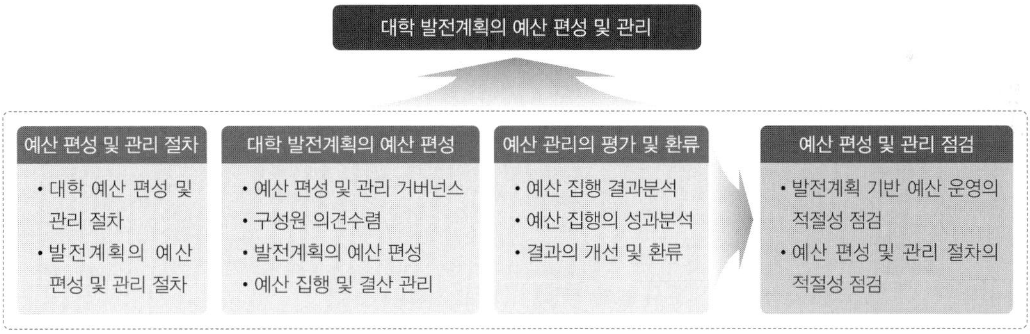

**[그림 12-2]** 대학 발전계획의 예산 편성 및 관리

## 2. 예산 편성 및 관리 절차

### 1) 대학 예산 편성 및 관리 절차

대학의 예산실무는 대학 중기 재정계획부터 시작이다. 중기 재정계획은 대학마다 차이는 있

지만 5년을 기준으로 작성하며 중기 재정을 바탕으로 단년도 예산안을 수립한다. 이렇게 수립된 예산은 대학 발전계획의 전략과제 수행에 배분된다. 대학 발전계획에서의 예산 편성 및 관리를 위해서는 중기 재정계획 수립에 맞게 자원을 효율적으로 배분해야 한다. 전략과제의 규모와 실행계획 속에 예산 편성이 있어야 하는 이유는 대학 발전계획에 따라 사업을 계획적으로 추진하기 위함이다.

대학 발전계획에서 대학의 예산 편성 절차는 '지침 마련 → 등록금 책정 → 예산안 의견 수렴 → (부서별) 예산안 집계 → 종합 심의 및 조정 → 예산안 의결'의 순서로 이루어진다. 예산 업무의 실무적 추진 절차를 살펴보면, 주로 예산 편성지침의 작성, 예산 편성 설명회 개최, 학과 및 학내 구성원 의견수렴, 예산 요구내역 및 산출근거 작성, 각 부서별 예산 요구의 종합 검토 등 절차를 통해 진행된다. 예산 편성 절차를 통해 예산안이 잠정 확정되면, 대학평의원회 자문 및 등록금심의위원회 심의를 받은 예산안을 총장 결재 후 학교법인 이사장에게 제출하고, 학교법인 이사회의 심의 · 의결을 거쳐 예산안이 최종 확정된다(한국사학진흥재단, 2020).

**표 12-3** 예산 관리 절차별 주요 유의사항 사례

| | |
|---|---|
| 예산요구조서 작성 시 유의사항 | • 전년도 예산 편성 현황, 사업 필요성, 우선순위, 집행시기 등을 종합적으로 고려함<br>• 산출 근거에는 구체적, 객관적 근거를 상세하게 명시함<br>• 예상 가능한 상황 및 운영계획을 반영하여 추경요인을 최소화함<br>• 불요불급한 예산 편성을 지양하고, 예산 절감 및 효율적 재정운영이 가능토록 함<br>• 예산의 목적 외 사용은 원칙적으로 인정하지 아니함 |
| 수입 예산 편성 시 고려사항 | • 학과별 편제정원을 기준으로 전년도 등록 현황, 당해 연도 등록 예상 인원을 산정하여 반영함<br>• 당해 연도의 등록금 책정 결정사항을 반영하여 등록금 수입액을 산정함<br>• 재단전입금은 법인의 예산 편성 지침을 반영함<br>• 등록금을 제외한 기타 수입계정의 예산은 관련 부서와 협의하여 편성함 |
| 지출 예산 편성 시 고려사항 | • 수입을 기초로 당해 연도 공무원보수 인상률 등을 고려하여 보수 지출예산을 편성함<br>• 대학 발전계획, 정책사업, 운영계획 등을 고려하여 예산을 편성함<br>• 교직원 충원계획, 교직원 변동사항, 직급별 인원 수 등을 고려하여 인건비 예산을 편성함<br>• 계속사업과 중점추진사업 등 우선순위와 중요도 등을 고려하여 예산을 편성함<br>• 각 부서의 예산요구조서를 바탕으로 우선순위와 사업 타당성, 예산 규모 적절성 등 검토함 |
| 예산 편성 및 집행원칙 | • 총계주의 원칙 준수<br>• 양입계출 원칙 준수: 지출예산은 수입예산을 초과할 수 없음<br>• 직접 사용 금지: 학교의 제 수입은 예산에 편성하여야 하며, 이를 직접 사용할 수 없음<br>• 목적 외 사용 금지: 예산을 초과하여 사용할 수 없으며, 예산에 정한 목적 외에 사용할 수 없음 |

| 절차 | 일정 | 주요 내용 | 추진 주체 |
|---|---|---|---|
| 대학 발전계획 내 예산계획 반영 | 발전계획 수립 시 | • 대학 발전계획의 주요 실행과제별 소요 예산 계획 작성 | 발전계획 담당 부서 (기획처 등) |
| 중장기 재정운용 계획 수립 | 발전계획 수립 시 또는 별도 일정 | • 발전계획 실행과제 투자 예산을 포함하여 전체 수입, 지출 계획을 반영한 재정운용계획 수립 | 발전계획 담당 부서, 예산 담당 부서 |
| 등록금 책정 | 전년도 12월 이전 | • 등록금 책정에 대한 심의 | 등록금심의위원회 |
| 해당 학년도 예산 편성 지침 수립 | 전년도 12월 이전 | • 전년도 발전계획 운영성과 분석 결과, 예산 성과분석 결과를 반영한 예산 편성 지침 수립 | 예산 담당 부서 |
| 예산 편성 지침 안내 | 전년도 12월 이전 | • 수립된 예산 편성 지침을 각 부서·학과 등에 배포, 필요시 설명회, 공청회 등 개최 | 예산 담당 부서 |
| 예산요구서 제출 안내 및 접수 | 전년도 12월~ 차년도 1월 | • 예산요구조서 제출 협조 공문 발송<br>• 부서별·학과별 예산요구서 제출 | 예산 담당 부서, 대학 전체 부서 |
| 예산안 편성 | 1월 중 | • 부서별 제출 예산안 취합, 발전계획 과제별 예산 집계 | 예산 담당 부서, 대학 전체 부서 |
| 예산안 심의·조정 (발전계획 연계 등) | 1월 말 | • 부서별 의견 청취 및 협의·조정<br>• 대학 발전계획 추진을 위한 예산 배분 적절성 검토 및 예산안 조정 | 예산 담당 부서, 예산 관련 위원회 |
| 예산안 심의·의결 | 회계연도 개시 10일 전 | • 대학평의원회 자문 및 등록금심의위원회 심의를 받은 예산안을 총장 결재 후 회계연도 개시 1개월 전까지 학교법인의 이사장에게 제출 | 등록금심의위원회 대학평의원회 학교법인 이사회 |
| 예산안 확정 | 회계연도 개시 전 | • 이사회 예산심의 결과를 이사장으로부터 통보받은 후 총장의 결재를 받아 예산을 확정 | 총장 |
| 예산안 공개 | 예산안 확정 후 1개월 이내 | • 한국사학진흥재단에 예산을 보고 및 법령이 정한 방법 및 범위에 따라 공개 | 총장 |
| 추가경정예산 편성 | 회계연도 중 | • 대학 발전계획 추진에 필요한 예산의 적절한 확보 및 배정을 위한 추경예산 편성 | 예산 담당 부서, 예산 관련 위원회 |

[그림 12-3] 대학에서의 예산 편성 흐름도 예시

## 2) 대학 발전계획 수립에서 예산 편성 및 관리의 고려사항

국내 대학의 경우 통상적으로 약 5~10년 주기로 대학 발전계획을 신규 수립하고 있으며, 통

| 발전계획 수립 절차 | 주요 내용 | 예산 및 재정운영 관련 고려 |
|---|---|---|
| 대내외 환경분석 | • 대외환경 분석<br>• 내부환경 분석<br>• 타 대학 사례 벤치마킹 | −교육부 정책 중 대학 재정지원사업을 통해 확보할 수 있는 국고보조금 수입 후보군 검토<br>−대학 내 재정구조, 예산 집행 현황 분석<br>−타 대학의 등록금 외 수입 확충 사례, 재정여건 개선 사례 벤치마킹 |
| 현행(기존) 대학 발전계획 점검 | • 현행(기존) 발전계획 운영 성과 점검<br>• 구조적·내용적 타당성 점검<br>• 보완 필요사항 도출 | −대학 발전계획 관련 예산 투자 규모 및 집행률 분석, 발전계획 항목별 예산 투자 현황 분석(투자 상위 항목 및 하위 항목 등) |
| 대내외 의견수렴 | • 구성원 설문조사<br>• 대외 이해관계자 인터뷰<br>• 기존 설문조사 결과 분석 | −구성원 의견 중 일정 규모 이상 예산 투자가 수반되어야 하는 개선 과제에 대한 사전적 파악<br>−기존의 예산 집행에 대한 구성원의 공감대 형성 정도 파악 |
| 발전 방향성 및 비전(안) 도출 | • SWOT 분석<br>• 전략영역 도출<br>• 비전 키워드 설정<br>• 비전 Statement 정의 | −재정운영 측면에서의 강점, 약점 요인 파악<br>−재정운영 측면에서의 대외적 요인에 의한 기회요인, 위협요인 파악<br>−전략 영역별 예산 투자 우선순위(가중치) 부여에 대한 검토 |
| 비전 확정 및 선포 | • 비전 선호도 조사<br>• 비전 확정 및 선포<br>• 내재화 전략 수립 | −대학 비전의 중장기 재정운영계획 반영 |
| 영역별 발전목표 수립 | • 교육, 산학, 연구, 경영 등 영역별 Target 설정 및 목표 구체화 | −재정수입 확충에 대한 발전목표 설정(기부금 수입, 국고보조금 수입, 교육부대 수입, 산학협력 수입 등) |
| 실행과제 정의 및 환류 체계 확립 | • 발전목표 달성을 위한 실행과제 정의<br>• 성과관리 시스템 구축 | −각 실행과제 정의서 내에 실행과제별 추진 예산 기재<br>−학년도별 대학 발전계획 실행과제 추진방안 수립 시 소요 예산 계획 내용 포함 |

**[그림 12-4]** 대학 발전계획 수립 과정에서의 예산 편성에 대한 고려 절차 예시

출처: 한국사학진흥재단(2023a).

상적으로 약 3년 주기로 발전계획 전체 기간의 중간 단계에서 발전계획의 개편을 단행하고 있는 것으로 파악된다. 대학 발전계획의 수립 과정에서 예산 편성 및 관리가 고려 및 반영되는 사항을 제시하면 다음과 같다(한국사학진흥재단, 2023a).

---

**Work Point**

- 예산 총괄 부서 입장에서의 예산 편성 및 관리 시 고려해야 할 사항
  - **투명성 확보**: 예산 편성 절차에서 공정성·객관성을 확보하였음을 입증하고 예산 편성 과정을 구성원들과 공유하여 신뢰를 얻을 수 있도록 해야 한다.
  - **대학 발전계획 목표와 연계**: 대학의 중장기적 목표와 전략에 부합하는 예산 편성이 이루어져야 하며, 이를 위해서는 대학의 전략계획과 예산 편성 과정을 긴밀히 연계하여, 자원이 효과적으로 배분되도록 관리하는 것이 필요하다.
  - **장기적 관점의 예산 계획**: 단기적 성과뿐만 아니라 장기적인 대학 발전을 위한 예산 계획이 수립될 수 있도록, 중장기 재정운용계획을 통한 지속가능성과 장기적인 재정 안정성을 위한 방안이 확보되었는지를 점검한다.

- 예산 요구 및 집행을 추진하는 조직 입장에서의 고려해야 할 사항
  - **명확한 목적 제시**: 예산 요청의 목적과 이를 통해 달성하고자 하는 구체적인 목표를 명확하게 제시해야 하며, 이는 예산이 효율적으로 사용될 수 있도록 하는 기반이 된다.
  - **예산과 관련한 사업계획의 구체성**: 요청하는 예산이 어떻게 사용될 예정인지에 대한 계획에는 예산 사용의 세부 항목, 예상 소요비용, 집행 일정 등이 포함되는 것을 권장한다
  - **필요성 및 타당성 근거 제공**: 왜 해당 예산이 필요한지에 대한 예산요구의 필요성과 타당성을 뒷받침할 수 있는 근거를 제시할 수 있도록 준비할 것을 권장한다.

---

## 3. 대학 발전계획의 예산 편성

### 1) 예산 편성 및 관리 관련 거버넌스

#### (1) 대학평의원회

대학평의원회는 「고등교육법」 제19조의2에 법률로 명시되어 있다. 대학평의원회 구성은 교

원, 직원, 조교 및 학생, 동문 및 학교발전 기여자 등으로 이루어지며, 대학 발전계획에 관한 사항·교육과정 운영에 관한 사항 등을 심의한다(임재홍, 2006). 아울러 「사립학교법」에서는 학년도별 예산 편성 시 대학 평의원회의 자문을 거치도록 규정하고 있다. 이에 따라 학년도별 본예산 편성 시 각 대학에서는 예산안에 대하여 대학평의원회의 심의를 거치고 있다. 다만, 대학평의원회에서 실제로 예산안에 대한 구체적인 심의나 의견 개진 및 그에 따른 예산안의 조정이 이루어지지는 못하고, 일종의 절차적 요건을 갖추는 차원에서 대학평의원회에서의 예산 심의가 이루어지고 있는 것으로 보인다.

### (2) 등록금심의위원회

「고등교육법」 제11조에서는 등록금심의위원회를 통한 등록금 책정에 대한 사항을 규정하고 있다. 또한 「사립학교법」 제29조에서는 학년도별 교비회계 예산 편성 시 등록금심의위원회의 심의·자문을 거치도록 규정하고 있다(이종필, 2014).

### (3) 예산 관련 검토·자문위원회

교내 구성원 중 예산 분야 전문가 또는 재정·회계 관련 외부전문가 등을 위원으로 위촉하여 예산 편성과 관련한 전문적 의견수렴과 주요 의사결정에 대한 심의를 추진함으로써 예산 관리의 전문성을 제고할 수 있다. 이러한 위원회를 통해 예산 사업·프로그램별 성과 분석·평가를 수행하거나, 신규·증액 예산사업에 대한 타당성(적절성) 검토 등을 수행하도록 함으로써 예산 관리에서의 성과분석·환류 절차의 체계성 및 전문성을 강화할 수 있다. 아울러 예산 관련 검토·자문 위원회는 최소 연 2회 이상 개최하여 정례성을 확보할 필요가 있으며, 꼭 별도의 위원회를 구성하지 않더라도 대학의 상황에 따라 기획위원회·대학자체평가위원회·재정위원회 등 기 운영 중인 위원회 내에 분과위원회를 두는 방법도 검토해 볼 수 있다(한국사학진흥재단, 2023a).

### (4) 예산안 수립 절차에서의 대학 구성원에 대한 정보 공유

총장은 예산 편성 관련 위원회의 심의·의결 결과를 토대로 예산안을 조정하며, 최종 예산안이 마련되면 교육부(한국사학진흥재단)에 예산서를 제출하고 대학 홈페이지 공개 및 대학알리미 정보공시 등을 통해 학내·외에 관련 결과를 공표하는 절차를 거치게 된다.

## 2) 예산 편성을 위한 구성원 의견수렴

예산 관련 구성원 인식 및 수요조사로는 주로 교육수요자 만족도 조사를 통해 구성원들이 필요로 하는 개선사항을 조사하여 이를 예산에 반영하는 절차를 거치는 경우가 많다. 그 외에 '총장과의 대화', '구성원 간담회' 등 구성원 참여·소통 절차를 거쳐 접수된 주요 의견을 예산안에 반영할 수 있다.

좀 더 정례화되고 체계적인 예산 편성 관련 구성원 의견수렴은 부서별 요구예산 자료 제출과 그에 대한 심의 절차이다.

교내 모든 예산 편성 단위 부서는 예산 편성 전년도 11~12월에 모든 수입 및 지출사업에 대한 예산요구서 및 사업계획서를 편성하여 기획처 내 예산담당 팀에 제출한다. 예산요구서 및 개별 사업계획서는 예산금액, 우선순위, 사업기간, 사업의 필요성(또는 불채택 시 문제점), 사업목적, 추진방법 및 일정, 기대효과, 효과측정 방법을 구체적으로 작성한다.

교내 예산 편성 단위 부서는 부서별 예산 편성 시 대학 발전계획을 고려하여 편성하도록 대학본부 차원의 관리가 필요하다. 사업계획서는 대학의 주요 전략방향(3~6개)과의 관계, 대학 발전목표 및 성과지표와의 연관성을 선택하고, 특히 사업비가 일정 규모 이상인 경우에는 보다 상세한 사업계획서를 작성하도록 요구하여 예산의 낭비요인을 차단하고 대학의 발전전략에 합당한 예산 활용이 가능하도록 계획을 수립하는 것이 필요하다. 필요시에는 구성원 소통 간담회를 통하여 전체 부서별 예산에 대한 PT 발표와 환류를 통한 예산 조율 및 추가편성으로 대학의 경영에 모든 구성원이 적극 참여하도록 하는 방법도 고려해 볼 수 있다.

## 3) 대학 발전계획에서 예산 편성

대학 발전계획 및 그에 입각한 중장기 재정운영계획과 연계하여 학년도별 예산을 편성하게 된다. 중장기 재정운영계획은 재정운용의 효율성과 건전성을 제고하기 위하여 당해 회계연도를 포함한 약 4~6년 기간에 대한 재정운용목표와 방향을 제시하는 재정운용 계획이다. 이는 대학 발전계획에 따른 예산 수요를 중·장기적으로 전망한 다년도 예산으로, 매년 발전·보완해 나가는 약 4~6년간의 연동계획(rolling plan)이라 할 수 있다.

이러한 과정은 대학이 발전계획에 대한 별도의 연차별 추진계획을 수립하는 과정(또는 각 실행과제에 대한 부서별 연차 업무계획)을 통해 체계적으로 계획화될 수 있다. 먼저, 대학 발전계획 및 그와 연계한 재정운용의 목표·전략 등 기본 방향을 수립하고, 다음으로는 해당 학년도의 수입·지출 전망 추계 및 투자 가용재원에 대하여 판단하며, 이를 바탕으로 발전계획의 각 영역 및 과제별 추진방향 및 예산 투자계획을 수립하게 된다.

대학 발전계획 추진을 위한 학년도별 연차 업무계획 및 재정운용 계획을 수립하는 과정에서 고려해야 할 사항은 다음과 같다.

### (1) 부합성

예산 편성은 대학 발전계획에 부합해야 한다. 대학본부의 각 부서는 대학 발전계획에 따른 중점 투자 분야에 전략적으로 예산을 배분할 수 있는 운영계획을 수립하여야 한다. 또한 예산 편성을 주관하는 부서(주로 기획처)는 대학 발전계획 영역별 세부사업을 기준으로 재원을 분류하여 정책 방향성에 부합하는 재정운용을 실현할 수 있도록 대학 발전 실행과제·총장 경영방침 등 지속가능한 대학 경쟁력 기반 강화를 위하여 선제적 대응 사업에 대한 지원을 강화할 수 있도록 예산 편성 과정을 관리해야 한다.

### (2) 체계성

예산 편성은 절차의 체계성 확보가 중요하다. 대학 발전계획−중기 재정운용계획−학년도별 교비회계 예산 편성 프로세스를 통해 기준을 연계하여 프로그램 사업 예산 구조를 확립하여야 하며, 예산 편성 시 구성원의 의견을 수렴·반영하고, 예산 규모의 정밀한 추정과 타 회계(산학협력단 회계 등) 및 정부재정지원사업(대학혁신지원사업 등)과의 재정연계 체계를 구축하여야 한다. 또한 정부재정지원사업비, 대학 자체 재원 등 재원 간 상호 연계 관리를 통해 재원 간 중복적 예산 배정을 제거하여 예산의 효율적 배분을 지향해야 한다. 또한 사업성과 평가기준 및 절차 마련을 통해 사업성과가 예산배정에 반영될 수 있는 시스템(예산배정−집행−성과측정−성과에 따른 예산 배정)을 구축해야 하며, 불요불급하거나 낭비성 지출 등에 대한 양적 지출 구조조정을 추진하여 zero−base에서 예산을 편성하여 예산 낭비요인을 제거할 수 있어야 한다.

### (3) 실현가능성

예산 편성은 대학 발전계획 추진을 위해 필요한 예산인지, 발전계획 추진의 실현가능성을 확보할 수 있는 예산지출 항목인지에 대한 검토이다. 먼저, 신규 및 증액사업은 사업 타당성 검토를 통해 유사·중복사업 여부를 평가하고 중복 투자를 방지할 수 있는 장치를 마련해야 한다. 또한 일정 규모 이상의 투자를 수반하는 사업은 사전 적격성 심사를 강화하고 부서별로 분산된 유사 소요 사업은 통합 추진을 검토하여 투자 효율성을 제고할 수 있도록 관리하는 것이 바람직하다. 아울러 소모성 경비 감액 등의 긴축재정을 통한 예산 절감 및 예산 집행과정에 관한 모니터링 강화로 예산 낭비 요인을 제거하고 경상경비를 가급적 절감함으로써 경상경비를 최대한 절감하고, 학생교육 및 연구지원 등 대학 발전계획 추진 관련 사업 및 프로그램에 예산이 우선 투자될 수 있도록 관리하여야 한다(한국사학진흥재단, 2023a).

이렇게 학년도별 발전계획 연차 실행계획과 각 회계연도별 예산 편성 계획이 마련되면, 예산 편성 계획 내 예산 집행 항목별로 대학 발전계획의 각 실행과제 중 어떠한 과제의 추진에 필요한지에 대한 집계를 거치고, 이를 통해 학년도 전체 예산 중 대학 발전계획 관련 예산 비율이 어느 정도 구성 비율을 차지하는지를 종합적으로 파악해 보며, 발전계획 추진의 관점에서 각 예산 항목을 조정함으로써 예산안을 최종 확정하는 절차를 거치게 된다.

## 4) 예산 집행 과정의 적절성 검토

자금 집행 관리의 주요 주체는 집행 발의부서, 예산팀(주로 기획처 내 조직), 구매팀, 재무팀(주로 총무처·사무처 내 조직)으로 구성되며, 발의부서가 제출한 지출결의서에 대한 자금집행 항목의 적정성 검토가 핵심 기능이다. 예산 집행 관리 과정에서 자금집행 항목에 대한 적절성을 검토하기 위해 필요한 사항들은 다음과 같다.

### (1) 사전 조정 과정

먼저, 예산 집행 계획에 대한 사전 조정 과정이다. 사업계획의 타당성 및 예산 집행의 효과성을 대학 발전계획의 추진 관련성 및 실현가능성 등에 기초하여 검토하게 된다. 부문별 예산책임자(주로 각 부서장)는 예산 집행 계획에 변동사항이 있거나, 예산의 전용, 초과 집행할 때에는 종합 예산책임자의 사전 조정을 거치는 것이 합리적이다.

### (2) 집행 모니터링

다음으로는 각 지출 건에 대한 모니터링이다. 예산의 목적 외 사용 여부, 예산 범위 내 사용 여부, 계정과목의 적정성 여부 검토를 목적으로 예산주관부서의 장은 예산 집행을 조정, 통제하며 예산 집행 현황을 수시 파악하여야 한다. 특히 예산의 목적 외 사용 여부를 검토할 때에는 대학 발전계획의 해당 실행과제의 취지·목적에 부합하는지 여부에 대하여 판단할 필요가 있다(한국사학진흥재단, 2023a).

### (3) 예산 관리의 control tower

대학의 종합적 예산책임자(주로 기획처장)는 예산 집행 조정 및 예산 집행 결과보고 등 예산 전반에 걸쳐 합리적인 통제를 함으로써 효율적인 예산 운영이 이루어지도록 한다. 예산 집행 주관부서장(주로 사무처장)은 대학의 재정상황과 각 예산요구부서의 예산의 편성·집행의 적정성 및 성과 등에 따라 해당부서의 예산을 조정할 수 있도록 제도화할 수도 있다. 또한 예산 관리의 control tower 역할을 담당하는 부서에서는 예산 관리의 주요 거버넌스 체계(주로 위원회)를 실무적으로 운영하는 역할을 담당하기도 한다(한국사학진흥재단, 2023a).

## 5) 예산 집행 과정에서의 예산 자체 전용

### (1) 예산 자체 전용의 취지

예산전용은 특정비용('목')의 예산잔액이 부족한 경우 동일 '관' 또는 동일 '항'에 속하는 다른 '목'에 해당하는 비용계정의 잔액을 끌어오는 경우를 말한다. 예산 집행 및 결산하는 과정에서 대학 발전계획의 추진을 위해서 예산의 자체 전용이 일어날 수 있다. 대학 발전계획을 추진하다 보면 최초 편성한 예산에 변동을 줘야 하는 경우가 발생한다. 이럴 때 같은 비목 내에서 자체 전용을 해 예산을 집행하게 된다(한국사학진흥재단, 2020).

### (2) 자체 전용의 법령상 근거

자체 전용 절차는 대학마다 다르지만 일반적으로는 특례규칙 제13조(예산의 전용)에 의거하여 전용 후에 사후적으로 이사회에 예산전용 결과를 보고하는 형태로 진행되고 있다(한국사학진흥재단, 2020). 특례규칙 제13조에 따르면 동일 관내의 항간 또는 목간에 예산의 과부족이 있을 때에는 상호 전용할 수 있으나, 예산총칙에서 예산의 전용을 제한하는 과목과 예산 성립 과정에서 삭감된 과목으로는 전용하지 못하게 되어 있다.

### (3) 예산 자체 전용의 추진 절차

학교법인 및 대학교는 예산금액 일부를 초과하여 집행하여야 하는 경우 동일 관내의 항간 또는 목간 내의 예산 과부족이 있는 때에는 상호 전용할 수 있으며 전용 후에는 사후적으로 이사회에 그러한 사실을 보고하여야 한다. 추가경정예산은 '관' 간의 예산을 변경하는 절차이며, 학교법인 및 대학교가 관에 편성된 예산항목을 변경하고자 하는 경우에는 반드시 추가경정예산 편성 절차를 거쳐야만 가능하다. 예산전용 시에는 특례규칙 별지 제3호 서식 [자금계산서]의 지출항목에 전용증감액을 통해 해당 금액을 표기하여야 한다. 이를 종합하면 지출명령은 예산의 범위 내에서 하여야 하고 예산과목별로 당초 편성된 예산을 초과하여 집행하고자 할 때에는 목 간 전용 또는 예산 편성절차에 의한 추가경정예산을 편성한 후에야 집행이 가능하다.

### (4) 예산 자체 전용을 통한 대학 발전계획 추진의 원활성 확보 및 변화 대응

이렇게 예산을 자체 전용하는 경우 그 전용의 근거 및 사유가 타당한지에 대하여 검토가 됨으로써 예산 전용의 명분과 정당성을 확보하여야 할 것이며, 이렇게 예산 전용의 근거 및 사유가 타당한지 여부를 판단하는 가장 최우선의 기준은 대학 발전계획 추진의 원활성에 기초한 판단과 대학 발전계획과 관련한 외부 환경의 급격한 변화를 들 수 있을 것이다. 가장 대표적인 사례로는 최근 3년간 겪었던 코로나19 감염병 사태에서 기존의 대면 중심 활동을 전면적으로 온라인 기반으로 전환하는 과정에서 대학 발전계획 추진에서도 일부 방향 전환이나 수정이 불가피했을 것이며, 이러한 사유를 바탕으로 대학 발전계획에 연계한 예산의 전용이 일어날 수 있을 것이다. 이와 같이 천재지변, 대외적인 급격한 환경 변화가 발생할 경우 대학 발전계획의 조정에 입각하여 예산의 전용이 일어날 수 있다는 내용을 대학 내부 규정에 반영함으로써 절차적 정당성을 확보하는 방안도 생각해 볼 수 있다.

---

**Work Point**

- 예산 집행 현황 모니터링 시 유의해야 할 사항
  - **시행 주기의 설정**: 예산 규모, 연도별 집행 상황, 대학 특성 등을 고려하여 적절한 주기를 설정해야 한다(예: 월별, 분기별, 반기별 등).
  - **주요 검토 항목의 설정**: 예산 집행률 추이, 예산 사용의 적정성, 예산 관련 발전계획 목표와의 연계성 확보 여부, 비용절감 방안 발굴 등 검토 항목을 구체화해야 한다.
  - **피드백 제공**: 모니터링 및 점검 결과를 관련 부서에 피드백하여 예산 집행 개선에 활용하도록 해야 하며, 부적절한 집행 건에 대하여는 규정에 의한 조치를 취하여야 한다.

- 예산 자체 전용 시 유의해야 할 사항
  - **예산 항목 변경에 따른 영향 분석**: 예산 변경이 대학의 재정 상태, 다른 예산 항목, 대학교육 및 연구 활동에 미칠 영향 등을 분석하여야 한다.
  - **절차적 흠결 발생 예방**: 관련 법령 및 대학 내부 규정에 따라 절차를 진행하여야 하며, 이러한 내용이 문서화 · 기록화되어 증빙으로 관리될 수 있어야 한다.

## 4. 예산 관리의 평가 및 환류

### 1) 대학 발전계획의 예산 집행 결과 분석

예산안 초안이 마련되면 대학 발전계획 및 중장기 재정운용계획 등과의 일관성을 다시 한번 확인한 후 예산안을 마무리하며, 총장 결재를 거쳐 기획위원회 및 교수회의 심의 안건으로 상정되는데 이를 통해 학내 의견수렴 과정을 거치게 된다. 대학 발전계획은 3~6개 내외의 전략방향과 이를 실현하기 위한 20~60개 내외의 실행과제로 구성되는 것이 통상적이다. 그에 따라 3~6개의 전략방향별 예산 배정현황 및 집행 현황을 집계하고, 일부 대학의 경우에는 하위 단위의 실행과제별 예산 배정 및 집행 금액을 집계하여 관리하는 절차가 일반적이며, 이를 도식화하면 [그림 12-5]와 같다.

대학 발전계획 추진을 위한 실행 예산을 식별하고 집계함에 있어 가장 큰 이슈 중 하나는, 대학 발전계획 과제와 직접적 관련성이 낮은 간접적인 비용을 어떻게 발전계획과 연계시켜 반영할지에 대한 사항이며, 대학현장에서 실무적으로 고민을 겪는 사항 중 하나로 파악된다. 예컨

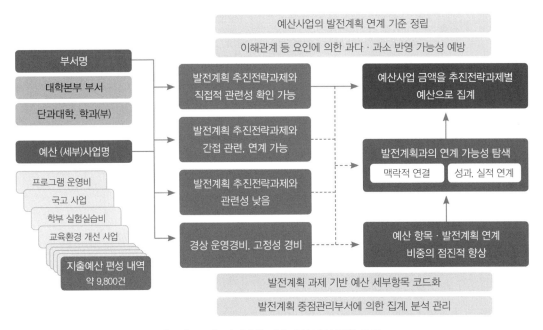

**[그림 12-5]** 발전계획 기반 예산 편성 절차 구성

출처: 추계예술대학교(2023).

대, 통상적으로 지급되는 급여, 대학 전체적인 관리운영비(수도광열비, 전기세 등), 교육외비용
(이자비용) 등이 있다. 일부 대학에서는 이렇게 대학 발전계획 과제별 구분 식별이 어려운 비용
항목까지도 안분계산하여 발전계획 예산으로 반영하려는 대학이 있는데, 대학 자체적으로 안
분계산을 하여야 하는 사유나 필요성이 있지 않은 경우에는 너무 무리해서 안분계산하여 반영
할 실익은 높지 않을 것으로 사료된다.

표 12-4  예산 집행내역별 발전계획 관련성 여부 확인 및 발전계획 과제 코드 매칭 예시

| 지출내역 | 금액 (단위: 천 원) | 발전계획 코드 | | | |
|---|---|---|---|---|---|
| | | 코드번호 | 발전영역 | 전략방향 | 실행과제 |
| 교육과정위원회 회의비 [예시 1] | 1,500 | I -1-03 | I. 교육 | 1. 교육과정 | [03] 교육 질 관리 체계 |
| 교양교육과정위원회 회의비 [예시 1] | 300 | I -1-01 | I. 교육 | 1. 교육과정 | [01] 교양교육과정 개선 |
| ○○○학과 전공교육과정위원회 회의비 [예시 1] | 300 | I -1-02 | I. 교육 | 1. 교육과정 | [02] 전공교육과정 개선 |
| ○○○위원회 회의비 [예시 1] | 2,000 | 미해당 | – | – | – |
| CQI 체계 개선 정책연구비 | 20,000 | I -1-03 | I. 교육 | 1. 교육과정 | [03] 교육 질 관리 체계 |
| ○○○○ 정책연구비 | | 미해당 | – | – | – |
| ○○○○ 교과목 강사료 | 15,000 | I -1-01 | I. 교육 | 1. 교육과정 | [01] 교양교육과정 개선 |
| ○○○통합관리시스템 구축 용역비 | 220,000 | I -2-05 | I. 교육 | 2. 학생지원 | [05] 비교과 통합 관리 |
| 글쓰기 멘토 자문료 | 5,000 | I -2-06 | I. 교육 | 2. 학생지원 | [06] 학습역량 강화 |
| 집단상담 자문료 | 6,000 | I -2-07 | I. 교육 | 2. 학생지원 | [07] 심리 상담 지원 강화 |
| 외국어 특강 강사비 | 3,000 | I -2-06 | I. 교육 | 2. 학생지원 | [06] 학습역량 강화 |
| ○○○○○ 특강료 | 2,500 | 미해당 | – | – | – |
| IT 리터러시 특강 강사비 | 2,500 | I -2-06 | I. 교육 | 2. 학생지원 | [06] 학습역량 강화 |

| | | | | |
|---|---|---|---|---|
| 교수법 프로그램 개선 워크숍 업무협의비(식사비, 다과비 등) [예시 2] | | | | |
| ○○○○ 업무추진비 [예시 2] | 550 | 미해당 | – | – | – |
| 산학협력의 밤 행사비 | 25,000 | II–4–12 | II. 연구산학 | 4. 산학협력 | [12] 산학 네트워크 강화 |
| 기부자 예우를 위한 연하장 발송 | 1,200 | III–5–15 | III. 대학경영 | 5. 재정 | [15] 발전기금 모금 확대 |
| 교직원 역량강화 연수 출장비 | 700 | III–6–17 | III. 대학경영 | 6. 대학행정 | [17] 직원 전문역량 강화 |
| 학생 자율학습 공간 조성 공사비 | 250,000 | III–6–19 | III. 대학경영 | 6. 대학행정 | [19] 캠퍼스 인프라 확충 |
| 시설 대관을 위한 리모델링 [예시 3] | 23,000 | III–5–14 | III. 대학경영 | 5. 재정 | [14] 재정수입 확충 |
| ○○관 증축 공사비 [예시 3] | 1,000,000 | III–6–19 | III. 대학경영 | 6. 대학행정 | [19] 캠퍼스 인프라 확충 |
| ○○○○ 시설 개보수 용역비 [예시 3] | 17,000 | 미해당 | – | – | – |
| ○○○신문 광고비 | 5,000 | III–6–20 | III. 대학경영 | 6. 대학행정 | [20] 대학 홍보 확대 |

[예시 1]  대학 내에서 운영하는 위원회 운영에 소요되는 제 비용은 각 위원회의 목적 및 활동 내용의 실질에 따라 발전계획의 각 실행과제에 해당하는 예산지출 항목으로 분류하며, 발전계획의 관리 또는 발전계획 내 실행과제의 내용과 관련성을 찾기 어려운 위원회 운영 비용은 발전계획 관련 예산으로 분류하지 않음

[예시 2]  업무협의비 중 발전계획 관련 실행과제의 추진을 위한 목적성이 확인되는 예산 항목은 해당 실행과제의 예산지출 항목으로 분류하고, 단순 업무추진비 등은 발전계획 관련 예산으로 분류하지 않음

[예시 3]  시설 구축 및 개선 비용은 각 시설 사업의 목적 및 내용의 실질에 따라 발전계획의 각 실행과제에 해당하는 예산지출 항목으로 분류하며, 발전계획의 관리 또는 발전계획 내 실행과제의 내용과 관련성을 찾기 어려운 단순 유지보수 비용 등은 발전계획 관련 예산으로 분류하지 않음

표 12-5 **대학 발전계획에 기초한 예산 편성 · 집행 내역 집계 · 분석 예시**　　　　　(단위: 억 원, %)

| 발전영역 | 전략방향 | 실행과제 | 예산 투자 현황 | | | | | | | | |
|---|---|---|---|---|---|---|---|---|---|---|---|
| | | | 1차년도 | | | 2차년도 | | | 3차년도 | | |
| | | | 예산 | 결산 | 집행률 | 예산 | 결산 | 집행률 | 예산 | 결산 | 집행률 |
| 교육 | 1. 교양 및 전공 교육과정 혁신 | [01] 교양교육과정 개선 | 6 | 4.5 | 75.0% | 7 | 6.8 | 97.1% | 8 | 7.7 | 96.3% |
| | | [02] 전공교육과정 개선 | 8 | 7.8 | 97.5% | 9 | 8.9 | 98.9% | 10 | 9.5 | 95.0% |
| | | [03] 교육 질 관리 체계 | 7 | 7.0 | 100.0% | 9 | 8.7 | 96.7% | 11 | 10.3 | 93.6% |
| | | [04] 교수학습지원 체계 | 9 | 8.9 | 98.9% | 12 | 11.6 | 96.7% | 15 | 14.3 | 95.3% |
| | 2. 학생지원 강화 | [05] 비교과 통합관리 | 15 | 14.2 | 94.7% | 15 | 13.8 | 92.0% | 14 | 13.2 | 94.3% |
| | | [06] 학습역량 강화 | 11 | 10.3 | 93.6% | 12 | 12.0 | 100.0% | 13 | 12.9 | 99.2% |
| | | [07] 심리상담 지원 강화 | 9 | 8.3 | 92.2% | 10 | 9.8 | 98.0% | 11 | 10.8 | 98.2% |
| | | [08] 취 · 창업 지원 강화 | 15 | 13.3 | 88.7% | 16 | 16.0 | 100.0% | 17 | 16.8 | 98.8% |
| 연구 · 산학 | 3. 연구 경쟁력 강화 | [09] 연구 인프라 확충 | 30 | 28.4 | 94.7% | 29 | 27.3 | 94.1% | 31 | 30.7 | 99.0% |
| | | [10] 학문후속세대 지원 | 24 | 22.5 | 93.8% | 25 | 24.1 | 96.4% | 24 | 23.9 | 99.6% |
| | | [11] 부속연구소 지원 | 35 | 33.5 | 95.7% | 36 | 33.5 | 93.1% | 34 | 33.8 | 99.4% |
| | 4. 산학협력 강화 | [12] 산학 네트워크 강화 | 14 | 11.0 | 78.6% | 13 | 12.3 | 94.6% | 16 | 16.0 | 100.0% |
| | | [13] 산학 인프라 확충 | 26 | 21.3 | 81.9% | 26 | 23.7 | 91.2% | 27 | 26.8 | 99.3% |
| 대학 경영 | 5. 재정건전성 강화 | [14] 재정수입 확충 | 16 | 13.0 | 81.3% | 15 | 13.3 | 88.7% | 16 | 15.8 | 98.8% |
| | | [15] 발전기금 모금 확대 | 11 | 11.0 | 100.0% | 12 | 10.8 | 90.0% | 11 | 10.9 | 99.1% |
| | | [16] 예 · 결산 관리체계 | 12 | 11.3 | 94.2% | 12 | 11.5 | 95.8% | 12 | 12.0 | 100.0% |
| | 6. 대학 행정 전문역량 강화 | [17] 직원 전문역량 강화 | 13 | 10.5 | 80.8% | 14 | 13.6 | 97.1% | 14 | 14.0 | 100.0% |
| | | [18] 행정시스템 고도화 | 26 | 20.3 | 78.1% | 23 | 22.1 | 96.1% | 22 | 21.1 | 95.9% |
| | | [19] 캠퍼스 인프라 확충 | 55 | 49.7 | 90.4% | 53 | 48.9 | 92.3% | 53 | 51.1 | 96.4% |
| | | [20] 대학 홍보 확대 | 22 | 20.6 | 93.6% | 24 | 23.1 | 96.3% | 23 | 21.1 | 91.7% |
| 대학 발전계획 예산 투자액 계 | | | 364 | 327.4 | 89.9% | 372 | 351.8 | 94.6% | 382 | 372.7 | 97.6% |

## 2) 예산 집행의 성과분석

　대학 발전계획에 대한 연간 추진실적을 집계 · 분석 및 평가하는 과정에서 각 사업 · 프로그램의 예산 투자 효과성에 대한 성과분석을 병행하는 방법을 고려할 수 있다. 대학 발전계획에 대한 연차 성과분석 보고서 등을 작성하는 과정에서 보고서 내용 중 일부에 예산 성과분석을 목차로 반영하는 방법도 있다. 또한 대학자체평가 제도를 활용하여 대학자체평가위원회 활동과 병행하여 예산 성과분석을 추진하는 방법도 고려해 볼 수 있다.

예산의 적정한 편성과 사용을 평가하기 위하여 매년 모든 예산항목에 대하여 예산 평가를 시행하여 예산 평가 보고서를 발간하는 대학도 있다. 예산 평가 보고서의 주요 내용 및 해당 내용은 관련 사업부서 및 통제부서에 전달되어 차기 예산계획 및 집행에 반영하도록 한다. 예산 평가 담당팀에서 집행된 예산에 대한 평가보고서를 작성하고, 예산 평가 담당팀 내부 검토(또는 예산 관련 실무위원회 검토) 및 주요 시사점 · 개선 방안을 마련한 후 기획위원회 등 위원회 심의를 거쳐 총장에 보고하는 절차를 거친다. 예산 성과평가 결과는 사업부서 및 관리부서에 해당 내용을 전달한 후 사업부서는 차년도 사업계획서 작성 및 시행에 이를 반영하며 관리부서는 차년도 예산 편성 및 예산통제에 이를 반영하도록 하는 절차로 운영된다.

한편, 법인감사 및 자체 내부감사를 통해 대학 발전계획 및 성과관리 기반의 예산 집행관리에 대한 현황을 점검할 수도 있다. 이 방법의 가장 큰 장점은 분석 결과(즉, 지적사항)의 개선 · 환류 이행이 확실하게 담보될 수 있다는 것이다.

**표 12-6  예산 집행 성과분석 예시**

| 성과분석 항목 | 분석 주요사항 | 적용 예시 |
|---|---|---|
| 대학 발전계획 성과분석 평가 | • 해당 학년도 대표 우수사례 선정<br>• 발전계획 실행과제별 추진 활동 집계<br>• 성과지표 달성도 및 정량 · 정성적 실적(효과) 산출 결과 집계 및 시사점 도출<br>• 교육수요자 만족도 조사 등 구성원 의견 수렴 결과 집계 분석 및 시사점 도출<br>• 발전목표 달성을 위한 차년도 개선 · 환류 과제 발굴 | • (예시) 교육수요자 만족도 조사 결과 통학환경에 대한 불만족이 매우 높게 나타남에 따라, 대학 발전계획의 세부 활동 내에 통학환경 개선 과제를 신설하고, 통학버스 증설 · 대중교통 확충을 위한 지자체 협의 활동을 위한 소요 예산을 본예산 편성 시 신규 반영함 |
| 예산 성과평가 | • 발전계획 실행과제별 예산 집행 상세내역 집계<br>• 발전계획 실행과제별 예산 집행률 분석<br>• 발전계획 실행과제별 예산 투자 대비 성과 적절성 분석<br>• 중복적 예산 또는 지출 절감 예산 항목 발굴<br>• 발전계획 목표 달성을 위한 차년도 예산 편성 시 반영 과제 발굴<br>• 필요시 중장기 재정운용계획 조정 | • (예시 1) A 비교과 프로그램은 연간 총 1억 원의 예산 배정, 예산 집행률이 98%로 프로그램 참여 희망 학생이 계획된 규모보다 2배 이상 상회하고 있으며 만족도 조사 결과 90점 이상의 높은 점수를 보여 차년도에는 예산을 1.5억 원으로 증액함<br>• (예시 2) B 비교과 프로그램은 연간 총 1억 원의 예산 배정, 예산 집행률이 77%로 프로그램 참여 학생이 계획된 인원을 하회, 만족도 조사 결과 85점으로 상대적으로 낮아 차년도에는 예산을 0.8억 원으로 감액함 |

| | | |
|---|---|---|
| 법인감사 및 자체 내부감사 | • 예산 집행 항목이 대학 발전계획 해당 실행과제 취지·목적에 부합하는지 여부<br>• 발전계획 실행과제별 예산 대비 결산 집행률의 적절성 검토<br>• 발전계획 실행과제별 예산 집행 항목의 금액 규모 적절성 검토<br>• 예산지침서에 따른 예산 집행 절차 준수 여부 점검<br>• 환류를 통한 업무 개선 목적의 전반적인 행정 점검 | • (예시) 대학 내부감사를 통해 예산 집행 항목의 내용과 대학 발전계획 실행과제의 취지 간 내용을 상호 대조한 결과, C 프로그램은 대학 발전계획의 취지와 무관한 지출 항목으로 판단됨에 따라 사업계획의 조정 및 그에 따른 예산 지출항목의 조정을 하도록 권고함 |

## 3) 예산 성과분석 결과의 개선·환류

### (1) 대학 발전계획 과제별 배정 예산의 증액·감액 조정

예산 투자금액 규모에 대비하여 개별 사업·프로그램의 성과가 우수하다고 판단된다면 해당 사업·프로그램의 차년도 예산을 과거 연도에 대비하여 증액 조정할 수 있을 것이다. 또한 개별 사업·프로그램의 중요성을 감안했을 때 반드시 운영되어야 하는 사업·프로그램이나 예산 규모가 부족하여 실질적인 운영에 제약이 있다고 판단될 경우에도 해당 사업·프로그램의 예산 증액을 검토할 수 있다. 반면, 예산 투자금액 규모에 대비하여 개별 사업·프로그램의 성과 또는 효과성이 저조하거나, 집행률이 부진한 사업·프로그램의 경우에는 예산 감액 조정을 검토할 수 있다.

### (2) 대학 발전계획 과제별 예산 사업·프로그램 신규 도입 또는 종료(예산지원 중단)

정부 고등교육 정책 변화, 4차 산업혁명 등 대내외적 환경 변화에 따라 예산 사업·프로그램을 신규 추진해야 할 경우에는 해당 사업·프로그램의 예산을 새롭게 배정하여야 한다. 이때 대학의 재정여건상 해당 사업·프로그램에 필요한 예산을 배정하더라도 다른 예산사업의 소요 재원에 영향을 미치지 않을 정도로 재정 운용상 여유재원 확보가 가능할 경우에는 해당 예산을 새롭게 배정하도록 할 수 있다. 한편, 해당 사업·프로그램의 중요성이 낮아지거나 목적을 달성하는 등의 경우에는 사업·프로그램 운영을 종료하면서 예산배정도 중단할 수 있다.

### (3) 대학 발전계획과 연계한 예산 관리 역량 강화 및 제도 개선

대학 구성원의 대학 발전계획 기반 예산 관리 역량을 강화하기 위한 교육훈련 프로그램을 지원함으로써 전교적으로 대학 발전계획 및 성과 기반 예산 관리가 정착될 수 있도록 조직문화를 구축하는 것이 중요하다. 대학회계 재정운용 평가를 통한 예산 편성 · 집행 우수부서를 선정하여 포상하고 우수사례 발굴 · 공유를 추진하는 방안도 검토할 수 있다. 현장중심 재정운용 지원을 위하여 회계분야 필수사항을 체크리스트로 구성함으로써 재정운용 컨설팅을 지원하는 대학도 있다. 아울러 예산 관리와 관련한 규정 및 지침 제 · 개정, 매뉴얼 제작 및 업데이트를 통해 예산 관리 관련 제도개선을 추진할 수 있다.

표 12-7  예산 성과 분석 결과에 따른 개선 · 환류 활동 예시

| 예산 증액 조정 | • 학생 통학버스 예산의 경우 대학 발전계획에 관련 실행과제가 반영되어 있으며 장거리 통학학생을 대상으로 한 복지사업으로 예산 반영이 필요함. 전세버스 임차 단가 상승분을 고려하여 예산 증액이 타당함 |
|---|---|
| 예산 감액 조정 | • ○○○기자재 확충 예산의 경우 대학 발전계획에 관련 실행과제는 반영되어 있으나, ○○○ 지원사업과 대학 자체 사업 간 중복 우려가 있어 예산을 감액할 필요가 있음 |
| 신규 예산 편성 | • 교육부 ○○○ 정책에 따라 ○○○ 프로그램의 추진이 필요하며, 본 사항이 대학 발전계획 개편 후 실행과제에 신설됨에 따라 해당 예산을 신규 편성함 |
| 예산 편성 중단 | • ○○○ 사업은 대학 발전계획 개편 후 제외되었으며 경상적 · 필수적 성격의 사업이 아니므로 관련 사업의 예산 편성이 중단됨 |

## 5. 대학 발전계획 예산 편성 및 관리를 위한 제언

### 1) 대학 발전계획 기반 예산 편성 및 관리 시 주의사항

#### (1) 대학 발전계획-예산 항목 간 연계 적절성 검토

예산 편성과정에서 각각의 예산 집행 세부 항목과 대학 발전계획 과제 간에 일종의 예산 코드에 따라 연계가 확보되어야 하며, 또한 이렇게 확보된 예산-발전계획 연계의 세부 내용에서 예산의 실제 집행내용과 대학 발전계획의 해당 실행과제 추진내용 간에 내용적 관련성(relevance)이 확보되어야 한다. 내용적 관련성이 확보되었는지를 검토하기 위해서는 예산 집행 내역을 통해 달성하거나 기대하게 되는 효과가 대학 발전계획의 전체적 목표 및 해당 실행과제의 목표

및 추진배경과 내용적 연결을 확인할 수 있는지를 검토하는 방법이 있다. 또한 특정 사업·프로그램의 세부 실행계획 및 예산 집행 계획을 수립할 때 대학 발전계획 중 어느 영역 및 실행과제의 목표를 달성할 수 있을지에 대한 검토가 이루어지도록 제도화하는 방법도 적용해 볼 수 있다.

### (2) 대학 발전계획 운영 성과분석에 의한 예산 조정

차년도 예산 편성 과정에서 대학 발전계획에 대한 성과분석 결과를 바탕으로 차년도 예산의 증액·감액 등 실제적 조정 반영이 이루어지고 있는지를 점검하는 것이 가장 중요하다. 대학 발전계획의 해당 실행과제와 관련한 성과지표의 달성도, 정량적 정성 실적, 정성적 효과 등을 확인할 수 있는 경우에는 예산의 유지 또는 증액을 검토하게 될 것이다. 반대로 성과지표의 달성도가 저조하거나 정량적 정성 실적이나 효과 등이 미흡하다면 예산을 감액 조정하고 해당 감액분만큼을 상대적으로 성과가 우수한 실행과제의 예산 증액에 활용함으로써 대학내 예산 자원의 효율적 배분을 도모하는 것이다. 대표적으로, 비교과 프로그램의 학생 참여도 및 참여 학생의 만족도 점수에 따라 해당 비교과 프로그램을 확대(즉, 예산 증액)하거나 축소(즉, 예산 감액)하는 사례가 있다.

### (3) 예산 편성 및 관리 절차에서의 유의 사항

예산 편성 및 관리 절차를 진행하는 준비 → 운영 → 평가의 각 과정에서 적절성을 점검하기 위한 체크리스트이다. 준비과정에서는 대학 발전계획과 연계된 중장기 재정운용계획하에서 예산 편성이 이루어지고 있는지를 체크하고, 운영과정에서는 교육부 지침 및 대학 내부 규정에 따른 예산 편성 및 집행 관리 제도의 운영 상황을 점검하며, 평가과정에서는 예산 집행 모니터링 제도, 내부 통제 제도에 의한 예산 집행결과의 분석·환류가 잘 이루어지고 있는지를 점검한다. 대학 발전계획이 중심이 된 예산 편성·관리 과정에서 관련 법령 및 대학 내부 규정에 입각한 예산 편성 업무 관리는 매우 중요하게 점검될 요소이다.

### (4) 대학 발전계획 수립 과정, 예산 편성 과정에서 다양한 이해관계자 참여와 소통

대학 발전계획의 최초 수립 과정에서 다양한 이해관계자가 참여하도록 함으로써 대학 발전계획의 목표 및 방향에 대한 구성원 공감대가 형성되도록 하여야 하며, 이러한 공감대를 바탕으로 학년도별 예산 책정 과정에서도 구성원들이 대학 발전계획에 대한 이해가 확보된 상태에서 발전계획 실행을 위한 예산 항목이 구체적으로 편성될 수 있도록 하는 것이 중요하다. 또한 예산 편성을 위한 예산요구서 제출 등 편성 절차와 예산 반영 의사결정의 방법과 절차 · 근거에 대한 구성원들의 이해도를 확보하고 예산 담당 부서에서 이에 대한 홍보 및 안내를 실시함으로써 예산 편성 과정 전반에 대한 구성원의 신뢰도를 확보하는 것이 중요하다.

### (5) 유연성과 적응성 · 지속가능성 간 균형

대학 발전계획에 기반한 예산 운용 제도가 지나치게 경직적이고 예산 조정에 대한 적시성 및 탄력성을 확보하지 못한다면 실제 예산자원 배분이 필요한 활동에 예산이 배분되지 못하거나 예산 조정과정에서의 복잡한 업무 절차로 인한 비효율성이 발생할 수 있다. 학년도 기간 내에 분기 또는 반기 단위로 예산 집행 현황을 점검하고, 필요시 관항목 중 '목' 단위 내에서 총액이 변동되지 않는 선에서 예산 집행계획의 변경이 어느 정도 탄력적으로 이루어질 수 있도록 해야 한다. 또한 '목' 단위에서의 총액이 변경된다면 정기적인 추가경정예산 편성을 통해 예산항목이 환경 변화에 대응하여 유연하게 조정될 수 있도록 관리할 필요가 있다. 다만, 여기서 유의할 사항은 유연성과 적응성이 지나치게 강조되거나 유연성의 취지가 왜곡될 경우 당초 예산계획의 수립 취지가 흔들리게 되고, 예산 관리 제도 전반에서의 형해화(形骸化) 현상이 발생할 우려가 있다는 점이다. 예산의 조정이 이루어질 경우에는 그에 대한 명확하고 설득 가능한 사유가 확인되어야 한다.

### (6) 불확실성 및 우발 상황에 대한 대비

코로나19 감염병 등에 의한 온라인 교육 인프라 확충 비용 발생, 지진 및 화재 등으로 인한 갑작스러운 복구 비용 발생, 예상치 못한 소송 비용의 발생 등 예측하기 어려운 여러 우발적 상황 및 불확실성에 대비하여 일종의 '비상 계획'을 마련해 놓는 것도 권장된다. 물론 '예비비'라고 하는 예산 항목이 있지만, 예산 편성 시 예비비에 많은 금액을 배정하는 것은 대부분 대학에서 불가능할 것이다. 이럴 경우 비상 상황 발생 시 어떠한 예산항목은 존치하고 어떠한 항목은 감액할지에 대하여 예산의 투자 우선순위를 사전에 설정해 놓는다면 비상 상황에 적시성을 갖추어 대처하는 데 도움이 될 수 있을 것이다.

### (7) 단년도 프로그램과 중장기 사업 · 프로그램 예산의 관리

해당 학년도 내에 사업이 시작 및 종료되는 사업 · 프로그램(단년도 프로그램)과 2년 이상의 중장기적 기간에 걸쳐 예산이 투자되는 사업 · 프로그램(중장기 프로그램)의 유형을 구분하고 관리할 필요가 있다. 특히 중장기 프로그램의 경우 예산 투자가 적절할지에 대한 사업 타당성 검토가 이루어짐으로써 사업 중단으로 인한 매몰비용 발생을 사전에 예방하여야 한다. 또한 사업 타당성이 확인되었다면, 예산 부족으로 인해 사업이 보류·중단되지 않도록 장기간 동안 지속적으로 예산이 확보될 수 있게 학년도별 예산 편성 지침에 우선 배정되도록 지침화하는 방안을 검토해 볼 수 있다.

### (8) 지출규모 상위 항목에 대한 사업타당성 중점 검토

일정 금액(예: 1억 원) 규모를 상회하는 예산사업 건에 대하여는 기본적인 예산 편성 절차에 의한 예산 반영 외에, 별도의 점검 절차를 거치는 제도를 마련함으로써 대규모 예산의 편성에 있어 예산 투입의 매몰비용화를 사전에 예방할 수 있도록 제도화할 필요가 있다. 대표적인 예로 여러 대학에서 일정 금액 이상의 지출 건에 대해서는 대학 내의 위원회에서 심의 및 승인을 받도록 하는 절차가 있다. 또는 지출 금액 규모의 구간을 구분하여, 예컨대 1~5억 원 지출 건은 실무자급 위원회에서 심의·검토를 거치도록 하고, 5억 원 이상은 대학본부 처장급에 의한 위원회에서, 10억 원 이상은 교무위원회 등 최상위 의사결정기구의 심의·승인을 거치도록 제도화하는 방법이 있다.

### (9) 대학 발전계획 추진을 위한 투자 재원의 확보 및 지속가능성 고려

이따금 발생하는 상황으로, 지속적으로 지원받아 오던 정부재정지원사업이 탈락 등의 사유로 중단되는 바람에 학생들을 위한 지원 프로그램이 중단되는 사례가 종종 발생한다. 이러한 상황으로 인해 학생들이 받을 수 있는 교육의 선택권이 침해되고 교육의 질이 낮아지는 현상을 최대한 예방하기 위해서는 대학 발전계획 추진을 위한 투자 재원이 안정적으로 확보될 수 있는 수입재원의 다각화 전략이 필요하다. 발전기금 확충, 지자체와의 협력을 통한 지원금 확보, 교육에 지장을 주지 않는 범위 내에서의 대학 내 시설 임대·대관 수입 등 수입재원의 다각화 전략과 재원확보 사업의 발굴을 지속적으로 모색해야 한다.

## 2) 대학 발전계획 예산 편성 및 관리를 위한 점검사항

### (1) 대학 발전계획 기반 예산 운영 적절성 점검을 위한 체크리스트

대학 발전계획에 기반한 예산을 운영하는 것이 과연 적절하게 관리되고 있는지에 대해서 점검해야 할 항목을 체크리스트로 제시하면 다음과 같다.

| 점검 주안점 | 점검내용 | | 수행 여부 (Y/N) |
|---|---|---|---|
| 대학 발전계획 추진과 재정운용계획·예산 관리 간 연계 | 중장기 재정운영계획 및 연도별 예산계획은 대학 발전계획의 가치체계와 연계됨을 확인할 수 있는가? | | |
| | 대학 발전계획 전략과제 및 실행과제와 맞추어 예산 편성 코드가 분류되어 있으며, 결산 집계 시 예산코드에 따라 전략과제 및 실행과제별 집행금액 집계가 용이한가? | | |
| | 구성원 의견수렴, 교육수요자 만족도조사 등 대학 발전계획 관리를 위한 예산계획이 수립되고, 연도별 예산에 실제로 반영되어 있는가? | | |
| | 예산으로 반영된 금액의 규모는 대학 발전계획의 목표 달성을 위해 실질적인 활동을 할 수 있는 수준인가? | | |
| | 대학 발전계획의 개선·환류 과제 발굴 및 개선활동이 차년도 이후 예산(또는 중장기 재정운영계획)에 반영되어 있는가? | | |
| 대학 발전계획 추진을 위한 예산 확보 노력 | 교비회계 수입에서의 학부 등록금 외 대학 발전계획 추진 재원 마련을 위한 노력을 확인할 수 있는가?(수강료 수입, 전입금수입, 기부금수입, 국고보조금, 교육부대수입 등) | | |
| | 학교법인의 수입 확충 노력(수익용기본재산 확보, 법인수익사업 강화 등)을 통한 예산확보 노력을 확인할 수 있는가? | | |
| | 산학협력단, 학교기업, 부속병원 등 교비회계 외 회계주체를 통한 수입 확충 노력을 확인할 수 있는가? | | |
| 대학 발전계획 추진을 위한 예산 외 보유자원 확보/관리 노력 | 시설 인프라를 효율적으로 활용하기 위한 관리체계를 운영하고 있는가?(예: 캠퍼스 마스터플랜, 강의 및 연구공간 활용을 위한 시스템 운영 등) | | |
| | 대학 내부 및 외부 인적자원 관리 체계를 운영하고 있는가?(교원·직원 인사관리의 기본적 체계, 강사 등 비전임교원 Pool 등) | | |
| | 대학 내부의 기타 물적 인프라를 효율적으로 활용하기 위한 관리체계를 운영하고 있는가?(교육·연구 기자재 관리, 전산시스템 등) | | |
| 연차별 재정투자계획을 포함한 중장기 재정운영계획 수립 여부 | 중장기 재정운영계획에는 대내외 여건 분석과 미래 재무추정 등 합리적인 방법론에 의해 수립된 내용이 확인되는가? | | |
| | 대학 발전계획 전략과제 단위 및 실행과제별 예산의 규모 및 세부내역을 확인할 수 있는가? | | |
| | 재정투자 우선순위 | 투자 우선순위 고려 시 구성원(특히 학생)의 의견이 반영되는 절차를 갖추었는가? | |
| | | 재정투자 우선순위는 대학 발전계획의 핵심 추진목표와 연계성을 확인할 수 있는가? | |
| | | 재정투자 세부 항목에 대한 배정 및 집행기준이 마련되어 있으며, 실질적으로 적용되고 있는가? | |

| | | |
|---|---|---|
| 예산 집행에 대한 연도별 모니터링 관리체계 구축 여부 | 예산 관리/통제를 위한 규정, 지침, 매뉴얼이 마련되어 있는가? | |
| | 예산 집행에 대한 학년도 중 중간점검 및 수시 모니터링 등을 수행하고 있는가? | |
| | 재정운영의 효율성을 평가하여 개선하고 있는가?<br>예산대비 결산을 분석하여 평가하고 있는가? | |
| | 연도별 예산수립 시 중장기 재정운영계획을 반영하며, 예산 수립 및 결산 분석에 따라 중장기 재정운영계획의 개선 · 환류를 추진하고 있는가? | |
| | 대학 발전계획 내 실행과제 간 중복 투자 및 집행이 발생하지 않도록 관리하고 있는가? | |
| 대학 발전계획의 성과관리와 연계한 예산안 환류 체계 구축 여부 | 대학 발전계획에 대한 연차별 또는 일정주기별 추진실적에 대한 분석 체계를 갖추고 있는가? | |
| | 예산 편성 지침 수립 시 대학 발전계획 성과분석 또는 대학 자체평가 결과 등을 반영할 수 있는 제도적 장치가 마련되어 있는가? | |
| | 대학 발전계획 실행과제의 일부 내용이 변경, 업데이트될 경우 중장기 재정운용계획 및 예산안에 이를 반영할 수 있는 제도적 장치가 마련되어 있는가? | |
| | 대학 발전계획의 실행과정에 대한 성찰 및 성과분석 결과를 바탕으로 예산을 조정(증액 · 감액, 항목 신설 등)한 실적을 확인할 수 있는가? | |
| | 학년도 기간 내 추가경정예산을 편성하는 과정에서 대학 발전계획의 실행 가능성에 대한 고려를 할 수 있는 제도적 장치가 마련되어 있는가? | |

## (2) 예산 편성 및 관리 절차 적절성 점검을 위한 체크리스트

예산 편성 및 관리가 절차에 따라 과연 적절하게 관리되고 있는지에 대해서 점검해야 할 항목을 체크리스트로 제시하면 다음과 같다.

| 단계 | 점검내용 | 수행 여부 (Y/N) |
|---|---|---|
| 준비 | 중장기 재정운영계획 수립 시에는 미래 환경변화에 따른 수입/지출 추정, 교육 환경 개선 및 교육품질 향상을 위한 재정투자계획이 구체적으로 검토되었는가? | |
| | 대학의 중장기 재정운영계획 및 연도별 예산 수립은 대학 발전계획 추진의 목적과 얼마나 유기적으로 연계되어 있는가? | |
| 실행 (운영) | 현재 대학에서 운영하고 있는 예산 관리제도의 주요 규정 및 프로세스는 합리 적으로 구성되어 있는가? | |
| | 각 규정에는 구체적인 세부 내용이 담겨 있는가? 또는 하위 규칙 또는 별도 계획 등으로 위임되어 있는가? | |
| | 예산 편성, 집행, 결산 등 각 영역별 규정이 제정되어 있는가? | |
| | 규정의 실무적 시행을 위한 실무지침, 내규, 행정업무편람, 매뉴얼 등이 구체적 으로 수립되어 있는가? | |
| | 회계단위별 담당 조직 및 인력이 배치되어 있는가? | |
| | 회계단위별 예·결산 등 기능별 업무분장이 명확히 규정되어 있는가? | |
| | 회계 담당 인력은 전문성을 갖추었는가?(경력 또는 자격증) 또는 회계 담당 인력은 관련 교육훈련을 충실하게 받고 있는가? | |
| 평가 | 현재 대학에 예산 수립 및 집행관리 과정에 있어서 교육비 투자의 효과성을 확인하거나 점검할 수 있는 제도가 마련되어 있는가? | |
| | 「사립학교법」 제14조 제1항에 의한 감사는 학교법인 설립자 및 대학 경영진과 의 특수관계가 아닌 독립성이 확보되어 있는가? | |
| | 예·결산 운영 프로세스 단계별 모니터링 및 내부통제 제도에 대하여 제도화 (규정 제정 또는 기본계획 등)되어 있으며 정기적으로 실시되고 있는가? | |
| | 내부감사 및 예·결산 모니터링, 기타 내부통제 제도 운영을 통해 문제점을 발견하고 그 결과를 개선(환류)한 실적이 있는가? 또는 개선(환류)할 수 있는 체계(규정, 매뉴얼 등)가 마련되어 있는가? | |

제**13**장

# 대학 발전계획의 성과관리

Effective Strategic Planning in Higher Education

이 장에서는 대학 발전계획 성과관리의 방법으로서 성과관리의 목표와 필요성을 설명하고, 성과지표 관리, 추진 점검, 성과지표 달성 여부 확인, 성과관리 환류에 관한 개요를 제시하였다.

다음으로 대학 발전계획 성과지표 관리에서 성과지표 담당 조직과 한 방향 정렬에 관한 사항을 다루었다. 성과지표에 관한 이해를 돕기 위해 대표적인 이론을 실무적 관점에서 해설하고, 대학 발전계획 성과지표와 연결하여 설명하였다. 아울러 성과지표 설정 및 운영에 있어서 주안점을 두어야 할 사항을 정리하고, 실제 사례를 제시했다.

대학 발전계획 추진 점검 방법에서는 추진 점검 시기, 점검 도구, 성과감사의 내용을 설명하여 대학 발전계획 성과관리에 실무적인 도움과 유의해야 할 사항을 제공하고자 하였다. 또한 성과지표 달성 여부 확인에서는 대학 발전계획 성과지표가 대학의 현황을 설명하고, 발전계획 추진의 동력이 될 수 있도록 하는 아이디어를 제안하였다.

마지막으로 대학 발전계획 성과관리의 환류에서는 성과관리위원회를 중심으로 환류에 대한 사항을 제시하였다. 전체적으로 대학 발전계획의 성과관리가 대학 발전계획이 실제적으로 이행되고, 대학 발전을 도모하여 대학의 비전과 목표를 달성하도록 하는 강력한 기제로서 작동하도록 하는 데 필요한 다양한 논의와 제안, 유의해야 할 사항들을 제시했다.

# 1. 대학 발전계획 성과관리의 개요

## 1) 성과관리의 중요성

대학 발전계획은 장기적인 비전과 목표를 가지고 수립하게 되므로 구체적인 실천이 매우 중요하다. 대학 발전계획이 말 그대로 대학 발전의 나침반으로 작동하기 위해서는 효과적인 성과관리가 요구된다. 그러나 성과관리는 대학 발전계획의 장기성, 각종 대학평가 및 국고 재정지원사업에 의한 비자발성 등으로 인해 한계를 보여 왔다.

대학 발전계획은 10년 이상의 긴 기간을 범위로 하는 경우가 대부분이고, 대학 발전계획과 총장 재임기간이 서로 맞지 않는 경우가 많다. 따라서 대학 발전계획을 기본 틀로 총장 재임기간에 추진할 전략과제들을 도출하여 중기 발전계획을 수립해서 추진 동력을 갖게 되는 경우가 있다. 이를 통해 총장 재임기간 아래 진행되는 실행과제들은 상대적으로 추진력을 얻게 되고, 기획부서의 책임하에 진행되어 일정 부분 성과관리와 환류가 가능하게 된다.

국고 재정지원사업에서도 대학의 교육이념, 교육목적, 교육목표에 부합하는 일관성 있고, 연계성 있는 대학 발전계획을 요구한다. 국고 재정지원사업에서 달성하려고 하는 비전과 목표, 사업계획이 발전계획과 정합성이 있으며, 연계되어 있다는 것을 사업계획서에 제시해야 한다. 사업의 성과를 핵심 성과지표, 자율 성과지표의 형태로 사업계획서에 담고, 그 결과를 매년 연차보고서로 보고하여 성과관리에 관한 대학의 인식을 높이는 역할을 한다. 이에 따라 성과지표의 지수화, 정성적 요소의 정교한 정량화가 시도되는 등 긍정적인 시도가 전개되고 있다. 대학 기본역량진단이나 국고 재정지원사업을 위해서라도 대학 발전계획을 수립하여 평가보고서, 자체평가보고서, 사업계획서에 제시해야 하고, 그에 따르는 성과관리 체제가 필요하게 되었다. 그러나 지수화 과정에서 '참석자 수'와 '교과목 수'를 산술적으로 합산하는 등 지수화에 대한 기본적인 이해가 부족한 경우도 있다.

발전계획의 수립은 기획부서에서 주도하여 위원회 또는 TFT를 조직해 직접 수립하거나 외부 컨설팅 기관에 의뢰하여 수립하는 경우가 많다. 어떤 방법을 선택하든 대학 발전계획 수립과정에 들이는 구성원의 노력과 수고는 매우 크다. 외부 기관에 발주하는 경우에는 막대한 예산을 투입하게 되므로 대학 재정을 감안하면 정책적인 '결단'이 필요한 투자가 된다. '투자'가 있으면 투자 대비 수익을 따져 보는 게 필수적인데, 대학 발전계획 수립에 있어서는 과감한 투자는 있었지만 꼼꼼한 성과관리는 다소 소홀했던 것이 사실이다.

대학 발전계획이 완성되면 대부분의 대학은 만들어진 대학 발전계획의 선포식을 통해 구성원들과 비전과 내용을 공유한다. 이 과정에서 대학 발전계획을 다양한 형태로 만들어 교내 공간에 구성원들이 인식하도록 걸어 놓고 있다. 그런데, 여기까지이다. 대학 발전계획이 수립되어 선포되고, 수립 위원회나 TFT가 해체되고, 외부 컨설팅 용역기관이 빠져나간 후는 공허하다. 현란한 경영학 용어와 분석 기법으로 만들어진 수백 페이지에 걸친 문서들은 서가를 장식하게 되고, 전략과제나 실행과제는 구성원과 부서들의 기억 속에서 잊히게 된다.

대학 기획부서는 매년 또는 학기별로 대학 발전계획의 실행 점검을 실시하지만 원론적이고, 개략적인 수준에 머무르는 경우가 많고, 다음 평가가 오기 전에는 심도 있게 점검을 실시하지 않는 경우도 있다. 단편적으로 세부과제를 실행했는지를 검토하는 것은 발전계획 추진 환류에 도움이 되지 않고, 실행과제 및 세부과제의 주요 내용이 너무 원론적이어서 추진 점검 자체가 개념적인 수준인 경우도 다수 존재한다.

효과적인 성과관리 체계를 갖추고, 성과지표 관리 및 추진 점검을 실시하는 것은 대학 구성원의 마음을 모아 수립한 대학 발전계획이 제대로 추진되게 하고, 대학의 발전을 이루게 하는 나침반 역할을 할 수 있다는 점에서 매우 중요하다.

## 2) 성과지표 관리 및 추진 점검의 과정

### (1) 성과지표 관리

성과지표를 효과적으로 관리하기 위해서는 성과지표에 대한 명확한 이해가 우선되어야 한다. 각종 대학평가에서는 성과지표 관리를 통한 사업성과 측정을 중시하고 있다. 이로 인해 그동안 대학들은 성과지표 관리에 관한 이해 수준이 많이 향상된 것이 사실이다. 그러나 성과지표 설정 및 운영 관리는 대학 발전계획이 가지고 있는 주요 성격을 반영할 수 있도록 하고, 복합지표 개발 등 성과지표 고도화에 대한 다양한 시도와 노력이 요구된다.

### (2) 추진 점검

대학 발전계획 추진 점검은 일반적으로 기획부서에서 담당한다. 기획부서는 대학 발전계획의 주무 부서로서 필요에 따라 대학 발전계획 성과관리위원회를 운영하며, 주기적으로 성과지표를 관리하고, 추진을 점검한다.

대학 발전계획 추진 정도를 점검하는 방법은 대학 발전계획 전략과제, 실행과제, 세부과제의 이행 정도에 대해 직접적으로 점검하는 방법과 대학 발전계획을 연간 단위로 구체화한 총장 업무보고 사항에 대해 간접적으로 모니터링하는 방법이 있다. 대학의 특성과 조직의 구조에 따라 적합한 방법을 선택하여 추진 점검을 진행하게 된다.

추진 점검을 효과적으로 수행하기 위해서는 현재까지 교내에서 수행하고 있는 행서부서 평가와 학과평가 등의 현황을 파악할 필요가 있다. 대학에서 그간 제도화하여 운영하고 있는 성과 점검 체계 및 도구들과 대학 발전계획 성과관리를 통일성 있게 연계하여 관리해야 시너지 효과를 기대할 수 있기 때문이다. 대학이 실시하고 있는 내부감사를 성과감사의 형태로 대학 발전계획 추진 점검과 연계하는 것도 시도해 볼 수 있다.

### (3) 성과지표 목표 달성 여부 확인

성과지표 목표 달성 여부 확인은 대학 발전계획의 추진 정도를 평가하고, 그 결과를 공유함으로써 발전계획의 비전과 목표 달성을 유도하는 기능을 한다. 이처럼 성과지표 목표 달성 여부 확인은 대학 발전계획의 목표 달성 정도를 측정하고, 달성도를 제고하기 위한 기제로서 사용된다.

대학의 기획부서는 성과지표 목표 달성 여부 확인으로 대학 발전계획의 추진의 현황을 면밀하게 파악하고, 전략과제 및 하위과제의 추진을 독려할 수 있다. 대학 발전계획의 추진 상황을 구성원들과 공유하기 위해 대시보드를 개발하고, 공개 범위를 차등 적용하여 운영할 수 있다. 필요할 경우 추진 부서에 대한 상벌제도로 성과지표 목표 달성 여부를 활용하기도 한다.

성과관리 환류 차원에서 성과평가의 전문성, 엄정성 제고를 위해 성과관리위원회를 운영하고, 효율적인 성과평가를 위해 성과분석환류시스템 개발이 고려된다. 아울러 발전계획 성과관리의 결과를 공유하고, 환류하기 위한 도구로서 팩트북을 운영할 수 있다.

### (4) 성과관리 환류

성과관리 환류는 대학에서 수립한 발전계획이나 전략을 수행하고, 평가하며, 그 결과를 다시 기획과 수행에 반영하는 일련의 과정을 의미한다. 대학 발전계획의 비전과 목표를 실현하고, 대학 발전계획 성과의 지속적인 질 제고를 위해 필요한 과정이다. 이를 위해서 성과관리의 실질적인 역할을 수행하면서 성과관리의 효과성과 엄정성을 제고할 수 있는 조직으로 성과관리위원회를 운영하는 것이 권고된다.

성과관리 환류는 주기적으로 시행되는 특성을 가지고 있고, 그 결과를 발전계획에 반영함으로써 대학 발전계획의 최신성을 견지하고, 계획 이행을 진작하며, 오류와 시행착오를 바로잡는 역할을 하게 된다.

### (5) 대학 발전계획 성과관리 과정

대학 발전계획 성과관리에서 성과지표 관리는 담당 조직과 한 방향 정렬에 관해 논의하고, 성과지표에 대한 이해를 돕도록 구성한다. 아울러 성과지표의 설정 및 운영, 성과지표 개발의 실제에 관한 내용을 다룬다. 추진 점검은 사전 추진 점검, 추진 점검의 방법과 시기, 추진 점검 도구 및 절차, 내부감사 연계에 관한 사항을 실제적인 수준에서 논의한다. 성과지표 목표 달성 여부 확인은 성과지표 관리와 추진 점검을 종합하여 성과지표의 달성 공유를 위한 대시보드와 포상제도 연계를 제안한다. 성과관리 환류는 발전계획 성과관리위원회 운영과 성과관리의 공유, 환류 도구로서의 팩트북에 관해 논의한다. 마지막으로 성과관리 제언에서는 성과관리 시 대학 발전계획의 특성을 반영할 것을 제안하고, 추진 성과의 청사진 공유, 한 방향 정렬, 성과와 위험의 균형 추구를 권고하는 것으로 마무리한다.

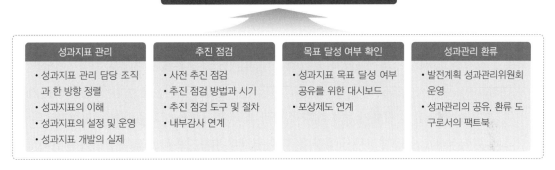

[그림 13-1] 성과지표 관리 및 추진 점검 개요

## 2. 대학 발전계획 성과지표 관리 및 추진 점검

### 1) 성과지표 관리

#### (1) 성과지표 관리 담당 조직과 한 방향 정렬

성과지표 관리 및 추진 점검은 일반적으로 대학 기획부서에서 담당하게 된다. 대학 발전계획 성과관리 주무부서를 선정할 때에는 발전계획에 대한 깊은 이해와 결과 활용이 중요한 이슈가 되므로 기획부서가 주무부서로서 성과관리 및 추진 점검을 담당하는 것이 바람직하다. 아울러 대학 발전계획 이행 점검의 효과성, 엄정성을 제고하기 위하여 성과관리위원회를 구성, 운영하는 것이 권고되며, 자세한 내용은 성과관리 환류 부분에서 다룬다.

다음으로 고려해야 할 사항은 그간 교내에서 수행해 왔던 균형성과표, 행정부서 평가, 학과평가 등 각종 성과관리 제도를 정돈하는 일이다.

균형성과표는 대학의 비전 달성을 위해 핵심 성공요소를 설정하고, 그 성공요소를 달성하기 위한 전략과제를 도출한 후 전략체계도를 통해 전략과제 간 연계를 확인하도록 돕는다. 따라서 대학 발전계획의 비전, 전략과제가 대학에서 기존에 운영하고 있는 균형성과표와 통일성이 있어야 하며, 비전과 목표가 같은 방향을 추구해야 한다.

행정부서 평가, 학과평가에서 다루고 있는 평가지표가 대학 발전계획의 전략과제, 실행과제, 세부과제의 성과지표, 관리지표와 상충되는 일이 없도록 하는 것도 고려해야 할 점이다. 예를 들면, 어느 대학 발전계획에서 세부과제로서 '전임교원의 강의담당 비율'을 제고하는 내용을 구성하고, 관리지표에서 비율의 우상향을 목푯값으로 설정하였다고 하자. 그런데 학과 평가에서는 산업체 요구 반영을 강화하기 위해 '겸임교수 강의담당 비율'을 똑같이 우상향 목푯값으로 설정했다면 학과에서의 실행에서 혼란이 야기될 것이다. 또는 발전계획에는 매우 중요한 전략과제로 설정하고, 핵심 성과지표로 설정을 했는데, 정작 균형성과표나 행정부서 평가에서는 평가 대상도 아닌 경우도 있을 수 있다. 이 경우 해당 전략과제의 추진은 공허한 선언에 그칠 가능성이 높다. 이런 일을 방지하기 위해 대학 실행과제, 세부과제를 코드화하여 균형성과표의 전략과제 및 핵심성과지표, 행정부서 평가 및 학과 평가의 평가지표와 코드로 연결해서 연계성을 강화하는 것을 고려해 볼 수 있다.

### (2) 성과지표의 이해

대학 발전계획에 대한 성과관리를 하기 위해 어떤 성과관리 모형을 사용하는 가는 매우 중요하다. 선택된 평가 모형과 성과지표로 대학 발전계획 성과가 표현되기 때문에 성과지표의 종류, 특성에 따라 성과가 정확하게 측정될 수도 있고, 왜곡될 수도 있기 때문이다.

성과지표는 대학 발전계획의 추진 정도를 점검하고, 비전과 목표를 달성하도록 유도하는 데 의의가 있다. 따라서 성과지표 설정에 앞서 성과평가와 관련된 주요 이론을 간단히 설명하고자 한다. 이 책은 대학 발전계획의 수립과 추진에 실제적인 도움을 주는 데 목적이 있으므로 이론적 고찰은 성과관리와 관련된『학생 성공을 위한 대학교육 성과관리』(이석열 외, 2020)를 참고하면 도움이 될 것이다. 여기서는 가장 일반적으로 널리 인정된 논리 모델의 예시만을 제시해 본다.

논리 모델(Logic Model)은 대학 성과평가를 위한 모형 중 하나로 대학 목표 달성과 성과 평가를 논리적이고 체계적으로 설명하는 데 사용된다. 이 모델은 대학들이 국고 재정지원사업을 수행하면서 투입(Input), 과정(Process), 산출(Output), 성과(Outcomes)로 구성된 논리 모델을 사업계획서에 제시하고, 성과관리 방안을 설명하는 데 널리 사용되어 왔다(최광학, 2012). 논리 모델의 내용과 대학 발전계획 성과관리에 주는 시사점은 다음과 같다.

첫째, 논리 모델은 대학이 대학 발전계획을 통해 달성하고자 하는 목표와 해당 목표를 달성하기 위한 주요 활동을 명확하게 정의할 것을 요구한다. 예를 들어, 대학이 교육, 연구, 사회공헌에서 어떤 전략목표와 계획을 가지고 있는지를 구체적으로 제시하도록 유도한다. 둘째, 논리 모델

**표 13-1** 학부교육 전반 논리 모델 예시

| 구분 | 투입 | 과정(활동) | 산출 | 성과 |
|---|---|---|---|---|
| LEGO 융합교육 | • 미래융합대학<br>• LEGO 융합 학사 시스템<br>• LEGO 융합교육 –LEGO LAB 등 | • LEGO Track 개발 운영 (대학 제공 및 학생 자율 설계)<br>• 학생주도 LEGO 융합 Track 운영 제도화 | • 다양한 유형의 학생 중심 LEGO Track 및 융합(공유) 전공<br>• LEGO 운영 교육 제도 | • 학생 중심 트랙 기반 융합교양교육 우수 모델 창출 및 확산<br>• 융합지식과 문제해결 역량을 갖춘 인재 양성 |
| FLAG 역량교육 교수법 및 평가법 | • 역량 Mapping 교과목<br>• 역량 FLAG 교양교육 체계 및 교수법/평가법<br>• 재학생/졸업생 역량진단 도구 | • 역량 FLAG 교과목 유형화 및 체계화<br>• 역량 FLAG 교수법, 평가법 적용 및 고도화<br>• 역량진단 시행 | • FLAG 역량교육 과정<br>• 역량 및 교과목 유형별 교수법, 평가법<br>• 재학생 및 졸업생 역량진단 결과 | • 역량향상 교육과정의 우수 모델 도출<br>• 교수 방법, 평가방법의 표준 모델 공유, 확산<br>• 학부생 2C 역량 강화 |
| 전국권역 교양교육 학점 교류 MOOC 플랫폼 | • 스마트러닝 기반 기초교육<br>• 스마트러닝 기반 전공교육 | • 스마트러닝 교양 교과목 확대<br>• 스마트러닝 전공 교과목 확대<br>• 스마트 교육 강화 | • 기초 스마트러닝 콘텐츠<br>• 전공 스마트러닝 콘텐츠<br>• 스마트교육 활용 강화 | • 기초교육의 스마트러닝 실현 및 공유, 확산<br>• 전공교육의 스마트러닝 실현 |
| 공유·확산 우수 모델 | • 전국대학 교양교육 MOOC 플랫폼<br>• 대학 간 Consortium | • 콘텐츠 개발/공개, 학점교류<br>• Consortium 구성 및 대학 간 모델 공유 | • 대학 간 공동 개발 및 활용 교육 과정(콘텐츠)<br>• 대학 간 공유 확산 우수모델 | • 대학 간 공유 확산의 활성화를 통한 시너지 효과 창출 및 고등교육 고도화 기여 |

은 대학 발전계획 목표를 달성하기 위해 필요한 자원과 투입요소를 식별하고, 어떤 과정을 통해 진행이 되며, 이를 통해 어떤 성과가 예상되는지를 일관성 있게 표현한다. 셋째, 논리 모델은 대학 발전계획의 성과를 중간 결과와 장기적 결과로 구분하여 나타낸다. 중간 결과는 주어진 시간 내에 달성할 수 있는 짧은 기간의 산출을 보여 주며, 장기적 결과인 성과는 목표를 달성한 후에 나타나는 장기적인 영향을 의미한다. 넷째, 논리 모델은 대학 발전계획 전략과제 수행에 있어 목표, 투입, 과정, 산출, 성과들 간의 논리적인 관계를 표현한다. 이는 각 구성 요소가 서로 어떻게 연결되어 목표를 향해 나아가는지를 논리적으로 설명할 수 있도록 해 준다. 다섯째, 논리모델은 대학 발전계획의 성과를 평가하고 개선하기 위한 방안을 제시한다. 이는 피드백을 통해 모델을 조정하고, 목표를 달성하기 위한 더 나은 전략을 도출하는 데 활용될 수 있다.

## (3) 성과지표의 설정 및 운영

### ① 대학 발전계획의 특성을 반영한 성과지표

대학 발전계획은 시기적으로 단기, 중기, 장기적인 관점에서 성과관리가 요구된다. 대학 발전계획의 비전과 목표를 이루기 위해 대학 전략과제 및 실행과제의 목표 달성 정도와 핵심 성과지표를 기간 시점에 따라 관리해야 한다. 대학 발전계획의 전략과제 및 실행과제뿐만 아니라 대학의 종합적인 핵심 성과목표를 점검할 필요가 있다. 대학의 핵심 성과목표는 신입생 충원

| KPI | 산식 | 2020년 | 2021년 | 2022년 | 2025년 | 2030년 |
|---|---|---|---|---|---|---|
| 신입생 충원율(%) | (정원 내 입학자 수/정원 내 모집인원)×100 | 99.2 | 99.3 | 99.4 | 99.4 | 99.5 |
| 재학생 충원율(%) | (정원 내 재학생 수/편재정원)×100 | 99.81 | 100.31 | 100.81 | 101.31 | 101.81 |
| 교육만족도 점수(점) | 재학생 교육만족도 (1학기+2학기)/2 | 3.86 | 3.88 | 3.90 | 3.91 | 3.93 |
| 학생 현장실습 참여율(%) | (현장실습 참여학생 수/학부 재학생 수)×100 | 3.0 | 3.3 | 3.6 | 3.90 | 4.2 |
| 교육비 환원율(%) | (총 교육비/등록금)×100 | 351 | 352 | 353 | 335 | 360 |
| 국제교류 학생비율(%) | ((학부 외국인학생 수+연수파견 학생 수)/재학생 수)×100 | 0.9 | 2.5 | 3 | 4 | 5 |
| 졸업생 취업률(%) | (Σ 취업자 수/(졸업자 − 제외 졸업자)×100 | 63 | 64 | 65 | 68 | 70 |
| 교원 1인당 논문실적(건) | (연구재단 등재(후보)지 게재 논문 수 / 전임 교원 수)×0.5 +((SSI급 논문 수+SCOPUS 논문 수) / 전임 교원 수)×0.5 | 0.47 | 0.49 | 0.51 | 0.54 | 0.59 |
| 산학협력 수익금(백만 원) | 산학협력 수익금(회계 결산기준) | 15,119 | 15,421 | 15,729 | 16,693 | 18,431 |
| 핵심역량 진단결과(점) | 핵심역량진단 참여 학생의 핵심역량진단 점수의 평균 | 3.6 | 3.65 | 3.7 | 3.8 | 3.9 |

[그림 13-2] 한경국립대학교 발전계획의 핵심성과지표(KPI) 및 목푯값 예시

율, 재학생 충원율, 교육만족도, 교육비 환원율, 졸업생 취업률, 교원 1인당 논문실적, 산학협력 수익금 등을 들 수 있다.

핵심 성과지표(KPI)는 대학이 전체적으로 가장 중요하다고 판단되는 대표적인 성과지표로 선정하고, 지표별 기준으로 설정하고자 하는 목표 대학의 기준값을 향후 10년간 연평균성장률(Compound Annual Growth Rate: CAGR)을 적용하여 연차별 목푯값을 설정한다.

다른 방법으로는 해당 대학이 모니터링하고 있는 목표 대학의 연평균성장률(CAGR)을 적용한 예측 목푯값을 산출하고, 이를 목표연도(Y+9년 또는 Y+4년)에 초과 달성하는 수준으로 핵심 성과지표의 목푯값을 설정하는 것이 있다.

| 「MMU WAVE2030+」<br>10대 핵심성과지표 | As-Is<br>2022년 | 2023년 | 2024년 | 2025년 | 2026년 | To-Be<br>2030년 |
|---|---|---|---|---|---|---|
| I. 유료 가족기업 누적 수(개) | – | 50 | 100 | 150 | 200 | 400 |
| II. 현장실습 이수학생 수(명) | – | 63 | 125 | 188 | 250 | 500 |
| III. 캡스톤 디자인 이수학생 비율(%) | 1.5 | 3.4 | 5.2 | 7.0 | 8.8 | 16.2 |
| IV. 기업협업센터(ICC) 운영수입(천 원) | – | 50,000 | 75,000 | 100,00 | 125,000 | 250,000 |
| V. 특허 출원·등록 건수(건) | 36 | 41 | 46 | 51 | 56 | 75 |
| VI. 기술이전 건수(건) | 12 | 14 | 15 | 17 | 18 | 25 |
| VII. 창업 건수(건) | – | 2 | 2 | 4 | 4 | 8 |
| VIII. 공동활용 연구장비 사용료 수익(천 원) | 195,754 | 233,785 | 271,816 | 309,846 | 347,877 | 500,000 |
| IX. 취업률(%) | 85.4 | 86.0 | 86.6 | 87.1 | 87.7 | 90.0 |
| X. 해양 신산업 및 지역 특화산업 기술 개발 누적 건수(건) | – | 20 | 40 | 60 | 80 | 160 |

[그림 13-3] 국립목포해양대학교 산학협력 발전계획의 핵심성과지표(KPI) 및 목푯값 예시

전략과제별 또는 실행과제별 성과지표 설정은 전략과제별 또는 실행과제별로 1~2개 정도로 설정하는 것이 적합하다. 성과지표의 개수가 너무 많은 경우에는 관리하는 데 어려움이 발생할 수 있으므로 해당 전략과제 또는 실행과제가 추구하는 목표나 방향에 가장 부합하는 지표로 설정한다.

성과지표는 대학 발전계획이 가지고 있는 주요 성격에 비추어 세 가지 측면을 고려하여 설정하도록 한다. 첫째, 대학 발전계획이 갖는 장기적인 성격을 반영하는 것이다. 성과지표는 대학이 발전계획을 통해 이루고자 하는 비전과 목표를 달성하기 위해 수립한 장기적인 계획을 얼마나 달성했는지를 살펴보는 것이므로 장기적인 성격을 담을 수 있도록 해야 한다. 따라서 10년

| Code | 실행과제 | KPI | 산식 | 추진목표 | | | 담당부서 |
|------|---------|-----|------|---------|---|---|---------|
| | | | | 2020년 | 2021년 | 2022년 | |
| 1.1.1 | GOOD 교육모델 개발 및 운영 | 재학생 교육만족도(점) | 재학생 대상 만족도 조사 중 학기별 '교육과정' 만족도 점수 평균 | 3.78 | 3.78 | 3.79 | 기획 평가과 |
| 1.1.2 | 핵심역량 기반 교육체계 구축 및 운영 | 핵심역량 진단 참여율(%) | (핵심역량 진단 참여 학생 수/학부 재학생 수)×100 | 5 | 10 | 15 | 교육평가 혁신센터 |
| | | 핵심역량 진단 결과점수(점) | 핵심역량 진단 참여 학생 핵심역량 진단 산술평균 | 3.60 | 3.65 | 3.70 | 교육평가 혁신센터 |
| 1.1.3 | 교육인증 평가기반의 융복합 교육체계 구축 및 운영 | 교과목 인증제 본인증(우수인증)률(%) | (본인증(우수인증) 교과목 수/전체 교과목 수)×100 | 0.1 | 0.3 | 0.5 | 교육평가 혁신센터 |
| | | 교육과정 인증제 인증률(%) | (인증받은 교육과정 수/전체 교육과정 수)×100 | – | 3 | 6 | 교육평가 혁신센터 |
| 1.2.1 | 산업체 맞춤형 전공교과 개발 및 운영 | 산업체 맞춤형 전공교과 수강인원(명) | Σ(현장실습+산업의료원+종합설계)수강인원 | 882 | 892 | 902 | 교무과 |
| | | 산업체 대상 교육 만족도(점) | [졸업생역량] 만족도 2학기 점수 | 80.2 | 80.4 | 80.6 | 기획 평가과 |
| 1.2.2 | 전공역량 연계 전공교육 운영 | 재학생 대상 전공 교육만족도(점) | [전공 교육과정] 만족도 1, 2학기 평균(5점 만점) | 3.90 | 3.98 | 4.06 | 기획 평가과 |
| 1.2.3 | 전공역량 연계 전공교육 비교과 운영 및 활성화 | 전공 비교과 교육과정 운영률(%) | (전공비교과 교육과정 운영 수/전체 교육과정 수)×100 | 20 | 40 | 60 | 교육평가 혁신센터 |
| | | 전공 비교과 프로그램 만족도(점) | 전공 비교과 프로그램 만족도 평균 평점 | 4.0 | 4.0 | 4.0 | 교육평가 혁신센터 |
| 1.3.1 | 핵심역량 연계 교양 교과 개발 및 운영 | 교양교육과정 개발·개편률(%) | (교과목 개발·개편 수/교양교과목 수)×100 | 3 | 2 | 3 | 교양교육 지원센터 |
| 1.3.2 | 핵심역량 연계 교양교육 운영 | 재학생 대상 교양교육 만족도(점) | 재학생 대상 만족도 조사 중 교양 교과만족도 점수 평균 | 3.76 | 3.78 | 3.80 | 교양교육 지원센터 |
| 1.3.3 | 핵심역량 연계 교양교육 비교과 운영 및 활성화 | 비교과 교양 프로그램 참여자 수(명) | Σ비교과 교양 프로그램 참여자 수 | 200 | 300 | 400 | 교양교육 지원센터 |
| | | 비교과 교양 프로그램 만족도(점) | 비교과 교양 프로그램 만족도 점수 | 4.0 | 4.15 | 4.20 | 교양교육 지원센터 |

[그림 13-4] 한경국립대학교 발전계획의 실행과제별 핵심성과지표(KPI) 및 목푯값 예시

정도의 대학 방향성을 가지고, 대학 발전계획의 전략과제, 실행과제를 수립했다면 추세를 분석하고, 향후 예측이 가능하도록 성과지표 설정에 장기적인 측면이 고려되어야 한다.

둘째, 대학 발전계획은 미션, 비전, 목표를 달성하기 위해 전략과제, 실행과제가 한 방향으로 정렬되어야 하고, 자원과 예산이 투입되므로 성과지표 설정 시 대학 발전계획의 전략적 타당성을 측정할 수 있도록 설정되어야 한다. 성과지표는 대학 발전계획의 비전과 목표를 달성할 수 있는 전략적 과제들을 빠짐없이 점검할 수 있도록 투입, 과정, 산출, 성과의 측면이 다양하게 고려될 수 있도록 한다.

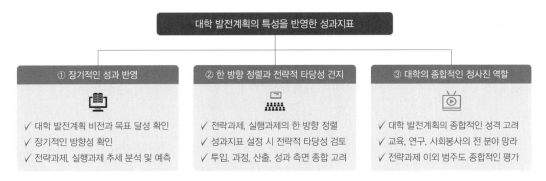

**[그림 13-5]** 대학 발전계획의 특성을 반영한 성과지표

셋째, 대학 발전계획은 교육, 연구, 사회봉사 전 분야가 망라된 대학의 종합적인 청사진으로서의 성격을 가지고 있다. 따라서 성과지표를 설정할 때에는 대학 발전계획의 종합적인 성격이 고려되어야 한다. 대학 발전계획의 실행을 담보하는 전략과제 및 실행과제의 성과를 점검하는 것뿐만 아니라 그 이외의 분야에 대해서도 종합적인 성과 검토가 가능하도록 설계할 필요가 있다.

대학 발전계획 수립은 혁신성, 합리성, 합목적성, 안정성, 실현가능성 원리에 의해 진행된다. 이와 같은 대학 발전계획의 수립 원리는 성과관리의 방향 설정과 성과지표의 설정에도 그대로 적용된다. 먼저, 혁신성이다. 전략과제의 성과관리를 실행할 때에는 전략과제가 가지고 있는 혁신성이 실행과제에서 얼마나 구현되었는지, 전략과제의 성과가 얼마나 바람직한 변화를 이끌어 낼 수 있는지를 살펴보도록 한다. 다음은 합리성이다. 전략과제의 수행 과정에서 문제를 얼마나 정확하게 파악하고, 적용 가능한 대안들을 모색했는지, 만족할 만한 수준의 대안을 선택했는지를 확인한다. 합목적성은 대학 발전계획이 대학의 교육목적, 교육목표에 부합하도록 전략과제 및 실행과제를 실행했는지 검토하는 것이다. 다음은 안정성의 원리이다. 전략과제를 추진하는 과정에서 발생한 문제와 갈등을 확인하고, 문제 해결과정을 검토하는 것도 성과관리의 중요한 요소가 될 수 있다. 성과뿐만 아니라 발전계획 추진과정에서 발생할 수 있는 문제들을 어떻게 식별하고, 대응했는지를 검토하는 것은 조직학습의 중요한 요소가 될 것이다. 마지막으로 실현가능성이다. 전략과제 및 실행과제의 성과를 검토하면서 과제를 추진하는 데 필요한 조직, 규정, 인적자원, 예산이 합리적으로 할당되었는지를 확인할 필요가 있다. 앞서 언급한 바와 같이 대학 발전계획은 장기적인 성격을 가지고 있으므로 실현가능성은 발전계획 수립 시에만 검토하는 것이 아니라 발전계획 추진 전 기간에 걸쳐 지속적으로 확인, 분석되어야 한다. 검토 결과가 물적, 인적, 재정 자원을 관리하는 부서들에 공유되고, 업무에 반영되어야 전략과

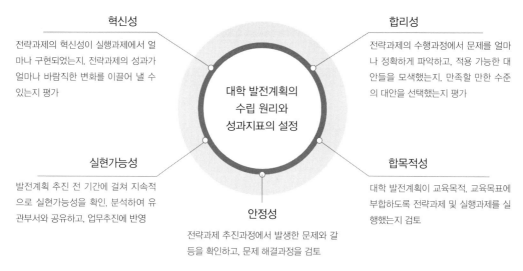

**[그림 13-6]** 대학 발전계획 성과관리의 원리

제의 성공적인 추진이 가능하며, 대학 발전계획 목표의 실현가능성을 제고시킬 수 있다.

② 복합지표의 개발

대학 발전계획의 성과지표는 정량지표와 정성지표의 장단점을 고려하여 복합지표를 많이 사용한다. 복합지표는 일반적으로 지수(index)라는 용어로 제시되기도 한다. 복합지표는 다수의 평가척도를 조합하여 사용함으로써 신뢰성 높은 결과를 얻을 수 있다. 그러나 개별 성과지표를 사용하는 경우보다 산출과정이 복잡하다. 복합지표를 사용하여 얻을 수 있는 가장 큰 장점은 대학 발전계획이나 전략과제의 달성 정도를 종합적으로 파악할 수 있다는 점이다.

복합지표는 대학 발전계획 전략과제에 따라 유동적으로 개발될 수 있으며 특히 전략과제의 전반적인 성과를 종합적으로 파악할 때 유용하다. 복합지표는 성과관리 상황에 맞게 유동적으로 설정할 수 있으며, 다양한 정량지표와 정성지표를 종합하여 하나의 점수로 나타내거나 지수화할 수 있다. 복합지표를 사용함으로써 평가자의 편견을 줄일 수 있고, 전략과제에 대한 다차원적인 평가가 가능하다.

복합지표로 사용되는 지수는 여러 가지 변수나 요소들을 종합하여 하나의 수치로 나타내는 측정 지표로서 어떤 현상이나 특성을 추상화하여 표현하는 정량화된 지표이다. 지수는 일반적으로 여러 변수를 조합하여 전반적인 특성이나 추이를 표현하며, 다양한 분야에 사용된다.

지수는 종합성, 비교 가능성, 측정의 간결성, 동적인 특성, 수용 가능성의 특성을 가지고 있다. 대학 발전계획 성과지표를 지수화하여 성과관리를 할 경우에 적용하여 지수의 특성을 살펴보기로 한다. 첫째, 종합성이다. 지수는 여러 가지 변수를 종합하여 하나의 수치로 표현하기 때문에 종합성이 중요하다. 대학 발전계획 전략과제의 성과를 모두 담아 정량화하기 때문에 전략과제 내 다양한 변수들 간의 상호 연관성을 고려하여 하나의 전반적인 특성을 제시한다.

둘째, 지수는 비교 가능해야 한다. 표준화된 방법을 사용하여 데이터를 정규화하고, 동일한 기준에 따라 평가하여 성격이 다른 전략과제들 간의 달성 정도가 비교 가능하도록 처리해야 한다.

셋째, 측정이 간결해야 한다. 지수는 대학 발전계획 수행에 있어 나타나는 복잡한 현상이나 다양한 변수를 간결하게 표현해야 한다. 간결성을 통해 대학 발전계획 성과에 관한 해석과 이해가 쉬워지며, 개선 제안이나 의사결정에 활용하기 용이해진다.

넷째, 동적인 특성을 반영할 수 있어야 한다. 대학 발전계획은 다년도에 걸쳐 비교적 오랜 기간 동안 추진되는 것이 일반적이다. 따라서 지수는 대학 발전계획을 추진하면서 변화하는 현상과 결과, 성과에 대응할 수 있어야 한다. 동적인 특성을 갖춘 지수는 시계열 분석이나 추세 분석을 통해 변화를 파악하고, 예측하는 데 활용된다.

다섯째, 수용 가능성이다. 지수는 사용자가 쉽게 이해하고, 수용할 수 있어야 한다. 이를 위해 지수의 구성 요소와 산출 방법은 명확하게 설명되어야 한다.

여섯째, 정확성과 신뢰성이다. 지수는 사용되는 데이터와 측정 방법이 정확하며, 신뢰성이 있어야 한다.

성과지표는 대개의 경우 대학 발전계획을 수립한 위원회에서 설정하게 된다. 발전계획의 각 영역을 담당하는 분과에서 발전계획을 수립하고, 그에 따른 성과지표를 수립하여 제출하는 것이다. 이 경우 영역별로는 발전계획의 성과를 제대로 반영하고, 측정할 수 있는 평가지표를 만들 수 있지만 영역 간의 균형을 이루기 어렵고, 대학 발전계획 전체 관점에서 중요성과 전략적 관점을 담아내는 데 한계가 있다. 대학 발전계획의 장기적 성격, 전략적 성격, 종합적 성격을 잘 담아낼 수 있는 성과지표를 개발하기 위해서 지수를 활용하는 복합지표를 사용하는 한편, 성과지표에 가중치를 부여하는 방법이 있다. 대학 발전계획의 비전 및 목표에 비추어 상대적으로 중요하고, 시급한 영역이나 전략과제에 더 높은 가중치를 부여하는 것이다. 이를 통해 대학 발

**Work Point**

● 지수화를 통한 복합지표의 사용은 대학 발전계획 성과지표뿐만 아니라 각종 대학평가, 국고 재정지원사업에서도 널리 사용되고 있으므로 대학의 고유한 특성을 담은 '독특한 복합지표'의 개발은 평가자들에게 긍정적인 인상을 줄 수 있다.

전계획의 성과를 한눈에 파악할 수 있을 뿐만 아니라 비전과 목표의 관점에서 달성 정도를 살펴볼 수 있게 된다. 가중치 평가는 '발전계획 성과관리위원회'에서 할 수 있고, 대학 이해 관계자들까지 참여하도록 해 가중치 부여의 정당성과 타당성을 높일 수도 있다.

| 전국 대학 교양교육 MOOC 플랫폼 | | | | | | | |
|---|---|---|---|---|---|---|---|

- 우수한 교육모델로부터 도출된 다양한 유형의 교육 콘텐츠를 통합하여 학내 SMART 강좌 대학 간 학점 교류 시행 등 교육
- 수요자의 요구에 부합하는 교육을 제공하고, 대학 간 우수교육 모델을 상호 교류할 수 있는 신개념 교육 공유 · 확산 플랫폼 구축

| 구분 | | 비중 | 기준값 | 연차별 목표 달성 값 | | | |
|---|---|---|---|---|---|---|---|
| | | | | 1차 년도 | 2차 년도 | 3차 년도 | 4차 년도 |
| 이웃 대학 자율역량 강화 동반자 지수(점) | | 1.0 | 87.5 | 87.5 | 90.0 | 92.5 | 93.8 |
| 하위 지표 | 대학자율역량강화 이웃대학 만족도(점) | 0.5 | 75.0 | 75.0 | 80.0 | 85.0 | 87.5 |
| | 전국 대학 교양교육 MOOC 플랫폼 확장 점수(점) | 0.5 | 100.0 | 100.0 | 100.0 | 100.0 | 100.0 |

| 산출 근거 | 조사 대상 | • 우리 대학 대학자율역량강화 모델을 도입한 대학관계자 만족도 점수(5점 리커트 척도, 100점 환산)<br>• 전국 대학 교양교육 MOOC 플랫폼 참여 대학 현황(%, 100점 만점 환산) |
|---|---|---|
| | 산출식 | • (이웃 대학의 만족도 환산평균×0.5)+(플랫폼 신청 대학/신규 대학 5개×100×0.5) |
| 설정 근거 | | 우수모델의 공유 · 확산 노력이 이웃 대학의 성장으로 결실을 맺고, 수요자 지향적 플랫폼 성장을 위한 지표 |

| 구분 | 기준값 설정 근거 | 목푯값 설정 근거 |
|---|---|---|
| 구체성(S) | • 5점 만점 기준 4.0점(환산 75.0점)을 기준값으로 설정<br>• 전국 대학 교양교육 MOOC 플랫폼 신규 참여 대학 매년 5개 지속 확대 | • 이웃 대학 만족도는 4차년까지 점진적 상승 후 환산점수 87.5점에서 만족도 유지 목표 설정<br>• 매년 신규 대학 5개 확대(4년간 총 20개) |
| 측정가능성(M) | • 우수모델 공유 시, 이웃 대학의 만족도를 조사하는 업무 프로세스 운영<br>• 전국 대학 교양교육 MOOC 플랫폼 시스템 내에 이용자 만족도 조사 기능 구현 | |
| 달성가능성(A) | • 우수 교육 모델의 성과 도출로 이웃 대학과의 교류 강화 | |
| 결과지향성(R) | • 창의와 나눔의 대학경영 철학 이념의 실천과 교육 혁신 성과의 이웃 대학 공유 · 확산 시행 | |
| 시간 제약(T) | • 만족도 설문조사를 상시 시행하고 1년 단위로 집계하여 성과지표의 변화 추이를 관찰 | |
| 달성계획 및 전략 | • 교육 모델 확산계획 및 전국대학 교양교육 MOOC 플랫폼 운영계획 참조 | |

[그림 13-7] 복합지표 예시

### (4) 성과지표 개발의 실제

대학 발전계획의 비전과 목표를 달성하기 위해 설정한 전략과제, 실행과제, 세부과제의 이행 정도를 측정하기 위해 성과지표를 개발한다. 전략과제별로 성과지표를 설정하게 되는데, 성과 지표는 가급적 전략과제 추진을 위해 설정한 실행과제의 지표를 반영한 복합지표로 구성하는 것이 좋다. 마찬가지로 실행과제별 지표는 실행과제 추진을 위해 수립한 세부과제에 대한 관리 지표를 반영한 지표가 되는 것이 바람직하다. 전략과제로부터 하위로 일관되게 구조화되는 형 태로 성과지표를 구성하면 모든 세부과제와 실행과제들의 지표가 전략과제의 성과지표 달성을 위한 방향으로 정렬이 된다. 그러나 이러한 구조는 현실적으로는 매우 어렵다.

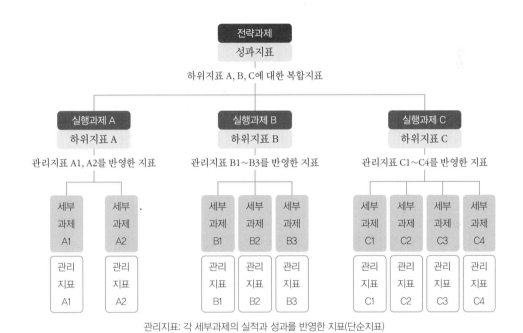

관리지표: 각 세부과제의 실적과 성과를 반영한 지표(단순지표)

**[그림 13-8]** 이상적인 성과지표 설정 구조

대학 발전계획 성과지표를 현실적으로 구성하려면 세부과제마다 모두 관리지표가 있어야 균 형이 이루어진다는 고정관념에서 벗어나야 한다. 세부지표에 따라 적절한 지표가 있을 수도 있 고, 없을 수도 있으므로 이를 억지로 만들어 낼 필요는 없다. 전략과제는 물론 성과지표가 있어 야 하고, 실행과제는 전략과제의 성과지표를 구성하는 성과지표나 관리지표가 있으면 된다. 그 러나 세부과제는 실행과제와 관련이 있는 관리지표가 있거나 아예 지표가 없을 수도 있다. 이 렇게 구성한 현실적인 성과지표 설정의 모습은 [그림 13-9]와 같다.

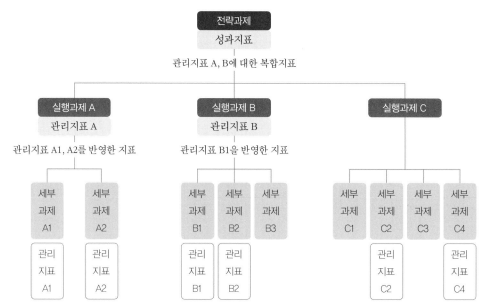

**[그림 13-9]** 현실적인 지표 설정 구조

**[그림 13-10]** 현실적인 성과지표 설정 사례

이와 같은 성과지표 구조에 제6장에서 논의한 학생지원 영역의 전략과제, 실행과제, 세부과제에 적용해 보면 [그림 13-10]과 같다.

## 2) 추진 점검

### (1) 사전 추진 점검

추진 점검의 목적은 대학 발전계획이 의도한 바에 따라 비전과 목표를 달성하고 있는지, 전략과제의 추진과정이 효과적이고 효율적인지 식별, 평가하고, 그 결과를 환류함으로써 성과 제고에 기여하는 것이다.

대학 발전계획 추진 점검은 진행 과정에서 혹은 사후적으로 실시하는 것이 일반적이다. 또한 계획 추진이 성공적으로 이루어질 수 있도록 위험의 예방 역할로서 사전 추진 점검을 시행할 수 있다. 사전 추진 점검을 실시할 때 염두에 두어야 할 점은 다음과 같다.

첫째, 전략과제의 명확성과 일관성 검토이다. 전략과제가 명확하고, 이를 추진하기 위한 실행과제, 세부과제가 일관성 있게 한 방향으로 정렬되어 추진되었는지 확인한다. 전략과제와 하위과제들이 추상적이거나 모호하면 실제 성과를 점검하고 평가하기 어렵기 때문이다. 특히 역순으로 세부과제를 달성하면 실행과제들이 충족되는지, 실행과제를 모두 만족시키면 전략과제가 이루어지는지 검토가 필요하다.

둘째, 전략과제 및 하위과제 진척 상황의 투명성이다. 대학 발전계획의 진척 상황을 점검하고, 평가한 결과는 경영진과 이해 관계자들에게 투명하게 전달되어야 한다. 모든 이해 관계자가 언제든지 대학 발전계획의 진행 상황을 이해하고, 필요한 경우 의견을 개진할 수 있는 제도적인 장치가 필요하다. 물론 대학 발전계획 추진 상황의 공개는 경영진과 대학 구성원, 외부 이해관계자를 구분하여 공개 범위를 달리 정하는 것이 합리적이다.

셋째, 자원 할당 및 활용이다. 대학 발전계획은 재정 등 필요한 자원을 명확하게 식별하고, 과제별로 배분해야 한다. 따라서 자원의 할당이 합리적으로 이루어졌는지 세부 항목을 검토하고, 이전 유사 사업을 비교하거나 추세적인 흐름을 확인할 필요가 있다. 확인 결과에 따라 기획부서에 예산, 인력, 조직의 조정을 요구할 수 있다.

넷째, 위험 관리이다. 대학 발전계획 추진 중에는 사전에 예상하지 못했던 상황이 발생할 수 있다. 이러한 위험 요소를 식별하고, 적절한 대응책을 마련하는 것이 대학 발전계획의 성과에 직접적인 영향을 미친다. 따라서 위험 요소를 식별하여 대응하는 것은 중요한 성과관리 활동이며, 위험 요소가 발견될 경우 기획부서, 유관부서와 계획의 변경을 포함해 적극적으로 대응하도록 한다.

다섯째, 이해 관계자의 지원과 참여 보장이다. 대학 발전계획의 전략과제 및 하위과제를 수행하면서 사전, 진행과정, 사후에 이해 관계자와 소통하고, 의견을 수렴할 수 있는 기회나 제도적인 방법이 있는지 검토하는 것이 필요하다.

---

**Work Point**

- 대학 발전계획 성과관리를 사전에 실시한다는 것이 낯설게 느껴질 수 있으나, 위험 요소를 사전에 예방하여 발전계획의 실행력을 제고하고, 목표 달성 가능성을 높일 수 있다는 점에서 긍정적인 방안이 될 수 있다.

---

### (2) 추진 점검 방법과 시기

대학 발전계획 추진 점검은 대학 발전계획 전략과제, 실행과제, 세부과제의 이행 정도에 대해 직접적으로 점검하는 방법과 대학 발전계획을 연간 단위로 구체화한 총장 업무보고 사항에 대해 간접적으로 모니터링하는 방법이 있다.

직접 점검 방법은 대학 발전계획 그 자체의 추진 정도를 점검한다는 점에서 이행 정도가 명확하게 드러나는 장점이 있으나 실행과제, 세부과제가 선언적이거나 원론적인 경우 추진 정도를 정확하게 확인하기 어렵다는 한계가 있다. 반면, 간접 점검 방법은 부서에서 매년 총장 업무보고를 통해 구체적인 액션 플랜 수준으로 보고를 하게 되므로 내용이 구체적이고 실행력이 높다는 장점이 있는 반면, 대학 발전계획과의 직접적인 연계성을 일일이 확인해야 대학 발전계획

| 추진 점검 방법 | 직접 점검 | -대학 발전계획 전략과제, 실행계획에 대한 직접적인 점검<br>-정확한 이행점검이 장점이나 실행과제, 세부과제 성과지표의 명확성이 전제요건 |
| --- | --- | --- |
| | 간접 점검 | -담당부서에서 매년 총장 업무보고를 통해 구체적인 액션 플랜 수준으로 보고한 내용을 점검<br>-추진 점검의 내용과 결과가 구체적이고, 실행력이 높다는 점이 장점이나 연계성이 낮을 수 있음 |

**[그림 13-11]** 대학 발전계획 추진 점검 방법

의 실행 정도를 파악할 수 있다는 어려움이 있다.

직접 점검 방법이나 간접 점검 방법의 선택은 대학 발전계획 실행과제, 세부과제의 구체화 수준, 총장 업무보고(연간 업무계획)의 형식과 방법 등을 고려해 결정하도록 한다. 중요한 점은 대학 발전계획의 실행력을 제고하기 위해서는 대학 발전계획의 전략과제, 실행과제, 세부과제의 내용을 총장 업무보고(연간 업무계획)에 반영토록 해야 한다는 점이다. 따라서 대학 발전계획 실행과제, 세부과제와 총장 업무보고(연간 업무계획) 간에 레퍼런스를 표기해 주는 방법을 고려해 볼 수 있다.

---

**Work Point**

- 대학 발전계획의 전략과제, 실행과제, 세부과제를 코드화하고, 총장 업무보고(연간 업무계획)의 세부 내용도 코드화하여 서로 연계성을 표시해 주면 효과적으로 추진 점검을 할 수 있다.

---

대학 발전계획의 추진 점검 시기는 대개 연간으로 시행한다. 실행과제, 세부과제의 특성에 따라 학기별, 분기별로 실적을 달리하는 경우 이를 반영하여 실시할 수 있다. 하위과제 추진 성과가 월별로 모니터링할 필요가 있는 경우에도 이를 추진 점검 주기에 반영할 수 있다. 다만, 월별 변동이 명확할 경우를 제외하고는 추진 점검이 세부과제의 추진에 부담이 주지 않도록 학기별, 연간 점검에 수렴하는 것이 바람직하다.

### (3) 추진 점검 도구 및 절차

실행과제를 추진하는 부서는 늘 바쁘다. 추진 점검 보고를 준비하기 위해 실행과제를 추진하지 못하거나 방해받는 일이 없도록 각별히 유의해야 한다. 성과관리나 추진 점검이 부서의 창의성이나 업무 의지를 꺾는 일이 없는지 살펴야 하고, 부서의 특수성을 이해하기 위한 노력을 지속할 필요가 있다.

추진 점검 도구는 통일된 서식을 활용하여 공문으로 시행하는 방법, 성과관리 시스템을 활용하는 방법, 간단한 오피스 프로그램을 사용하는 방법이 있다.

가장 일반적으로 사용되는 방법은 공문으로 시행하는 방법이다. 〈표 13-2〉와 같이 전략과제 정의서의 내용을 바탕으로 실행과제의 정성적인 달성 정도와 성과지표의 달성값, 예산의 집행 실적 등을 작성하도록 한다. 아울러 세부과제의 실행시기 목푯값에 따라 실행 정도를 보고하도록 한다. 또한 전략과제 하위 실행과제 추진성과를 정성적으로 기술하도록 양식을 만든다.

실행과제 추진성과 란에는 실행과제 추진 계획 및 추진체계 현황을 간략히 제시하고, 예산 집행 실적을 기입한다. 핵심이 되는 실행과제 추진 실적과 성과를 기술하고, 실행과제 추진 환류 실적도 제시한다. 마지막에는 실행과제와 관련된 우수사례를 적는다.

한때 성과관리 시스템을 개발하는 것이 대학가에 유행처럼 지나간 적이 있었다. 수억 원에 이르는 개발비를 투자하여 기업의 전사적자원관리시스템(ERP) 수준으로 개발한 시스템은 대학 상황에 맞지 않아서 사용에 제한이 있거나 구성원들의 호응을 얻지 못하는 경우가 많았다. 기업처럼 시시각각으로 변화하는 데이터가 많지 않은데, 막대한 예산을 들여 실시간 데이터 기반 시스템을 개발할 필요가 있으냐는 회의론이 있었기 때문에 크게 확산되지 못했다.

**Work Point**

● 시스템 개발 예산을 최소화하고, 행정력의 부담을 덜기 위한 방법으로 간단한 오피스 프로그램(예: 구글 스프레드 시트)을 사용하면 기대했던 것보다 큰 효과를 볼 수 있다.

전략과제 및 실행과제 추진 점검은 서면 점검을 기본으로 진행하고, 필요한 경우 해당 부서나 단과대학, 학과를 방문하여 질의응답, 현장 점검을 실시하도록 한다. 서면 점검은 전략과제별로 설정된 실행과제를 점검하는 것을 기본 단위로 하는 것이 합리적이다. 전략과제는 방향성을 나타내는 성격이 강해서 구체적인 이행 점검이 어렵고, 세부과제는 반대로 너무 구체적인 내용으로 구성되어 있어서 일일이 점검하는 데 담당부서의 부담을 키우고, 행정력의 낭비가 불가피하기 때문이다.

먼저 담당부서에서 제출한 '실행과제 추진 결과보고서'를 바탕으로 서면 점검을 실시한다. 점검은 크게 계획 및 추진체계, 예산 수립 및 집행, 사업 성과, 환류 영역으로 구분하여 실시한다. 주요 점검사항은 〈표 13-3〉과 같다. 점검을 실시하면서 정량적으로 점수를 매기는 경우도 있고, 정성적으로 강점과 약점, 개선할 점을 제시하는 경우도 있다. 실행과제 추진 점검 결과를 부서평가와 연계하거나 포상과 연동하는 경우 점검 결과를 점수로 부여하면 활용성을 높일 수 있다.

서면평가 후 필요한 경우에는 부서나 단과대학, 학과를 방문하여 현장을 확인하거나 서면평가 시 확인하지 못한 사항에 대해 질의응답을 실시할 수 있다. 그러나 현장 점검은 꼭 필요한 경우에 한하여 제한적으로 실시해야 하며, 단위부서의 업무를 방해하거나 업무 의욕을 위축시키는 일이 없도록 각별히 주의해야 한다.

대학 발전계획 추진 점검을 위해 시스템을 개발하여 예산 집행 현황, 성과 달성 현황, 사업

**표 13-2** 전략과제별 실행과제 추진 결과보고서 양식(예시: 기반 및 인프라 영역)

| 전략과제 | A-1 | 재정 건전성 확보 및 효율화 추진 | champion | 기획처장 |
|---|---|---|---|---|
| | | | 주관부서 | 기획처, 총무처, 대외협력처, 사회교육처, 산학협력단 |
| 개요 | 안정적인 재정 운영 구조 확립과 수입구조 다변화를 통한 재정 선순환 체계 구축 | | 협조부서 | 대학(원) 행정실 |
| 목표 | 재정 기반 환류 체계 구축 및 안정적·효율적 재정 확보 | | 소요 예산 (백만 원) | 7,700 |

| 성과지표 | 교육원가 수지 개선율(%) 〈달성값〉 | 산출식 | (당해연도 교육원가-전년도 교육원가)/전년도 교육원가×100 | | | | | |
|---|---|---|---|---|---|---|---|---|
| | | 목푯값 | Y년 | Y+1년 | Y+2년 | Y+3년 | Y+5년 | Y+9년 |
| | | | 10% | 11% | 12% | 13% | 15% | 20% |

**실행과제 추진성과**

☐ 세부과제 추진 계획 및 추진체계 현황

| 구분 | 내용 |
|---|---|
| 목표 | |
| 추진 내용 | |
| 근거 규정 | |
| 예산 투입 | |

☐ 예산 집행 실적

| 실행과제 | 산출내역 | 예산액 | 집행액 | 집행률 |
|---|---|---|---|---|
| | | | | |
| | | | | |
| | | | | |

☐ 실행과제 추진 실적

☐ 실행과제 추진 환류 실적

☐ 우수사례

표 13-3  실행과제 서면평가 예시

| 점검<br>영역 | 배점 | 점검내용 | 점검 결과 | | | | | |
|---|---|---|---|---|---|---|---|---|
| | | | 매우<br>적절 | 적절 | 보통 | 미흡 | 매우<br>미흡 | 소계 |
| 계획 및<br>추진<br>체계<br>(15) | 5 | 실행과제(계획)가 대학 발전계획 및 전략과제의 목적에 부합하는가? | | | | | | |
| | 5 | 실행과제(계획)의 추진방향은 구체적이고 발전(또는 지속) 가능한가?(실효성 · 타당성) | | | | | | |
| | 5 | 실행과제(계획)의 세부 추진내용 및 운영 절차, 근거 규정 마련, 조직 구성(인력 확보 및 증원) 등 실행과제 추진을 위한 투입 내용이 적절한가? | | | | | | |
| 예산<br>수립 및<br>집행<br>(15) | 5 | 실행과제(계획)의 예산이 사업의 목적 달성을 위해 적절하게 편성 되었는가? | | | | | | |
| | 10 | 실행과제(계획)의 예산이 재정투자 계획에 따라 적절하게 집행되었는가? | | | | | | |
| 사업<br>성과<br>(50) | 10 | 실행과제(계획)가 사업 계획에 따라 일관성 있게 추진되었는가? | | | | | | |
| | 20 | 실행과제(계획)의 추진 실적 및 성과는 우수한가? | | | | | | |
| | 20 | 추진 실적과 성과는 목표대비 달성되었는가? | | | | | | |
| 환류<br>(20) | 10 | 실행과제(계획)에 대한 참여자의 의견을 반영하여 개선사항을 도출하였는가? | | | | | | |
| | 10 | 실행과제(계획)의 문제점에 대한 진단과 개선방안이 마련되어 있는가? | | | | | | |
| 합계 | 100 | | | | | | | |

추진 현황을 실시간으로 모니터링할 수 있다. 시스템 개발은 시간과 비용, 노력이 크게 투입되지만 대학 경영진의 의사결정을 돕고, 구성원의 대학 발전계획 추진 상황 공유, 협력 유도에 매우 유용하므로 개발을 검토해 볼 필요가 있다. 자세한 사항은 대학 발전계획 대시보드에서 논의한다.

### (4) 내부감사 연계

대학 기관평가인증제를 수검하면서 대학마다 대학본부에 감사팀을 신설하거나 기획부서에 내부감사 기능을 부여하게 되었다. 현실적인 한계는 있으나 형식으로는 대학마다 내부감사 기능을 갖추게 되었다. 내부감사는 위법, 부당한 사건의 적발보다는 위험 요소의 사전 예방자로서의 역할을 수행하게 되며, 제대로 작동할 경우 구성원에 대한 계도, 위험 예방 효과가 매우 높다.

내부감사의 일환으로 실시하는 성과감사는 대학 발전계획 추진 점검 도구로 활용될 수 있다. 성과감사는 '정책, 사업, 부서 운영의 경제성, 능률성, 효과성 등을 독립적 · 객관적 · 체계적으로 검토 · 분석 · 평가하는 감사'로 정의할 수 있다.

성과감사는 정책이나 사업 등이 목표대로 달성되었는지와 낭비와 비능률 · 비효과의 요소가 있는지, 그 원인은 어디에 있는지를 규명하고 문제해결을 위한 대안을 제시하여 성과를 높이는 데 목적을 둔다. 아울러 성과감사는 정책의 의사결정에 도움이 되는 정확하고, 신뢰할 만한 시의적절한 정보를 제공하는 데에도 목적이 있다.

이러한 맥락에서 대학의 발전계획 추진에 성과감사를 적용할 수 있는 가능성이 매우 높다. 이는 대학 발전계획 실행과제 수행에 대해 경제성 · 능률성 · 효과성에 대한 검토와 평가를 위주로 특정 사업이나 정책에 성과감사를 실시함으로써 성과관리의 환류체계로 작동할 수 있다는 점을 시사한다.

기존처럼 단순히 실행과제의 이행 여부만을 보고받고, 검토하는 수준을 넘어서 경제성 · 능률성 · 효과성의 관점에서 평가와 감사를 병행함으로써 발전계획의 실행력을 높이고, 발전계획의 성과를 제고할 수 있을 것이다.

대학 발전계획의 성과관리 및 추진 점검 도구로서 성과감사 수행 시 역점을 두고 검토해야 할 내용은 다음과 같다.

첫째, 전반적인 진척 상황 평가이다. 현재 대학 발전계획의 진행 상황을 전반적으로 평가하는 것을 말하는데, 전략과제를 비롯한 핵심 목표들이 달성되고 있는지, 예상 일정과 비교하여 얼마나 진전이 있었는지를 검토한다.

둘째, 성과지표를 검토하는 것이다. 정의된 성과지표들을 검토하여 목표에 대한 추진 상황을 정량적으로 검토할 수 있다. 성과지표가 명확하고 측정 가능한 것인지에 대한 검토도 동시에 수행할 수 있다.

셋째, 추진 중인 실행과제, 세부과제에 나타나는 위험 요소와 문제점을 찾아내고, 이에 대한 대응책이나 수정계획을 수립하도록 시정, 권고, 개선 등의 감사처분을 할 수 있다.

넷째, 실행과제, 세부과제 수행을 위해 할당된 자원들이 적절하게 활용되고 있는 지 확인한다. 추가 자원의 투입이 필요한 경우 이에 대한 계획을 요구하고, 유관부서에 감사 처분으로 통보할 수 있다.

다섯째, 중요한 이해관계자들과의 소통 및 협업 상태를 확인하고, 이해 관계자들로부터의 피드백을 수렴하고 있는지 검토한다.

여섯째, 발전전략 목표들의 현 상황을 재평가하고, 필요한 경우 목표를 조정하거나 추가 목표를 설정하도록 감사처분을 내린다.

앞서 언급한 바와 같이 감사부서는 성과감사를 수행하고, 감사결과를 감사처분의 형태로 관련 부서에 행정적인 강제성을 행사할 수 있다. 감사처분은 주로 시정, 개선, 권고, 부서경고, 부서주의촉구 등으로 내리게 된다. 강제성이 있다는 점에서는 강력한 추진 점검 도구라 할 수 있으나 구성원들의 자율과 창의를 저해할 위험도 있으니 각별한 주의가 요구된다.

**Work Point**

● 성과감사는 긍정적인 유용성에도 불구하고 '감사'라는 말 자체가 갖는 부담감으로 인해 구성원들에게 심리적 위축을 줄 수 있으므로 성과감사 수행에 있어 주의가 필요하다.

## 3. 성과지표 달성 여부 확인 및 성과관리 환류

### 1) 성과지표 달성 여부 확인

#### (1) 성과지표 달성 여부 공유를 위한 대시보드
성과지표는 대학 발전계획의 성과를 측정하고, 그 결과를 구성원, 대학 이해 관계자들과 공유함으로써 발전계획의 비전과 목표 달성을 촉진하는 데 활용된다. 구체적으로 성과지표는 대학 발전계획의 목표 달성 정도를 제시하고 공유하는 데 사용되고, 전략과제의 추진 상황을 점검하고, 문제점을 파악하여 대응하는 데 활용된다. 전략과제 및 하위과제의 추진을 독려하고, 추진 부서에 대한 상벌제도에 활용될 수도 있다. 특히 대학의 현황을 대학 구성원들, 이해 관계자들에게 직관적이고, 가시적으로 제시해 주는 데에도 사용될 수 있다.

대학 발전계획의 목표 달성 정도를 점검하고, 제시하는 데에는 직관적인 도식을 활용하는 것이 좋다. 매년 연말이 되면 서울시청 앞 광장에 사랑의 온도계 조형물을 만들어 사회복지공동

**[그림 13-12]** 항공기 대시보드 그림　©DCstudio

모금회의 모금 목표 달성 정도를 시민들에게 보여 주는 것이 좋은 예이다.

　한반도 상공을 비행하는 항공기 조종사가 운항하는 조종실을 떠올려 보자. 항공기의 고도와 기류를 비롯한 외부 환경, 항공기의 현재 상태, 운항 항로, 관제사와의 교신 등을 모니터링하고, 대응해야 하는 사항들이 매우 많을 것이다. 또한 급변하는 상황에 따라 항공기의 상황을 정확히 파악하고, 이를 관제사에게 보고하고, 대응을 해야 하는 위급 상황도 있을 것이다. 항공기 조종사가 항공기의 상태와 주변 환경을 일일이 숫자와 현상으로 확인하고, 대응하는 것은 불가능하다. 항공기 조종사의 수고를 덜어 주면서 항공기와 주변 상황을 효과적으로 파악할 수 있게 하는 도구가 대시보드이다. 조종사는 좌석을 중심으로 많은 계기판과 그래픽으로 이루어진 대시보드를 통해 항공기의 상태를 직관적으로 파악할 수 있다. 항공기의 상태를 점검하고, 모니터링하는 메커니즘은 매우 어렵고, 그것을 표현하는 방법도 복잡하겠지만 대시보드는 항공기의 상태를 한눈에 파악할 수 있도록 도와준다.

　항공기 조종실 대시보드와 같이 대학 발전계획 추진 상황과 성과를 대시보드 형태로 개발하여 공개 범위를 차별화해 제시하는 것은 대학 발전계획의 비전과 목표를 달성하는 데 도움이 될 것이다. 최근 국내 대학에 기관 연구(Institutional Research: IR)가 널리 이루어지면서 IR 시스템을 도입하는 사례가 늘고 있다. IR 시스템은 데이터 통합관리시스템과 성과관리시스템으로 구성된다. 이 중 성과관리시스템은 중장기발전계획 성과지표 관리 및 추진 점검, 국고 재정지원사업 성과관리, 기관평가인증제 관리, 학과평가 관리, 대외경쟁력 관리, 경영자 대시보드 등으로 구성된다.

　[그림 13-13]은 한라대학교 통합성과관리시스템 대시보드 사례를 제시한 것이다. 중장기발

[그림 13-13] 한라대학교 통합성과관리시스템 대시보드 사례

전계획의 당해연도 달성률을 직관적으로 파악할 수 있도록 제시하고 있고, 핵심과제별 과제완료 수와 추진율이 나타나 있다. 또한 구체적으로 영역별, 전략제별 추진 정도를 쉽게 파악할 수 있도록 구조화되어 있다.

### (2) 포상제도 연계

대학 발전계획 성과관리를 수행한 후에는 성과에 따라 부서 포상, 개인 포상 등을 진행할 수 있다. 포상은 부서와 개인에게 동기를 부여해 주고, 우수 사례를 구성원들과 공유하게 된다는 점에서 매우 긍정적이다. 다만, 이 경우 부서 업무의 특성을 감안해서 시상의 계열, 부문을 구분할 필요가 있다. 포상이 갖는 긍정적인 효과에도 불구하고, 부서의 특성에 따라 유지, 관리 부서가 성실히 실행과제를 수행했음에도 포상에서 소외되는 경우가 있으므로 배려가 필요하다.

## 2) 성과관리 환류

### (1) 발전계획 성과관리위원회 운영

대학 발전계획 성과관리의 전문성과 엄정성을 제고하기 위하여 대학의 규모, 성과관리 결과의 활용 정도에 따라 '발전계획 성과관리위원회' 혹은 '발전계획 모니터링위원회'를 두고, 성과 및 추진 결과를 환류하는 방법이 권장된다. 또한 위원회 위원의 일부를 외부 전문가로 위촉하여 공정성과 객관성, 전문성을 제고하기 위한 장치를 두기도 한다. 일반적이지는 않지만 감사 부서에서 성과 감사의 일환으로 발전계획 성과관리 또는 추진 점검을 하는 경우도 있다.

발전계획 성과관리위원회는 보직 교수, 기획부서 직원의 위원 위촉을 지양하고, 가급적 본부 보직을 맡지 않은 평교수, 기획부서에 속하지 않은 직원이 참여하도록 하고, 동문, 학생의 위원 위촉도 적극적으로 고려해 볼 수 있다. 또한 기업체 임원, 지역사회 구성원을 위촉하는 것도 바람직하며, 전문성 제고를 위해 고등교육 관련 기관이나 타 대학 전문가를 위원으로 위촉할 수도 있다.

대학발전계획성과관리위원회는 일반적으로 1년을 상반기와 하반기로 구분하여 성과관리 프로세스에 맞춰 진행한다. 반기로 나누어 실시하는 이유는 상반기의 중간 점검을 통해 추진 상의 애로사항, 추진이 부진한 부분에 대한 원인을 점검하고, 해결하기 위해서이다. 이를 통해 하반기에 추진하고자 하는 과제의 완성도를 높일 수 있다.

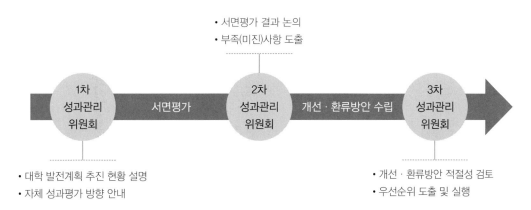

[그림 13-14] 대학발전계획성과관리위원회 운영 방안

성과관리위원회의 운영은 실무적으로 3단계로 나누어 실시할 수 있다. 1단계에는 위원회를 소집하여 대학 발전계획의 의의와 성과평가의 방향, 평가방법 등에 대해 위원들이 숙지할 수 있도록 안내한다. 2단계에는 서면평가를 실시하고, 평가 결과를 토대로 미진하고 부족한 부분을 중심으로 논의를 진행한다. 또한 서면평가의 결과와 피드백을 해당 부서에 전달하고, 개선·환류 방안을 수립하도록 한다. 3단계에서는 해당 부서에서 수립한 개선·환류 방안이 적절한지 검토하고, 우선순위를 도출하여 추진될 수 있도록 논의하는 과정으로 추진한다.

대학발전계획성과관리위원회의 서면평가, 개선·환류 방안 수립, 우선순위 도출 및 실행을 지원하기 위하여 성과분석환류시스템을 구축하여 운영할 수 있다. 시스템을 통해 평가의 정확도와 신뢰도, 효율성을 제고하는 데 도움을 줄 수 있다.

대학 발전계획 성과분석환류시스템을 통해 성과평가 결과를 종합적으로 보여 줄 수 있는 총괄표 예시는 [그림 13-15]와 같다. 평가영역과 사업 추진실적, 성과지표 달성 실적을 계량화하여 제시하고, 그래픽을 활용하여 이해도를 높인다. 방사형 차트(spider chart, radar chart)를 활용하여 부족한 부분이 어느 부분인지 알 수 있도록 하고, 막대그래프를 활용하여 달성도 전체 평균과 비교할 수 있도록 제시하는 것도 효과적이다. 아울러 전략과제별, 실행과제별로 시행 시기가 도래하면 자동으로 안내 이메일을 담당부서에 발송하는 자동안내 시스템을 장착하는 것도 고려할 수 있다.

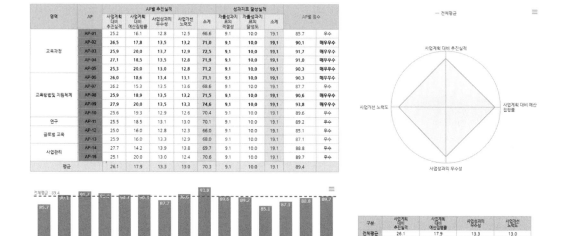

[그림 13-15] 중앙대학교 성과분석환류시스템 자체성과평가 총괄표(예시)

**Work Point**

● 발전계획 성과관리위원회의 전문성 강화를 위해서는 실제로 발전계획의 이행 여부를 점검하는 분과위원
회와 대학 이해관계자의 의견을 수렴하는 분과위원회로 이원화하여 운영하는 것을 고려해 볼 수 있다. 발
전계획 성과관리위원회에 참여하는 산업체 인사나 지역사회 구성원에게 전략과제의 이행 점검을 요청하
는 것은 전문성의 관점에서 무리가 있으며, 점검 결과도 원론적인 수준에 머물게 되기 쉽기 때문이다.

### (2) 발전계획 성과관리의 공유, 환류 도구로서의 팩트북

미국의 주요 대학 홈페이지를 방문해 보면 팩트북(factbook)을 쉽게 볼 수 있다. 팩트북은 대
학이 자체적으로 관리하는 종합적인 대학 현황을 시각적으로 제시한 홈페이지이다. 이는 대학
내부 구성원과 이해 관계자들이 대학의 상황을 정확히 이해하고, 평가할 수 있도록 돕는 역할
을 한다. 팩트북에는 대학의 기본 정보, 학생 통계, 학교 인프라 및 시설, 학문적 성과, 재정 및
예산, 졸업 후 진로 및 취업률 등이 담겨 있다. 대학 발전계획 성과관리 결과를 팩트북과 같은
형태로 제작하여 공지하는 것을 고려해 볼 만하다. 공개의 범위와 내용을 차등화하여 경영진
공개, 본부부서 공개, 교내 공개, 대외 공개로 등급을 둘 수 있다. 팩트북을 통해 대학 발전계획
의 추진 상황을 공유하고, 주요한 정책 결정에 활용할 수 있다.

[그림 13-16] 한양대학교 팩트북 대시보드 연구 사례

[그림 13-16]은 한양대학교가 팩트북을 개발하기 위해 기초연구를 수행하고, 구현할 팩트북의 구상안을 그래픽으로 표현한 것이다. 대시보드 사용자 카테고리, 기준연도와 비교연도를 선택하면 대학의 현황을 직관적으로 도식화하여 제시해 주도록 설계되어 있다.

## 4. 대학 발전계획의 성과관리를 위한 제언

### 1) 발전계획 성과관리 시 고려사항

#### (1) 대학 발전계획의 특성 반영

대학 발전전략의 특성으로 제시한 장기적 성격, 전략적 성격, 종합적 성격이 성과지표에도 잘 반영될 수 있도록 설정하는 것이 바람직하다. 성과지표가 단기간의 성과나 눈앞의 이익에 주목하기보다 장기적인 관점에서 단기적인 산출이 장기적인 성과로 귀결되어 대학 발전계획의 비전과 목표 달성에 기여하도록 설계하는 것이 중요하다. 균형성과표의 고객 관점, 재무적 관점, 내부 프로세스 관점, 학습 및 성장 관점으로 성과지표를 구성하거나 장기적인 기간을 감안하여 투입, 과정, 산출, 성과의 논리모델로 구성하는 것도 검토할 수 있다.

전략적 성격은 대학 발전계획의 전략과제, 실행과제가 한 방향으로 정렬되어야 함을 의미한다. 하위과제가 완료되면 실행과제가 달성되고, 실행과제가 달성되면 전략과제가 완성되면서 대학 발전계획의 비전과 목표가 성취될 수 있도록 구조화하고, 이를 성과지표로 측정할 수 있도록 한다. 아울러 대학 발전계획의 종합적 성격을 반영하여 성과지표가 대학 발전계획 전략과제와 그 밖의 사항들을 포괄하여 대학 전반에 걸쳐 빠짐없이, 서로 중복되지 않게 측정하고, 평가할 수 있도록 한다.

현재 운영하고 있는 성과관리제도가 있다면 현행 성과관리제도와 대학 발전계획 성과지표 간의 통일성, 연계성, 일관성이 유지되도록 검토가 필요하다. 성과관리제도가 성과지표와 서로 다른 방향성을 갖거나 상충되어 대학 역량이 낭비되는 일이 없도록 유의해야 한다.

#### (2) 대학 발전계획 추진 성과의 청사진 공유

대학 발전계획은 대학 경영진과 구성원들이 모두 마음을 모아 만들어 가는 대학 발전의 나침반이자 청사진이다. 따라서 대학 발전계획 비전과 목표의 달성 정도를 구성원, 이해 관계자들과 함께 공유하고, 다양한 의견을 수렴하는 것은 발전계획 추진의 중요한 동력이 된다. 대학 발전계획의 추진 내용과 성과를 공유하기 위해서는 구성원 및 이해 관계자들이 이해하기 쉽고, 직관적으로 파악할 수 있도록 도식, 그래픽을 적극적으로 활용할 필요가 있다.

앞서 설명한 바와 같이 대학 발전계획 추진 성과 대시보드를 개발하여 대학 발전계획의 추진 상황과 성과를 보여 주는 것은 매우 효과적인 정보 전달 수단이 된다. 물론 시스템으로 개발하지 않는다고 해서 방법이 없는 것은 아니다. 대학 발전계획 추진 상황이나 성과는 시시각각으로 변화하는 것이 아니라 연간, 학기별, 분기별, 월별 수준으로 변동을 파악하면 충분한 경우가 많다. 그러므로 주기별로 추진 상황과 성과를 파악하여 '손으로 쳐 넣는(key in)' 방식으로 그래픽을 만들어 대학 홈페이지에 게시하면 비교적 예산이 덜 들고, 효과는 좋은 방식이 될 수 있다.

이 장에서 제시한 또 다른 공유 방식은 팩트북의 제작이다. 미국의 대학들이 시행하고 있는 팩트북의 장점을 살펴 대학의 현황을 설명하고, 자랑하는 홍보 기능의 홈페이지에 더하여 대학 발전계획의 추진 상황과 성과를 공유하는 기제로 활용하는 것을 적극적으로 검토해 볼 수 있다.

발전계획의 추진 상황과 성과를 파악하고, 공유하는 것은 비단 비전과 목표의 달성 정도를 알리려는 것 이외에도 대학 경영진과 본부부서, 단과대학, 단위부서를 하나로 잇는 목표 달성의 플랫폼 역할을 하게 되는 데 큰 의의가 있다.

### (3) 비전과 목표, 전략과제, 실행과제의 한 방향 정렬

발전계획의 비전과 목표를 달성하기 위해서는 구조화되고, 한 방향으로 정렬된 전략 체계가 요구된다. 비전과 목표를 달성하기 위한 핵심 성공요소를 정의하고, 이를 추진하기 위해 전략과제를 설정하며, 전략과제의 실질적인 수행을 위한 실행과제를 도출한다. 전략과제는 비전과 목표의 달성을 지향하며 전략과제 간 체계가 일관성, 연계성이 있도록 유기적으로 정립되어야 하고, 서로 중첩되거나 누락되는 사항이 없도록 확인이 필요하다. 발전계획을 면밀하게 수립하였다고 하더라도 전략과제, 실행과제로 일관성 있게 정렬되지 않으면 실제적인 추진이 담보될 수 없기 때문이다. 이 과정에서 전략과제 간의 관계를 그림으로 그려 보는 '전략체계도'는 전략과제의 중첩이나 누락을 막는 데 도움을 줄 수 있다.

아울러 전략과제, 실행과제의 성과를 측정하는 성과지표 역시 대학 발전계획의 비전 및 전략과 맞도록 한 방향으로 정렬이 이루어져야 발전계획의 추진 성황을 점검하고, 성과를 관리하는 도구로 이용될 수 있다. 특히 전략과제의 특성, 범위, 대상에 맞게 측정하고자 하는 내용을 정확히 측정하고 있는지에 대한 타당성 확보에 유의하여야 한다.

**(4) 성과와 위험의 균형 위에 차이를 인정하고 다 함께 추진하는 발전계획**

대학 발전계획 추진 점검이나 성과관리를 진행하면서 겪게 되는 딜레마가 있다. 성과를 중시하고, 이행 점검을 강하게 추진하면 달성 여부가 불투명한 도전적인 업무나 위험 요소가 높은 사업을 회피하게 된다는 점이다. 비교적 달성하기 쉽고, 안전한 업무 위주로 실행과제를 설정해서 달성률을 높이는 경우가 발생한다. 반면에 대학 발전에 필요한 실패 위험이 따르는 난이도 높은 사업이나 업무는 성과지표에 부정적인 영향을 미치게 되므로 위험을 떠안지 않으려고 한다. 조직 문화가 이렇게 흐르게 되면 단기적인 성과는 높아질 수 있을지 몰라도 급변하는 대외 환경에 적극적으로 대처하는 것이 불가능해지고, 대학 발전을 위한 새로운 시도는 회피하게 되어 장기적으로는 조직에 부정적인 영향을 끼치게 된다. 격변을 맞이하고 있는 대학의 장기적인 발전을 도모하면서도 조직의 안정성을 유지해야 하는 동전의 양면과도 같은 가치를 모두 추구하기 위해서는 성과와 위험의 균형을 유지하는 대학 경영진의 노력과 구성원들의 높은 합의 수준이 요구된다.

또한 대학 발전을 위해서는 전략, 기획, 혁신, 도전과 같은 멋진 단어들로 가득 찬 사업을 하는 부서도 물론 필요하다. 그러나 학생들이 공부하고, 교수와 연구자들이 연구하는 데 필요한 기본적인 교육 연구 환경을 제공하는 자칫 지루하게 보일 수 있는 유지 관리 업무를 하는 부서도 반드시 필요하고, 중요하다는 점을 구성원 모두가 공감할 필요가 있다.

성과와 위험 간의 균형을 추구하고, 부서 간 차이를 인정하는 속에서 중요성과 가치로움에 공감하며 대학 발전계획을 다 함께 추진하는 문화가 정착되어야 대학 발전계획의 성과는 빛을 발할 수 있게 된다.

대학 발전계획 추진 점검에 따른 시상을 하게 되거나 부서 평가를 할 때에는 앞서 말한 바와 같이 업무의 난이도, 도전성, 위험 수용 정도를 고려할 필요가 있다. 아울러 부서 업무의 특성에 따라 기획뿐만 아니라 유지 관리 업무를 담당하는 부서의 특성을 반영하여 이들 부서에게도 동기를 부여할 수 있는 제도적인 배려가 필요하다.

## 2) 발전계획 성과관리를 위한 체크리스트

발전계획 성과관리를 위해서 점검해야 할 항목을 준비-실행(운영)-평가 단계로 구분하여 수행 여부를 확인할 수 있도록 체크리스트를 제시했다. 준비단계에서는 목표 공유, 주무부서, 위원회, 점검 시기, 점검 방법, 사전 점검, 성과지표 설정으로 점검을 실시한다. 준비 단계의 점검이 성과관리의 질과 수준을 결정하게 되므로 면밀한 검토가 요구된다. 실행(운영) 단계에서는 추진 결과보고서, 서면 점검표, 서점 점검, 현장 점검, 대시보드 성과감사로 구성하여 점검한다. 마지막으로 평가 단계에서는 환류와 성과지표 개선으로 점검한다.

표 13-4 **대학 발전계획 성과관리 및 추진 점검을 위한 체크리스트**

| 단계 | 점검사항 | 점검내용 | 수행 여부 (Y/N) |
|---|---|---|---|
| 준비 | 목표 공유 | 성과관리 및 추진 점검의 목표와 필요성을 안내했는가? | |
| | 주무부서 | 성과관리 및 추진 검검의 주무부서를 선정했는가? | |
| | 위원회 | 성과관리 및 추진 점검을 실시할 성과관리 위원회를 구성하였는가? | |
| | 점검 시기 | 성과관리 점검 시기를 전략과제 및 실행과제의 특성에 맞게 설정했는가? | |
| | 점검 방법 | 추진 점검 방법을 결정했는가? | |
| | 사전 점검 | 위험 요소를 사전에 예방하기 위한 사전 점검을 실시했는가? | |
| | 성과지표 설정 | 성과지표를 전략과제 및 실행과제의 특성에 맞게 적절하게 설정했는가? | |
| 실행 (운영) | 추진 결과보고서 | 전략과제별 실행과제 추진 결과보고서를 빠짐없이 취합하고, 누락된 사항이 없는지 확인했는가? | |
| | 서면 점검표 | 실행과제 서면평가표를 검토하고, 발전계획 성과관리위원회 위원들에게 충분히 설명했는가? | |
| | 서면 점검 | 서면 점검표에 따라 추진 결과보고서를 적절하게 평가했는가? | |
| | 현장 점검 | 필요한 경우 현장 점검을 부서의 업무추진상 불편이 없도록 효과적으로 실시했는가? | |
| | 대시보드 | 발전계획의 비전과 목표의 달성 정도 및 추진 상황을 파악할 수 있도록 대시보드를 운영하고 있는가? | |
| | 성과감사 | 내부감사제도가 있는 경우 성과감사의 일환으로 발전계획 이행 여부, 성과 등을 점검했는가? | |
| 평가 | 환류 | 발전계획 추진 점검 및 성과관리 결과를 담당부서에 통보하여 발전계획 추진에 반영, 개선을 요구하는가? | |
| | 성과지표 개선 | 성과지표를 모니터링하고 검토하여 발전계획의 성과와 이행 정도를 정확하게 측정할 수 있도록 개선, 보완하는가? | |

# 참고문헌

과학기술정보통신부. 한국과학기술기획평가원(2022). 2021년도 국가연구개발사업 조사. 분석 보고서.

교육부(2017). 사립대학(법인) 회계관리 안내서.

교육부(2022a). 사립대학(법인) 기본재산 관리 안내서.

교육부(2022b). 학교법인 및 사립대학(전문, 원격 포함) 예산 편성 및 관리 유의사항.

교육부(2023. 8.). 글로벌 교육선도국가 실현을 위한,「유학생 교육경쟁력 제고 방안」: Study Korea 300K Project. 세종: 교육부.

교육부(2023. 9.). 지역혁신중심 대학지원체계(RISE) 추진현황 및 향후 계획.

교육부, 한국교육개발원(2019). 대학 재정운영 개선 사례 보고서.

교육부, 한국교육개발원(2020). 소규모 대학을 위한 대학 재정운영 개선 사례 보고서.

교육부, 한국교육개발원(2022). 2022년 대학 재정운영 개선 사례 보고서.

국가과학기술연구회(2018). 국가과학기술연구회 중장기 발전전략 수립을 위한 연구.

국립목포대학교(2022). 제8차 종합발전계획(3차 수정).

국립목포해양대학교(2024). 국립목포해양대학교 산학협력 중장기 발전계획「MMU WAVE2030+」. 국립목포해양대학교.

국회예산정책처(2011). (나라살림 대토론회) 2012년 예산의 총량과 재원배분 결과보고서.

권기욱(1998). 고등교육행정−대학 행정의 이론과 원리. 원미사.

권현수(2022). 대학의 사회봉사 프로그램 운영모형 개발에 관한 연구. 지역산업연구, 45(2), 61-83.

김대원(2013). 미래상 전망을 위한 집단지성 활용 가능성 모색. 한국보건산업진흥원.

김성국(2007). 대학발전계획 수립을 위한 과제. 대학교육, 41-47.

김훈호, 신철균, 오상은, 최혜림(2011). 대학발전계획에 나타난 비전과 발전목표의 동형화 현상 연구. 아시아교육연구, 12(4), 357-393.

노일경, 정혜령, 황지원, 정세윤(2020). 대학 발전계획의 성과관리체계 구축 방안. 한국방송통신대학교 원격교육연구소.

대학알리미(2023). 11-가. 학교 발전계획 및 특성화계획. 교육부·한국대학교육협의회. https://www.academyinfo.go.kr.

문보은 외(2020). 사립대학 재정 운용 실태 분석: 재정 여건 및 지출 변화를 중심으로. 한국교육개발원.

박기범, 양현채, 신은정, 서현정(2018). 기초연구사업확대에 따른 대학 R&D 정책 방향. 과학기술정책연구원.

박영기(2007). 대학 발전계획 수립: 전략과 실제. 대학교육. 한국대학교육협의회.

박영식(1992). 21세기 한국의 대학. 박재규 외(편). 전환기의 지성. 나남.

박종렬(2007). 대학발전계획, 어떻게 수립하여야 하는가. 대학교육, 145, 34-40.

배상훈, 윤수경(2016). 한국대학에서 대학기관연구(Institutional Research) 도입 관련 쟁점과 시사점. 아시아교육연구, 17(2), 367-395.

변기용(2014). 고등교육 분야의 책무성 확보기제 분석. 김병찬 외(편). 한국 교육책무성 탐구. 교육과학사.

서영인, 임후남, 김미란, 문보은(2022). R&D 경쟁력 강화를 위한 대학원 체제 혁신 방안 연구. 한국교육개발원.

서울대학교(2022. 7.) 서울대학교 중장기발전계획. 서울대학교.

신재영(2023). 대학의 기초자료 분석과 성과관리 체계 구축방안. 한국대학교육협의회 고등교육연수원 「2023년 대학 기획 업무」 과정 발표자료.

이석열, 이영학, 이훈병, 김경언, 김누리, 변수연, 신재영, 오세원, 이종일, 이태희, 정재민(2020). 학생 성공을 위한 대학교육 성과관리. 학지사.

이종필(2014). 정부의 대학등록금 안정화정책 및 개선방안 연구: 등록금심의위원회 운영실태 및 발전방안을 중심으로. 한국교원대학교 대학원 석사학위논문.

임재홍(2006). 사립학교법 개정의 의미와 향후 과제 -대학평의원회를 중심으로-. 민주법학, 30, 279.

정동섭 외(2016). 경영전략. 피앤씨미디어.

정재민(2023). 대학 재정지원 정책의 변화와 주요이슈 고찰. 교육비평, (53), 66-105.

정혜진(2021). 대학 산학협력활동 실태조사 실효성 제고 방안 연구. 한국연구재단 정책연구용역보고서. 한국연구재단.

주영달(2020). 사립학교법. 세창출판사.

짐콜린스·윌리엄 레지어, 임정재 역(2005). 짐 콜린스의 경영전략. 위즈덤하우스.

최광학(2012). R&D프로젝트 성과에 영향을 미치는 성과관리지표의 개발. 성균관대학교 대학원 박사학위논문.

최소영, 전종혁(2011). 기업의 비전 수립과 달성 방법. 매일경제[Knowledgel].

최신용, 강제상, 김선엽, 임영제(2011). 행정기획론. 도서출판 학림.

추계예술대학교(2023). 발전계획 연구 보고서.

통계청(2023. 12. 14.). 장래인구추계: 2022~2072년. 통계청 보도자료.

통계청(2024. 2. 28.). 2023년 인구동향조사 출생·사망통계(잠정). 통계청 보도자료.

한경국립대학교(2022). 「한경비전2030」한경대학교 중장기 발전계획(요약본). 한경국립대학교.

한국사학진흥재단(2020). 사학기관 재무회계 규칙에 대한 특례규칙 해설서.

한국사학진흥재단(2022). KASFO BRIEF Vol 04-사립대학의 재정위기와 교육의 질 저하.

한국사학진흥재단(2023a). 2023년 사립대학 재정역량강화 컨설팅 사례 설명회 자료집.

한국사학진흥재단(2023b). 2024년 사립대학 재정진단 편람(시안).

한국연구재단(2022). 대학 산학협력활동 조사보고서. 한국연구재단.


Basch, C. E. (1987). Focus group interview: an underutilized research technique for improving theory and practice in health education. *Health Education Quarterly*, *14*(4), 411-448.

Bok, D. (1982). *Beyond the ivory tower: Social responsibilities of the modern university*. Harvard University Press.

Bovaird, T. (2005). Public governance: balancing stakeholder power in a network society. *International Review of Administrative Sciences*, *71*(2), 217-228.

Brennan, J. (2008). Higher education and social change. *Higher Education, 56*, 381-393.

Davenport, S., & Leitch, S. (2005). Circuits of power in practice: Strategic ambiguity as delegation of authority. *Organization Studies*, *26*(11), 1603-1623.

Duderstadt, J. J. (2005). 대학혁명(미국대학총장의 고뇌). (이철우, 이규태, 양인 공역). 성균관대학교 출판부. (Original work published 2000).

Falqueto, J. M. Z., Hoffmann, V. E., Gomes, R. C., & Onoyama Mori, S. S. (2020). Strategic planning in higher education institutions: What are the stakeholders' roles in the process? *Higher Education, 79*, 1039-1056.

Freeman, E., & McVea, J. (2001). A stakeholder approach to strategic management. In M. Hitt, E. Freeman, & J. Harrison (Eds.), *Handbook of Strategic Management*. Oxford: Blackwell Publishing.

Freeman, R. E., & Reed, D. L. (1983). Stockholders and stakeholders: A new perspective on corporate governance. *California Management Review, 25*(3), 88–106.

Hinton, K. E. (2012). *A practical guide to strategic planning in higher education*. Society for College and University Planning.

Jongbloed, B., Enders, J., & Salerno, C. (2008). Higher education and its communities: Interconnections, interdependencies and a research agenda. *Higher Education, 56*(3), 303–324.

Larrán Jorge, M., & Andrades Peña, F. J. (2017). Analysing the literature on university social responsibility: A review of selected higher education journals. *Higher Education Quarterly, 71*(4), 302–319.

Ledeman, L. C. (1990). Assessing educational effectiveness: The focus group interview as a technique for data collection. *Communication education, 39*(2), 117–127.

Linden, R. M. (2003). *Working across boundaries: Making collaboration work in government and nonprofit organizations*. John Wiley & Sons.

Lyra, M. G., Gomes, R. C., & Jacovine, L. A. G. (2009). *Stakeholder management and organizational sustainability: A Brazilian case study from the forestry sector*. Revista de Administração Contemporânea, 13(special), 39–52.

McAdam, R., Hazlett, S. A., & Casey, C. (2005). Performance management in the UK public sector: Addressing multiple stakeholder complexity. *International Journal of Public Sector Management, 18*(3), 256–273.

Mitchell, R. K., Agle, B. R., & Wood, D. J. (1997). Toward a theory of stakeholder identification and salience: Defining the principle of the who and what really counts. *Academy of Management Review, 22*(4), 853–886.

OECD (2007). *Higher education and regions: Globally competitive, locally engaged.* Organisation for Economic Co-operation and Development.

Perkins, J. (1972). Organization and Functions of the University. *The Journal of Higher Education, 43*(9), 679–691.

Robertson, P. J., & Tang, S. Y. (1995). The Role of Commitment in Collective Action: Comparing the Organizational Behavior and Rational Choice Perspectives. *Public Administration Review, 55*(1), 67–80.

Vaughn, S., Schumm, J. S., Sinagub, J., & Sinagub, J. M. (1996). *Focus group interviews in education and psychology*. Sage.

국가법령정보센터(https://www.law.go.kr/)

동국대학교(https://www.dongguk.edu/page/573)

한국사학진흥재단 대학재정알리미(https://uniarlimi.kasfo.or.kr/main/)

한국사학진흥재단 대학재정회계센터(https://support.kasfo.or.kr/)

# 찾아보기

# 저자 소개

--------------

**이석열**(Lee Suk-Yeol)
충남대학교 대학원 교육행정 전공(교육학 박사)
대학기관평가인증 평가위원
남서울대학교 교육혁신원 원장
현 남서울대학교 교양대학 교수
〈대표 저서〉
학생 성공을 위한 대학교육 성과관리(공저, 2020, 학지사) 외 다수

**김경언**(Kim Kyeong-Eon)
충남대학교 대학원 교육심리학 · 교육과정 전공(교육학 박사)
한국기술교육대학교 연구교수
한라대학교 교직과정부 교수
현 충남대학교 교육학과 교수
〈대표 저서〉
학생 성공을 위한 대학교육 성과관리(공저, 2020, 학지사) 외 다수

**김누리**(Nooree Kim)
숙명여자대학교 대학원 교육학과 교육심리 전공(교육학 박사)
대학기관평가인증 평가위원
광주대학교 아동학과, 국립목포해양대학교 교양과정부 교수
현 국립목포대학교 교육학과 교수
〈대표 저서〉
학생 성공을 위한 대학교육 성과관리(공저, 2020, 학지사)
교육심리학(공저, 2023, 북앤정)

**신재영**(Shin Jai-Young)
중앙대학교 대학원 행정학과(행정학 박사)
대학기관평가인증 평가위원
전국대학교 기획관리자협의회 회장
전국대학평가협의회 회장
현 중앙대학교 기획처 기획팀장/부처장
〈대표 저서〉
학생 성공을 위한 대학교육 성과관리(공저, 2020, 학지사) 외 다수

**오세원**(Oh Sewon)

숭실대학교 대학원 평생교육 전공(교육학 박사과정)

한국대학신문 집필위원(2018~현재)

현 전국대학학사행정관리자협의회 수석부회장

　　숭실대학교 학사팀, 원격교육지원팀, 교직팀 팀장

〈대표 저서〉

학생 성공을 위한 대학교육 성과관리(공저, 2020, 학지사)

현대인의 정보관리(공저, 2002, 동일출판사)


**육진경**(Youk Jinkyoung)

숙명여자대학교 일반대학원 교육학과 교육심리 전공(교육학 박사)

현 루터대학교 기획조정처장, 대학혁신지원사업단장

　　루터대학교 교양대학 교수

〈대표 저서〉

교육심리학(공저, 2019, 휴먼북스) 외 다수


**이인서**(Inseo Lee)

연세대학교 대학원 교육행정 및 고등교육 전공(교육학 박사)

한국대학교육협의회 연구원

현 한라대학교 교직과정부 교수 및 대학IR센터장

　　한국대학IR협의회 사무국장

〈대표 저서〉

대학-지방자치단체 간 협력 강화 방안(공저, 2023, 한국교육개발원) 외 다수


**이종일**(Lee Jong Il)

경기대학교 경영학과(경영학사)

현 서울여자대학교 학사지원팀장

　　전국대학교학사행정관리자협의회장

〈대표 저서〉

학생 성공을 위한 대학교육 성과관리(공저, 2020, 학지사)

**이태희**(Lee Tae Hee)
건국대학교 대학원 인사조직 전공(경영학 박사)
대학기관평가인증 평가위원
교육부 평가기관 인정 심사위원
현 한양대학교 교육전략기획팀장
〈대표 저서〉
학생 성공을 위한 대학교육 성과관리(공저, 2020, 학지사)

**이훈병**(Lee, Hun-Byoung)
성균관대학교 대학원 교육학과 교육과정 전공(교육학 박사)
안양대학교 교육혁신원장
안양대학교 ACE+사업단장
안양대학교 대학혁신지원사업단장
현 안양대학교 아리교양대학 교수
〈대표 저서〉
학생 성공을 위한 대학교육 성과관리(공저, 2020, 학지사) 외 다수

**정재민**(Jung Jae-Min)
경기대학교 일반대학원 교육행정 전공(교육학 박사)
대학기관평가인증 평가위원
루터대학교 기획부총장
현 추계예술대학교 교양학부 교수 및 대학혁신지원사업단장
〈대표 저서〉
학생 성공을 위한 대학교육 성과관리(공저, 2020, 학지사)

**최현준**(Hyun Jun Choi)
광운대학교 대학원 전자재료공학 전공(공학박사)
대학기관평가인증 평가위원
국립목포해양대학교 기획처장
현 국립목포해양대학교 해양메카트로닉스학부 교수 및 LINC3.0 사업단장
〈대표 저서〉
언어 네트워크 분석을 통한 학습자의 상호동료 교수법 수업의 인식 분석(공저,
2024, 국제인문사회연구학회) 외 다수

# 대학 발전계획의 이해와 실제

Effective Strategic Planning in Higher Education

2024년 6월 20일 1판 1쇄 인쇄
2024년 6월 30일 1판 1쇄 발행

지은이 • 이석열 · 김경언 · 김누리 · 신재영 · 오세원 · 육진경
　　　　이인서 · 이종일 · 이태희 · 이훈병 · 정재민 · 최현준

펴낸이 • 김진환

펴낸곳 • ㈜ **학지사**

　　　　04031 서울특별시 마포구 양화로 15길 20 마인드월드빌딩

대표전화 • 02-330-5114　　팩스 • 02-324-2345

등록번호 • 제313-2006-000265호

홈페이지 • http://www.hakjisa.co.kr

인스타그램 • https://www.instagram.com/hakjisabook

ISBN 978-89-997-3135-8　93370

정가 28,000원

출판미디어기업 **학지사**

간호보건의학출판 **학지사메디컬** www.hakjisamd.co.kr
심리검사연구소 **인싸이트** www.inpsyt.co.kr
학술논문서비스 **뉴논문** www.newnonmun.com
교육연수원 **카운피아** www.counpia.com
대학교재전자책플랫폼 **캠퍼스북** www.campusbook.co.kr